工伤认定与工伤管理实务指南

主编 何登香 梁 毅

中国劳动社会保障出版社

图书在版编目(CIP)数据

工伤认定与工伤管理实务指南/何登香,梁毅主编. -- 北京:中国劳动社会保障出版社,2017

ISBN 978-7-5167-3275-5

Ⅰ.①工… Ⅱ.①何…②梁… Ⅲ.①工伤事故-伤害鉴定-中国-指南②工伤事故-劳动管理-中国-指南 Ⅳ.①D922.54-62

中国版本图书馆 CIP 数据核字(2017)第 278796 号

中国劳动社会保障出版社出版发行

(北京市惠新东街 1 号　邮政编码:100029)

*

三河市华骏印务包装有限公司印刷装订　新华书店经销

787 毫米×1092 毫米　16 开本　20.25 印张　405 千字
2017 年 11 月第 1 版　2022 年 11 月第 4 次印刷

定价:49.00 元

营销中心电话:400-606-6496

出版社网址:http://www.class.com.cn

版权专有　　侵权必究

如有印装差错,请与本社联系调换:(010) 81211666
我社将与版权执法机关配合,大力打击盗印、销售和使用盗版图书活动,敬请广大读者协助举报,经查实将给予举报者奖励。
举报电话:(010) 64954652

前 言

工伤保险涉及面广、专业性强、工作环节多,对政策和法律依赖性大。在制度层面,由于涉及工伤保险的法律法规和政策文件较多,内容条款纷繁复杂,更新速度也较快,查询、掌握往往费时费力,难免存在知识盲区。在认识层面,一些职工、用人单位、法律工作者乃至专业人员对工伤保险制度缺乏系统了解,没有足够的理论支撑和实践经验,在一些疑难问题上看法各异、意见分歧。这些现象都给适用法律和行使权益带来不利影响。

为便于广大职工、用人单位,尤其是专业人员准确理解相关法律规定和政策内涵,全面掌握工伤保险知识,快速提高工伤保险办理水平,我们精心编写了这本《工伤认定与工伤管理实务指南》。本书分为工伤保险概述、工伤认定详解与释义、劳动能力鉴定和工伤保险待遇、工伤劳动管理四部分,内容讲解侧重实用性,采用主流观点,并与司法审判理论相衔接。为便于读者掌握,在一些重点、要点环节加入了法律法规摘选、延伸阅读和案例参考等小栏目,以期构建较为全面的知识体系,力图全景式展现工伤保险实务全貌。

本书内容讲解所依据的法律法规均现行有效,系修订后或新颁布的最新版本,书后附录对相关工伤保险法律法规、政策文件进行了目录汇总,便于读者查询。本书收录了较多案例,这些案例大多来源于中国工伤保险、中国劳动保障、劳动法库、山东高法等专业公众号新媒体,也有部分业界同行提供的案例。编者精心选摘,对部分案件的案情介绍作了适当删节或化名处理。案例内容仅供学习参考,版权仍归原作者及原出处所有,在此一并表示感谢。

本书兼具政策性、知识性、实务性,可作为人力资源社会保障系统中从事工伤认定和工伤保险经办工作业务人员,以及机关、企事业单位中从事人力资源管理和法务工作专业人员的工作指导用书，也可作为其他法律工作者、广大职工的学习参考用书。

  本书第一章、第二章第一节至第五节和第四章由何登香主笔，第二章第六节和第三章由梁毅主笔，何登香统稿。由于编者水平有限，书中难免存在不当或疏漏之处，敬请批评指正，诚邀共同完善。

编者
2017 年 11 月

Contents 目 录

第一章　工伤保险概述
- 第一节　工伤保险的概念、作用和功能 …………………………………… 2
- 第二节　工伤保险的发展历程、特点和特征 ……………………………… 4
- 第三节　我国工伤保险的制度体系和主要内容 …………………………… 9

第二章　工伤认定详解与释义
- 第一节　行政法基础知识 …………………………………………………… 18
- 第二节　工伤认定概述 ……………………………………………………… 34
- 第三节　认定为工伤的情形 ………………………………………………… 45
- 第四节　视同工伤的情形 ………………………………………………… 144
- 第五节　不得认定为工伤或者视同工伤的情形 ………………………… 160
- 第六节　工伤认定程序 …………………………………………………… 167

第三章　劳动能力鉴定和工伤保险待遇
- 第一节　劳动能力鉴定 …………………………………………………… 202
- 第二节　工伤保险待遇 …………………………………………………… 205

第四章　工伤劳动管理
- 第一节　用人单位的权利与义务 ………………………………………… 214
- 第二节　职工的权利与义务 ……………………………………………… 215
- 第三节　用人单位应重视做好的工伤职工管理与服务工作 …………… 216
- 第四节　用人单位在工伤保险办理中的风险点和风险控制 …………… 220
- 第五节　特殊情况下的工伤保险责任 …………………………………… 225
- 第六节　特殊人员的"工伤"问题处理 ………………………………… 238
- 第七节　工伤职工停工留薪期详解 ……………………………………… 255

第八节　工伤职工劳动关系的解除和终止 …………………………… 260

　　第九节　关于工伤争议问题 ………………………………………… 268

附录：工伤保险相关法律法规和政策文件目录汇总

　　中华人民共和国社会保险法 ………………………………………… 280

　　工伤保险条例 ………………………………………………………… 291

　　工伤认定办法 ………………………………………………………… 301

　　工伤职工劳动能力鉴定管理办法 …………………………………… 304

　　人力资源社会保障部关于执行《工伤保险条例》若干问题的意见 ……… 308

　　人力资源社会保障部关于执行《工伤保险条例》若干问题的意见（二）…… 310

　　最高人民法院关于审理工伤保险行政案件若干问题的规定 ………… 312

chapter 1

第一章 工伤保险概述

第一节　工伤保险的概念、作用和功能

《中华人民共和国社会保险法》第二条规定，国家建立基本养老保险、基本医疗保险、工伤保险、失业保险、生育保险等社会保险制度，保障公民在年老、疾病、工伤、失业、生育等情况下依法从国家和社会获得物质帮助的权利。工伤保险是社会保险的一个重要分支，是大多数国家最早建立的社会保险险种之一。本节首先来了解一下工伤保险的基本知识。

一、工伤保险基本概念

工伤保险是社会保险的重要组成部分，它是通过社会统筹，建立工伤保险基金，对职工因工作原因直接或间接遭受的事故伤害给予医疗保障、经济补偿和物质帮助的一种社会保障制度。工伤保险的保障对象是职业人群。在大多数国家，工伤保险都是最早建立的社会保险险种之一。我国的工伤保险制度经历了从计划经济时期的"企业保险"到市场经济时期的"社会保险"的发展历程。1951年中央人民政府政务院颁布《中华人民共和国劳动保险条例》，1996年原劳动部颁布了《企业职工工伤保险试行办法》（劳部发〔1996〕266号），2003年国务院颁布《工伤保险条例》，2010年《中华人民共和国社会保险法》正式颁布，2010年国务院对《工伤保险条例》进行了修订完善。至此，我国逐步形成了以"一法一条例"为核心、以部（省）颁规章为配套、以一系列专项技术标准为支撑的较为完善的工伤保险政策制度体系。

二、工伤保险的作用和功能

《工伤保险条例》第一条开宗明义指出："为了保障因工作遭受事故伤害或者患职业病的职工获得医疗救治和经济补偿，促进工伤预防和职业康复，分散用人单位的工伤风险，制定本条例。"这是对《工伤保险条例》立法宗旨的法定表述。

根据《工伤保险条例》的立法宗旨，工伤保险制度主要有三项功能。

一是保障因工作遭受事故伤害或者患职业病的职工获得医疗救治和经济补偿。这是工伤保险最初也是最主要的功能。工伤职工在遭受事故伤害或者患职业病后，首先要获得及时、有效的医疗救治，使伤害或病情尽快得到控制，其间产生的费用要依法得到足额保障；职工伤情稳定后，要确定伤残等级，给予经济补偿。

二是促进工伤预防和职业康复。一方面，工伤保险通过实行浮动费率和列支工伤预防基金等制度设计，促进单位加强工伤事故和职业病的预防，从源头上使职工免遭事故伤害；另一方面，在事故发生后，除医疗救治和经济补偿外，还通过开展工伤康复工作，促进工伤职工职业康复，全方位保障职工权益。

三是分散用人单位的用工风险和经济负担。工伤保险通过发挥社会共济职能，均衡不同行业、企业的风险负担，分散单个用人单位的工伤风险，不但有利于减轻用人单位的经济负担，也有利于减少劳动争议，维护劳动关系和谐稳定，进而维护整个社会的和谐稳定。

总之，工伤补偿、工伤预防、工伤康复三位一体，工伤职工、用人单位、国家社会三方受益，工伤保险的三项功能有机衔接、互为裨益，形成稳定的"铁三角"，每一方都不可偏废，必须高度重视。

《劳动和社会保障部关于印发〈工伤保险条例〉宣传提纲的通知》（节选）

劳社部发〔2003〕30号

（一）建立健全工伤保险制度，是健全社会保障体系的重要内容。在市场经济条件下，为了保证公平竞争，化解经营风险，维护社会稳定，必须建立完善的社会保障体系。工伤保险是社会保障体系的重要组成部分，建立健全工伤保险制度，是建立社会主义市场经济体系，建立有中国特色的社会保障制度的必然要求。

（二）建立健全工伤保险制度，是维护职工合法权益的重要手段。工伤事故是工业化进程中难以完全避免的劳动风险。尽管国家和用人单位采取各种措施和手段，预防工伤事故和职业病的发生，但在目前的条件下，工伤事故与职业病的发生难以完全避免。工伤事故与职业病严重威胁广大职工的健康和生命，影响工伤职工工作、经济收入和家庭生活，关系到社会稳定。建立工伤保险制度，一旦发生工伤，职工可以得到及时救治、医疗康复和必要的经济补偿。

（三）建立健全工伤保险制度，是分散用人单位风险，减轻用人单位负担的重要措施。工伤保险通过基金的互济功能，分散不同用人单位的工伤风险，避免用人单位一旦发生工伤事故便不堪重负，严重影响生产经营，甚至导致破产，有利于企业的正常经营和生产活动。

（四）建立健全工伤保险制度，是建立工伤事故和职业危害防范机制的重要条件。工伤保险可以促进职业安全，通过强化用人单位工伤保险缴费责任，通过实行行业差别费率和单位费率浮动机制，建立工伤保险费用与工伤发生率挂钩的预防机制，有效地促进企业的安全生产。

第二节 工伤保险的发展历程、特点和特征

一、历史地看：工伤保险制度的发展历程

工伤是工业化带来的职业伤害后果。在工业化以前，劳动者几乎全靠体力与手工从事经济活动，生产节奏缓慢，因工负伤、中毒、致残、致死的可能性很小。现代化的大生产，新能源、新材料、新工艺、新技术的应用，使劳动者的职业危险性大大增加，工伤事故也随之发生，事故的总量和严重程度也在增高。据国际劳工组织的资料表明，全球每年因工伤和职业病造成的经济损失占世界各国国民生产总值之和的4%。而发展中国家的工伤死亡人数，在各种死亡原因中排前5位。预防工伤事故，保障职工安全健康成为企业和政府的重要任务之一。

回顾历史，工伤保险主要经历了由工人自行负担（工伤事故损失）、工伤民事索赔（雇员起诉雇主）、雇主责任保险（自保或向商业保险公司投保）向社会保险制度发展的演变历程：

第一阶段：工人自行负担。在欧洲工业化早期，劳动灾害，特别是恶性工伤事故及急性职业中毒事故时有发生，却并未引起足够重视。英国著名经济学家亚当·斯密在他的"风险承担理论"中曾这样认为，给工人规定的工资标准中，已包含了对工作岗位危险性的补偿，而工人既然自愿与雇主签订了合同，那就意味着他们自愿接受了风险，接受了补偿这种风险的收入，因而工人理应负担其在工作过程中因发生工伤事故而蒙受的一切损失。这一理论也成为雇主推卸工伤责任的理论依据。

第二阶段：工伤民事索赔。随着资本主义的经济发展，大机器所导致的工伤事故日益增多，事故严重程度也有所增强，同时工人运动蓬勃发展，在工业化进程加速的时候，开始有雇员因工伤索赔而起诉雇主的案件。

第三阶段：雇主责任保险。工伤民事索赔，按照民法的规定和程序，很难使受伤害者得到应有的赔偿，也很难合理地处理工伤所引发的社会问题，有时要拖延很长时间，不仅不能适应工伤事故日益增多的情况，往往也使受伤害者得不到及时、合理的赔偿，从而造成不公平的结果。随着社会的发展，法律思想也发生了深刻的变化，在侵权法领域出现了无过错责任原则，即：不管雇主是否有过错，都须依照法律法规对受伤害的雇员承担赔偿责任。在19世纪末，法国、德国、英国等普遍认同了"职业危险"原则，即：凡利用机器或雇员体力从事经济活动的雇主或机构，就有可能造成雇员受到职业方面的伤害。意外事故无论是由于雇主的疏忽还是由于受伤害者的同事

的粗心大意，甚至根本不存在什么过失，雇主也应该进行赔偿，赔偿金应该是企业所承担的一部分管理费用。无过错责任原则与职业危险原则应用于工业伤害领域代表着雇主责任制的开始。

职业伤害保险从民法中独立出来后，就进入了雇主责任保险阶段，即受伤害的工人或遗属直接向雇主要求索赔，雇主依照法律法规向他们直接支付保险待遇。雇主责任保险制有雇主自我保险和商业保险公司投保两种形式。自我保险就是雇主个人或雇主群体对职业伤害进行赔偿；商业保险公司投保就是雇主通过向私人保险公司投保而得到保险。但是商业保险公司由于其营利的本性，会设法拒绝接受职业危险性很大的企业和工人参保，极力降低给付标准，逃避赔付责任，这种模式也存在明显弊端。

第四阶段：工伤社会保险。工伤事故具有严重性、不可避免性和非个人性的特征，所以单纯追究"个人责任"是不合理的。既然工伤事故是社会性的问题，就需要根据社会公正的原则，让全体社会成员分担损失，保证事故的受害人获得赔偿。现代国家的社会职能加强，已经承担起保障社会成员免受意外损失的义务。社会保险已突破了侵权责任的调整范围，不考虑损害的原因和侵权责任，在更广的范围内补偿受害人的损失。对工伤职工的赔偿也必然从工伤索赔、雇主责任保险发展到工伤社会保险。1884年7月6日，德国颁布了《工伤保险法》，这是世界上第一部工伤保险法，是专门涉及工业事故和职业病及其预防和补偿问题的法规。之后，各国先后建立了工伤保险制度，颁布了相关法规。各国政策虽然不尽相同，但工伤保险的事故范围、保障范围、支出范围都在逐步发展和扩大。工伤保险制度的建立和发展改变了众多工伤劳动者及其家庭的生活，成为社会文明进步、经济良性可持续发展的重要标志。

综上所述，工伤是工业化和现代化大生产的产物，做好工伤劳动者及其家庭的保障工作是现代国家的重要命题。工伤保险随着人类工业化的过程应运而生，作为一项最"古老"的社会保障制度，历久弥新，正持续散发着无穷的生命力。

二、现实地看：工伤保险制度的特点与特征

（一）共性特征

工伤保险作为一项社会保险制度，具备以下共性特征：

1. 强制性。工伤事故具有突发性、不可预测性和不可逆性，多属于意外事故，工伤可暂时性、永久性造成身体残疾、器官损伤、生理或智力功能部分或全部丧失，最终表现为劳动能力部分或全部丧失。工伤可能给个人带来痛苦、家庭不幸，于企业、国家不利。因而，工伤保险由国家立法强制实施，属于政府行为，以公法调节，参加工伤保险是法定义务。

2. 社会性（普遍性）。工伤事故是现代化大生产带来的职业后果，是社会性的问题，需要根据社会公正的原则，让全体社会成员分担损失，保证事故的受害人获得赔偿。工伤保险是劳动者应该享受的基本权利，成为国家对劳动者履行的社会责任，由政府承担最终的政治和经济责任。工伤保险是世界历史上最悠久、实施范围最广的一

项社会保障制度，通过实行工伤保险，将企业的保险责任转移到政府和社会保险经办机构承担，由政府通过对社会经济生活的一定干预，在发生职业风险与未发生职业风险之间进行收入再分配，切实达到提高全社会抵御工伤风险能力、保障伤残劳动者基本生活水平的目的。

3. 互济性。社会保险遵循的是"大数法则"，风险分担、互助互济是社会保险制度中的基本原则。国家通过法律强制征收保险费，建立工伤保险基金，通过工伤保险基金的社会统筹，以"社会共济"的形式分摊工伤待遇费用，缓解部分企业、行业因工伤事故或职业病所产生的负担及压力，在较大范围内分散风险，促进高风险企业平等参与竞争，为劳动者和企业双方建立保护机制。

4. 福利性和非营利性。由用人单位承担工伤赔偿责任，极易引发劳动争议；而商业保险一般在保证获利的前提下分散投保者的经济风险。工伤保险则不以营利为目的。工伤保险基金属劳动者所有，是保障劳动者安全健康的物质基础，专款专用，国家不征税，并由国家财政提供担保，由隶属于政府部门的非营利性事业单位经办，工伤保险待遇由社会保险经办机构按标准支付。为了保障发生重大工伤事故时各项工伤保险待遇的及时足额支付，《工伤保险条例》规定，当工伤保险基金储备金不足支付时，由统筹地区的人民政府垫付。

工伤保险减少了企业与职工之间的工伤争议，既较好地保障了工伤职工的合法权益，又把企业从争议纠纷中解脱出来，有助于保持企业正常的生产工作秩序，促进社会的和谐稳定。

（二）个性特征

与其他社会保险制度相比，工伤保险还具有以下制度特点：

1. 个人不缴费。工伤保险费不实行分担方式，全部费用由用人单位即企业或雇主缴纳，劳动者个人不缴费，这是工伤保险与养老、医疗、失业等其他社会保险制度的区别之一。由于在生产中劳动者创造社会财富的同时，也付出了鲜血乃至生命，所以理应由雇主或企业、社会保险机构负担补偿费用，这在各国已形成共识。

2. 可以多重缴费。人力资源和社会保障部《实施〈中华人民共和国社会保险法〉若干规定》（人社部令第13号）第九条规定："职工（包括非全日制从业人员）在两个或者两个以上用人单位同时就业的，各用人单位应当分别为职工缴纳工伤保险费。职工发生工伤，由职工受到伤害时工作的单位依法承担工伤保险责任"。截至目前，工伤保险是唯一一项国家允许多重劳动关系可以多重缴纳的社会保险，且是唯一一项国家强制用人单位为非全日制从业人员缴纳的社会保险，目的就是最大限度地分散用人单位的用工风险，保护劳动者的工伤权益。

3. 体现无责任补偿的原则。又称无过失补偿，是指职工发生工伤事故时，无论其在事故中有没有责任，都应依法得到补偿，保障其基本生活。但这并不妨碍有关部门对企业事故责任人的追究，企业仍有权利依照合法的规章制度对劳动者进行管理，以防止类似事故重复发生，教育广大职工，降低事故率。

4. 区别因工与非因工的原则。工伤主要是由于工作直接或者间接引起的事故。工伤事故伤害因与工作环境、工作条件、工艺流程等有直接关系，因而在工伤治疗（含医疗、康复、安装辅助器具等）、伤残补偿、死亡抚恤等待遇标准方面，均高于医疗保险、养老保险等其他社会保险的相应水平。即："因病"或"非因工"等与劳动者本人工作、职业因素无关的伤亡，国家规定的待遇水平比工伤待遇要低得多。因此，在工伤保险制度中，对于界定因工与非因工伤害有明确规定。

5. 等级性。社会保险给付是社会保险关系的核心，而工伤保险待遇是根据伤残等级分类确定的。国家制定了职工工伤与职业病致残等级，并通过专门的劳动能力鉴定机构予以鉴定，根据不同等级给予不同标准的工伤保险待遇。

6. 优越性。可以说，工伤保险是我国社会保险中缴费较少、待遇最优厚、保险内容最全面、保险服务最周到的险种。工伤保险的优越性主要体现在：

一是保障与赔偿相结合。当劳动者暂时或永久丧失劳动能力时，对其给予物质上的必要保障，使他们能够继续享有基本生活水平，以保证劳动力扩大再生产和社会的稳定。此外，劳动力是有价值的，工伤事故使劳动力受到损害，理应对这种损害给予补偿（赔偿），这是工伤保险与其他社会保险的显著区别。

二是一次性补偿与长期补偿相结合。对工伤职工或工亡职工的遗属，不但给予一次性补偿金项目，还有长期支付项目，直到失去领取条件为止，既补偿其当期损失，又保障其长期的基本生活。

三是补偿与预防、康复相结合。现代工伤保险制度是工伤补偿、工伤预防、工伤康复三位一体，不局限于对工伤职工给予医疗救治、经济补偿和生活保障，而是与工伤预防和职业康复紧密结合起来，以更好地发挥工伤保险在保障劳动者合法权益、促进企业安全生产、维护社会稳定、促进生产力发展方面的积极作用。国家致力于采取各项措施，减少和预防事故伤害的发生。同时及时地对工伤职工进行医疗和职业康复，使其尽可能恢复劳动能力，能够自食其力，避免人力资源浪费。

三、辩证地看：不参加工伤保险统筹的现实危害

无论过去还是现在，总有些企业或存在侥幸心理，或受经济利益驱使，或法律意识淡薄，未依法参加工伤保险。为避免工伤职工受到利益损害，《工伤保险条例》第六十二条第二款规定："依照本条例规定应当参加工伤保险而未参加工伤保险的用人单位职工发生工伤的，由该用人单位按照本条例规定的工伤保险待遇项目和标准支付费用。"换言之，就是未参保单位职工依然享有相同的工伤保障权益，但相应待遇由用人单位全部支付。现实中，这种不参加工伤保险统筹由用人单位承担赔偿责任的做法，具有三大危害。

（一）对职工的危害

对职工来说，由用人单位承担赔偿责任，企业面临市场经营风险，经济效益有升降起伏，难以持续保证职工工伤待遇支付。如果雇主因欠债、破产失去责任能力，劳

动者则失去了受赔偿的可能。同时,个案索赔的处理模式,赔偿金多为一次性支付,一次性赔偿很容易在短期内花光,但永久丧失劳动能力的职工或死亡职工的供养亲属真正需要的是长期性待遇,一次性的赔偿方法难以保障其长期基本生活。如果雇主因欠债、破产失去责任能力,对那些永久丧失劳动能力的职工或所供养的亲属,其赖以保障基本生活的长期待遇化为泡影,无疑将遭受致命打击。

(二) 对用人单位的危害

对用人单位来说,用工风险不可避免,随着国家工伤待遇标准逐步提高,工伤赔偿尤其是工亡赔偿水涨船高,已是一笔不小的经济负担,若持续工伤事故多、争议多,特别是遇到重大、特大、伤亡人数较多的事故时,那些资金不足、实力不够雄厚的中小企业,可能难以负担起巨大的经济赔偿,势必影响企业自身发展,情况严重的还可能危及企业生存,间接导致企业倒闭、破产、解散。

(三) 对社会的危害

由用人单位全部承担赔偿责任,就有可能在工伤职工与用人单位之间存在利益博弈,引发劳动争议,并由此滋生出许多恶意诉讼。在极端情况下,一起工伤案件,若加上劳动争议处理,最长可经过11道程序,耗时1 300余天,经过3年多的时间才能最终裁定待遇。工伤职工维权周期长、程序多、成本大,双方当事人陷于讼累,劳动关系在对抗中高度紧张和恶化,既不利于工伤职工权益的保障,又不利于企业正常生产经营秩序的保持,还有可能造成社会贫困,成为矛盾隐患,危害社会稳定。

四、发展地看:工伤保险制度的发展趋势

国际上关于工伤保险的范围有一个发展的过程。在制度建立初期,仅包括工业上的意外事故,后来才逐步扩大。目前,世界各国均有扩大工伤范围的趋势,工伤保险的限制在减少,有权享受待遇的人群在增加,主要表现在:

(一) 保障对象范围不断扩大

一些工业化国家已将保障人群从经济活动人群扩大到非经济活动人群。德国、丹麦、奥地利等国将个体经营者纳入了保障范围。奥地利、法国、德国等国将保障对象扩展到教师和学生。还有一些国家将红十字救援人员、义务消防员、协警、家庭教师、保姆等也纳入了工伤保险范围。总体来看,在工伤保险制度实行较早、制度发展成熟的部分西方发达国家,传统的以工作人群为保障对象、以雇佣关系为建立基础的工伤保险制度,已出现逐渐向全民意外伤害保险制度转化的趋势。

(二) 工伤认定范围逐步扩大

越来越多的国家开始将上下班交通事故列为工伤范围,职业病种类也呈不断增加之势。另外,部分新的工伤情形开始被列入一些国家的工伤范畴,如日本已将过劳死现象视同为工伤等。

第三节 我国工伤保险的制度体系和主要内容

一、我国工伤保险制度的历史沿革和简要历程

如前所述，我国的工伤保险制度经历了从计划经济时期的"企业保险"到市场经济时期的"社会保险"的发展历程。1951年2月26日，中央人民政府政务院颁布《中华人民共和国劳动保险条例》，这是我国第一部包括工伤、死亡遗属等社会保险在内的对城镇企业职工实行的全国性统一法规，也是社会保险制度在新中国开始实施的起点。1996年，劳动部颁布了《企业职工工伤保险试行办法》（劳部发〔1996〕266号），从1996年10月1日开始试行。《企业职工工伤保险试行办法》对工伤保险制度作了统一规定，对企业自我保险的工伤制度进行了根本改革，变"企业保险"为社会保险，大大分散了企业的工伤风险。2003年4月27日，国务院颁布《工伤保险条例》（国务院令第375号），标志着我国工伤保险制度建设进入法制化轨道。2010年10月28日第十一届全国人民代表大会常务委员会第十七次会议通过、2010年10月28日中华人民共和国主席令第35号正式颁布《中华人民共和国社会保险法》，自2011年7月1日开始实施，其中对工伤保险作出专章规定，进一步明确了工伤保险的法律地位。2010年12月8日，国务院第136次常务会议通过了《国务院关于修改〈工伤保险条例〉的决定》（2010年12月20日国务院令第586号公布，自2011年1月1日起施行）。至此，我国逐步形成了以"一法一条例"为核心、以部（省）颁规章为配套、以一系列专项技术标准为支撑的较为完善的工伤保险政策制度体系。

二、当前我国工伤保险的主要制度体系

（一）"一法一条例"

1. 2003年4月《工伤保险条例》颁布，于2004年1月1日正式施行。

2. 2010年10月《中华人民共和国社会保险法》颁布，对工伤保险作了专章规定，并于2011年7月1日起正式施行。

3. 2010年12月《工伤保险条例》修订颁布，于2011年1月1日起正式施行。

（二）围绕"一法一条例"的贯彻实施，各相关配套法规陆续颁布，法律法规和政策标准体系建设日臻完善

1. 人力资源和社会保障部等部委的7个部颁配套规章。

(1)《工伤认定办法》(人社部令第 8 号),2010 年 12 月修订颁布。

(2)《非法用工单位伤亡人员一次性赔偿办法》(人力资源和社会保障部令第 9 号),2010 年 12 月修订颁布。

(3)《部分行业企业工伤保险费缴纳办法》(人力资源和社会保障部令第 10 号),2010 年 12 月制定颁布。

(4)《社会保险基金先行支付暂行办法》(人力资源和社会保障部令第 15 号),2011 年 6 月制定颁布。

(5)《因工死亡职工供养亲属范围规定》(劳动和社会保障部令第 18 号),2003 年 9 月颁布。

(6)《工伤职工劳动能力鉴定管理办法》(人力资源和社会保障部、卫生和计划生育委员会令第 21 号),2014 年 2 月颁布。

(7)《工伤保险辅助器具配置管理办法》(人力资源和社会保障部、民政部、卫生和计划生育委员会令第 27 号),2016 年 2 月颁布。

2. 4 个与工伤保险有关的法律:

(1)《中华人民共和国职业病防治法》,2001 年 10 月颁布,2011 年 12 月第一次修正,2016 年 7 月第二次修正。

相关内容:

第七条　用人单位必须依法参加工伤保险。

国务院和县级以上地方人民政府劳动保障行政部门应当加强对工伤保险的监督管理,确保劳动者依法享受工伤保险待遇。

第五十七条　职业病病人的诊疗、康复费用,伤残以及丧失劳动能力的职业病病人的社会保障,按照国家有关工伤保险的规定执行。

第五十八条　职业病病人除依法享有工伤保险外,依照有关民事法律,尚有获得赔偿的权利的,有权向用人单位提出赔偿要求。

第五十九条　劳动者被诊断患有职业病,但用人单位没有依法参加工伤保险的,其医疗和生活保障由该用人单位承担。

(2)《中华人民共和国安全生产法》,2002 年 6 月颁布,2014 年 8 月修正发布。

相关内容:

第四十八条　生产经营单位必须依法参加工伤保险,为从业人员缴纳保险费。

国家鼓励生产经营单位投保安全生产责任保险。

第四十九条　生产经营单位与从业人员订立的劳动合同,应当载明有关保障从业人员劳动安全、防止职业危害的事项,以及依法为从业人员办理工伤保险的事项。

生产经营单位不得以任何形式与从业人员订立协议,免除或者减轻其对从业人员因生产安全事故伤亡依法应承担的责任。

第五十三条　因生产安全事故受到损害的从业人员,除依法享有工伤保险外,依照有关民事法律尚有获得赔偿的权利的,有权向本单位提出赔偿要求。

(3)《中华人民共和国煤炭法》，2011年4月专门就第四十四条工伤保险条款修正。

相关内容：

第四十四条 煤矿企业应当依法为职工参加工伤保险缴纳工伤保险费。鼓励企业为井下作业职工办理意外伤害保险，支付保险费。

(4)《中华人民共和国建筑法》，2011年4月专门就第四十八条工伤保险条款修正。

相关内容：

第四十八条 建筑施工企业应当依法为职工参加工伤保险缴纳工伤保险费。鼓励企业为从事危险作业的职工办理意外伤害保险，支付保险费。

3.工伤保险技术标准：

(1) 工伤保险费率标准，2003年颁布，2015年修订。

(2) 职工工伤劳动能力鉴定标准［《劳动能力鉴定 职工工伤与职业病致残等级》(GB/T 16180—2014)］，2005年颁布，2014年修订。

(3) 工伤保险药品目录，2004年颁布，2009年修订，人社部发〔2017〕15号文件印发《国家基本医疗保险、工伤保险和生育保险药品目录》(2017年版)。

(4) 工伤保险辅助器具配置目录，2012年颁布。

(5) 工伤康复服务项目（试行），2013年印发。

(6) 工伤康复服务规范（试行）2013年印发。

(7) 工伤保险职业康复操作规范（试行），2014年颁布。

(三) 各省、自治区、直辖市陆续颁布各地配套规章

1. 广东、海南、河南、贵州等省份颁布了省级《工伤保险条例》。
2. 30余个省份出台了贯彻新修订《工伤保险条例》的省级实施办法。

(四) 各统筹地区（市）出台配套规定

各统筹地区（市）围绕工伤认定、劳动能力鉴定、工伤预防与康复、待遇调整、经办管理规程等出台了各自的规范性文件等相关配套规定，在本辖区内适用。

三、我国工伤保险的保障（参保）范围

工伤保险的保障对象是职业人群，即"职工"。这里的"职工"是指与用人单位存在劳动关系的各种用工形式以及各种用工期限的劳动者，包括在两个以上单位同时就业的非全日制从业人员。由于各地政策的细微差异，保障对象还可以分为"法定参保人群"和"规定参保人群"。

1.《工伤保险条例》第二条规定："中华人民共和国境内的企业、事业单位、社会团体、民办非企业单位、基金会、律师事务所、会计师事务所等组织和有雇工的个体工商户（以下称用人单位）应当依照本条例规定参加工伤保险，为本单位全部职工

或者雇工（以下称职工）缴纳工伤保险费。"

之所以这样规定，主要是考虑到这些用人单位存在工作伤害风险，只有参加工伤保险基金统筹，才能分担雇主风险，使工伤职工的权益最终能够得以保障。要求用人单位参保，体现了国际上通行的工伤保险严格雇主责任。工伤保险制度建立100多年来，雇主责任原则一直得到很好的遵循。在工伤事故或者职业病发生以后，无论职工有无过错，都由雇主通过其统筹形成的工伤保险基金承担待遇支付责任，工伤职工均有权享受工伤保险待遇。本条规定同样体现了雇主责任这一基本原则，极大地扩大了《工伤保险条例》的适用范围。

2. 人力资源和社会保障部、住房和城乡建设部、国家安全生产监督管理总局、中华全国总工会《关于进一步做好建筑业工伤保险工作的意见》（人社部发〔2014〕103号）规定："对不能按用人单位参保、建筑项目使用的建筑业职工特别是农民工，按项目参加工伤保险。"《国务院办公厅关于促进建筑业持续健康发展的意见》（国办发〔2017〕19号）提出："建立健全与建筑业相适应的社会保险参保缴费方式，大力推进建筑施工单位参加工伤保险。"

3. 部分省市出台了公务员参加工伤保险的政策文件，在公务员和参照公务员法管理的事业单位实施了工伤保险。

4. 个别地方已尝试将灵活就业人员等特殊群体纳入工伤保险。

四、我国工伤保险的事故范围

从《企业职工工伤保险试行办法》到2003年国务院颁布的《工伤保险条例》，到2010年修订完善的《工伤保险条例》，我国工伤保险保障的事故范围经历了几番调整。目前《工伤保险条例》共规定了10种应当认定或视同为工伤的情形，分别是：

第十四条　职工有下列情形之一的，应当认定为工伤：

（一）在工作时间和工作场所内，因工作原因受到事故伤害的；

（二）工作时间前后在工作场所内，从事与工作有关的预备性或者收尾性工作受到事故伤害的；

（三）在工作时间和工作场所内，因履行工作职责受到暴力等意外伤害的；

（四）患职业病的；

（五）因工外出期间，由于工作原因受到伤害或者发生事故下落不明的；

（六）在上下班途中，受到非本人主要责任的交通事故或者城市轨道交通、客运轮渡、火车事故伤害的；

（七）法律、行政法规规定应当认定为工伤的其他情形。

第十五条　职工有下列情形之一的，视同工伤：

（一）在工作时间和工作岗位，突发疾病死亡或者在48小时之内经抢救无效死亡的；

（二）在抢险救灾等维护国家利益、公共利益活动中受到伤害的；

（三）职工原在军队服役，因战、因公负伤致残，已取得革命伤残军人证，到用人单位后旧伤复发的。

职工有前款第（一）项、第（二）项情形的，按照本条例的有关规定享受工伤保险待遇；职工有前款第（三）项情形的，按照本条例的有关规定享受除一次性伤残补助金以外的工伤保险待遇。

另外，《工伤保险条例》还规定了3种不得认定为工伤或者视同工伤的情形：

第十六条　职工符合本条例第十四条、第十五条的规定，但是有下列情形之一的，不得认定为工伤或者视同工伤：

（一）故意犯罪的；

（二）醉酒或者吸毒的；

（三）自残或者自杀的。

五、我国工伤保险的缴费模式

（一）《工伤保险条例》规定

第十条　用人单位应当按时缴纳工伤保险费。职工个人不缴纳工伤保险费。

用人单位缴纳工伤保险费的数额为本单位职工工资总额乘以单位缴费费率之积。

对难以按照工资总额缴纳工伤保险费的行业，其缴纳工伤保险费的具体方式，由国务院社会保险行政部门规定。

第十一条　工伤保险基金逐步实行省级统筹。

跨地区、生产流动性较大的行业，可以采取相对集中的方式异地参加统筹地区的工伤保险。具体办法由国务院社会保险行政部门会同有关行业的主管部门制定。

（二）具体费率政策

为更好地贯彻《中华人民共和国社会保险法》《工伤保险条例》，使工伤保险费率政策更加科学、合理，适应经济社会发展的需要，2015年人力资源和社会保障部、财政部下发《关于调整工伤保险费率政策的通知》（人社部发〔2015〕71号），自2015年10月1日起，对原有工伤保险费率政策进行调整。

1. 行业工伤风险类别划分由三类细化为八类。按照《国民经济行业分类》（GB/T 4754—2011）对行业的划分，根据不同行业的工伤风险程度，由低到高，依次将行业工伤风险类别划分为一类至八类。

2. 各类行业基准费率有所降低。不同工伤风险类别的行业执行不同的工伤保险行业基准费率。各行业工伤风险类别对应的全国工伤保险行业基准费率为，一类至八类分别控制在该行业用人单位职工工资总额的0.2%、0.4%、0.7%、0.9%、1.1%、1.3%、1.6%、1.9%左右。

各统筹地区人力资源社会保障部门要会同财政部门，按照"以支定收、收支平衡"的原则，合理确定本地区工伤保险行业基准费率具体标准，并征求工会组织、用人单位代表的意见，报统筹地区人民政府批准后实施。基准费率的具体标准可根据统筹地区经济产业结构变动、工伤保险费使用等情况适时调整。

3. 通过费率浮动的办法确定每个行业内的费率档次。一类行业分为三个档次，即在基准费率的基础上，可向上浮动至120％、150％，二类至八类行业分为五个档次，即在基准费率的基础上，可分别向上浮动两档至120％、150％或向下浮动两档至80％、50％。

4. 对单位费率科学确定与浮动。统筹地区社会保险经办机构根据用人单位工伤保险费使用、工伤发生率、职业病危害程度等因素，确定其工伤保险费率，并可依据上述因素变化情况，每一至三年确定其在所属行业不同费率档次间是否浮动。对符合浮动条件的用人单位，每次可上下浮动一档或两档。

（三）部分行业企业工伤保险费缴纳办法

对难以直接按照工资总额计算缴纳工伤保险费的建筑施工企业、小型服务企业、小型矿山企业等，2010年人力资源和社会保障部下发的《部分行业企业工伤保险费缴纳办法》（人社部令第10号）规定，建筑施工企业可以实行以建筑施工项目为单位，按照项目工程总造价的一定比例，计算缴纳工伤保险费。商贸、餐饮、住宿、美容美发、洗浴以及文体娱乐等小型服务业企业以及有雇工的个体工商户，可以按照营业面积的大小核定应参保人数，按照所在统筹地区上一年度职工月平均工资的一定比例和相应的费率，计算缴纳工伤保险费；也可以按照营业额的一定比例计算缴纳工伤保险费。小型矿山企业可以按照总产量、吨矿工资含量和相应的费率计算缴纳工伤保险费。

（四）建筑业工伤保险

建筑业属于工伤风险较高的行业，又是农民工集中的行业。为维护建筑业职工特别是农民工的工伤保障权益，人力资源和社会保障部、住房和城乡建设部、国家安全生产监督管理总局、中华全国总工会下发的《关于进一步做好建筑业工伤保险工作的意见》（人社部发〔2014〕103号），完善了符合建筑业特点的工伤保险参保政策，大力扩展建筑企业工伤保险参保覆盖面。

《关于进一步做好建筑业工伤保险工作的意见》（节选）

人社部发〔2014〕103号

一、完善符合建筑业特点的工伤保险参保政策，大力扩展建筑企业工伤保险参保覆盖面。建筑施工企业应依法参加工伤保险。针对建筑行业的特点，建筑施工企业对相对固定的职工，应按用人单位参加工伤保险；对不能按用人单位参保、建筑项目使用的建筑业职工特别是农民工，按项目参加工伤保险。房屋建筑和市政基础设施工程实行以建设项目为单位参加工伤保险的，可在各项社会保险中优先办理参加工伤保险手续。建设单位在办理施工许可手续时，应当提交建设项目工伤保险参保证明，作为保证工程安全施工的具体措施之一；安全施工措施未落实的项目，各地住房城乡建设主管部门不予核发施工许可证。

二、完善工伤保险费计缴方式。按用人单位参保的建筑施工企业应以工资总额为基数依法缴纳工伤保险费。以建设项目为单位参保的，可以按照项目工程总造价的一定比例计算缴纳工伤保险费。

三、科学确定工伤保险费率。各地区人力资源社会保障部门应参照本地区建筑企业行业基准费率，按照以支定收、收支平衡原则，商住房城乡建设主管部门合理确定建设项目工伤保险缴费比例。要充分运用工伤保险浮动费率机制，根据各建筑企业工伤事故发生率、工伤保险基金使用等情况适时适当调整费率，促进企业加强安全生产，预防和减少工伤事故。

四、确保工伤保险费用来源。建设单位要在工程概算中将工伤保险费用单独列支，作为不可竞争费，不参与竞标，并在项目开工前由施工总承包单位一次性代缴本项目工伤保险费，覆盖项目使用的所有职工，包括专业承包单位、劳务分包单位使用的农民工。

（五）双重（多重）就业

按照人力资源和社会保障部《实施〈中华人民共和国社会保险法〉若干规定》（人社部令第13号）第九条规定："职工（包括非全日制从业人员）在两个或者两个以上用人单位同时就业的，各用人单位应当分别为职工缴纳工伤保险费。"

chapter 2

第二章 工伤认定详解与释义

第一节 行政法基础知识

工伤认定是一种具体行政行为,需要遵守行政法的一般规定。行政法是关于行政的法律制度,是我国法律体系中的一个部门法。与其他许多部门法一样,行政法是人们按照它所调整的社会关系,对规定在各类法律文件中的法律规范进行划分的结果。本节首先了解一下行政法的相关基础知识。

一、行政

行政是一种重要的社会分工。行政法意义上的行政是指公共行政。在行政法学上,可以将国家行政分为形式行政和实质行政、负担行政和授益行政、秩序行政和给付行政等。

(一)形式行政和实质行政

形式行政是指以行政机关作为划分行政的根据,只要是行政机关从事的职能活动都可以被认为是行政活动,无论它们是制定规则、处理具体事项,还是裁决争议案件的活动。实质行政是指以国家机关的活动功能作为划分行政的根据,制定规则和裁决争议案件以外的执行性活动被认为属于行政活动,无论它们是由什么国家机构实施的活动。行政法意义上的行政一般是指形式行政,行政机关的任何职权活动都属于行政法意义上的行政范畴。

(二)负担行政和授益行政

负担行政是行政机关使公民负担义务的行为。授益行政是行政机关为公民提供利益和赋予权利的行为。负担行政和授益行政的分类对于确定行政活动的法律后果有重要作用,例如,在符合信赖保护原则的情形下,对于有法律瑕疵的授益行为一般不得撤销或者撤回。

(三)秩序行政和给付行政

两者是以公民自由权为中心划分的,为防止滥用自由权导致社会危害而实施的秩序性管理是秩序行政,为消除和减少过度自由竞争带来的社会差别和维护社会公平提供的公共服务是给付行政。这种以行政职能为内容的分类,对于确定行政法的类型具有重要意义。如果秩序行政是主导行政职能,行政法就属于秩序行政法;如果行政给付成为主导行政职能,行政法就应当属于公共服务行政法或者社会行政法。行政法根据社会对政府职能的需求程度决定其性质、功能和类型。

二、行政法

我国行政法是调整由于国家行政管理发生的行政关系法律规范的总和。对于这一定义，可以从行政法的调整对象、调整方式和调整功能几个方面来认识。

（一）行政法的调整对象

行政法的调整对象是行政关系。行政关系是国家行政机关实现其行政职能的社会形式，是国家行政机关在实施国家行政管理过程中发生的社会关系的总称。行政法对行政关系的调整方式，就是赋予行政关系以法律权利义务的性质，使行政机关实施行政职能的过程，成为依法设立、变更和消灭行政法权利义务的过程。任何违反行政法义务的行为，无论是国家行政机关还是其他行政法义务主体都应当承担相应的法律责任。这是行政法调整方式区别于行政政策调整方式的基本标志。

（二）行政法的调整功能

行政法的调整功能是指行政法调整行政关系的整体作用。行政法有赋予行政机关管理职权以保证行政效率，监督行政机关以防止和消除行政违法行为两方面的功能。在行政法的发展过程中这两种功能可能会有所侧重，但是总体来说它们是结合起来共同发挥对行政机关的规范作用的，只是片面地强调其中一个方面是不可取的。

（三）行政法的分类

行政法的分类是按照一定的标准对行政法规范进行的划分。合理的分类有助于建立统一和谐的行政法体系内部结构。首先，可以分为一般行政法和部门行政法，或者称为行政法的总则和分则。其次，行政法还可以分为行政实体法和行政程序法，分类标准是权利义务的性质。具有实体权利义务性质的行政法规范属于实体行政法，具有程序权利义务性质的行政法规范属于程序行政法。

（四）行政法律规范不同于其他法律部门法律规范的一些重要特征

1. 缺乏统一完备的实体法法典。实体行政法律规范一般不集中地规定于一个法典式法律文件中，而是分散地规定于不同行政领域和不同法律效力等级的法律文件当中。这主要是由于国家行政管理内容的复杂多变和管理层次繁多，难以在一个法律文件中做穷尽性列举规定。

2. 行政职权和行政职责的统一性。行政机关的权利义务在行政法上表现为行政职权和行政职责。行政职权和行政职责都有依法履行的必要。行政机关在取得公共职权后，不能像民事主体行使民事权利那样进行处分，否则会构成渎职、失职或者不作为违法。

3. 行政法律规范立、改、废的经常性。由于国家行政管理内容经常更新，所以行政法律规范处于经常化的变动过程之中。行政管理所面临的是日新月异的社会需求，成文法多数是在总结过去经验基础上概括形成的，难以对后来发生的事情准确预料，国家行政机关又不能像民事主体那样以自主协商的方式来确定行政权利义务，这就给实行依法行政带来困难。解决这个问题的出路之一就是建立行政法律规范立、改、废经常化的机制。行政法的稳定性主要体现为行政法律规范立、改、废机制的稳定性。

三、行政法的法律渊源

我国行政法的成文法法律渊源的种类，根据法律文件的制定机关和等级效力具体如下：

（一）宪法

宪法是国家根本法，所以宪法的规定在行政法的法律渊源体系中具有最高法律效力。

（二）法律

法律指全国人民代表大会及其常务委员会制定发布的基本法律和普通法律。法律是我国行政法的主要法律渊源，它可以根据宪法对各种国家行政事务作出规定，它的适用范围大、效力等级高。

（三）行政法规

行政法规指由国务院根据宪法和法律，按照行政法规的制定权限和制定程序发布的规范性文件。行政法规可以根据宪法和法律的规定对国家行政事务作出规定。在效力等级和规定范围上，行政法规仅次于法律。

（四）地方性法规

地方性法规指由省、自治区、直辖市人民代表大会及其常务委员会，较大的市的人民代表大会及其常务委员会，按照地方性法规制定权限和制定程序发布的规范性文件。确定地方性法规的规定范围准则有二：一是与上位规范的不抵触原则，省、自治区、直辖市人民代表大会及其常务委员会制定的地方性法规不得与宪法、法律和行政法规相抵触，较大的市的人民代表大会及其常务委员会制定的地方性法规不得与宪法、法律、行政法规和本省、自治区的地方性法规相抵触；二是制定依据上的"需要"原则，即可以根据本行政区域的具体情况和实际需要制定地方性法规。在等级效力上，地方性法规低于宪法、法律和行政法规；在地域效力上，其效力范围也仅限于本行政区域以内。

（五）民族自治条例和单行条例

民族自治条例和单行条例指我国民族自治地方的人民代表大会按照制定权限和制定程序发布的规范性文件。它们可以在一定范围内对民族自治地方的行政事务作出规定。民族自治条例和单行条例在规定范围和等级效力上有两方面内容：一是可以将当地民族的政治、经济和文化的特点作为制定依据；二是依据当地民族的特点依法对法律和行政法规的规定作出变通规定。在地域效力上，民族自治条例和单行条例的效力范围仅限于民族自治地方的行政区域以内。

(六) 行政规章

行政规章分为国务院部门规章和地方政府规章。它们可以在一定范围内对行政事务作出规定。

部门规章是国务院组成部门和具有行政管理职能的直属机构，按照规章制定权限和制定程序发布的规范性文件。在规定范围上，部门规章应当规定属于执行法律或者国务院行政法规、决定命令的事项。在效力方面，等级效力低于法律和行政法规，地域效力可以及于全国。

地方政府规章是省、自治区和直辖市、较大市的人民政府，根据地方政府规章的制定权限和制定程序发布的规范性文件。在规定范围上有两个方面：一是为执行法律、行政法规、地方性法规的规定需要制定规章的事项；二是属于本行政区域的具体行政管理事项。在效力方面，等级效力低于法律、行政法规和地方性法规，地域效力限于本行政区域。

(七) 国际条约和协定

我国参加的国际条约和国际协定，如果规定了我国行政机关的权利义务，是否可以直接作为国内行政法的渊源，需要根据实际内容进行确定。如根据我国加入世界贸易组织文件的相关规定，WTO协定和我国"入世"文件关于我国行政机关和其他有关机构权利义务的规定，应当转化为我国的国内立法后才能作为行政法的法律渊源予以适用。

(八) 法律解释

法律解释是指法律的规定需要进一步明确具体含义的，或者法律制定后出现新的情况，需要明确法律依据的情形，由法定机关根据法定程序对法律作出的解释。法律解释有相应的法律效力，是行政法的法律渊源之一。目前关于法律解释的立法主要有两个：一个是2000年公布、2015年修正的《中华人民共和国立法法》，另一个是1981年全国人民代表大会常务委员会公布的《关于加强法律解释工作的决议》。

(九) 司法解释

最高人民法院发布的司法解释，具有法律效力。因此，也应该作为行政法的重要参考。司法解释是法律授予最高人民法院的重要审判职权。司法解释充分发挥了统一法律适用、指导审判工作、完善司法政策、促进社会治理的重要作用。根据《最高人民法院关于司法解释工作的规定》（法发〔2007〕12号），司法解释的形式分为"解释""规定""批复"和"决定"四种。对在审判工作中如何具体应用某一法律或者对某一类案件、某一类问题如何应用法律制定的司法解释，采用"解释"的形式；根据立法精神对审判工作中需要制定的规范、意见等司法解释，采用"规定"的形式；对高级人民法院、解放军军事法院就审判工作中具体应用法律问题的请示制定的司法解释，采用"批复"的形式；修改或者废止司法解释，采用"决定"的形式。司法解释以最高人民法院公告形式发布。司法解释施行后，人民法院作为裁判依据的，应当在司法文书中援引。人民法院同时引用法律和司法解释作为裁判依据的，应当先援引法律，后援引司法解释。

> 法律法规摘选

《中华人民共和国立法法》（节选）

2000年3月15日第九届全国人民代表大会第三次会议通过，根据2015年3月15日第十二届全国人民代表大会第三次会议《关于修改〈中华人民共和国立法法〉的决定》修正①

第四十五条　法律解释权属于全国人民代表大会常务委员会。

法律有以下情况之一的，由全国人民代表大会常务委员会解释：

（一）法律的规定需要进一步明确具体含义的；

（二）法律制定后出现新的情况，需要明确适用法律依据的。

第四十六条　国务院、中央军事委员会、最高人民法院、最高人民检察院和全国人民代表大会各专门委员会以及省、自治区、直辖市的人民代表大会常务委员会可以向全国人民代表大会常务委员会提出法律解释要求。

第四十七条　常务委员会工作机构研究拟订法律解释草案，由委员长会议决定列入常务委员会会议议程。

第四十八条　法律解释草案经常务委员会会议审议，由法律委员会根据常务委员会组成人员的审议意见进行审议、修改，提出法律解释草案表决稿。

第四十九条　法律解释草案表决稿由常务委员会全体组成人员的过半数通过，由常务委员会发布公告予以公布。

第五十条　全国人民代表大会常务委员会的法律解释同法律具有同等效力。

……

第八十七条　宪法具有最高的法律效力，一切法律、行政法规、地方性法规、自治条例和单行条例、规章都不得同宪法相抵触。

第八十八条　法律的效力高于行政法规、地方性法规、规章。

行政法规的效力高于地方性法规、规章。

第八十九条　地方性法规的效力高于本级和下级地方政府规章。

省、自治区的人民政府制定的规章的效力高于本行政区域内的设区的市、自治州的人民政府制定的规章。

第九十条　自治条例和单行条例依法对法律、行政法规、地方性法规作变通规定的，在本自治地方适用自治条例和单行条例的规定。

经济特区法规根据授权对法律、行政法规、地方性法规作变通规定的，在本经济特区适用经济特区法规的规定。

---

① 后文引用不再标注。

第九十一条 部门规章之间、部门规章与地方政府规章之间具有同等效力，在各自的权限范围内施行。

第九十二条 同一机关制定的法律、行政法规、地方性法规、自治条例和单行条例、规章，特别规定与一般规定不一致的，适用特别规定；新的规定与旧的规定不一致的，适用新的规定。

第九十三条 法律、行政法规、地方性法规、自治条例和单行条例、规章不溯及既往，但为了更好地保护公民、法人和其他组织的权利和利益而作的特别规定除外。

第九十四条 法律之间对同一事项的新的一般规定与旧的特别规定不一致，不能确定如何适用时，由全国人民代表大会常务委员会裁决。

行政法规之间对同一事项的新的一般规定与旧的特别规定不一致，不能确定如何适用时，由国务院裁决。

第九十五条 地方性法规、规章之间不一致时，由有关机关依照下列规定的权限作出裁决：

（一）同一机关制定的新的一般规定与旧的特别规定不一致时，由制定机关裁决；

（二）地方性法规与部门规章之间对同一事项的规定不一致，不能确定如何适用时，由国务院提出意见，国务院认为应当适用地方性法规的，应当决定在该地方适用地方性法规的规定；认为应当适用部门规章的，应当提请全国人民代表大会常务委员会裁决；

（三）部门规章之间、部门规章与地方政府规章之间对同一事项的规定不一致时，由国务院裁决。

根据授权制定的法规与法律规定不一致，不能确定如何适用时，由全国人民代表大会常务委员会裁决。

第九十六条 法律、行政法规、地方性法规、自治条例和单行条例、规章有下列情形之一的，由有关机关依照本法第九十七条规定的权限予以改变或者撤销：

（一）超越权限的；

（二）下位法违反上位法规定的；

（三）规章之间对同一事项的规定不一致，经裁决应当改变或者撤销一方的规定的；

（四）规章的规定被认为不适当，应当予以改变或者撤销的；

（五）违背法定程序的。

……

第一百零四条 最高人民法院、最高人民检察院作出的属于审判、检察工作中具体应用法律的解释，应当主要针对具体的法律条文，并符合立法的目的、原则和原意。遇有本法第四十五条第二款规定情况的，应当向全国人民代表大会常务委员会提出法律解释的要求或者提出制定、修改有关法律的议案。

最高人民法院、最高人民检察院作出的属于审判、检察工作中具体应用法律的解释，应当自公布之日起三十日内报全国人民代表大会常务委员会备案。

最高人民法院、最高人民检察院以外的审判机关和检察机关，不得作出具体应用法律的解释。

四、我国行政法的六大基本原则

行政法基本原则是指反映行政法本质和具体制度规则内在联系的共同性规则。基本原则的作用主要是指导行政法的制定、修改和废止，指导行政法的统一适用和解释，弥补法制漏洞。

行政法基本原则主要有两种来源：一是国家立法性和政策性文件的规定；二是行政法学理论的阐述。法学理论对行政法基本原则的阐述注重反映人们对一般规律的认识，但是由于认识上的差异，法学著作对基本原则的表述会有所不同。国家相关文件的规定也会根据实际情况吸收理论研究的成果，因此，这两种来源会在一定程度上达到统一。一般将行政法的基本原则概括为六个方面，即：合法行政原则、合理行政原则、程序正当原则、高效便民原则、诚实守信原则和权责统一原则。

（一）合法行政原则

合法行政是行政法的首要原则，其他原则可以理解为是对这一原则的延伸。实行合法行政原则是行政活动区别于民事活动的主要标志。《中华人民共和国宪法》第二条和第三条规定，中华人民共和国的一切权力属于人民。人民行使国家权力的机关是全国人民代表大会和地方各级人民代表大会。国家行政机关由人民代表大会产生，对它负责，受它监督。第五条规定，中华人民共和国实行依法治国，建设社会主义法治国家。一切国家机关都必须遵守宪法和法律。国家行政机关应当依照宪法和法律行使行政职权。

我国合法行政原则在结构上包括对现行法律的遵守和依照法律授权活动两个方面。

1. 行政机关必须遵守现行有效的法律。这一方面的基本要求是：行政机关实施行政管理，应当依照法律、法规、规章的规定进行，禁止行政机关违反现行有效的立法性规定。第一，行政机关的任何规定和决定都不得与法律相抵触，行政机关不得作出不符合现行法律的规定和决定。行政机关的规定和决定违法，就不能取得法律效力。第二，行政机关有义务积极执行和实施现行有效法律规定的行政义务。行政机关不积极履行法定作为义务，将构成不作为违法。

2. 行政机关应当依照法律授权活动。这一方面的基本要求是：没有法律、法规、规章的规定，行政机关不得作出影响公民、法人和其他组织合法权益或者增加公民、法人和其他组织义务的决定。在行政机关与公民、法人和其他组织关系上：第一，行政机关采取行政措施必须有立法性规定的明确授权；第二，没有立法性规定的授权，行政机关不得采取影响公民、法人和其他组织权利义务的行政措施。行政机关不遵守这一不作为义务，将构成行政违法。

（二）合理行政原则

合理行政原则的主要含义是行政决定应当具有理性，属于实质行政法治的范畴，尤其适用于裁量性行政活动。最低限度的理性，是指行政决定应当具有一个有正常理智的普通人所能达到的合理与适当，并且能够符合科学公理和社会公德。更为规范的行政理性表现为三个原则。第一，公平公正原则。要平等对待行政管理相对人，不偏私、不歧视。第二，考虑相关因素原则。作出行政决定和进行行政裁量，只能考虑符合立法授权目的的各种因素，不得考虑不相关因素（如人情、利害等）。第三，比例原则。①目的性。行政机关行使裁量权所采取的具体措施必须符合法律目的。为满足这一要求，就需要行政机关在作出决定前准确理解和正确确定法律所要达到的目的。在多数情况下，法律会对其立法目的作出明确规定，但有时法律规定的目的可能比较含混，在这些情况下，就需要行政机关根据立法背景、法律的整体精神、条文间的关系、规定含义等因素作出综合判断。②适当性。指行政机关所选择的具体措施和手段应当为法律所必需，结果与措施和手段之间存在着正当性。为达到这一要求，就需要行政机关根据具体情况，判断拟采取的措施对达到结果是否有利和必要。③损害最小。指行政机关在可以采用多种方式实现某一行政目的的情况下，应当采用对当事人权益损害最小的方式。即行政机关能用轻微的方式实现行政目的，就不能选择使用手段激烈的方式。

总之，行政机关采取的措施和手段应当必要、适当。行政机关实施行政管理可以采用多种方式实现行政目的的，应当避免采用损害当事人权益的方式。例如山东省莱芜市中级人民法院公布的 2016 年度行政案件参考案例六，即是这方面的典型。

李某某诉莱芜市公安局莱城分局治安行政处罚案

/案情/

莱城公安分局于 2015 年 6 月 12 日作出治安行政处罚决定，以李某某于 2015 年 3 月 30 日与其大伯哥亓某某、张某某夫妇发生争执，并对张某某进行殴打为由，对李某某处以行政拘留 3 日的处罚。后李某某向市政府申请行政复议，2015 年 9 月 22 日，市政府作出复议决定，维持了被诉行政处罚决定。李某某不服，提起行政诉讼。

/裁判/

莱芜市莱城区人民法院经审理认为，李某某与张某某系妯娌关系，李某某打了张某某脸部一巴掌虽然属实，经鉴定不构成轻微伤，这一行为在情节及社会危害性上都极其轻微；处理两个家庭之间的纠纷、冲突，应充分考虑处理结果对亲情关系修复方面的影响，最终作出有利于化解矛盾，重构和谐家庭关系的行政处理决定。莱城公安分局作出的被诉行政处罚决定认定事实清楚、证据充分，程序合法，但该处罚决定明显不当；市政府的行政复议决定也应对被诉行政处罚决定的内容适当与否进行审查。依法判决：撤销被告莱芜市公安局莱城分局作出的行政处罚决定书和莱芜市人民政府作出的行政复议决定书。

/评析/

本案涉及行政处罚要坚持行政合理性原则和比例原则。设定和实施行政处罚必须以事实为依据，与违法行为的事实、性质、情节以及社会危害程度相当，既要保证行政管理目标的实现，又要兼顾保护行政相对人的权益。本案，考虑双方当事人之间的关系，应当多做调解、感化工作，避免矛盾进一步升级，而不仅仅是以处罚为目的。

案例来源：山东省莱芜市中级人民法院公布的2016年度行政案件参考案例六

（三）程序正当原则

程序正当原则是最低限度的程序正义要求，是当代行政法的主要原则之一，行政机关必须遵守。它包括以下几个原则：第一，行政公开原则。除涉及国家秘密和依法受到保护的商业秘密、个人隐私外，行政机关实施行政管理应当公开，以实现公民的知情权。第二，公众参与原则。行政机关作出重要规定或者决定，应当听取公民、法人和其他组织的意见。特别是作出对公民、法人和其他组织不利的决定，要听取他们的陈述和申辩。第三，回避原则。行政机关工作人员履行职责，与行政管理相对人存在利害关系时，应当回避。行政机关作出具体行政行为必须遵循法定程序，如果违反法定程序，即使具体行政行为实体上是正确的，也有被人民法院依法撤销的危险。

（四）高效便民原则

高效便民原则分为两个方面。第一是行政效率原则，基本内容有二：首先是积极履行法定职责，禁止不作为或者不完全作为；其次是遵守法定时限，禁止超越法定时限或者不合理延迟。延迟是行政不公和行政侵权的表现。第二是便利当事人原则，即在行政活动中增加当事人程序负担，是法律禁止的行政侵权行为。

（五）诚实守信原则

诚实守信原则分为两个方面。第一是行政信息真实原则。行政机关公布的信息应当全面、准确、真实。无论是向普通公众公布的信息，还是向特定人或者组织提供的信息，行政机关都应当对其真实性承担法律责任。第二是保护公民信赖利益原则。非因法定事由并经法定程序，行政机关不得撤销、变更已经生效的行政决定；因国家利益、公共利益或者其他法定事由需要撤回或者变更行政决定的，应当依照法定权限和程序进行，并对行政管理相对人因此而受到的财产损失依法予以补偿。

（六）权责统一原则

权责统一原则分为两个方面。第一是行政效能原则。行政机关依法履行经济、社会和文化事务管理职责，要由法律、法规赋予其相应的执法手段，保证政令有效。第二是行政责任原则。行政机关违法或者不当行使职权，应当依法承担法律责任。这一原则的基本要求是行政权力和法律责任的统一，即执法有保障、有权必有责、用权受监督、违法受追究、侵权须赔偿。

五、抽象行政行为和具体行政行为

（一）抽象行政行为

抽象行政行为是指行政主体非针对特定人、事、物所作出的具有普遍约束力的行政行为。它包括有关政府组织和机构制定的行政法规、行政规章、行政措施、作出具有普遍约束力的决定和命令。其法律特征，一是抽象行政行为具有普遍约束力，它是针对一类事或一类人，而不是针对特定人或特定事作出的，因而具有普遍约束力。抽象行政行为是约束相对一群公民或者组织的行为。二是抽象行政行为具有间接的法律效果，它不能对行政相对人发生直接的权利义务的变化，而是使有关行政相对人拥有产生权利义务变化的依据。三是抽象行政行为具有往后效力。它针对往后的事件作出，并只适用行政规则制定以后的行为和事件。它不仅对所有的公民和组织有效，而且在公布以后的所有时间内有效，直到被废止。这种往后效力，还表现在对同类行为在制定行政规则以后的时空里可以反复适用。

（二）具体行政行为

具体行政行为是指行政主体在国家行政管理活动中行使职权，针对特定的行政相对人，就特定的事项，作出有关该行政相对人权利义务的单方行为。行政诉讼法首次使用了这一概念，最高人民法院在《关于贯彻执行行政诉讼法若干问题的意见（试行）》中对"具体行政行为"作出了司法解释："具体行政行为是指国家行政机关和行政机关工作人员、法律法规授权的组织、行政机关委托的组织或者个人在行政管理活动中行使行政职权，针对特定的公民、法人或者其他组织，就特定的具体事项，作出的有关该公民、法人或者其他组织权利义务的单方行为。"按照这一司法解释，具体行政行为的法律特征，一是具体行政行为体现了国家行政权的运作，其目的在于实现国家的行政目标，因而与立法行为和司法行为相区别。具体行政行为是行政主体的法律行为，是以它所拥有的行政职权为前提的。二是具体行政行为只对特定对象有效，不具有普遍约束力，所谓特定对象可以是某一相对人，也可以是特定的物，还可以是特定的行为。三是具体行政行为能直接产生有关权利义务的法律效果，使行政相对人的权利义务发生变化、增加或者减少。但是，这种法律效果只对业已发生的特定的人和事件有拘束力，对以后发生的同类事件没有效力，只是一次性处理。四是具体行政行为是一种单方行为。它由行政主体单方作出，其行政行为的成立不以行政相对人的合意为前提。

从行政诉讼法到行政复议法，都把具体行政行为限定为审查对象。对于具体行政行为，都是由具体的人来操作，且指向特定的人或物。对行政相对人的权益产生的影响也是明确的，因而行政相对人因具体行政行为受到侵害，都有权依法向行政复议机关或者向人民法院申请行政复议或者提起行政诉讼，对其权益受到的侵害寻求法律救济途径。

六、具体行政行为的分类、种类、效力和生效

（一）具体行政行为的分类

按照不同的标准，可以对具体行政行为进行不同的分类。常用分类法有：

1. 按行政机关是否以当事人的申请作为开始具体行政行为的条件，可分为依职权的和须申请的具体行政行为。依职权的具体行政行为，指行政机关不需要公民、法人或其他组织申请，可以直接依职权主动实施，如行政处罚、劳动监察（主动的行政行为）。须申请的具体行政行为，指行政机关必须以行政相对人的申请为前提，如工商机关颁发营业执照、工伤认定（被动的行政行为）。

2. 按具体行政行为受法律约束的程度，可分为羁束的和裁量的具体行政行为。羁束的具体行政行为，指受法律、法规严格的约束，只能依照法律、法规的规定执行，立法对具体行政行为的范围、方法、手段等条件作出严格规定，行政机关采取时基本没有选择的余地（如税务机关征税，不能自由创设税种）。裁量的具体行政行为，指法律法规规定一个幅度，行政机关根据实际情况在此幅度内斟酌，其意志可参与其间。

3. 按具体行政行为与当事人之间的权益关系，可分为授益的和负担的具体行政行为。为当事人授予权利、利益或者免除负担义务的，是授益的具体行政行为。为当事人设定义务或者剥夺其权益的，是负担的具体行政行为。

4. 按具体行政行为是否需要具备法定的形式，可分为要式的与不要式的具体行政行为。需要具备书面文字等其他特定意义符号为生效必要条件的，是要式的具体行政行为。不需要具备书面文字等其他特定意义符号就可以生效的，是不要式的具体行政行为。我国的具体行政行为原则上都是要式，不符合法定程序和形式的，是违法行为，要撤销。例外情况下是不要式的，如情况简单，无须烦琐的程序。《行政处罚法》规定：对于违法行为轻，情节不严重的，可以当场口头处罚。

（二）具体行政行为的种类

具体行政行为的具体种类主要有行政许可、行政处罚、行政强制、行政征收、行政确认、行政合同、行政给付等。

（三）具体行政行为的法律效力

具体行政行为的法律效力包含三项内容：拘束力、确定力和执行力。

1. 拘束力是指具体行政行为一经生效，行政机关和行政相对人都必须遵守，其他国家机关和社会成员必须予以尊重的效力。对于已生效的具体行政行为，其他国家机关也不得以相同的事实和理由再次受理和处理同一案件，其他社会成员也不得对同一案件进行随意的干预。

2. 确定力是指具体行政行为不再争议、不得更改的效力。包含四层意思：①行政行为一经作出，就有相对稳定性，非因法定事由、非经法定程序不能改变或撤销；②行政行为一经作出，其效力不受原作出主体变动的影响；③行政行为一经作出，其效

力不受原行政人变动的影响；④行政主体需要改变或撤回已作出的行政行为，必须经过与作出相同的法律程序。一般而言，具体行政行为作出后都会有一个可争议和可更改期。权益受到损害的当事人可以利用行政复议、行政诉讼或者行政监督程序撤回已经作出生效却有法律缺陷的具体行政行为。但出于稳定行政管理关系的需要，这一期限不可能无限延长。当法定的不可争议不可更改期限到来时，该具体行政行为也就取得了确定力，当然这是形式意义上的确定力。

3. 执行力是指使用国家强制力迫使相对人履行义务或者以其他方式实现具体行政行为权利义务安排的效力。从理论上讲，具体行政行为发生拘束力后，有关当事人应当积极主动地履行相关义务。具有执行内容的行政行为，如果相对人不履行，行政主体可以依法自身强制执行或申请法院强制执行。

（四）行政行为的生效规则

行政行为的生效规则主要有即时生效、告知生效、受领生效、附条件生效等。

1. 即时生效是指行政行为一经作出即具有效力，这是行政行为的常态生效规则，即行政行为无其他特别规定者，推定为即时生效。

2. 告知生效是指行政行为须告知对方后方能生效，告知有多种形式，有口头形式，多数为书面形式（如信函、通知、通报等）。

3. 受领生效是指行政行为须经相对人受领后才能生效。受领是指行政行为告知相对人并为相对人所领受。对于口头告知，告知之时即为受领之时；书面文书的告知则以文书交付相对人之时或文书到达相对人居所之时为受领之时。特殊情况下则以公告、公报发表之时或发表一定时间之后作为相对人受领之时。行政行为告知相对人并为相对人所领受的时间即为行政行为的正式生效时间。

4. 附条件生效是指当行政行为作出的附有条件达到之时即为该行政行为生效之时。

七、具体行政行为的一般合法要件

> 法律法规摘选

《中华人民共和国行政复议法》（节选）

1999年4月29日第九届全国人民代表大会常务委员会第九次会议通过，根据2009年8月27日第十一届全国人民代表大会常务委员会第十次会议《关于修改部分法律的决定》第一次修正，根据2017年9月1日第十二届全国人民代表大会常务委员会第二十九次会议《关于修改〈中华人民共和国法官法〉等八部法律的决定》第二次修正[①]

第二十八条 行政复议机关负责法制工作的机构应当对被申请人作出的具体行政

---

① 后文引用不再标注。

行为进行审查，提出意见，经行政复议机关的负责人同意或者集体讨论通过后，按照下列规定作出行政复议决定：

（一）具体行政行为认定事实清楚，证据确凿，适用依据正确，程序合法，内容适当的，决定维持；

（二）被申请人不履行法定职责的，决定其在一定期限内履行；

（三）具体行政行为有下列情形之一的，决定撤销、变更或者确认该具体行政行为违法；决定撤销或者确认该具体行政行为违法的，可以责令被申请人在一定期限内重新作出具体行政行为：

1. 主要事实不清、证据不足的；
2. 适用依据错误的；
3. 违反法定程序的；
4. 超越或者滥用职权的；
5. 具体行政行为明显不当的。

《中华人民共和国行政诉讼法》（节选）

1989年4月4日第七届全国人民代表大会第二次会议通过，根据2014年11月1日第十二届全国人民代表大会常务委员会第十一次会议《关于修改〈中华人民共和国行政诉讼法〉的决定》第二次修正，根据2017年6月27日第十二届全国人民代表大会常务委员会第二十八次会议《关于修改〈中华人民共和国民事诉讼法〉和〈中华人民共和国行政诉讼法〉的决定》第二次修正①

第六十九条 行政行为证据确凿，适用法律、法规正确，符合法定程序的，或者原告申请被告履行法定职责或者给付义务理由不成立的，人民法院判决驳回原告的诉讼请求。

第七十条 行政行为有下列情形之一的，人民法院判决撤销或者部分撤销，并可以判决被告重新作出行政行为：

（一）主要证据不足的；

（二）适用法律、法规错误的；

（三）违反法定程序的；

（四）超越职权的；

（五）滥用职权的；

（六）明显不当的。

第七十五条 行政行为有实施主体不具有行政主体资格或者没有依据等重大且明显违法情形，原告申请确认行政行为无效的，人民法院判决确认无效。

综上，根据《中华人民共和国行政复议法》和《中华人民共和国行政诉讼法》相

---

① 后文引用不再标注。

关规定，判断具体行政行为合法性的基本标准是：

（一）主体合法

行政行为的主体合法是行政行为合法有效的主体要件。主体合法是指实施行政行为的组织必须具有行政主体资格，能以自己的名义独立承担法律责任。

（二）权限合法

权限合法是指行政主体必须在法定的职权范围内实施行为，这是行政行为合法有效的权限方面的要件。

（三）事实证据确凿

第一，作出行政决定首先要有事实。第二，事实应当是确实充分的。《中华人民共和国行政诉讼法》第五章证据部分，规定了一些重要的证据制度，其中第三十三条规定了八种证据形式，以上证据经法庭审查属实，才能作为认定案件事实的根据。行政活动中的事实证据应当是充分的，足以证明采取行政行为的正确合法。

实践中，行政行为事实证据不足的表现主要有：①据以作出行政行为的事实不存在。②据以作出行政行为的事实不清。事实不清是指，可能事实是存在的，但事实的逻辑关系没有理清。③没有充分的证据来证明据以作出行政行为的事实依据的存在。行政行为的事实要件要求，行政行为据以作出的事实不仅应当是存在的，而且应当是可以证明的，特别是在正式的行政程序与诉讼程序中，法律事实必须有赖于行政证据的证明。

（四）适用法律法规正确

行政行为的作出必须既有事实依据，又有法律依据。行政管理是一种适用法律的国家活动，要将法律法规作为处理行政事实的根本准则和依据。将法律法规作为处理行政事实的根本准则和依据，是讲它的最高性，而不是唯一性。适用法律的含义之一，是对现行有效法律的遵守。已经失去效力的法律和尚未生效的法律，都不得适用。

行政行为适用法律、法规错误的表现主要有：①行政行为的内容直接违反法律规定。②行政行为的形式直接违反法律规定。③对于必须有直接法律依据的行政行为，在无法律依据的前提下作出该行政行为。④对于必须有直接法律依据的行政行为，在有法律依据的前提下作出该行政行为，但没有列明法律依据。⑤引用法律错误。如应当引用 A 法律却引用了 B 法律，或应当引用 A 条款却引用了 B 条款。

（五）符合法定程序

程序是指行政行为的实施所要经过的步骤、方式、顺序以及时限等。法定程序赋予这些方式和形式以权利义务的属性，行政机关行使职权时必须遵守，也是判断行政行为是否正确合法的重要标准。

（六）不超越和滥用职权

《中华人民共和国行政复议法》《中华人民共和国行政诉讼法》对行政机关提出了

两个禁止性的要求，不得超越和滥用职权。行政机关的具体行政行为超越和滥用职权，侵犯当事人的合法权益，复议机关、法院可以予以撤销。不得超越职权，是要求行政机关应当在法律授予的权限内活动。不能以公共需要为理由对抗职责权限的要求，过于热心，也会构成违法和侵权。法院不是按照行为人的动机，而是按照法律的规定来判断行政行为的合法性。滥用职权，在行政法上是一个实质违法的概念和制度。行政机关的具体行政行为违反了授权法的立法目的，即使在形式上符合条件，仍然是一个违法的具体行政行为。行政机关在进行行政管理时，不只是机械和简单地按照有关法律和有关条款办事，而且还要执行法律的精神和立法目的。这就需要对法律的立法背景、立法目的、基本原则、制度和规则之间的内在联系有正确的认识和理解。

（七）无明显不当

明显不当是指行政行为明显不合理，特别是行政机关行使裁量作出的具体行政行为明显逾越了合理性的限度。具体行政行为表达中的明显疏忽，不具有违法性。行政意思的表达错误，如书写错误、计算错误、明显遗漏以及数字加工过程的错误，因为不是行政意思本身的错误，所以应当排除其违法性，可以由行政机关进行更正。如果给公民权益造成损害，因为行政机关有过错，应当给予赔偿，但不应认定为违法。

八、行政确认

（一）行政确认的概念和特征

行政确认是指行政主体对既存的法律事实和法律关系进行审查、认定并宣示其法律效力的行政行为。它是国家行政管理的重要手段，是使其他行政主体得以作出其他行政行为的前提。行政确认具有下列法律特征：

1. 既存性。行政确认是对业已存在或发生了的事实与关系的认定，因而具有既存性。

2. 非处分性。行政确认并不直接形成或处分相对人的权利与义务，它只是对业已存在的权利与义务关系进行认定，所以它不具有处分性。

3. 中间性。行政确认行为对行政相对人来说，它既不是行政赋权行为，即对相对人的有利行为，也不是行政限权行为，即对相对人的不利行为，而是一种"中性"行为。因为它或许对相对人有利，或许对相对人不利。

4. 宣示性和保护性。行政确认的法律功能在于对世人宣示某种已被确认的法律事实与法律关系的存在与效力，并起到对抗善意取得第三人的法律作用。

（二）行政确认的主体、种类和效力

行政确认并不是行政机关的普遍职权，针对不同的确认制度由不同的法规来设定行政确认的主体。从形式上，行政确认可分为确认、确权、认定、认证、评定、审定、核定、登记等。从确认内容上，可分为对主体资格的确认、对财产所有权与使用权的确认、对身份关系的确认、对事故责任的确认、对行为能力的确认、对有关情形的确认等。行政确认属于具有直接法律效力的行政行为，它的效力作用表现在：①效

力作用。行政确认后，使被确认的当事人权利义务发生法律效力。②证据作用。能作为证据证明被确认事实与关系的存在，除非有相反证据通过法律程序推翻之。③对抗善意第三人的作用。当事人的所有权与使用权，如果依法规定必须确认登记而不经过这些程序的，就不能对抗善意取得的第三人（如房地产登记等）。行政确认是一种具体行政行为，在法律救济问题上适用行政复议与行政诉讼。

（三）概念辨析

1. 行政确认与行政证明的区别。行政证明是指行政主体以一定的形式来表明某一法律事实与法律关系的存在，日常工作和生活中常表现为各种"证明"，如学历证明、户口证明等。只有行政机关开具的证明才叫行政证明。行政证明为行政管理工作所需要，被行政机关广泛采用。行政证明与行政确认有诸多区别：①主体上，任何行政机关都有开具证明的权力，而行政确认并不是行政机关的普遍职权，须由法规设定，不是任何行政机关都有。②性质上，行政证明是个事实行为，只作为证据使用；而行政确认是个法律行为，它直接发生确认效力的作用。行政证明作为证据，也需经过有权机关的审查与确认后才能发生证明作用，而行政确认只要不经过法定程序推翻之，它直接具有被确认的法律效力。③使用领域上，行政证明可以对外出具也可以对内出具，而行政确认只能是外部行为，是特定的行政主体为社会上的公民、法人或者其他组织，就后者的法律事实或法律关系确认其效力的行为。④可诉性上，行政证明是不可诉的，而行政确认是可诉的。

2. 行政确认与行政鉴定、公证的区别。行政鉴定是指有关行政鉴定机关通过技术手段对某一客观事实进行探真、分析、得出结论的活动。行政鉴定同样是一种事实行为，是对某一客观事实进行还原。公证是公证机构根据申请，依照法定程序对民事法律行为、有法律意义的事实和文书的真实性、合法性予以证明的活动，它是具有法律效力的证明活动。但公证机关是证明机构，不是行政机关，公证不是行政行为。

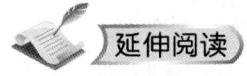

关于行政确认的概念，学界有争议。通说认为，是指行政主体对行政相对人的法律地位、法律关系和法律事实进行甄别，给予确定、认可、证明并予以宣告的具体行政行为。根据这一概念，行政确认主要包括四方面的含义和特征。

1. 行政确认的主体是特定的国家行政机关或法律、法规授权的组织。

2. 行政确认的内容是对相对人的法律关系或法律事实的确认。针对法律规范规定需要确认的事项，行政主体依据法定条件，按照一定程序，确定特定的法律关系或法律事实是否存在，达到确定或否定行政相对方法律地位或权利义务的目的。

3. 行政确认是具体行政行为。行政行为的概念，学界争议较多，但多数主张，行政行为是指行政主体在实施行政管理活动、行使行政职权过程中所作的具有法律意义的行为。该概念表明，行政行为除要求行为主体系行政主体外，行为内容是进行行政管理，行为的后果对行政相对人的权利义务具有拘束力。

4. 行政确认行为是羁束性行政行为。该类行政行为，行政主体对行政规范的适用没有或少有选择和裁量的余地。行政确认是对特定法律事实或法律关系是否存在的宣告，而某种法律事实或法律关系是否存在，是由客观事实和法律规定决定的，行政主体没有或少有裁量的余地，只能严格按照法律规定和技术规范进行。

稿件来源：选自《人民司法（案例）》（《指导案例6号的理解与参照》）
稿件编写人：最高人民法院案例指导工作办公室

第二节 工伤认定概述

《工伤保险条例》共规定了十种应当认定或视同为工伤的情形，职工发生事故伤害或者按照职业病防治法规定被诊断、鉴定为职业病后，首先应当进行工伤认定。

工伤认定是工伤职工获得工伤保险待遇的前提和基础，是由用人单位或工伤职工一方提出申请，由社会保险行政部门依法受理、调查并作出认定结论的具体行政行为。本节将重点讲解工伤认定基础知识。

一、工伤认定的特点

（一）申请性

工伤认定因申请而启动，未提出申请的，社会保险行政部门不主动启动认定程序。

《工伤保险条例》第十七条规定："职工发生事故伤害或者按照职业病防治法规定被诊断、鉴定为职业病，所在单位应当自事故伤害发生之日或者被诊断、鉴定为职业病之日起30日内，向统筹地区社会保险行政部门提出工伤认定申请。遇有特殊情况，经报社会保险行政部门同意，申请时限可以适当延长。用人单位未按前款规定提出工伤认定申请的，工伤职工或者其近亲属、工会组织在事故伤害发生之日或者被诊断、鉴定为职业病之日起1年内，可以直接向用人单位所在地统筹地区社会保险行政部门提出工伤认定申请。"

（二）特定性

工伤认定的申请和受理主体都是特定的。

工伤认定的受理主体是特定的，《工伤保险条例》设定工伤行政确认的主体是社会保险行政部门。申请主体的特定性，是指提出认定申请的用人单位和劳动者都应符合《中华人民共和国劳动法》和《工伤保险条例》规定的主体资格。这里的"用人单位"，是指工伤保险政策覆盖范围内的具备用工主体资格、能够承担工伤保险责任的单位，包括法定范围和规定范围。《工伤保险条例》第二条规定："中华人民共和国境内的企业、事业单位、社会团体、民办非企业单位、基金会、律师事务所、会计师事务所等组织和有雇工的个体工商户（以下称用人单位）应当依照本条例规定参加工伤保险，为本单位全部职工或者雇工（以下称职工）缴纳工伤保险费。"这是工伤认定的法定范围。除此之外，部分省、市通过政府规章、规范性文件等政策规定将机关单位、公务员和参照公务员管理的事业单位、社会团体的工作人员及零活就业人员等特定单位、特定职业群体也纳入了本地工伤保险的适用范围，这是工伤认定的特定范围。而不具备用工主体资格的自然人、单位及其他参保政策范围以外的组织或单位，都不属于工伤认定的适格主体。这里的"职工"，是指与用人单位存在劳动关系的各种用工形式以及各种用工期限的劳动者，包括在两个以上单位同时就业的非全日制从业人员。而未达到最低就业年龄的童工、未建立劳动关系的实习学生等，也不属于工伤认定的适格主体。

（三）拘束性

工伤认定是一种具体行政行为，具备具体行政行为的三大法律效力：拘束力、确定力和执行力。工伤认定结论具有法律约束力，相关义务人（用人单位和社会保险经办机构等）应依据已认定为工伤的结论，按照法律法规的规定支付工伤职工应享受的工伤待遇。

（四）可诉性

工伤认定属于行政确认中的一种，是具体行政行为。申请工伤认定的职工或者其近亲属、该职工所在单位对工伤认定申请不予受理的决定或对工伤认定结论不服的，可以依法申请行政复议或直接向人民法院提起行政诉讼。《工伤认定申请受理决定书》《工伤认定申请不予受理决定书》《认定工伤决定书》和《不予认定工伤决定书》等相应文书，均应载明不服行政决定申请行政复议或者提起行政诉讼的部门和时限。

法律法规摘选

《工伤保险条例》（节选）

2003年4月16日国务院第5次常务会议讨论通过，2003年4月27日中华人民共和国国务院令第375号公布，自2004年1月1日起施行；2010年12月8日国务院第136次常务会议通过《国务院关于修改〈工伤保险条例〉的决定》，2010年12月20日中华人民共和国国务院令第586号公布，自2011年1月1日起施行[①]

第五十五条 有下列情形之一的，有关单位或者个人可以依法申请行政复议，也

---

① 后文引用不再标注。

可以依法向人民法院提起行政诉讼：

（一）申请工伤认定的职工或者其近亲属、该职工所在单位对工伤认定申请不予受理的决定不服的；

（二）申请工伤认定的职工或者其近亲属、该职工所在单位对工伤认定结论不服的；

……

《工伤认定办法》（节选）

人力资源和社会保障部令第8号

第十九条 《认定工伤决定书》应当载明下列事项：

（一）用人单位全称；

（二）职工的姓名、性别、年龄、职业、身份证号码；

（三）受伤害部位、事故时间和诊断时间或职业病名称、受伤害经过和核实情况、医疗救治的基本情况和诊断结论；

（四）认定工伤或者视同工伤的依据；

（五）不服认定决定申请行政复议或者提起行政诉讼的部门和时限；

（六）作出认定工伤或者视同工伤决定的时间。

《不予认定工伤决定书》应当载明下列事项：

（一）用人单位全称；

（二）职工的姓名、性别、年龄、职业、身份证号码；

（三）不予认定工伤或者不视同工伤的依据；

（四）不服认定决定申请行政复议或者提起行政诉讼的部门和时限；

（五）作出不予认定工伤或者不视同工伤决定的时间。

《认定工伤决定书》和《不予认定工伤决定书》应当加盖社会保险行政部门工伤认定专用印章。

第二十三条 职工或者其近亲属、用人单位对不予受理决定不服或者对工伤认定决定不服的，可以依法申请行政复议或者提起行政诉讼。

《中华人民共和国行政复议法》（节选）

第九条 公民、法人或者其他组织认为具体行政行为侵犯其合法权益的，可以自知道该具体行政行为之日起六十日内提出行政复议申请；但是法律规定的申请期限超过六十日的除外。因不可抗力或者其他正当理由耽误法定申请期限的，申请期限自障碍消除之日起继续计算。

《中华人民共和国行政诉讼法》（节选）

第四十四条 对属于人民法院受案范围的行政案件，公民、法人或者其他组织可以先向行政机关申请复议，对复议决定不服的，再向人民法院提起诉讼；也可以直接向人民法院提起诉讼。

第四十五条 公民、法人或者其他组织不服复议决定的,可以在收到复议决定书之日起十五日内向人民法院提起诉讼。复议机关逾期不作决定的,申请人可以在复议期满之日起十五日内向人民法院提起诉讼。法律另有规定的除外。

第四十六条 公民、法人或者其他组织直接向人民法院提起诉讼的,应当自知道或者应当知道作出行政行为之日起六个月内提出。法律另有规定的除外。

因不动产提起诉讼的案件自行政行为作出之日起超过二十年,其他案件自行政行为作出之日起超过五年提起诉讼的,人民法院不予受理。

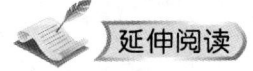

未告知复议、诉讼诉权或申请时限的行政行为,其复议或起诉期限最长不得超过2年

对于行政机关作出行政行为时未告知诉权、起诉期限的问题,原《最高人民法院关于执行〈中华人民共和国行政诉讼法〉若干问题的解释》(法释〔2000〕8号)第四十一条规定:"行政机关作出具体行政行为时,未告知公民、法人或者其他组织诉权或者起诉期限的,起诉期限从公民、法人或者其他组织知道或者应当知道诉权或者起诉期限之日起计算,但从知道或者应当知道具体行政行为内容之日起最长不得超过2年。复议决定未告知公民、法人或者其他组织诉权或者法定起诉期限的,适用前款规定。"

对于行政机关作出的行政行为,未告知相对人申请复议的权利、复议机关和复议申请期限,相对人的行政复议申请期限如何起算?

2012年12月18日,最高人民法院对江西省高级人民法院《关于姚文辉、姚明水、周建军诉江西省国土资源厅土地行政复议案的请示》作出答复:"行政机关在《行政复议法》实施后《行政复议法实施条例》施行前作出的行政行为,应当告知行政相对人申请复议的权利、复议机关和复议申请期限。行政机关未告知前述内容的,复议期限可参照《最高人民法院关于执行〈中华人民共和国行政诉讼法〉若干问题的解释》(法释〔2000〕8号)第四十一条的规定办理。"据此,未告知申请复议的权利、复议机关和复议申请期限的,相对人不服行政行为的复议期限为自知道该行政行为之日起2年内。若相对人自知道该行政行为2年内提出复议申请,其复议申请未超过行政复议申请期限。

分析:行政机关在作出行政行为时,既应当告知行政相对人行政行为的内容,也应当告知行政相对人诉权和起诉期限。这不仅是对行政机关遵循正当程序的要求,也是行政机关必须履行的义务。行政机关未告知诉权和起诉期限,则应该承担相应的不利后果。法释〔2000〕8号第四十一条的规定正是基于这样的考虑,体现了行政诉讼法的立法精神和目的,这与新修正的《行政诉讼法》及《最高人民法院关于适用〈中华人民共和国行政诉讼法〉若干问题的解释》（法释〔2015〕9号）精神一致，仍然在实践中继续适用。

**对工伤认定过程中形成的其他程序性文书，
是否可以申请行政复议或提起行政诉讼**

按照《工伤保险条例》和《工伤认定办法》规定，申请工伤认定的职工或者其近亲属、该职工所在单位对工伤认定申请不予受理的决定或工伤认定结论不服的，可以依法申请行政复议或直接向人民法院提起行政诉讼。除上述行政决定文本外，在工伤认定的过程中，还有可能形成其他的法律文书，如一次性告知补正材料通知书、中止通知书、恢复通知书等，当事人对这些程序性文书不服的，能否申请行政复议或直接向人民法院提起行政诉讼？对此不能一概而论。如最高人民法院2016年公布的69号指导案例认为："《中止通知》属于工伤认定程序中的程序性行政行为，如果该行为不涉及终局性问题，对相对人的权利义务没有实质影响的，属于不成熟的行政行为，不具有可诉性，相对人提起行政诉讼的，不属于人民法院受案范围。但如果该程序性行政行为具有终局性，对相对人权利义务产生实质影响，并且无法通过提起针对相关的实体性行政行为的诉讼获得救济的，则属于可诉行政行为，相对人提起行政诉讼的，属于人民法院行政诉讼受案范围。"

二、工伤认定的原则

现实生活中，职业伤害的情形复杂多样。《工伤保险条例》规定了应当认定为工伤、视同工伤和不得认定为工伤的三类情形，这些规定只是一个类的划分，不可能将所有职业伤害情形规范穷尽，特定情形的遗漏不可避免。即使是在法定范围之内，也可能在是否属于工伤的认识上出现模棱两可的情形。工伤认定必然面对一些特殊疑难问题。在法律适用中，可以援引法律原则，以克服法律规则的僵硬性缺陷，弥补法律条文的漏洞和不足，保证个案正义，工伤认定适用法律同样如此。

在工伤认定工作中，需要正确理解和适用法律。而正确理解和适用法律，既包括正确地理解和执行法律条文和法律规则，也包括正确地理解法律的价值理念和规范原则。因此，在认定过程中全面掌握条例规定和立法精神十分重要，有助于更好地解决实际工作中遇到的疑难问题，从而使工伤认定结论更加科学合理，使行政执法行为更好地与社会发展协调一致。

根据工伤保险设立的制度目的、《工伤保险条例》的立法精神和行政法基本原则，系统归纳，工伤认定应当遵循两大基本原则和六项具体原则。

（一）工伤保险的两大基本原则

法律的基本原则即法律的根本原理或准则。法律基本原则的确立有其内在的规律，不同属性的法律有不同的基本原则，不同的法律宗旨影响着法律的基本原则。工伤保险法律制度有其内在的规律和存在的社会基础，有特有的法律宗旨和基本原则。

1. 无过错责任原则。具体地说，是指用人单位承担工伤保险责任实行无过错责任原则。

无过错责任原则其实是一种归责原则。法律责任的归结，也叫归责，是指由特定国家机关或国家授权的机关依法对行为人的法律责任进行判断和确认。合法、公正、有效、合理地归结法律责任，是正确、充分地发挥法律责任的功能，实现法的价值的必要条件，进而也是建设社会主义法治国家的重要保证。法律责任的免除，也称免责，是指法律责任由于出现法定条件被部分或全部免除。

在民事上，侵权行为归责原则是关于民事侵权责任"归责"的基本规则，是据以确定行为人承担侵权责任的根据和标准。我国侵权行为归责原则主要包括过错责任原则和无过错责任原则。过错责任是指行为人因过错侵害他人民事权益应当承担的侵权责任。过错责任原则是指行为人的过错是侵权责任的必备条件，并以过错作为确立责任和责任范围的基础的归责原则。如网络侵权、违反安全保障义务、医疗损害责任等，就是几种典型的过错责任形态。无过错责任原则，是指行为人损害他人民事权益，不论该行为人是否具有过错，如不存在法定的免责事由，根据法律规定均应承担侵权责任的归责原则。如产品责任、环境污染责任及高度危险责任等。

从民事角度，在适用无过错责任原则时应注意：①要对某一案件适用无过错责任，必须是侵权责任法或单行法明确规定该类案件不以过错为承担责任的条件。法官不能在法律没有明确规定适用无过错责任原则的情况下，擅自适用该原则。②适用无过错责任，受害人不需证明加害人的过错，加害人也不能通过证明自己无过错而免责，但是原告应证明损害事实和因果关系。③无过错责任不是绝对责任，行为人可以主张法定的不承担或减轻责任的事由，如证明受害人故意造成损害而免除责任，产品制造者可以证明产品投入流通时引起损害的缺陷尚不存在而免除自己的侵权责任。④适用无过错责任原则，只是不考虑行为人的过错，并非不考虑受害人过错。如果受害人对损害的发生也有过错的，则可以减轻或免除行为人的侵权责任。⑤适用无过错责任原则时，在赔付数额上可能存在限制。

工伤社会保险的显著特点就是它实行的是无过错责任原则。职工发生工伤后，由用人单位承担工伤保险责任。其中用人单位已经参加工伤保险的，由工伤保险基金和用人单位按政策规定共同支付工伤保险待遇；未参加工伤保险的，由用人单位按政策规定的项目和标准支付相应的工伤保险待遇。对用人单位来说，其承担工伤保险责任实行无过错责任原则，即不管雇主是否有过错，都须依照法律法规对受伤害的雇员承担赔偿责任。这就是工伤保险制度的归责原则。通俗地讲，就是用人单位哪怕已尽到相应义务没有过错也要承担工伤保险责任，不能免责。

2. 无责任补偿原则。具体地说，是指工伤职工获得工伤保险待遇实行无责任补偿的原则。

工伤保险作为社会法的一种，工伤保险的无过错责任原则和民事上的无过错责任原则既有相同之处，还有显著不同。民事上在适用无过错责任原则时，只是不考虑行为人的过错，并非不考虑受害人的过错。如果受害人对损害的发生也有过错的，则可以减轻或免除行为人的侵权责任。但在工伤保险领域却非如此，《工伤保险条例》还体现了另一个基本原则，即无责任补偿原则。无责任补偿，又称"无过失补偿"，是指职工发生工伤事故时，无论职工在事故中有没有责任，都应依法得到补偿。这是工伤保险有别于其他社会保险的一项特殊原则，也是世界各国的通行做法。考虑职工在生产工作中遇到事故伤害，不仅身心受到伤害，而且会影响和中断正常的收入来源。实行无责任补偿，能够保障职工在工伤事故发生时获得补偿，不会因责任问题影响本人及家庭的正常经济生活。实行无责任补偿，并不是不追究事故的责任，对发生的事故，应该认真组织调查，分析事故原因，总结教训，提出改进措施，避免再次发生；对查清的事故责任者，必要时给予一定处罚，但这是另一范畴要解决的问题。工伤保险所关注的不是追究责任，而是保障工伤职工的基本生活，这是工伤保险的首要制度功能，是工伤保险补偿的基本法律精神。

工伤保险的两大基本原则，也可以看作是工伤保险的"黄金原则"。无过错责任原则和无责任补偿原则，就像一个硬币的两面，共同保障了工伤保险制度的有效实施和工伤职工权益的最大维护。

工伤保险的两大基本原则也体现在工伤认定的程序之中。因此，工伤认定过程中一般不追究伤害事件的原因、程度和性质，不追究用人单位和职工是否有过错。在劳动者负伤后，即使职工个人负有一定的责任，除不得认定为工伤或者视同工伤的法定情形外，不管过失在谁，工伤职工均可获得工伤保险待遇，保障其基本生活。

工伤保险责任为什么实行无过错责任原则

工伤是工业化带来的职业伤害后果，是工业化和现代化大生产的产物，做好工伤劳动者和其家庭的保障工作是现代国家的重要命题。回顾历史，工伤保险经历了由工人自行负担（工伤事故损失）、工伤民事索赔（雇员起诉雇主）、雇主责任保险（自保或向商业保险公司投保）向社会保险制度发展的演变历程。工伤保险起源于雇主责任，劳动者与用人单位（雇主）的地位是不对等的，如果简单适用过错责任原则，按照民法的规定和程序，就很难使受伤害者得到应有的赔偿，也很难合理地处理工伤所引发的社会问题。在工伤民事索赔向雇主责任保险的发展过程中，随着社会的发展，法律思想也发生了深刻的变化，在侵权法领域出现了无过错责任原则，职业伤害保险渐渐从民法中独立出来。早在19世纪末，法国、德国、英国等国就普遍认同了"职业危险"原则，即凡利用机器或雇员体力从事经济活动的雇主或机构，就有可能造成雇员受到职业方面的伤害。意外事故无论是由于雇主的疏忽还是由于受伤害者同事的粗心大意，甚至根本不存在什么过失，雇主也应该进行赔偿，赔偿金应该是企业所承担的一部分管理费用。无过错责任原则与职业危险原则应用于工业伤害领域代表着雇主责任制的开始。既然工伤事故是社会性的问题,就需要根据社会公正的原则,让全体社会成员分担损失,保证事故的受害人获得赔偿。现代国家的社会职能加强,已经承担起保障社会成员免受意外损失的义务。社会保险已突破了侵权责任的调整范围,不考虑损害的原因和侵权责任,在更广的范围内补偿受害人的损害。对工伤职工的赔偿也必然从工伤索赔、雇主责任发展到工伤社会保险。

工伤保险的补偿原则是由工伤保险的性质决定的。工伤保险属于社会法,社会法以保护弱势群体利益为其法律精神,工伤保险补偿倾斜于受害人原则正是社会法基本原则的集中体现。

从上可见,工伤保险为什么实行无过错责任原则,这是由工伤保险制度的发展"基因"决定的,是国家公权力干预职业危害的结果,是社会发展到一定历史阶段的必然产物,也是工伤保险制度区别于一般民事侵权赔偿的重要特征,是社会法与民法的重要区别。

(二)工伤认定的六项具体原则

实践中,工伤认定还应遵循以下六项具体原则:

1. 依法认定原则。工伤认定要符合法律规定,做到主体合法、行为合法、内容合法、程序合法。工伤范围严格按照法律法规执行,有法律依据该认定为工伤或视同工伤的要作出认定结论,没有法律依据则不应认定为工伤或视同工伤。要做到法律面前人人平等,相同情况相同对待,不同情况不同对待,避免双重标准。

2. 合理适当原则。在法律规定过于原则的情况下,进行自由裁量时,一要充分考虑建立工伤保险制度的目的,是为了保障职工权益,分散单位风险,是为了维护社会的和谐稳定,推动经济社会持续稳定发展。二要权衡一切相关因素,即充分考虑一切应该认定或不予认定的相关因素,包括事实依据和法律依据。三不应考虑一切不相关因素,即与事实和法律规定无关的因素,如人情、关系、金钱等都不应考虑。四要将社会普遍接受的情理——公序良俗作为是否属于工伤的判断标准。五对事实的认定不得违反客观规律,如事故引起的非外伤性伤害,有一定潜伏期限才能表现出的伤害等,只要有证据证明是工伤事故造成的,都应认定工伤。六要考虑那些与法律、法规不抵触的习惯和伦理,如习惯性动作、常规性行为等。

3. 以人民为中心原则。工伤保险从民事责任发展到雇主责任以至社会责任,工伤保险作为一种强制的社会保险之所以能够存在,其承担起社会责任是一个重要的原因。要以承担社会保险责任作为工伤认定的出发点,最大可能地保障处于弱势地位的劳动者的医疗救治、经济补偿和职业康复的权利。在工伤认定的有关法律条文规定笼统、原则、列举不明的情况下,一般尽可能朝着有利于劳动者利益的角度理解。当出现两种或者两种以上可能的解释时,要尽量作出有利于劳动者的具体解释适用。工作中遇到法律规定边缘性案件或可认可不认的临界状态时,应秉承保护社会弱势群体的社会法精神,将天平倾斜于劳动者一方。

4. 宽严相济原则。工伤认定既不能过于严苛,过于严苛会侵犯劳动者的合法权益；也不能一味地泛化，过于泛化则会导致工伤认定标准的混乱，造成新的不公平。总体来说，要做到宽严相济。宽严相济，从参与主体的角度讲，就是要做到对劳动者维权从宽，对用人单位守法从严，对社会保险行政部门和社会保险经办机构行政执法（依法行政）从严。从工伤认定的情形来说，一般应掌握认定工伤从宽，视同工伤从严，不予认定更加严格。也就是说，认定为工伤的情形在把握时应主要考虑是否因工作原因，视同工伤的情形在把握时应严格掌握法律的规定，在作出不予认定工伤的决定时应有充分的证据。这是因为《工伤保险条例》属于公法范畴，在公法领域，行政主体必须依法行政。对于行政管理相对人来讲，没有相应的证据证明其行为的，应遵循有利于行政管理相对人的原则进行推定。

5. 正确适用"以工作原因为核心"和"工作原因推定"原则。工伤保险制度主要保障因工作原因受到伤害的情形，准确把握《工伤保险条例》的规定，应把"工作原因"作为工伤认定的核心，将工作时间、工作地点和工作原因三个要素联系在一起作出综合判定。但在前两个要素不易界定的情况下，"工作原因"的判定对于工伤认定具有关键意义，此时应秉持"以工作原因为核心"的原则。另外，实践中有很多时候，职工有受到伤害的事实，但是否为工作原因不清楚，也能够排除非工作原因，如果不予考虑这种情况，职工权益将受到损害。本着以人民为中心的精神，也为了更好地保障职工的权益，应有"工作原因推定"的理念。"工作原因推定"是指职工有受到伤害的事实，职工所受伤害发生在工作时间、工作场所内，在排除所受伤害是非工作原因的情况下，推定职工所受伤害是因工作原因造成的，应认定为工伤。如发现从事高空作业的职工摔倒在地，在排除非工作原因的情况下，就可适用"工作原因推定"原则，认定为工伤。

6. 有错必纠原则。根据行政合法性原则，行政行为不仅应依法作出，还应始终保持合法状态，违法的行为也应依法及时纠正。

工伤认定中，无论是因职工、用人单位提供虚假证据导致作出错误结论的，还是因行政部门自身原因作出错误结论的，一经发现，都应予以纠正。《人力资源社会保障部关于执行〈工伤保险条例〉若干问题的意见（二）》（人社部发〔2016〕29号）第十条规定："因工伤认定申请人或者用人单位隐瞒有关情况或者提供虚假材料，导致工伤认定决定错误的，社会保险行政部门发现后，应当及时予以更正。"《最高人民法院关于审理工伤保险行政案件若干问题的规定》（法释〔2014〕9号）第九条规定："因工伤认定申请人或者用人单位隐瞒有关情况或者提供虚假材料，导致工伤认定错误的，社会保险行政部门可以在诉讼中依法予以更正。"此外，《工伤保险条例》第五十七条还规定，社会保险行政部门工作人员弄虚作假将不符合工伤条件的人员认定为工伤职工的，依法给予处分；情节严重，构成犯罪的，依法追究刑事责任。值得注意的是，由于行政行为具有公定力及确定力，自作出即被推定合法有效并被尊重，非因法定原因和经法定程序不得随意撤销或变更，在对行政行为实施变更时应严格地以法律授权为限，由法定主体依照法定程序启动。

法理学重点知识：法律条文、法律规则、法律原则

法律是由法律规范组成的。法律规范是国家制定或认可的关于人们的行为或活动的命令、允许和禁止的一种规范。法律规范被区分为法律规则与法律原则。

（1）法律规则。法律规则是指以一定的逻辑结构形式具体规定人们的法律权利、义务以及相应的法律后果的一种法律规范。

法律规则通常包含假定条件、行为模式和法律后果等构成部分。假定条件，是指适用该规则的条件和情况，即法律规则在什么时间、空间、对什么人适用以及在什么情境下对人的行为有约束力。行为模式，是指人们具体行为的方式，如可为模式、应为模式、勿为模式。法律后果，是指人们在作出符合或不符合行为模式的要求时应承担相应的结果。分为：①合法后果，即法律上予以肯定的后果，表现为法律规则对人们行为的保护、许可或奖励。②违法后果，即法律上予以否定的后果，表现为法律规则对人们行为的制裁、不予保护、撤销、停止或要求恢复、补偿等。

国家的规范性法律文件大都是以条文为基本构成单位的。法律条文可分为规范性条文和非规范性条文。规范性条文是直接表述法律规范（法律规则和法律原则）的条文，非规范性条文是不直接规定法律规范，而规定某些法律技术内容（如专门法律术语的界定、公布机关和时间、生效日期等）。法律规则和法律条文是有区别的。法律规则是法律条文的内容，法律条文是法律规则的表现形式。并不是所有的法律条文都直接规定法律规则，也不是每一个法律条文都完整地表述一个法律规则或只表述一个法律规则。

（2）法律原则。法律原则是为法律规则提供某种基础或本源的综合性、指导性的原理或价值准则的一种法律规范。

法律原则是具有高度的一般化的层别的规范。可分为公理性原则和政策性原则、基本原则和具体原则、实体性原则和程序性原则。公理性原则，即由法律原理（法理）构成的原则，是由法律上之事理推导出来的法律原则，是严格意义的法律原则。如法律平等原则、诚实信用原则、罪刑法定原则等，它们在国际范围内具有较大的普适性。政策性原则是出于一定的政策考量而制定的一些原则。基本法律原则是整个法律体系或某一法律部门所适用的，体现法的基本价值原则，如宪法所规定的各项原则。具体法律原则是在基本原则指导下适用于某一法律部门中特定情形的原则。实体性原则直接指涉及实体法问题（实体性权利和义务）的原则。程序性原则直接指涉及程序法问题的原则，如诉讼法中规定的一事不再理原则、无罪推定原则、非法证据排除原则等。

（3）法律原则与法律规则的区别。①在内容上，法律规则的规定是明确具体的，它着眼于主体行为及各种条件的共性，削弱或防止法律适用上的自由裁量。而法律原则不仅限于行为和条件的共性，而且关注个别性，其要求比较笼统、模糊，在适用时具有较大的余地可供选择和灵活应用。②在适用范围上，法律规则由于内容具体明确，只适用于某一类型的行为。而法律原则对人的行为和条件有更大的覆盖面和抽象性，它们是从社会生活或社会关系中概括出来的某一类行为、某一法律部门甚或全部法律体系均通用的价值准则，具有宏观的指导性，其适用范围比法律规则宽泛。③在适用方式上，法律规则是以全有或全无的方式或涵摄的方式应用于个案当中。而法律原则的适用则不同，它不是以全有或全无的方式或衡量的方式应用于个案当中，因为不同的法律原则是具有不同的强度的，而且这些不同强度的原则甚至冲突的原则都可能存在于一部法律之中。当两个原则在具体的个案中冲突时，必须根据案件的具体情况及有关背景在不同强度的原则间作出权衡：被认为强度较强的原则对该案件的裁决具有指导性的作用，比其他原则的适用更有分量。但在另一个案件中这两个原则的强度关系可能会改变。当然，在权衡原则的强度时，有些原则自始就是最强的，例如法律平等原则、民法中的诚实信用原则，它们往往被称为"帝王条款"。

法律原则的适用条件具有严格的条件。现代法理学一般都认为法律原则可以克服法律规则的僵硬性缺陷，弥补法律漏洞，保证个案正义，在一定程度上缩小规范和事实之间的缝隙，从而能够使法律更好地与社会协调一致。但由于法律规则内涵高度抽象，外延宽泛，不像法律规则那样对假定条件和行为模式有具体明确的规定，所以当法律原则直接作为裁判案件的标准发挥作用时，会赋予法官较大的自由裁量权，从而不能完全保证法律的确定性和可预测性。为了将法律原则的不确定性减小在一定的程度之内，需要对法律原则的适用设定严格的条件。

第一，穷尽法律规则，方得适用法律原则。这个条件要求，在有具体的法律规则可提供适用时，不得直接适用法律原则。即使出现了法律规则的例外情况，如果没有非常强的理由，法官也不能以一定的原则否定既存的法律规则。只有出现无法律规则可以适用的情形，法律原则才可以作为弥补"规则漏洞"的手段发挥作用。这是因为法律规则是法律中最具有硬度的部分，能最大限度地实现法律的确定性和可预测性，有助于保持法律的安定性和权威性，避免司法者滥用自由裁量权，保证法治的最起码要求得以实现。

第二，除非为了实现个案正义，否则不得舍弃法律规则而直接适用法律原则。这个条件要求，如果某个法律规则适用于某个具体案件，没有产生极端的人们不可容忍的不正义的裁判结果，法官就不得轻易舍弃法律规则而直接适用法律原则。这是因为任何特定国家的法律人首先理当崇尚的是法律的确定性。在法的安定性和目的性之间，法律首先要保证的是法的安定性。

第三，没有更强理由，不得径行适用法律原则。法律原则必须为适用第二个条件规则提出比适用原法律规则更强的理由，否则上面第二个条件规则就难以成立。或者说，基于某一原则所提供的理由，其强度必须强到足以排除支持此规则的形式原则，尤其是确定性和权威性。而且主张适用法律原则的一方（即主张例外规则的一方）负有举证（论证）的责任。显然，在已存有相应规则的前提下，若通过法律原则改变既存之法律规则或否定规则的有效性，却提出比适用该规则分量相当甚至更弱的理由，那么适用法律原则就没有逻辑证明力和说服力。

第三节　认定为工伤的情形

《工伤保险条例》第十四条　职工有下列情形之一的，应当认定为工伤：

（一）在工作时间和工作场所内，因工作原因受到事故伤害的；

（二）工作时间前后在工作场所内，从事与工作有关的预备性或者收尾性工作受到事故伤害的；

（三）在工作时间和工作场所内，因履行工作职责受到暴力等意外伤害的；

（四）患职业病的；

（五）因工外出期间，由于工作原因受到伤害或者发生事故下落不明的；

（六）在上下班途中，受到非本人主要责任的交通事故或者城市轨道交通、客运轮渡、火车事故伤害的；

（七）法律、行政法规规定应当认定为工伤的其他情形。

《工伤保险条例》第十四条规定了七种应当认定为工伤的情形，本节将逐项进行解读。

一、第十四条第（一）项详解　在工作时间和工作场所内，因工作原因受到事故伤害的

职工在工作时间和工作场所内，因工作原因受到事故伤害，应当认定为工伤。这是工伤最基本的含义，也是认定工伤最基本的情形。统计数据显示，历年来，全国80％以上的事故都集中在"三工"（工作时间、工作场所、工作原因）领域。因此，正确理解"三工"非常重要。

（一）概念释义

1. 关于"工作时间"。

这里的"工作时间"，是指职工劳动合同约定的工作时间或者用人单位规定的工作时间以及加班加点的工作时间。其中包括：

（1）单位确定的正常工作时间。包括：①标准工时。标准工时是指正常工作时间标准，即法律规定的职工在每个工作日相对固定的工作时间，是我国工时制度的主要

形式,是国家机关、社会团体、企业事业单位在正常情况下普遍实行的工作时间制度。我国现在的标准工时制度,是根据《中华人民共和国劳动法》及1995年3月颁布的《国务院关于修改〈国务院关于职工工作时间的规定〉的决定》(国务院令第174号)确定的,其核心内容是劳动者每日工作时间不超过8小时,平均每周工作时间不超过40小时,用人单位应当保证劳动者每周至少休息1日。根据国家的相关规定,用人单位规定上下班的具体时间,就属于职工的工作时间。②特殊工时。特殊工时制度包括不定时工作制和综合计算工时工作制。《中华人民共和国劳动法》第三十九条规定:"企业因生产特点不能实行本法第三十六条、第三十八条规定的,经劳动行政部门批准,可以实行其他工作和休息办法。"1994年劳动部依照《中华人民共和国劳动法》第三十九条制定颁布的《关于企业实行不定时工作制和综合计算工时工作制的审批办法》(劳部发〔1994〕503号),规定了实行特殊工时制度的行业、岗位(工种)和具体条件标准。其中,不定时工作制的适用工种(岗位)包括:企业中的高级管理人员、外勤人员、推销人员、部分值班人员和其他因工作无法按标准工作时间衡量的职工;企业中的长途运输人员、出租汽车司机和铁路、港口、仓库的部分装卸人员以及因工作性质特殊,需机动作业的职工;其他因生产特点、工作性质需要或职责范围的关系,适合实行不定时工作制的职工。实行综合计算工时工作制的行业范围为:交通、铁路、邮电、水运、航空、渔业等行业中因工作性质特殊,需连续作业的职工;地质及资源勘探、建筑、制盐、制糖、旅游等受季节和自然条件限制的行业的部分职工;其他适合实行综合计算工时工作制的职工。实行不定时工作制和综合计算工时工作制的用人单位,单位确定的工作时间属于该职工的工作时间。

(2)加班时间。《中华人民共和国劳动法》第四十一条规定了用人单位延长劳动时间的标准,即一般每天加班不得超过1小时,因特殊原因需要延长工作时间的,在保障劳动者身体健康的条件下延长工作时间每日不得超过3小时、每月不得超过36小时。合法的加班期间以及单位违法延长工时的期间,也属于职工的工作时间,职工在此期间受到事故伤害,属于应当认定为工伤情形的,应按规定将其认定为工伤。

工时小知识

工作时间是劳动者根据法律的规定,在用人单位用于完成本职工作的时间,是劳动的自然尺度,是衡量每个职工的劳动贡献和付给报酬的计算单位。工时标准是一项重要的基础性劳动标准。实务中经常用到的知识点还有:

(1)延长工作时间及其工资支付标准。《中华人民共和国劳动法》第四十四条规定了用人单位延长工作时间支付劳动者工资的标准。延长工作时间的工资报酬因延长工作时间的情况不同而分为三个档次:在工作日延长工作时间的,支付不低于工资的

150%的工资报酬；休息日安排劳动者工作而又不能安排补休的，支付不低于工资的200%的工资报酬；法定休假日安排劳动者工作的，支付不低于工资的300%的工资报酬。

（2）制度工作时间和月计薪天数标准：制度工作时间包括年工作日、季工作日、月工作日。按照《关于职工全年月平均工作时间和工资折算问题的通知》（劳社部发〔2008〕3号）规定，月工作日计算公式为：[365－104（休息日）－11天（法定节假日）]÷12＝20.83天。月计薪天数的计算不能剔除用人单位依法支付工资的11天法定节假日，因此，其计算公式为：[365－104（休息日）]÷12＝21.75天。

2. 关于"工作场所"。

这里的"工作场所"，是指职工日常工作所在的场所，以及领导临时指派其所从事工作的场所，在有多个工作场所的情形下，还包括职工来往于多个工作场所之间的必经区域。实践中应注意从这三方面进行把握。

参考文件1：《最高人民法院关于审理工伤保险行政案件若干问题的规定》（法释〔2014〕9号）。

第四条　社会保险行政部门认定下列情形为工伤的，人民法院应予支持：

（三）在工作时间内，职工来往于多个与其工作职责相关的工作场所之间的合理区域因工受到伤害的；

参考文件2：《江苏省人力资源和社会保障厅关于实施〈工伤保险条例〉若干问题的处理意见》（苏人社规〔2016〕3号）。

五、《条例》第十四条规定的"工作场所"，既包括用人单位能够对从事日常生产经营活动进行有效管理的区域，也包括职工为完成某项特定工作所涉及的单位以外的相关区域，还包括职工因工作来往于多个与其工作职责相关的工作场所之间的合理区域。

国际劳工组织《1981年职业安全和卫生及工作环境公约》（第155号）第三条规定："工作场所是指覆盖工人因工作而需在场或前往，并在雇主直接或间接控制之下的一切地点。"这里的"工作场所"也应按照这一解释的基本精神去把握。

案例参考

职工来往于不同工作场所途中发生交通事故死亡，是否属于工伤？

/案情/

邱某系某物业管理有限公司东营分公司的职工，单位未为其缴纳工伤保险。邱某是公司保洁主管，负责的区域是东城安盛南区、安盛北区、安兴南区和安兴北区的保洁管理工作。该四个小区分布呈"田"字形，小区之间隔着"十"字形两条纵横马路相邻。2013年6月29日9时许，邱某上班后，在督导检查完安盛南区的保洁工作后，从安盛南区西门穿越马路到安兴南区时，被一辆小型轿车撞倒受伤，被紧急送往医院进行抢救。后抢救无效死亡。根据公安交警支队出具的道路交通事故认定书，邱某承担事故次要责任。

2013年11月28日，邱某的丈夫王某向工伤认定部门提出工伤认定申请。

/裁判/

经工伤认定部门调查核实，虽然邱某发生交通事故的地点不是在工作场所内，但该马路是安盛南区到安兴南区的最短路线，是邱某从一个工作场所到另一个工作场所的最合理路线。从广义上讲，来往于职工负责的多个区域的合理路线应属于工作场所的延伸。邱某发生交通事故的时间也在单位规定的工作时间内。故邱某在工作时间和工作场所内，因工作原因受到的伤害符合《工伤保险条例》第十四条第（一）项之规定，工伤认定部门予以认定为工亡。

邱某所在单位对工伤认定部门认定为工亡的理由表示赞同，积极争取资金按照工亡的标准赔付邱某的家属。在法定复议和诉讼时效内，未提起行政复议和诉讼。

案例来源：东营市人力资源和社会保障局
案例编写人：于少飞

3. 关于"工作原因"。

"工作原因"是认定工伤的核心要素，是指职工受伤与从事本职工作之间存在因果关系，即职工系因从事本职工作而受伤。工作原因包括直接工作原因和间接工作原因。直接工作原因包括职工在工作时间和工作场所内，因从事生产经营活动直接遭受的事故伤害。间接工作原因包括职工在工作过程中为临时解决或满足合理必需的基本生理需要而必须从事的事项时（如喝水、用餐、上厕所等），由于不安全因素遭受的意外伤害。因工作原因受到伤害，只要不存在《中华人民共和国社会保险法》第三十七条和《工伤保险条例》第十六条规定的排除情形，都应认定为工伤。

另外，按照多数判例，职工在工作时间和工作场所内，为了用人单位的合法利益受到事故伤害或者暴力等意外伤害的，应当认定为"因工作原因"。

 案例参考

对因工作原因受到伤害应作宽泛理解
——贵州省高级人民法院判决德信电器行诉黔西县政府等行政复议决定案

/裁判要旨/

在工作时间、工作场所，对职工是否因工作原因受伤不应限制过严。职工只要非因个人原因，为了完成工作而伤亡的，应认定与工作有关。

/案情/

第三人黄某的丈夫罗某系原告黔西县德信电器行的员工，其工作职责是负责业务洽谈和上门安装服务。2013年12月10日，原告指派驾驶员蔡某和业务员罗某外出送货。途中，经驾驶员蔡某同意由罗某驾驶车辆后发生交通事故，导致罗某抢救无效死亡。同年12月24日，黔西县交警大队出具交通事故认定书认定罗某承担本次事故的全部责任。2014年1月6日黄某申请工伤认定，黔西县人力资源和社会保障局作出《不予认定工亡决定书》，认为罗某受到的伤害不是由于工作原因所致，根据《工伤保险条例》第十四条第（五）项、第（六）项认定罗某受到的伤害不属于因工。黄某对该工伤认定不服，向黔西县人民政府申请行政复议，请求撤销该《不予认定工亡决定书》并责令其重新作出工亡认定。2014年5月20日被告黔西县人民政府作出《行政复议决定书》认为：罗某与驾驶员一起送货不是个人行为，其驾驶行为应认定为与工作有关，属于工作时间、工作地点、因工作原因受到伤害，符合《工伤保险条例》第十四条第（一）项之规定，而不适用因工外出期间和上下班途中受到伤害的规定，以适用法律错误撤销了该《不予认定工亡决定书》，责令人力资源和社会保障局重新作出具体行政行为。

原告黔西县德信电器行对该行政复议决定不服，向市中级人民法院提起行政诉讼，请求撤销该《行政复议决定书》，维持《不予认定工亡决定书》。

/裁判/

市中级人民法院经审理后作出一审判决：维持黔西县政府作出的《行政复议决定书》。

一审宣判后，原告黔西县德信电器行不服，提起上诉。贵州省高级人民法院经审理后判决：驳回上诉，维持原判。

/评析/

本案的焦点问题是，罗某作为德信电器行的职工，其工作职责是业务洽谈和上门安装服务，驾驶车辆并非其本职工作，其征得驾驶员同意后因驾驶车辆前往送货地点发生交通事故死亡是否能够认定为因工作原因，是否应当认定为工伤。

《工伤保险条例》第十四条第（一）项规定：在工作时间和工作场所内，因工作原因受到事故伤害的应当认定为工伤。2014年《最高人民法院关于审理工伤保险行政案件若干问题的规定》（以下简称《规定》）对工伤认定中的"工作原因、工作时间和工作场所""因工外出期间"以及"上下班途中"等问题进行了进一步的细化，对本案中准确把握《工伤保险条例》的裁判要旨具有指导意义。该《规定》第四条规定："社会保险行政部门认定下列情况为工伤的，人民法院应予支持……（三）在工作时间内，职工来往于多个与其工作职责相关的工作场所之间的合理区域因工受到伤害的。"根据该条规定，工作场所指职工从事职业活动的场所，在有多个工作场所的情况下，还应包括职工来往于各个工作场所的合理途经场所。

本案中，罗某系原告的员工，其工作职责是负责业务洽谈和上门安装服务，从本案事实和罗某的工作性质来看，其接受原告指派外出送货直至安装调试完毕，属于工作时间；其前往各安装点的合理途经场所属于工作地点。

针对本案的焦点问题，对于"工作原因"的认定应当综合考虑是否为了履行工作职责、是否受用人单位指派、是否基于用人单位的正当利益等因素。本案中，罗某受用人单位指派与驾驶员一同送货是为了上门安装调试，系履行工作职责的行为。驾驶车辆虽从严格意义上来说并不是其本职工作，但并无证据证明其在征得驾驶员同意后驾驶车辆的行为是为了个人练车，其行车路线也并未偏离正常送货路线，其驾车目的应当认定是为了完成送货，符合用人单位的正当利益，应当认定为与工作有关。

  从社会实践来看，很多中小企业，特别是个体工商户招录的劳动者，虽有工作分工，但在实际工作过程中，由于客观情况的需要或者工作内容的临时变动，承担起分工之外工作的情况比较普遍。人力资源社会保障部门在工伤认定过程中，如果仅严格按照工作分工，不考虑是否为了完成工作，是否符合用人单位的正当利益，对该类情况采取一刀切，不予认定为工伤，不仅与社会实践脱节，亦不利于社会矛盾的化解。从立法本意来看，《工伤保险条例》及《最高人民法院关于审理工伤保险行政案件若干问题的规定》，均突出保护劳动者的合法利益，在工伤认定中提倡采取相对宽泛、较为合理、有利于劳动者的认定标准。对于本案的情况，亦不应限制过窄，应回归立法本意，从是否为了完成工作、是否符合用人单位的利益等方面宏观把握，认定是否与工作有关。只要无《工伤保险条例》第十六条规定的不得认定工伤的其他情形，应当认定为工伤。

案例来源：《人民法院报》
案例编写人：冉依依（贵州省高级人民法院）

生理需要

  从理论的角度，生理需要是人类最原始、最基本的需要，是人生存的前提。1943年美国心理学家马斯洛在其著作《动机论》中提出了需要层次理论，认为人的需要可以分为五个层次，它们依次是：生理的需要、安全的需要、社交的需要（包含爱与被爱、归属与领导）、尊重的需要和自我实现的需要。而生理的需要（衣食住行）是人类最重要的需要，必须首先得到满足。

  从保障人权和劳动权的角度，生存权是人权的基本方面之一，劳动者在其劳动过程中满足其合理的、必要的生理需要的行为，是劳动权的一部分，应当受到保护。因为，劳动者在工作过程中为解决或满足必须解决的基本生理需要而必须从事的事项，如工作期间上厕所、打水、吃饭、工间休息、通风等，不仅仅是"个人私事"，而是劳动者能够维持生理机能正常运转、维护正常工作状态所必须的条件。反之，如果满足不了这些生理需要，劳动者就无法维持正常生理代谢、无法继续工作或者无法顺利地工作。因此，生理需要是劳动者作为人的客观需要，是劳动权和人权的一部分，任何单位无权剥夺。在此过程中受到意外伤害的，构成了因"间接工作原因"受到伤害，应当认定为工伤。

  我国的法律也保障劳动者在劳动过程中满足生理需要的权利。《中华人民共和国宪法》第四十三条规定："中华人民共和国劳动者有休息的权利。"《中华人民共和国劳动法》第三条规定："劳动者享有休息休假的权利、获得劳动安全卫生保护的权利以及法律规定的其他劳动权利。"原劳动部《关于企业实行不定时工作制和综合计算工时工作制的审批办法》（劳部发〔1994〕503号）第六条规定："对于实行不定时工作制和综合计算工时工作制等其他工作和休息办法的职工，企业应根据《中华人民共和国劳动法》第一章、第四章有关规定，在保障职工身体健康并充分听取职工意见的基础上，采用集中工作、集中休息、轮休调休、弹性工作时间等适当方式，确保职工的休息休假权利和生产、工作任务的完成。"

　　生理需要理论运用在工伤认定实践中有一个逐步的演化过程。作为判定工伤的一个原因因素，生理需要多次在司法判例和理论著述中得到提及和论证。2004年9月10日出版的最高人民法院公报〔2004〕第9期上公布的《何文良诉成都市武侯区劳动局工伤认定行政行为案》"裁判摘要"指出："劳动者享有获得劳动安全卫生保护的权利，是劳动法规定的基本原则，任何用工单位或个人都应当为劳动者提供必要的劳动卫生条件，维护劳动者的基本权利。劳动者在日常工作中'上厕所'是其必要的、合理的生理需求，与劳动者的正常工作密不可分，应当受到法律的保护。"自此，生理需要在工伤案件中开始普遍适用。之后，一些地方法院开始把"生理需要"写入审理工伤认定行政案件的地方指导意见，成为当地统一的裁判标准。如2005年《江苏省高级人民法院关于审理劳动保障监察、工伤认定行政案件若干问题的意见（试行）》第二十条规定："认定职工工伤情形中的'因工作原因受到事故伤害'，是指职工因从事生产经营活动导致的伤害和在工作过程中临时解决必需的生理需要时由于单位设施不安全因素造成的意外伤害。"2006年《四川省高级人民法院关于审理工伤认定行政案件若干问题的意见》（川高法〔2006〕436号）第十九条规定："认定职工工伤的'工作原因'，是指职工所受伤害是因其从事本职工作、用人单位临时指派工作或者因从事工作而解决必要生理需要时所致。"2009年制定的《四川省高级人民法院关于审理工伤认定行政案件若干问题的意见》（川高法〔2009〕660号）第十九条也延续了同样规定。2007年北京市高级人民法院《关于审理工伤认定行政案件若干问题的意见（试行）》（京高法发〔2007〕112号）第七条规定："在工作场所内，职工从事与工作有关的准备性或者收尾性工作所需的时间、确因工作需要而加班加点的时间，及其他因工作需要的必要工间休息时间等，应认定为'工作时间'。"另外，2016年《江苏省人力资源和社会保障厅关于实施〈工伤保险条例〉若干问题的处理意见》（苏人社规〔2016〕3号）第六条规定："《条例》第十四条规定的'因工作原因受到事故伤害'，既包括职工在工作时间和工作场所内，因从事生产经营活动直接遭受的事故伤害，也包括在工作过程中职工临时解决合理必需的生理需要时由于不安全因素遭受的意外伤害。"2017年9月30日公布的《浙江省工伤保险条例》第十八条第二款第（二）项规定，"在连续工作过程中和工作场所内，因就餐、工间休息、如厕等必要的生活、生理活动时所受的伤害"的，"视为《工伤保险条例》规定的因工作原因所受的伤害，但职工因故意犯罪、醉酒或者吸毒、自残或者自杀所受的伤害除外"。江苏、浙江等地将约定俗成的"生理需要"理论合理吸收并明确写入行政规定，体现了与法律实践的衔接，强化了对劳动者权益的尊重和保护，也彰显了工伤政策的细化和进步。

实践中，关于生理需求在工伤认定中的适用范围和标准尺度，需要具体问题具体分析。梁琼芳、徐登峰撰写的《法院裁判工伤事故的生理需求尺度》（原载《四川大学学报2016第3期》）一文可作为实务参考。作者认为，工伤认定中的生理需要因素主要包括饮食、环境、卫生、休息等类型，主要有工作时间和工作场所的就餐、饮水、通风、取暖、降温、上厕所、洗澡、工间休息和睡觉、治病等行为。文中指出：从工伤认定的基本要素角度分析，劳动者生理需求适用的前提是其必须是合理的、必要的，且必须是与工作时间、工作场所、工作原因等要素相关联的。合理性，就是符合理性、经验和社会客观规律或社会常理。如上班时间上厕所是合理的生理需求，但如果上厕所时间长达数小时，则明显不合理。因为作为一个正常人上厕所不可能长达数小时，时间过长也会加大用人单位对劳动者的控制难度和风险，明显超出用人单位的责任限度。必要性，就是必不可少，标准应以维持劳动者生理机能的正常运转和维持正常工作状态为底线。也就是说，如果一个生理需求不解决，就会影响劳动者生理机能的正常运转和维持正常工作状态，那么该生理需求就是必要的。例如，午间用餐是必要的生理需求，因为如果不用餐就会影响下午的工作状态；而午间饮酒，尤其是过分的饮酒，不仅不是维持劳动者生理机能正常运转和维持正常工作状态所必需的，而且还会影响甚至破坏劳动者的工作状态，就不是必要的生理需求，认定时应该予以排除。

"如厕时间"受限无异被迫变相加班

30多岁的李先生在宝安沙井源记印刷（深圳）有限公司上班多年，并且任职组长。据了解，源记印刷厂以前做来料加工出口，现在转型为一家外商独资企业，现有员工500人。

说到上厕所扣钱这件事，李先生拿出了今年6月份他的工资条，细长的工资条上记者看到，有基本工资、加班工资、周末加班工资、扣款项目，"扣款项目"一格列明有停车费、如厕/厕纸等费用，而如厕/厕纸扣款为6.53元。

"上厕所扣钱还精确到了小数点后两位，也不知道厂里是怎么算的"，李先生哭笑不得。他介绍，厂里上厕所每次实行登记，根据上厕所次数、时长等来扣款，每个员工的扣款数都不同。

上班如厕扣钱，这项堪称"奇葩"的规定，在源记印刷厂人事部胡经理的口中，是为"保证流水线生产的正常运转，以此保证生产计划、产量的顺利达成"。

胡经理称，工厂上午10：00—10：10，下午3：30—3：40，这两个10分钟为

"工间休息",员工可以去上厕所、打电话等,其余时间员工再离岗上厕所或做其他杂事,就会被登记下来,累计时间过长,就会被扣钱。胡经理说,扣的并不是工资,而是奖金。据了解,该厂设立了一项"全勤及无过错奖",按照员工级别有30元、50元、70元到100元不等,胡经理称,李先生扣的6.53元就是从该奖金中扣除的。

"这项制度是去年设立的,这一年来效果不错",胡经理说,自从该制度设立以来,员工平均一个月离岗累计时长大多在一个小时左右,能够保证流水线的正常运转。

广东华商律师事务所廖翌宏律师认为,源记印刷厂的规定没有法律依据,应属违法,"法律没有规定上厕所也算缺勤,再说员工上厕所也是为了工作"。他认为,上厕所扣钱的规定在法律上无效,员工可到劳动保障监察部门投诉请求查处。

如厕时间该不该计入8小时工时

日本手表品牌西铁城位于中国深圳的一家代工厂,自2005年开始厂方以"上厕所、喝水"等为由,每日克扣员工40分钟的休息时间,这40分钟不算工资也不给加班费。所谓的"40分钟"是在员工原有的正常8小时工作时间外,在上午、下午和晚间分别另加15分钟、15分钟和10分钟工作时间,全天合计40分钟。

直至2011年该工厂上千名职工曾采取大规模罢工行动,这一"如厕"事件才被推向公众视线。

那么,"如厕时间"不记入工时究竟是否违法?

如厕是基本人权更关系员工健康。

中国劳动关系学院劳动法与工会法研究所副所长王向前教授分析认为,员工在工作过程中如厕,是维持其良好工作状态的一项必要活动。企业不能将这种行为单纯理解为是一种个人需要,这同样是保证企业正常生产的一种需要。

"这就如同戴安全帽、穿防护服一样,是属于正常工作时间的一部分。"作为人的正常生理需要,如厕还关系到人的健康。王向前教授表示,虽然没有某一具体法条规定了"如厕时间"的问题,但是法律已经规定了公民的基本权利。"上班如厕"实际上涉及了民法上的公民健康权的问题,具体到劳动法,体现在劳动者享有"获得劳动安全卫生保护权"的这一规定上。

"以往就曾发生过,有企业因限制上厕所的时间,员工不敢去厕所,以致引发员工膀胱破裂。"王教授表示,从健康权的角度,如厕不仅是员工的权利,企业更有保障员工享有此项权利的义务,所以工作中应当有如厕的时间,企业不能将其从工作时间中扣除。

北京中洲律师事务所于德华律师在接受记者采访时也表示,如厕权是公民的基本人权,尽管我国没有具体法条对"上班如厕"的行为性质作出明确规定,但是企业的这一做法显然是与我国的立法精神相违背。

"工作时间"不能狭隘理解

北京义联劳动法援助与研究中心律师韩世春认为，对于"工作时间"这一概念，法律上难以作出统一的定义。但是，尽管法律没有对"工作时间"作出明确规定，这并不代表就可以任由用人单位对其作出解释，它有其合理的范围。

所谓工作时间，应当指职工为了完成工作任务而耗费的时间，不但包括纯粹意义上的工作时间，还包括必要的工间休息时间等。将"工作时间"的概念绝对化，以是否创造价值作为衡量"工作时间"的标准，否认了劳动力这一特殊商品的人身依附性，是错误的认知。

韩律师认为，强制规定"如厕时间"，实际上是变相强迫劳动者加班，无偿获取劳动者额外劳动的行为。"如厕"事件的发生，更反映出用人单位将劳动者等同于生产机器的观念。变相的被迫加班行为，是对劳动者合法权益的侵害。

稿件来源：《劳动报》

4. 关于"事故伤害"。

这里的"事故伤害"，是指职工在工作过程中发生的人身伤害或者急性中毒等事故伤害。关于工伤事故，不同的国家有不同的称谓。我国国家标准《企业职工伤亡事故分类标准》（GB6441—86）中指出，伤亡事故指企业职工在生产劳动过程中发生的人身伤害、急性中毒。死亡事故是指包括当时死亡或伤后1个月内死亡的事故。

如何区分什么是"事故伤害"，我国国家标准《企业职工伤亡事故分类标准》中，综合考虑起因物、致害物、伤害方式等，将事故分为20个类别。分别是：物体打击、车辆伤害、机械伤害、起重伤害、触电、淹溺、灼烫、火灾、高处坠落、坍塌、冒顶片帮、透水、放炮、火药爆炸、瓦斯爆炸、锅炉爆炸、容器爆炸、其他爆炸、中毒和窒息、其他伤害。其中，其他伤害是指凡不属于上述伤害的事故均称为其他伤害，如扭伤、跌伤、摔伤、冻伤、野兽咬伤、钉子扎伤等。

延伸阅读

关于事故损失的几个概念

《生产安全事故统计报表制度》（安监总统计〔2014〕103号）主要指标解释：

（1）轻伤：损失工作日低于105日的暂时性全部丧失劳动能力伤害。

（2）重伤：依据《企业职工伤亡事故分类标准》（GB6441—86）和《事故伤害损失工作日标准》（GB/T15499—1995），是指造成职工肢体残缺或视觉、听觉等器官受到严重损伤，一般能引起人体长期存在功能障碍，或劳动能力有重大损失的伤害。具体是指损失工作日等于和超过105日的全部丧失劳动能力伤害。

（3）急性工业中毒：是指人体因接触国家规定的工业性毒物、有害气体，一次吸入大量工业有毒物质使人体在短时间内发生病变，导致人员立即中断工作，入院治疗的列入急性工业中毒事故统计。

（4）死亡和失踪：死亡事故是指包括当时死亡或伤后死亡的。

（二）认定要点

职工在工作过程中因"三工"原因受伤，是工伤保险制度保障的核心。正确适用《工伤保险条例》第十四条第（一）项之规定，要特别注意把握工作时间、工作地点、工作原因三要素之间的逻辑关系，遵循"以工作原因为核心"的原则。

1. 实践中应将工作时间、工作地点和工作原因三个要素联系在一起综合作出判定，只要不存在《中华人民共和国社会保障法》第三十七条和《工伤保险条例》第十六条规定的情形，都应当认定为工伤。

2. 在工作时间和工作地点两个要素不明确的情况下，要把"工作原因"作为认定工伤的核心要素。在工作时间和工作地点前两个要素不易界定的情况下，如果能够证明是因工作原因受到的伤害，可以不用拘泥于工作时间、工作场所两个次要因素，直接认定为工伤，这符合"以工作原因为核心"的原则。因为，执行法律，还要执行法律的精神和立法目的。这就需要对工伤保险的立法宗旨、立法目的、基本原则、制度和规则之间的内在联系有一个正确的把握和认识，而不只是简单机械地按照有关条款办事。

3. 即使是在工作时间和工作场所，只要不是因工作原因受到伤害，就不能认定为工伤。如工作时间在工作场所内玩耍、干私事等，再如因个人情感、恩怨等与履行工作无关的原因遭受暴力伤害等，只要证明确实不是工作原因受到的伤害，均不能认定为工伤。这也从另一个方面说明，工作原因的判定对于工伤认定具有关键意义。

4. 职工在工作时间、工作场所内受到伤害，适用"工作原因"推定原则。特殊情况下，职工在工作时间、工作场所内受到伤害，如是否因工作原因不清楚，在排除所受伤害是非工作原因的情况下，应适用"工作原因"推定原则，推定职工所受伤害是因工作原因造成的，认定为工伤。如发现从事高空作业的职工摔倒在地，游泳池的清洁人员溺死在池中等，在排除非工作原因的情况下，就可适用"工作原因"推定原则，认定为工伤。

上班期间干私活受伤算工伤吗？

/案情/

某机械厂的车工王某，某天在上班期间干完了车间主任分派的加工任务后，眼瞅着脚下剩余的圆钢突发奇想："何不用它加工一对哑铃，拿回家去锻炼身体呢。"当他做好一个哑铃从车床上往下拿的时候，一不小心砸在自己的脚上，造成三个脚趾粉碎性骨折，住院花了5 000多元，在家休息了近3个月。

事故发生后，王某以自己是在上班时间、工作岗位上发生事故为由，要求上报工伤，享受工伤保险待遇。当地社会保险行政部门接到工伤认定申请后，经过调查，作出了不予认定王某为工伤的决定。

/评析/

王某虽然强调自己是在工作时间和工作场所内受到的事故伤害，但他只强调前两条，忽略了"因工作原因"这一条。

王某是在工作时间、工作场所受到的伤害不假，但他不是因工作原因受到的伤害。王某在完成了工作任务后可以休息，也可以报告车间主任再领工作任务，而他为了自己锻炼身体去做哑铃，属于工作时间干私活，不是因工作原因，所以不属于工伤，不能享受工伤保险待遇。

案例来源：中国工伤保险（微信公众号）

延伸阅读

为什么要实行"工作原因"推定原则？

这是因为：

（1）从情理上讲，实践中有很多时候，职工有受到伤害的事实，但是由于缺乏目击证人、有效证据等客观情况，是否是工作原因不清楚，也能够排除非工作原因，如果不考虑这种情况，简单粗暴地不予认定，职工权益将受到损害。本着以人民为中心的精神，为了更好地保障职工的权益，应有"工作原因"推定的理念。

（2）从法理上讲，《工伤保险条例》属于公法范畴，以保护弱势群体利益为其法律精神。对行政机关来讲，在公法领域，行政主体必须依法行政，作出不得认定为工伤的决定时应有充分的证据。对于行政管理相对人来讲，没有相应的证据证明其行为的，应遵循有利于行政管理相对人的原则进行推定。对用人单位来讲，《工伤保险条例》第十九条第二款规定："职工或者其近亲属认为是工伤，用人单位不认为是工伤的，由用人单位承担举证责任。"用人单位只要没有证据证明职工所受伤害是非工作原因导致的，就应当认定为工伤。

（3）司法倒逼、行审衔接的要求。《最高人民法院关于审理工伤保险行政案件若干问题的规定》（法释〔2014〕9号）第四条（一）规定，职工在工作时间和工作场所内受到伤害，用人单位或者社会保险行政部门没有证据证明是非工作原因导致的，社会保险行政部门认定该情形为工伤的，人民法院应予支持。法释〔2014〕9号从司法审判实践的角度，也支持了"工作原因"推定原则。

"工作原因"推定原则的适用范围有哪些？

实践中应特别注意"工作原因"推定原则的适用范围，综合人力资源和社会保障部编写的《工伤保险》等文献资料理论论述、最高人民法院司法解释和有关指导文件精神，编者认为，"工作原因"推定原则仅适用于《工伤保险条例》第十四条第

（一）、（二）、（三）和（五）项这 4 项规定的情形，不能随意扩大推定范围。即仅在这 4 种情况下，可适用"工作原因"推定原则：

（1）第十四条（一）在工作时间和工作场所内，因工作原因受到事故伤害的；

（2）第十四条（二）工作时间前后在工作场所内，从事与工作有关的预备性或者收尾性工作受到事故伤害的；

（3）第十四条（三）在工作时间和工作场所内，因履行工作职责受到暴力等意外伤害的；

（4）第十四条（五）因工外出期间，由于工作原因受到伤害或者发生事故下落不明的。（参见《最高人民法院行政审判庭关于职工因公外出期间死因不明应否认定工伤的答复》〔2010〕行他字第 236 号）

案例参考

从工作场所高空意外坠落，能否认定为工亡？

/案情/

黄某是某酒店保安。2015 年 4 月 21 日中午，黄某在公司 22 楼食堂吃完饭后，回到公司一楼值班执勤。当天因突然刮大风、下大雨，黄某和另一名保安分别开始巡检公司建筑设备情况。由于一楼要有人值班，另一名保安回到值班岗位上，黄某则开始巡视楼上窗户和其他设施情况。下午 2 时左右，黄某被发现坠楼身亡。

事发后，黄某的家属向社会保险行政部门提出工伤认定申请。该公司认为黄某不属于工亡，理由是黄某当时并没有受到领导指派去 24 楼巡视，死亡不是工作原因，属于自杀行为的可能性大，不符合《工伤保险条例》应当认定（视同）为工伤的规定。但该公司并不能对黄某的真实死亡原因举证。

/裁判/

此案是在工作时间、工作场所内发生的劳动者身亡事件。由于黄某已亡，难以核实黄某死因是否与工作有关。对于这种情况，一是要通过公安机关的现场勘察来了解是否存在自杀或他杀的情节；二是根据《工伤保险条例》第十九条规定"职工或者其近亲属认为是工伤，用人单位不认为是工伤的，由用人单位承担举证责任"的原则，对用人单位提供的材料进行分析，最终作出结论。

黄某作为公司保安，巡视检查公司安全情况和保护公司设备设施是其工作职责之一。在当时的天气变化情况下，黄某履行巡视职责并不突兀；黄某所在地公安局刑侦大队在《关于黄某死亡事件的调查情况》中载明，黄某系在工作期间意外从酒店 24 楼窗台坠地死亡，排除他杀，属意外高空坠落致死。其情形符合《工伤保险条例》第十四条第（一）项"职工在工作时间和工作场所内，因工作原因受到事故伤害的，应当认定为工伤"的规定。

社会保险行政部门在对黄某的工作性质以及上级领导负责人进行调查后认为，公司举证不足，未能提供黄某自杀的相关客观证据。因此，认定黄某是在工作时间、工作场所和工作原因导致的意外坠落死亡。根据《工伤保险条例》第十四条第（一）项之规定，应当予以认定黄某为工亡。用人单位不服，遂向法院起诉，法院以"用人单位未能提供黄某从高空坠落属于自杀和非工作原因的证据"为由，判决维持社会保险行政部门作出的工伤决定。

案例来源：中国工伤保险（微信公众号）

（三）特殊情形

1. 在某些情况下，职工虽不在本岗位劳动，但由于单位的设施或设备不完善、劳动条件或劳动环境不良、管理不善等原因造成职工伤害的，也应当认定为工伤。例如，由于单位锅炉房的开水管安装不牢固，导致职工在打开水的过程中被开水烫伤，职工的这种伤害也应认定为工伤。

案例参考

去公司水房打水时不慎烫伤，算工伤吗？

/案情/

赵某在一家软件公司工作。某日上班后，赵某拿着热水瓶到公司的开水房打水，由于电热水箱的出水开关水阀不好使，他便放下热水瓶，双手用力转动开关水阀，不料用力过猛，将开关水阀拔了出来。赵某面部被喷出的滚烫开水烫伤，虽经及时治疗，但其左眼视力依旧严重受损。伤情稳定后，赵某要求公司为其申请工伤认定，遭到公司拒绝。赵某遂向当地社会保险行政部门申请工伤认定。公司认为，赵某虽然是在工作时间和工作场所内受到伤害的，但却并非因工作原因而受伤，此次受伤在很大程度上是因为他自己操作不慎引起的，因此不属于工伤。

/裁判/

当地社会保险行政部门认为，对"工作原因"应作宽泛理解。首先，赵某去公司开水房打水，是为了满足人必要的生理需要，与正常工作密不可分，因此在打开水过程中受伤也应认为是因工作原因所致。其次，赵某被烫伤虽然是由于自己不慎造成的，但《工伤保险条例》遵循的是无过错责任原则，职工在工伤事故中是否存在主观上的过错，不影响对工伤性质的认定，除非该主观过失属于《工伤保险条例》规定的不应认定为工伤的情形。综上，赵某应被认定为工伤。

案例来源：中国工伤保险（微信公众号）

2. 职工在参加单位组织或指派的活动中受到事故伤害的，应当认定为工伤。

参考文件1：《人力资源社会保障部关于执行〈工伤保险条例〉若干问题的意见（二）》（人社部发〔2016〕29号）。

四、职工在参加用人单位组织或者受用人单位指派参加其他单位组织的活动中受到事故伤害的，应当视为工作原因，但参加与工作无关的活动除外。

参考文件 2：《最高人民法院关于审理工伤保险行政案件若干问题的规定》（法释〔2014〕9 号）

第四条　社会保险行政部门认定下列情形为工伤的，人民法院应予支持：

......

（二）职工参加用人单位组织或者受用人单位指派参加其他单位组织的活动受到伤害的；

......

案例参考

外聘教师受邀观看学生汇报演出时受伤属于工伤

/裁判要旨/

外聘教师与学校签订授课协议书，接受学校管理，为学生授课，其受邀观看该校学生汇报演出，并非与学校教学无关的纯娱乐活动，应视为教学工作的适当延伸。其在观看演出散场时受伤属于工伤。

/案情/

2014 年 8 月 30 日，原告盐城幼儿师范高等专科学校（以下简称盐城幼师）与第三人王某签订一份外聘教师授课协议书，第三人按约担任外聘教师，原告向第三人支付劳动报酬。2015 年 1 月 8 日，王某受该校音乐表演系音乐 10 班的学生邀请，在校内鲁艺剧场观看该班毕业汇报演出，18 时左右散场时受伤。王某向盐城市人力资源和社会保障局（以下简称盐城市人社局）申请工伤认定，盐城市人社局于 2015 年 10 月 26 日作出工伤认定决定书，认定王某为工伤。原告不服，向盐城市人民政府申请行政复议。盐城市人民政府于 2016 年 2 月 4 日作出行政复议决定书，维持了案涉工伤认定决定书。原告不服，遂提起行政诉讼。

/裁判/

江苏省盐城市亭湖区人民法院经审理认为，本案原告与第三人未订立书面劳动合同，但原告作为用人单位、第三人作为劳动者主体适格；原告制定的教学管理及其他方面管理的有关规定适用于第三人，第三人受原告的劳动管理，从事原告安排的有报酬的劳动；第三人提供的任课教师的劳动是原告单位业务的组成部分。根据劳动和社会保障部《关于确立劳动关系有关事项的通知》第一条的规定及实际情形，应认定原告与第三人客观存在劳动关系。

《工伤保险条例》第十四条规定了职工应当认定为工伤的几种情形，包括"在工作时间和工作场所内，因工作原因受到事故伤害的"。第三人王某因受邀在原告校内鲁艺剧场观看该校音乐 10 班毕业汇报演出而扭伤右脚，该汇报演出是对该班教学成果的展示和汇报，在原告学校的整体工作之内。综上，被告盐城市人社局作出案涉工伤认定决定书正确，被告盐城市人民政府作出的案涉行政复议决定合法。遂判决驳回原告的诉讼请求。

原告不服，提起上诉。盐城市中级人民法院经审理后判决驳回上诉，维持原判。

/评析/

本案的争议焦点是：盐城幼师与外聘教师王某是否存在劳动关系，外聘教师王某受邀观看学生汇报演出时受伤能否认定为工伤。

（1）盐城幼师与外聘教师王某是否存在劳动关系。用人单位与劳动者之间是否构成劳动关系，关键要看以下几个方面：第一，从主体资格上来看，盐城幼师作为学校，系事业性单位法人，具有合法的用人资质，外聘教师王某作为成年人，具有特殊的英语技能，其符合劳动者的主体资格。第二，从工作性质来看，盐城幼师日常教学中含有英语课程，外聘教师王某提供的英语教学系上诉人盐城幼师工作教学的重要组成部分。第三，从身份地位来看，结合双方签订的协议可以看出，双方是管理与被管理、命令与服从的关系，并非定作人与承揽人之间的平等合作关系，外聘教师王某要接受上诉人的教学管理，遵守上诉人制定的有关教师行为规范、教师课堂行为规范、上下课、考试纪律等有关制度规定，如果违反相关规定，将会受到下浮课时酬金直到解除协议的处理。第四，从报酬支付来看，盐城幼师是以课时酬薪的方式向外聘教师王某发放工资，每月一发，并以花名册的形式予以记载，与正常企事业单位向职工发放工资形式一致。根据原劳动和社会保障部《关于确立劳动关系有关事项的通知》第一条的规定，双方存在劳动关系。盐城幼师与外聘教师王某虽在协议中约定双方不存在劳动人事关系，但该约定违反法律规定，并不能否定双方之间已构成事实上的劳动关系。

（2）外聘教师王某受邀观看学生汇报演出时受伤能否认定为工伤。《工伤保险条例》第十四条第（一）项规定，认定工伤的关键是看是否因工作原因而受到意外伤害。首先，从组织主体来看，2015年1月8日的演出活动系由该校音乐表演系主办、音乐10班承办，并邀请学校领导参加，应视为学校组织的一次汇报表演活动。其次，从演出性质来看，该场演出是以"毕业汇报"为主题的文艺演出活动，是学生对专业学习成果的展示和反馈，并非与学校教学无关的纯娱乐活动，应当认定为学校正常的教学公务活动。最后，从受邀对象来看，承办的班级演出前不仅在各系门口张贴海报邀请师生观看，而且还特别邀请学校领导、各系主任、科室领导及相关教师参加，外聘教师王某也在被邀请之列。这种邀请是班级学生代表校方进行的邀请，虽然不具有强制性，但实际上是被邀请对象基于教学关系和师生感情参与对学校教学活动的检验，而非自行参加的私人活动，具有一定的公务性质。故本案情形依法应认定为工伤。

案例来源：盐城市中级人民法院

案例编写人：马生安　许成华　李星星

3. 职工参加单位组织的体育活动受到伤害的，应当认定为工伤。

《国务院法制办公室对〈关于职工参加单位组织的体育活动受到伤害能否认定为工伤的请示〉的复函》

国法秘函〔2005〕311号

辽宁省人民政府法制办公室：

你办《关于职工参加单位组织的体育活动受到伤害能否认定为工伤的请示》（辽政法〔2005〕6号）收悉。经研究，答复如下：

作为单位的工作安排，职工参加体育训练活动而受到伤害的，应当依照《工伤保险条例》第十四条第（一）项中关于"因工作原因受到事故伤害的"的规定，认定为工伤。

二〇〇五年八月十七日

4. 职工工作时间在工作场所或公务活动中"不慎摔伤"，应当认定为工伤。

最高人民法院在指导案例40号《孙立兴诉天津新技术产业园区劳动人事局工伤认定案》中指出："《工伤保险条例》第十六条规定了排除工伤认定的三种法定情形，即因故意犯罪、醉酒或者吸毒、自残或者自杀的，不得认定为工伤或者视同工伤。职工从事工作中存在过失，不属于上述排除工伤认定的法定情形，不能阻却职工受伤与其从事本职工作之间的关联关系。工伤事故中，受伤职工有时具有疏忽大意、精力不集中等过失行为，工伤保险正是分担事故风险、提供劳动保障的重要制度。如果将职工个人主观上的过失作为认定工伤的排除条件，违反工伤保险'无过失补偿'的基本原则，不符合《工伤保险条例》保障劳动者合法权益的立法目的。据此，即使孙立兴工作中在行走时确实有失谨慎，也不影响其摔伤系'因工作原因'的认定结论。"

5. 司机驾驶车辆执行本单位正常工作时发生交通事故导致本人伤亡的，应视为"三工"原因，且不受交通事故责任限制，只要司机在事故中不存在《中华人民共和国社会保险法》第三十七条和《工伤保险条例》第十六条规定的法定排除情形，就应认定为工伤。其他如正常工作、因公外出期间等驾驶、乘坐车辆发生事故的，也不受交通事故责任限制。在工伤认定时，不应把这几种情况与"上下班途中非本人主要责任的交通事故"的责任条件混淆操作。

关于司机工伤认定问题的复函

劳办发〔1996〕271号

广东省社会保险管理局：

你局《关于司机工伤认定问题的请示》（粤社保〔1996〕57号）收悉，经研究，现答复如下：

《企业职工工伤保险试行办法》（劳部发〔1996〕266号）第八条规定：从事本单位日常生产、工作负伤、致残或死亡的，应当认定为工伤。因此，司机驾驶车辆执行本单位正常工作时发生交通事故导致本人伤亡的，也应按照此项规定，认定为工伤。同时，按照《企业职工工伤保险试行办法》第九条的规定，如果属于犯罪行为、自杀自伤行为、酗酒所造成或蓄意制造交通事故的，不应认定为工伤。1996年7月13日劳动部办公厅《关于处理工伤争议有关问题的复函》（劳办发〔1996〕28号）第七项对于司机工伤认定问题的意见应改按以上规定执行。

一九九六年十二月三十日

特请注意：现排除情形已有立法变化，应以现行《工伤保险条例》为准。

司机肇事获刑，还能认定工伤吗？

/案情/

付某在某物流公司担任司机，负责往省外地区运送货物。2013年4月18日，在为单位出车时，付某因疲劳驾驶在高速路上与一辆面包车相撞，导致一死两伤。付某被法院以交通肇事罪判处有期徒刑1年6个月，因其在事故中受重伤，暂予监外执行。公司拒绝为付某申报工伤，理由是付某在事故中承担全部刑事责任，且已被法院判罪，不应认定为工伤。付某的亲人只好向当地社会保险行政部门申请工伤认定。

/裁判/

本案争议的焦点在于，因过失犯罪被处以刑罚的劳动者，还能享受工伤待遇吗？

当地社会保险行政部门认为，司机付某是在执行本单位工作任务时发生的交通事故，鉴于司机行业的特殊性，付某应属于"在工作时间和工作场所内，因工作原因受到事故伤害"。虽然付某已被法院判处交通肇事罪，但其并非故意犯罪，而属于过失犯罪，不在《工伤保险条例》规定的应排除认定为工伤或者视同工伤的情形中。所以，依法应认定付某为工伤。经过调解，公司接受了工伤认定决定。

案例来源：中国工伤保险（微信公众号）

出差路上发生自己负主要责任的交通事故，能否认定工伤？

/案情/

袁某系某制针有限公司的汽车驾驶员。某日，袁某驾驶轿车和该公司负责人孙某去外地出差，在公路上与一辆相向而行的大货车相撞，造成三人受伤，两车严重受损。事故发生后，交警赴现场勘验后作出责任认定，袁某在该起交通事故中负主要责任，大货车驾驶员负次要责任。当地社会保险行政部门认定袁某为工伤，公司不服，向法院提起行政诉讼。法院经审理，维持了社会保险行政部门认定袁某为工伤的决定。

/评析/

制针公司认为,这起交通事故是由袁某造成的,袁某属于蓄意违章行为,所以负主要责任,不应被认定为工伤。

当地社会保险行政部门调查后认为,袁某虽然在该起交通事故中负主要责任,但由于其行为属于过失行为,并非主观上故意,故不应属于蓄意违章。袁某是在为公司出差的路上发生的交通事故,应属于"因工外出期间,由于工作原因受到伤害",将袁某认定为工伤并无不当。

关于本案例中提到的"蓄意违章",劳动和社会保障部《关于解释〈企业职工工伤保险试行办法〉中"蓄意违章"的复函》(劳社部函〔2001〕48号)认为,关于《企业职工工伤保险试行办法》中第九条第(五)项规定的"蓄意违章",是专指十分恶劣的、有主观愿望和目的的行为。在处理认定工伤的工作中,不能将一般的违章行为,视为"蓄意违章"。随着立法的修改,根据《工伤保险条例》规定,"蓄意违章"早已不是排除工伤的法定条款了,但该复函对"蓄意违章"性质程度的把握仍有参考意义。

案例来源:中国工伤保险(微信公众号)

(四)重点案例

孙立兴诉天津新技术产业园区劳动人事局工伤认定案,是一起比较典型的工伤案例,该案在最高人民法院公开发布的参考案例中共出现了3次,值得认真借鉴。

孙立兴诉天津新技术产业园区劳动人事局工伤认定案

——《最高人民法院公报》2006年第6期、指导案例40号(最高人民法院审判委员会讨论通过2014年12月25日发布)、2014年8月20日最高人民法院发布的四起工伤保险行政纠纷参考案例2

/关键词/

行政工伤认定　工作原因　工作场所　工作过失

/裁判要旨/

1.《工伤保险条例》第十四条第(一)项规定的"因工作原因",是指职工受伤与其从事本职工作之间存在关联关系。

2.《工伤保险条例》第十四条第(一)项规定的"工作场所",是指与职工工作职责相关的场所,有多个工作场所的,还包括工作时间内职工来往于多个工作场所之间的合理区域。

3.职工在从事本职工作中存在过失,不属于《工伤保险条例》第十六条规定的故意犯罪、醉酒或者吸毒、自残或者自杀情形,不影响工伤的认定。

/基本案情/

法院经审理查明：孙立兴系中力公司员工，2003年6月10日上午受中力公司负责人指派去北京机场接人。其从中力公司所在地天津市南开区华苑产业园区国际商业中心（以下简称商业中心）八楼下楼，欲到商业中心院内停放的红旗轿车处去开车，当行至一楼门口台阶处时，孙立兴脚下一滑，从四层台阶处摔倒在地面上，造成四肢不能活动。经医院诊断为颈髓过伸位损伤合并颈部神经根牵拉伤、上唇挫裂伤、左手臂擦伤、左腿皮擦伤。孙立兴向园区劳动局提出工伤认定申请，园区劳动局于2004年3月5日作出（2004）0001号《工伤认定决定书》，认为根据受伤职工本人的工伤申请和医疗诊断证明书，结合有关调查材料，依据《工伤保险条例》第十四条第五项的工伤认定标准，没有证据表明孙立兴的摔伤事故系由工作原因造成，决定不认定孙立兴摔伤事故为工伤事故。孙立兴不服园区劳动局《工伤认定决定书》，向天津市第一中级人民法院提起行政诉讼。

/裁判结果/

天津市第一中级人民法院于2005年3月23日作出（2005）一中行初字第39号行政判决：一、撤销园区劳动局所作（2004）0001号《工伤认定决定书》；二、限园区劳动局在判决生效后60日内重新作出具体行政行为。园区劳动局提起上诉，天津市高级人民法院于2005年7月11日作出（2005）津高行终字第0034号行政判决：驳回上诉，维持原判。

/裁判理由/

法院生效裁判认为：各方当事人对园区劳动局依法具有本案行政执法主体资格和法定职权，其作出被诉工伤认定决定符合法定程序，以及孙立兴是在工作时间内摔伤，均无异议。本案争议焦点包括：一是孙立兴摔伤地点是否属于其"工作场所"？二是孙立兴是否"因工作原因"摔伤？三是孙立兴工作过程中不够谨慎的过失是否影响工伤认定？

1. 关于孙立兴摔伤地点是否属于其"工作场所"问题。

《工伤保险条例》第十四条第（一）项规定，职工在工作时间和工作场所内，因工作原因受到事故伤害，应当认定为工伤。该规定中的"工作场所"，是指与职工工作职责相关的场所，在有多个工作场所的情形下，还应包括职工来往于多个工作场所之间的合理区域。本案中，位于商业中心八楼的中力公司办公室，是孙立兴的工作场所，而其完成去机场接人的工作任务需驾驶的汽车停车处，是孙立兴的另一处工作场所。汽车停在商业中心一楼的门外，孙立兴要完成开车任务，必须从商业中心八楼下到一楼门外停车处，故从商业中心八楼到停车处是孙立兴来往于两个工作场所之间的合理区域，也应当认定为孙立兴的工作场所。园区劳动局认为孙立兴摔伤地点不属于其工作场所，系将完成工作任务的合理路线排除在工作场所之外，既不符合立法本意，也有悖于生活常识。

2. 关于孙立兴是否"因工作原因"摔伤的问题。

《工伤保险条例》第十四条第（一）项规定的"因工作原因"，指职工受伤与其从事本职工作之间存在关联关系，即职工受伤与其从事本职工作存在一定关联。孙立兴为完成开车接人的工作任务，必须从商业中心八楼的中力公司办公室下到一楼进入汽车驾驶室，该行为与其工作任务密切相关，是孙立兴为完成工作任务客观上必须进行的行为，不属于超出其工作职责范围的其他不相关的个人行为。因此，孙立兴在一楼门口台阶处摔伤，系为完成工作任务所致。园区劳动局主张孙立兴在下楼过程中摔伤，与其开车任务没有直接的因果关系，不符合"因工作原因"致伤，缺乏事实根据。另外，孙立兴接受本单位领导指派的开车接人任务后，从中力公司所在商业中心八楼下到一楼，在前往院内汽车停放处的途中摔倒，孙立兴当时尚未离开公司所在院内，不属于"因公外出"的情形，而是属于在工作时间和工作场所内。

3. 关于孙立兴工作中不够谨慎的过失是否影响工伤认定的问题。

《工伤保险条例》第十六条规定了排除工伤认定的三种法定情形，即因故意犯罪、醉酒或者吸毒、自残或者自杀的，不得认定为工伤或者视同工伤。职工从事工作中存在过失，不属于上述排除工伤认定的法定情形，不能阻却职工受伤与其从事本职工作之间的关联关系。工伤事故中，受伤职工有时具有疏忽大意、精力不集中等过失行为，工伤保险正是分担事故风险、提供劳动保障的重要制度。如果将职工个人主观上的过失作为认定工伤的排除条件，违反工伤保险"无过失补偿"的基本原则，不符合《工伤保险条例》保障劳动者合法权益的立法目的。据此，即使孙立兴工作中在行走时确实有失谨慎，也不影响其摔伤系"因工作原因"的认定结论。园区劳动局以导致孙立兴摔伤的原因不是雨、雪天气使台阶地滑，而是因为孙立兴自己精力不集中导致为由，主张孙立兴不属于"因工作原因"摔伤而不予认定工伤，缺乏法律依据。

综上，园区劳动局作出的不予认定孙立兴为工伤的决定，缺乏事实根据，适用法律错误，依法应予撤销。

二、第十四条第（二）项详解　工作时间前后在工作场所内，从事与工作有关的预备性或者收尾性工作受到事故伤害的

职工为完成工作，在工作时间前后，有时需要做一些与工作有关的预备性或者收尾性工作。这段时间虽然不是职工的正式工作时间，但是，在这段时间内从事的预备性或者收尾性工作，是与工作有直接关系的，因此，《工伤保险条例》规定这种情形也应认定为工伤。

按照国际劳工组织的定义，工伤是由于工作原因直接或间接受到的伤害。因此，国际上许多国家都将从事与工作有关的预备性或者收尾性工作受到的伤害，列入工伤的范围。我国工伤保险制度也采纳了这一观点，并在《工伤保险条例》中作出了具体规定。

（一）概念释义

1. 关于"工作时间"。

这里的"工作时间",是指职工劳动合同约定的工作时间或者用人单位规定的工作时间以及加班加点的工作时间。同第十四条第(一)项。

2. 关于"工作场所"。

这里的"工作场所",是指职工日常工作所在的场所,以及领导临时指派其所从事工作的场所,在有多个工作场所的情形下,还包括职工来往于多个工作场所之间的必经区域。同第十四条第(一)项。

3. 关于"预备性工作"。

所谓"预备性工作",是指在法律规定的或者单位要求的工作时间开始之前的一段合理时间内,职工在工作场所内从事与工作有关的准备工作,诸如运输、备料、准备工具等。

4. 关于"收尾性工作"。

所谓"收尾性工作",是指在法律规定的或者单位要求的工作时间结束之后的一段合理时间内,职工在工作场所内从事与工作有关的收尾工作,诸如清理场地、安全储存、收拾工具和衣物等。

(二)认定要点

1. 实际工作中,到底什么情况属于从事与工作有关的预备性或者收尾性工作,应根据具体情况判定,主要应考虑因果关系。如同样是洗澡,煤矿职工在采矿工作结束升井后,必须要到矿区进行洗澡更衣,如在此过程中滑倒摔伤,这种情形应当按照收尾性工作认定为工伤。而在另外的情况下,洗澡若与工作无关,则不应认定为工伤。如《最高人民法院公报》2013年第9期公布的《陈善菊不服上海市松江区人力资源和社会保障局社会保障行政确认案》一案,在案例"裁判摘要"中指出:"'与工作有关的预备性或者收尾性工作'是指根据法律法规、单位规章制度的规定或者约定俗成的做法,职工为完成工作所作的准备或后续事务。职工工作若无洗澡这一必要环节,也无相关规定将洗澡作为其工作完成后的后续性事务,则洗澡不属于'收尾性工作'。"

2. 特殊情况下因果关系不明确时适用"工作原因"推定原则。工作时间前后的合理时间内、在工作场所内受到伤害的,在能排除所受伤害是非工作原因的情况下,应适用"工作原因"推定原则,推定职工所受伤害是因工作原因造成的,认定为工伤。

去更衣室换穿工作服时摔伤,能否认定为工伤?

/案情/

付某系某酒店的客房服务员。2015年10月,付某上班到达酒店后,在去更衣室换穿工作服的途中,不慎摔下楼梯导致右腿骨折。事后,付某向当地社会保险行政部门提出工伤认定申请,当地社会保险行政部门经调查核实后,依据《工伤保险条例》第十四条第(二)项之规定认定付某为工伤。付某所在单位不服,向当地人民法院提请行政诉讼，法院经审理后，维持了社会保险行政部门作出的工伤认定结论。

/评析/

《工伤保险条例》第十四条第（二）项规定，职工工作时间前后在工作场所内，从事与工作有关的预备性或者收尾性工作受到事故伤害的，应当认定为工伤。本案中，付某作为酒店的客房服务人员，准备上岗前去更衣室换穿工作服，属于工作前在工作场所内做与工作有关的预备性工作，其不慎摔下楼梯导致右腿骨折应认定为工伤。

案例来源：中国工伤保险（微信公众号）

上班打考勤卡前摔伤，能否认定为工伤？

/案情/

王女士是某服饰公司的员工，上班时间为早上 8 时。公司要求员工上下班必须打卡，以此作为考勤，打卡处设在公司二楼楼梯口。2016 年 6 月某日，王女士早上 7 时 45 分进入公司大门后，在准备去二楼打卡的过程中不慎摔伤。出院后，王女士向公司要求工伤认定。公司认为，王女士受伤时还未刷考勤卡，不能算已经进入工作场所，不符合工伤认定的条件。王女士只好自己向当地社会保险行政部门申请工伤认定。

/裁判/

当地社会保险行政部门认为，首先公司对"工作场所"的理解过于机械，"工作场所"不仅指实际的工作岗位，也包括职工为完成某项特定工作所涉及的单位以外的相关区域。其次，上班打卡属于根据公司规定所从事的活动，是为了完成单位规定的日常考勤工作，应属于预备性工作。最后，王女士是在工作时间前后受伤的。因此，王女士依法符合工伤认定的条件。

综上，当地社会保险行政部门认定王女士摔伤为工伤，有法有据，公司最终接受了社会保险行政部门的工伤认定决定。

案例来源：中国工伤保险（微信公众号）

木业打磨工打卡下班后去单位浴室洗澡摔伤，能否认定为工伤？

/案情/

原告上海某木业有限公司（以下简称木业公司）与第三人黄某于 2015 年 4 月签订了《劳动合同书》，合同期限从 2015 年 4 月 1 日至 2017 年 4 月 1 日止，并约定黄某在公司的油漆部门担任打磨工作。2015 年 8 月 22 日 18 时左右，黄某完成工作后离开车间去公司浴室洗澡，洗完澡走出浴室时不慎摔倒受伤。经医院治疗诊断，黄某确诊为三踝骨折。当年 12 月，黄某向嘉定区人力资源和社会保障局（以下简称嘉定区人社局）提出工伤认定申请。嘉定区人社局经调查核实，作出《认定工伤决定书》，对黄某受到的伤害认定为工伤。木业公司不服，向嘉定区人民法院提起行政诉讼。

木业公司诉称，嘉定区人社局作出的黄某构成工伤的认定结论事实采信有误，适用法律错误。首先，黄某受伤发生在当天 18 时打卡下班离开车间后，打卡即表示已经完成当天的工作，即便存在收尾性工作，也应该在打卡考勤时结束，最迟也在离开工作车间时结束，但黄某摔伤并不是发生在工作时间。其次，黄某的工作地虽是打磨车间，但粉尘和噪声的检测结果都是合格的。从公司的日常工作习惯上看，洗澡并不是职工工作的必要环节，也不是职工工作完成后的收尾性事务。此外，公司的厂区内虽设有职工宿舍、食堂、浴室，但设置食堂和浴室的主要目的是给居住在职工宿舍的职工提供生活便利，也为加班的员工在就餐上提供便利。而黄某并不居住在职工宿舍，他是当天洗澡后在厂区内摔倒受伤，不应认定摔倒的地方为工作场所。

针对原告木业公司提出的主张，嘉定区人社局辩称，黄某从事的工作有粉尘危害，工作后的清洁不同于普通的清洁，可以认定为和工作有关的收尾性工作。同时，对黄某同事杨某等多人所作的《工伤认定调查记录》也可以证明，黄某确有工作时间后进行洗澡等与工作有关的收尾性工作的必要和惯例。而工作场所应包括办公区域及其合理延伸范围。事发当日，黄某洗澡后走出浴室没几步就摔倒致伤，属于从事与工作有关的收尾性工作，应该认定他摔伤地点为工作场所，所以原告木业公司诉讼主张不能成立。

庭审过程中，黄某表示，他认可嘉定区人社局作出的工伤认定结论，并且认为自己工作场地粉尘很大，即便在冬天也必须每天洗澡。

/裁判/

法院经审理后认为，黄某在原告木业公司从事打磨工作，工作中必然接触粉尘，原告对此也予以确认。根据相关法律规定，劳动者有获得劳动安全卫生保护的权利，企业必须依法为从事高温、粉尘、油污等工作的劳动者提供符合国家规定的劳动卫生条件。同时，预备性或收尾性工作是指职工在上班前、下班后的一段合理的时间内，从事的搬运、清扫、清洗、准备、整理、维修或收拾工具和工具服等辅助性或延续性工作。

因此，本案中职工在单位浴室洗澡所受到的意外伤害，属于工作的后续性事务或收尾性工作。因为洗澡行为是工作结束后一个必不可少的程序，是工作的有机组成部分，在此过程中受伤应当认定为工伤。被告嘉定区人社局作出的被诉认定行为事实清楚、程序合法、适用法律正确。据此，法院判决驳回原告木业公司的诉讼请求。

案例来源：《上海法治报》

皮肤科医生下班后洗澡摔伤，能否认定为工伤？

/案情/

王某是某医院皮肤科的医生，负责协助主治医师为患者诊断病症并开具处方。某日下午交班后，王某在医院为员工提供的浴室洗澡时不慎滑倒，致使左小腿骨折。王某向医院要求申请工伤，享受医疗以及停工留薪的待遇。但医院认为王某是在下班后，而且是在浴室内摔伤的，既不是在工作时间也非工作地点，不应当属于工伤。出于对员工的关怀，医院已经决定每月向王某支付医疗期待遇。但是对王某提出的其他要求，医院认为没有义务承担责任。

王某在下班时间因洗澡摔伤是否真的与工伤无关？

/评析/

要确定王某是否应当被认定为工伤,需要衡量王某的职业与下班洗澡这一行为之间的关系。王某作为一名皮肤科的医务人员,每天与大量的病人接触,很有可能在工作时携带甚至感染细菌病毒,为了避免将细菌病毒带出医院以及自身感染,下班后在医院及时洗澡消毒已经成为医务人员的习惯,而且医院设置员工浴室也正是处于这样的考虑。因此,下班后洗澡消毒应看作是医务人员工作后的一个收尾性行为,是其工作所需的一部分。《工伤保险条例》第十四条第(二)项规定,职工工作时间前后在工作场所内,从事与工作有关的预备性或者收尾性工作受到事故伤害的,应当认定为工伤。从王某摔伤的时间上看,事故发生在王某下班后的合理时间范围之内;从王某摔伤的地点来看,是在医院的浴室中,根据上述规定,认定王某的受伤为工伤,合法且合理。

综上所述,认定工伤也需区别不同职能具体分析,类似医务人员、接触有毒有害的工作人员在工作结束后进行清洗消毒,应当属于收尾性工作,在该过程中受到事故伤害可以被认定为工伤。但是,如果将受伤的人换成其他职位的员工,例如医院从事管理类的行政人员或者其他职能、行业的员工,所从事的工作在开始前或结束后并没有清洗消毒的需要,无论在何时沐浴更衣都不属于履行工作职责的行为,期间受到事故伤害也不能被认定为工伤。即使用人单位在办公区域内设置浴室,为员工免费提供沐浴的福利,只要其洗澡行为的目的不属于收尾性工作,员工摔伤或受到伤害也就不应被认定为工伤。

因此,在正常工作结束后洗澡致伤以及其他行为导致的伤害是否可以被认定为工伤,要具体问题具体分析,不能一概而论,除了受伤时间、地点外,还须考虑其行为是否与工作有关联性。

案例编写人:冯礼桉

三、 第十四条第(三)项详解 在工作时间和工作场所内因履行工作职责受到暴力等意外伤害的

(一)概念释义

1. 关于"工作时间"。

这里的"工作时间",是指法律规定的或者单位依法要求的职工工作的时间,以及在工作时间前后所做的预备性或收尾性工作所占据的时间。在外延上包括第十四条第(一)项和第(二)项所指时间。

2. 关于"工作场所"。

这里的"工作场所",既应包括本单位内的工作场所,也应包括因工作需要或者领导指派到本单位以外去工作的工作场所。

3. 关于"因履行工作职责受到暴力等意外伤害"。

所谓"因履行工作职责受到暴力等意外伤害"有两层含义：一是指职工因履行工作职责，使某些人的不合理的或违法的目的没有达到，这些人出于报复而对该职工进行的暴力人身伤害；二是指在工作时间和工作场所内，职工在履行工作职责期间由于意外因素导致的人身伤害。意外因素诸如地震、厂区失火、车间房屋倒塌以及由于单位其他设施不安全而造成的伤害。例如，在施工工地上因高处落物受到的伤害等，在这种情况下，无论是从法理的角度来讲还是从工伤保险的基本精神来讲，都应将其纳入工伤的范围。

暴力伤害相关知识

暴力伤害侵犯职工人身权利，依据程度不同，侵犯人身权利构成犯罪的，依法追究刑事责任；尚不够刑事处罚的，由公安机关给予治安管理处罚。

（1）治安管理处罚。根据《中华人民共和国治安管理处罚法》规定，治安管理处罚主要分为警告、罚款、行政拘留、吊销公安机关发放的许可证等四类，处罚程序由调查、决定、执行三部分组成，处罚程序中会制作形成受理登记、询问笔录、检查笔录、证人证言、鉴定意见、治安管理处罚决定书等法律文书或证据资料。按照《中华人民共和国治安管理处罚法》规定，殴打他人的，或者故意伤害他人身体的，处五日以上十日以下拘留，并处二百元以上五百元以下罚款；情节较轻的，处五日以下拘留或者五百元以下罚款。另有三种情形处十日以上十五日以下拘留，并处五百元以上一千元以下罚款。被处罚人对治安管理处罚决定不服的，可以依法申请行政复议或者提起行政诉讼。

（2）刑事处罚。根据《中华人民共和国刑法》规定，一切危害国家主权、领土完整和安全，分裂国家、颠覆人民民主专政的政权和推翻社会主义制度，破坏社会秩序和经济秩序，侵犯国有财产或者劳动群众集体所有的财产，侵犯公民私人所有的财产，侵犯公民的人身权利、民主权利和其他权利，以及其他危害社会的行为，依照法律应当受刑罚处罚的，都是犯罪，但是情节显著轻微危害不大的，不认为是犯罪。明知自己的行为会发生危害社会的结果，并且希望或者放任这种结果发生，因而构成犯罪的，是故意犯罪。故意犯罪，应当负刑事责任。应当预见自己的行为可能发生危害社会的结果，因为疏忽大意而没有预见，或者已经预见而轻信能够避免，以致发生这种结果的，是过失犯罪。过失犯罪，法律有规定的才负刑事责任。

《中华人民共和国刑事诉讼法》第三条规定："对刑事案件的侦查、拘留、执行逮捕、预审，由公安机关负责。检察、批准逮捕、检察机关直接受理的案件的侦查、提起公诉，由人民检察院负责。审判由人民法院负责。除法律特别规定的以外，其他任何机关、团体和个人都无权行使这些权力。"刑事案件一般分为立案、侦查、提起公诉、审判等四个阶段，由人民法院送达判决书、裁定书。第二审的判决、裁定和最高人民法院的判决、裁定,都是终审的判决、裁定。个别案件有可能按照审判监督程序重新审理或再审。

意外伤害相关知识

意外伤害是指因意外导致身体受到伤害的事件,常用于保险业。按照保险业的常见定义,意外伤害是指外来的、突发的、非本意的、非疾病的使身体受到伤害的客观事件。"意外伤害"具有特定的含义,它包含意外和伤害两层含义,"意外"是就人的主观状态而言的,指伤害事件的发生是事先没有预见到的,或者违背人主观意愿的,其特征是非本意、外来的、突发的。"伤害"是指人的身体遭受外来事故的侵害,使人体完整性遭到破坏或器官组织生理机能遭受损害的客观事实。意外伤害的对象必须是人的身体所属部位,且伤害事实成立。如:虽触电但未伤及身体,则属伤害事实不成立。

意外伤害的三要素:

(1)非本意的:即未预料到和非本意的事故,如飞机坠毁、行道树倒下等情况。有些意外事故是应该预料到的,但由于疏忽而引致的,如在停电时未切断电源修理线路,因不久恢复供电而触电身亡。另有一些事故虽是可以预见到的,但在客观上无法抗拒或在技术上不能采取措施避免的事故,如楼房失火,火封住门口和走道,迫不得已从窗口跳下,摔成重伤。轮船着大火被迫跳海逃生。或者虽在技术上可以采取措施避免,但由于法律和职责上的规定,或履行应尽义务,不去躲避,如银行职工为保护国家财产在与抢劫银行的歹徒搏斗中受伤,或见义勇为与歹徒搏斗而负伤等。以上这些均属于意外事故。凡是故意行为使自己遭受伤害,如自杀、自伤,均不属于意外事故。

(2)外来原因造成的:指身体外部原因造成的事故,如食物中毒、失足落水。疾病所致伤害不属于意外事故,因为它是人体内部生理故障或新陈代谢的结果。

(3)突然发生的:即意外伤害在极短时间内发生,来不及预防,如行人被汽车突然撞倒。

法律法规摘选

《中华人民共和国治安管理处罚法》(节选)

2005年8月28日第十届全国人民代表大会常务委员会第十七次会议通过,根据2012年10月26日第十一届全国人民代表大会常务委员会第二十九次会议《关于修改〈中华人民共和国治安管理处罚法〉的决定》修正[①]

第二条 扰乱公共秩序,妨害公共安全,侵犯人身权利、财产权利,妨害社会管理,具有社会危害性,依照《中华人民共和国刑法》的规定构成犯罪的,依法追究刑

---

① 后文引用不再标注。

事责任；尚不够刑事处罚的，由公安机关依照本法给予治安管理处罚。

第十条　治安管理处罚的种类分为：

（一）警告；

（二）罚款；

（三）行政拘留；

（四）吊销公安机关发放的许可证。

对违反治安管理的外国人，可以附加适用限期出境或者驱逐出境。

第十三条　精神病人在不能辨认或者不能控制自己行为的时候违反治安管理的，不予处罚，但是应当责令其监护人严加看管和治疗。间歇性的精神病人在精神正常的时候违反治安管理的，应当给予处罚。

第四十三条　殴打他人的，或者故意伤害他人身体的，处五日以上十日以下拘留，并处二百元以上五百元以下罚款；情节较轻的，处五日以下拘留或者五百元以下罚款。

有下列情形之一的，处十日以上十五日以下拘留，并处五百元以上一千元以下罚款：

（一）结伙殴打、伤害他人的；

（二）殴打、伤害残疾人、孕妇、不满十四周岁的人或者六十周岁以上的人的；

（三）多次殴打、伤害他人或者一次殴打、伤害多人的。

第七十七条　公安机关对报案、控告、举报或者违反治安管理行为人主动投案，以及其他行政主管部门、司法机关移送的违反治安管理案件，应当及时受理，并进行登记。

第七十八条　公安机关受理报案、控告、举报、投案后，认为属于违反治安管理行为的，应当立即进行调查；认为不属于违反治安管理行为的，应当告知报案人、控告人、举报人、投案人，并说明理由。

第八十四条　询问笔录应当交被询问人核对；对没有阅读能力的，应当向其宣读。记载有遗漏或者差错的，被询问人可以提出补充或者更正。被询问人确认笔录无误后，应当签名或者盖章，询问的人民警察也应当在笔录上签名。

被询问人要求就被询问事项自行提供书面材料的，应当准许；必要时，人民警察也可以要求被询问人自行书写。

第八十五条　人民警察询问被侵害人或者其他证人，可以到其所在单位或者住处进行；必要时，也可以通知其到公安机关提供证言。

询问被侵害人或者其他证人，同时适用本法第八十四条的规定。

第八十八条　检查的情况应当制作检查笔录，由检查人、被检查人和见证人签名或者盖章；被检查人拒绝签名的，人民警察应当在笔录上注明。

第九十条　为了查明案情，需要解决案件中有争议的专门性问题的，应当指派或者聘请具有专门知识的人员进行鉴定；鉴定人鉴定后，应当写出鉴定意见，并且签名。

第九十一条　治安管理处罚由县级以上人民政府公安机关决定；其中警告、五百元以下的罚款可以由公安派出所决定。

第九十五条 治安案件调查结束后，公安机关应当根据不同情况，分别作出以下处理：

（一）确有依法应当给予治安管理处罚的违法行为的，根据情节轻重及具体情况，作出处罚决定；

（二）依法不予处罚的，或者违法事实不能成立的，作出不予处罚决定；

（三）违法行为已涉嫌犯罪的，移送主管机关依法追究刑事责任；

（四）发现违反治安管理行为人有其他违法行为的，在对违反治安管理行为作出处罚决定的同时，通知有关行政主管部门处理。

第九十六条 公安机关作出治安管理处罚决定的，应当制作治安管理处罚决定书。决定书应当载明下列内容：

（一）被处罚人的姓名、性别、年龄、身份证件的名称和号码、住址；

（二）违法事实和证据；

（三）处罚的种类和依据；

（四）处罚的执行方式和期限；

（五）对处罚决定不服，申请行政复议、提起行政诉讼的途径和期限；

（六）作出处罚决定的公安机关的名称和作出决定的日期。

决定书应当由作出处罚决定的公安机关加盖印章。

第一百零二条 被处罚人对治安管理处罚决定不服的，可以依法申请行政复议或者提起行政诉讼。

《中华人民共和国刑法》（节选）

1979年7月1日第五届全国人民代表大会第二次会议通过，1997年3月14日第八届全国人民代表大会第五次会议修订。根据1999年12月25日《中华人民共和国刑法修正案》，2001年8月31日《中华人民共和国刑法修正案（二）》，2001年12月29日《中华人民共和国刑法修正案（三）》，2002年12月28日《中华人民共和国刑法修正案（四）》，2005年2月28日《中华人民共和国刑法修正案（五）》，2006年6月29日《中华人民共和国刑法修正案（六）》，2009年2月28日《中华人民共和国刑法修正案（七）》，2009年8月27日《全国人民代表大会常务委员会关于修改部分法律的决定》，2011年2月25日《中华人民共和国刑法修正案（八）》，2015年8月29日《中华人民共和国刑法修正案（九）》修正[①]

第十三条 一切危害国家主权、领土完整和安全，分裂国家、颠覆人民民主专政

---

① 后文引用不再标注。

的政权和推翻社会主义制度，破坏社会秩序和经济秩序，侵犯国有财产或者劳动群众集体所有的财产，侵犯公民私人所有的财产，侵犯公民的人身权利、民主权利和其他权利，以及其他危害社会的行为，依照法律应当受刑罚处罚的，都是犯罪，但是情节显著轻微危害不大的，不认为是犯罪。

第十四条　明知自己的行为会发生危害社会的结果，并且希望或者放任这种结果发生，因而构成犯罪的，是故意犯罪。

故意犯罪，应当负刑事责任。

第十五条　应当预见自己的行为可能发生危害社会的结果，因为疏忽大意而没有预见，或者已经预见而轻信能够避免，以致发生这种结果的，是过失犯罪。

过失犯罪，法律有规定的才负刑事责任。

第十六条　行为在客观上虽然造成了损害结果，但是不是出于故意或者过失，而是由于不能抗拒或者不能预见的原因所引起的，不是犯罪。

第十七条　已满十六周岁的人犯罪，应当负刑事责任。

已满十四周岁不满十六周岁的人，犯故意杀人、故意伤害致人重伤或者死亡、强奸、抢劫、贩卖毒品、放火、爆炸、投毒罪的，应当负刑事责任。

已满十四周岁不满十八周岁的人犯罪，应当从轻或者减轻处罚。

因不满十六周岁不予刑事处罚的，责令他的家长或者监护人加以管教；在必要的时候，也可以由政府收容教养。

第十八条　精神病人在不能辨认或者不能控制自己行为的时候造成危害结果，经法定程序鉴定确认的，不负刑事责任，但是应当责令他的家属或者监护人严加看管和医疗；在必要的时候，由政府强制医疗。

间歇性的精神病人在精神正常的时候犯罪，应当负刑事责任。

尚未完全丧失辨认或者控制自己行为能力的精神病人犯罪的，应当负刑事责任，但是可以从轻或者减轻处罚。

醉酒的人犯罪，应当负刑事责任。

第十九条　又聋又哑的人或者盲人犯罪，可以从轻、减轻或者免除处罚。

（二）认定要点

对于职工在工作时间和工作场所内受到暴力等意外伤害，是否属于履行工作职责所致，应由社会保险行政部门根据具体情况作出判断。

1. 暴力等意外伤害应与履行工作职责具有因果关系。如《劳动和社会保障部办公厅关于对〈工伤保险条例〉有关条款释义的函》（劳社厅函〔2006〕497号）中指出，"因履行工作职责受到暴力等意外伤害"中的因履行工作职责受到暴力伤害是指受到暴力伤害与履行工作职责有因果关系。《四川省高级人民法院关于审理工伤认定行政案件若干问题的意见》（川高法〔2009〕660号）第二十条规定，认定职工工伤的"履行工作职责"是指职工所受暴力等意外伤害是因其完成工作任务所致。

2. 职工因情感、恩怨等与履行工作无关的原因遭受暴力等意外伤害的，即使发生于工作时间或工作地点，也不能认定为工伤。

3. 特殊情况下因果关系不明确时适用"工作原因"推定原则。在工伤认定工作中，应对各方面情况进行综合分析，没有证据否定职工所受到的伤害与履行工作职责有必然联系的，在排除其他非履行工作职责的因素后，应认定为工伤。

4. 特殊情形应参照"以工作原因为核心"的原则，在工作时间和工作场所这两个时间因素和空间因素不明确、不符合的情况下，应以是否履行工作职责为核心要素，只要有证据证明伤害系因履行工作职责而引起的，就应按照工伤保险的立法精神认定为工伤，以弥补立法的漏洞，更好地保障职工合法权益，彰显社会公平正义。

证据不足时的处理

职工在工作中遭受他人伤害，应当以刑事侦查机关、检察机关和审判机关的生效法律文书或者结论性意见为依据。对于暂时缺乏证据，无法判定其受伤害原因是因公还是因私的，可先按《工伤保险条例》第二十条和《工伤认定办法》第二十条的规定予以中止，待司法机关或者有关行政主管部门作出结论后，恢复工伤认定程序。

法律依据：

（1）《工伤保险条例》第二十条第三款　作出工伤认定决定需要以司法机关或者有关行政主管部门的结论为依据的，在司法机关或者有关行政主管部门尚未作出结论期间，作出工伤认定决定的时限中止。

（2）《工伤认定办法》第二十条　社会保险行政部门受理工伤认定申请后，作出工伤认定决定需要以司法机关或者有关行政主管部门的结论为依据的，在司法机关或者有关行政主管部门尚未作出结论期间，作出工伤认定决定的时限中止，并书面通知申请人。

职工在工作时间因私人原因受到暴力伤害，能否认定为工伤？

/案情/

张某系某保险公司分公司职工。2013年11月某日，张某到另一分公司找朋友时，与该分公司职工冯某发生争执，两人在推搡过程中，张某左眼被冯某打伤。当地派出所在询问笔录中载明："双方因个人原因发生争执。"

事后，张某向当地社会保险行政部门提出工伤认定申请，当地社会保险行政部门经调查核实后，依据《工伤保险条例》第十四条第（三）项之规定，作出不予认定张某为工伤的决定。张某不服，向当地人民法院提起行政诉讼，法院经审理后，维持了社会保险行政部门作出的不予认定张某为工伤的决定。

/评析/

《工伤保险条例》第十四条第（三）项规定，职工在工作时间和工作场所内，因履行工作职责受到暴力等意外伤害的情形，应当认定为工伤。

本案焦点为如何判断职工是否在工作时间和工作场所内因履行工作职责受到暴力伤害。根据警方对张某和冯某的询问笔录、证人证言、案件和解协议书等相关证据，可以证明张某虽然是在工作时间与冯某发生冲突并受到暴力伤害，但该伤害与其履行的工作职责无直接因果关系，故不应认定为工伤。

案例来源：中国工伤保险（微信公众号）

下班路上遭伏击，能否认定为工伤？

/案情/

黎某系西安某科技公司保卫部门工作人员，主要职责是维护单位工作秩序和安全。2016年12月5日18时许，黎某下班后步行回家，行至西安市某中学门口人行横道时，遭到一名男子突然袭击，被匕首刺伤。后经当地公安部门调查，行凶者是该科技公司的一名派遣员工，11月下旬曾因违反单位工作纪律被黎某等保卫人员处理过，所以怀恨在心，在黎某下班路上伺机报复。

/评析/

《工伤保险条例》第十四条第（三）项规定，在工作时间和工作场所内，因履行工作职责受到暴力等意外伤害的，应当认定为工伤。据此，有观点认为适用《工伤保险条例》第十四条第（三）项，伤害必须发生在单位规定的工作时间和工作场所内，上班前、下班后或者在单位以外的场所受到暴力伤害不应认定为工伤。那么，黎某遭袭算不算工伤呢？

本案中，黎某是保卫部门工作人员，具有维护单位工作秩序和安全的职责，某按照规定处理违反工作纪律的派遣员工属于履行工作职责。伤害虽然发生在下班以后、单位之外，但的确是因工作原因导致，应认为是正常工作的延伸，时空上仍属于与工作相关的合理时间和区域。所以，黎某遭到派遣员工伏击受伤应当认定为工伤。

案例来源：连线劳动法（微信公众号）案例编写人：康维铭

陈某菊不服上海市松江区人力资源和社会保障局社会保障行政确认案

/裁判要旨/

食宿在单位的职工在单位宿舍楼浴室洗澡时遇害，其工作状态和生活状态的界限相对模糊。在此情形下，对于工伤认定的时间、空间和因果关系三个要件的判断主要应考虑因果关系要件，即伤害是否因工作原因。

"因履行工作职责受到暴力伤害"应理解为职工因履行工作职责的行为而遭受暴力伤害，如职工系因个人恩怨而受到暴力伤害，即使发生于工作时间或工作地点，亦不属于此种情形。

"与工作有关的预备性或者收尾性工作"是指根据法律法规、单位规章制度的规定或者约定俗成的做法,职工为完成工作所作的准备或后续事务。职工工作若无洗澡这一必要环节,也无相关规定将洗澡作为其工作完成后的后续性事务,则洗澡不属于"收尾性工作"。

/案情/

上海市松江区人民法院一审查明:

原告陈某菊与陈某林是夫妻关系。陈某林系第三人申劳公司的管理人员,食宿于申劳公司处。2009年6月,陈某林与申劳公司员工张某某因琐事发生矛盾。6月底一天的晚上,陈某林叫了申劳公司另两名员工到张某某宿舍,打了张某某两记耳光。张某某为此怀恨在心,伺机报复。同年7月15日21时许,张某某趁陈某林在厂浴室洗澡之际,用尖刀捅刺陈某林的左腹部、左胸部等处,致陈某林死亡。

2010年7月12日,原告陈某菊向被告松江区人力资源和社会保障局(以下简称松江区人社局)提出工伤认定申请。被告于7月15日受理后,经调查,于同年9月2日作出《工伤认定书》,认为陈某菊没有证据证明陈某林于2009年7月15日的被害与其履行工作职责有关,该情形不符合《工伤保险条例》第十四条、第十五条的规定,故认定陈某林的死亡不属于且不视同工伤。陈某菊不服,申请复议。同年12月31日,上海市人力资源和社会保障局作出《行政复议决定书》,维持了松江区人社局认定工伤的行政行为。陈某菊不服,诉至法院。

本案一审的争议焦点是:食宿在单位的用人单位管理人员,因个人恩怨,下班后在单位浴室洗澡时被杀害,是否应认定为工伤。

上海市松江区人民法院一审认为:

根据国务院《工伤保险条例》第五条第二款之规定,被告松江区人社局具有作出工伤认定的职权。原告陈某菊认为,陈某林于遇害之前在单位值班,刚为客户办理了提货,第三人申劳公司员工张某某因不服陈某林管理,将其杀害,陈某林遇害系在工作场所、工作时间,因履行工作职责而被杀害,应当属于工伤。根据《工伤保险条例》第十四条第(三)项规定:"在工作时间和工作场所,因履行工作职责受到暴力等意外伤害的,应当认定为工伤。"本案中,陈某林系于21时许在厂浴室洗澡时被人杀害,并非工作时间因履行工作职责而遇害,故不符合《工伤保险条例》第十四条第(三)项规定的情形。陈某菊关于陈某林被杀害前在单位值班,为客户办理提货的主张,并没有提供相应的证据予以证实,依法不予采信。综观本案,松江区人社局根据其职权作出的工伤认定所依据的事实清楚,适用法律正确,程序合法,依法应予维持。

陈某菊不服一审判决,向上海市第一中级人民法院提起上诉,请求二审法院撤销原判,支持其原审中的诉讼请求。

上海市第一中级人民法院经二审,确认了一审查明的事实。

本案二审的争议焦点仍然是:食宿在单位的用人单位管理人员,因个人恩怨,下班后在单位浴室洗澡时被杀害,是否应认定为工伤。

上海市第一中级人民法院二审认为：

被上诉人松江区人社局依法具有作出被诉工伤认定行政行为的职权。松江区人社局向一审法院提交的江某某、陈某某的调查笔录、（2010）沪一中刑初字第15号刑事判决书等证据能够互相印证，足以证明被诉工伤认定行政行为所认定的事实。松江区人社局依照《工伤保险条例》第十四条及第十五条之规定，作出认定陈某林的死亡不属于且不视同工伤的被诉工伤认定行政行为的主要证据充分、适用法律并无不当。对松江区人社局的辩称意见法院予以采信。根据（2010）沪一中刑初字第15号刑事判决书查明的事实，"2009年6月，陈某林因琐事与该厂员工张某某发生矛盾。同年6月底的一天晚上，陈某林叫上员工夏某某、王某某到张某某宿舍，当着夏、王两人的面打了张某某两记耳光。张某某为此怀恨在心，伺机报复。同年7月15日21时许，张某某趁被害人陈某林在申劳公司玻璃制品厂浴室洗澡之际，用尖刀捅刺陈某林，造成陈某林因右心室及主动脉破裂致失血性休克而死亡。"上述事实清楚地表明，陈某林的死亡非工作时间前后在工作场所内，从事与工作有关的预备性或者收尾性工作受到事故伤害。"与工作有关的预备性或者收尾性工作"是指虽然并非职工工作本身，但根据法律法规、单位规章制度或者约定俗成的做法，职工为完成工作所作的准备或后续事务。职工工作若无洗澡这一必要环节，亦无相关规定将洗澡作为其工作完成后的后续性事务，则洗澡不符合"收尾性工作"的情形。

陈某林亦非在工作时间和工作场所内，因履行工作职责受到暴力等意外伤害。"因履行工作职责受到暴力伤害"应理解为职工履行工作职责的行为引起了暴力伤害结果的发生，而非简单理解为受到暴力伤害是发生在职工履行工作职责的过程中。陈某林作为申劳公司玻璃制品厂的厂长，其工作职责是管理，若张某某确因不服从陈某林的管理而杀害陈某林，则应属于工作上的原因。但根据查明的事实，陈某林系因琐事与张某某发生矛盾，并打了张某某两记耳光。张某某对此怀恨在心，才伺机将陈某林杀害，上述（2010）沪一中刑初字第15号刑事判决书亦确认了陈某林遇害是因其与张某某之间的个人恩怨。可见，陈某林遇害虽有暴力伤害的结果，但与履行工作职责之间并无因果关系。

职工在单位浴室被杀害并非用人单位所能预见，或者用人单位履行相应的安全注意义务即可避免，因此，若将此情形认定为工伤则无端提高了用人单位安全注意义务的标准。据此，陈某林在浴室洗澡被杀害不符合《工伤保险条例》第十四条应当认定为工伤或第十五条视同工伤中规定的情形。上诉人陈某菊就其诉称的事实在本案被诉工伤认定程序及本案一、二审审理中未提供任何充分有效的证据予以证实，故陈某菊的请求，缺乏事实根据和法律依据，法院不予支持。一审法院判决维持被诉工伤认定行为并无不当，依法应予维持。

判决驳回上诉，维持原判。

本判决为终审判决。

案例来源：《最高人民法院公报》

四、第十四条第（四）项详解　患职业病的

职业病是职业伤害的一种。按照《工伤保险条例》第十四条第（四）项规定，职工患职业病的，应当认定为工伤。对从事接触职业病危害作业的劳动者，用人单位应当按照国家有关规定组织上岗前、在岗期间和离岗时的职业健康检查。疑似职业病病人在诊断、医学观察期间的费用，由用人单位承担。劳动者被诊断为职业病，依据《工伤保险条例》规定，享受工伤保险待遇。所在单位参加了工伤保险的，分别由工伤保险基金和用人单位支付；未参加工伤保险的，其待遇由用人单位支付。依据《中华人民共和国职业病防治法》规定，职业病病人除依法享有工伤保险待遇外，依照有关民事法律，尚有获得赔偿的权利的，有权向用人单位提出赔偿要求。用人单位不存在或者无法确认劳动关系的职业病病人，可以向地方人民政府申请医疗救助和生活等方面的救助。

（一）概念释义

1. 关于职业病的概念

《中华人民共和国职业病防治法》对职业病所下的定义是："本法所称职业病，是指企业、事业单位和个体经济组织等用人单位的劳动者在职业活动中，因接触粉尘、放射性物质和其他有毒、有害因素而引起的疾病。"

就工伤认定的范围而言，认定工伤的职业病应该是《工伤保险条例》覆盖范围内的所有用人单位的职工在职业活动全过程中所罹患的职业病，包括职工在离开工作岗位或办理离退休手续后又发现的职业病。反之，如果公民虽然患有职业病目录中规定的某种疾病，但不是由于职业活动引起的，而是由于其居住地周边的其他情况引起的，这种疾病则不属于法定的职业病，也不属于工伤认定的范围。

2. 关于职业病的种类

职业病的范围由国家主管部门明文规定，随着情况的发展变化动态调整。目前执行的是 2013 年国家卫生和计划生育委员会、人力资源和社会保障部、国家安全生产监督管理总局、中华全国总工会等四部门《关于印发〈职业病分类和目录〉的通知》（国卫疾控发〔2013〕48 号）。

国家法定职业病

按照 2013 年版《职业病分类和目录》，目前，我国法定职业病包括如下 10 类 132 种（含 4 项开放性条款）：

（1）职业性尘肺病及其他呼吸系统疾病

1）尘肺病：①矽肺，②煤工尘肺，③石墨尘肺，④碳黑尘肺，⑤石棉肺，⑥滑石尘肺，⑦水泥尘肺，⑧云母尘肺，⑨陶工尘肺，⑩铝尘肺，⑪电焊工尘肺，⑫铸工

尘，⑬根据《尘肺病诊断标准》和《尘肺病理诊断标准》可以诊断的其他尘肺病。

2）其他呼吸系统疾病：①过敏性肺炎，②棉尘病，③哮喘，④金属及其化合物粉尘肺沉着病（锡、铁、锑、钡及其化合物等），⑤刺激性化学物所致慢性阻塞性肺疾病，⑥硬金属肺病。

（2）职业性皮肤病

1）接触性皮炎，2）光接触性皮炎，3）电光性皮炎，4）黑变病，5）痤疮，6）溃疡，7）化学性皮肤灼伤，8）白斑，9）根据《职业性皮肤病的诊断总则》可以诊断的其他职业性皮肤病。

（3）职业性眼病

1）化学性眼部灼伤，2）电光性眼炎，3）白内障（含放射性白内障、三硝基甲苯白内障）。

（4）职业性耳鼻喉口腔疾病

1）噪声聋，2）铬鼻病，3）牙酸蚀病，4）爆震聋。

（5）职业性化学中毒

1）铅及其化合物中毒（不包括四乙基铅），2）汞及其化合物中毒，3）锰及其化合物中毒，4）镉及其化合物中毒，5）铍病，6）铊及其化合物中毒，7）钡及其化合物中毒，8）钒及其化合物中毒，9）磷及其化合物中毒，10）砷及其化合物中毒，11）铀及其化合物中毒，12）砷化氢中毒，13）氯气中毒，14）二氧化硫中毒，15）光气中毒，16）氨中毒，17）偏二甲基肼中毒，18）氮氧化合物中毒，19）一氧化碳中毒，20）二硫化碳中毒，21）硫化氢中毒，22）磷化氢、磷化锌、磷化铝中毒，23）氟及其无机化合物中毒，24）氰及腈类化合物中毒，25）四乙基铅中毒，26）有机锡中毒，27）羰基镍中毒，28）苯中毒，29）甲苯中毒，30）二甲苯中毒，31）正己烷中毒，32）汽油中毒，33）一甲胺中毒，34）有机氟聚合物单体及其热裂解物中毒，35）二氯乙烷中毒，36）四氯化碳中毒，37）氯乙烯中毒，38）三氯乙烯中毒，39）氯丙烯中毒，40）氯丁二烯中毒，41）苯的氨基及硝基化合物（不包括三硝基甲苯）中毒，42）三硝基甲苯中毒，43）甲醇中毒，44）酚中毒，45）五氯酚（钠）中毒，46）甲醛中毒，47）硫酸二甲酯中毒，48）丙烯酰胺中毒，49）二甲基甲酰胺中毒，50）有机磷中毒，51）氨基甲酸酯类中毒，52）杀虫脒中毒，53）溴甲烷中毒，54）拟除虫菊酯类中毒，55）铟及其化合物中毒，56）溴丙烷中毒，57）碘甲烷中毒，58）氯乙酸中毒，59）环氧乙烷中毒，60）上述条目未提及的与职业有害因素接触之间存在直接因果联系的其他化学中毒。

（6）物理因素所致职业病

1）中暑，2）减压病，3）高原病，4）航空病，5）手臂振动病，6）激光所致眼（角膜、晶状体、视网膜）损伤，7）冻伤。

（7）职业性放射性疾病

1）外照射急性放射病，2）外照射亚急性放射病，3）外照射慢性放射病，4）内照射放射病，5）放射性皮肤疾病，6）放射性肿瘤（含矿工高氡暴露所致肺癌），7）放射性骨损伤，8）放射性甲状腺疾病，9）放射性性腺疾病，10）放射复合伤，11）根据《职业性放射性疾病诊断标准（总则）》可以诊断的其他放射性损伤。

（8）职业性传染病

1）炭疽，2）森林脑炎，3）布鲁氏菌病，4）艾滋病（限于医疗卫生人员及人民警察），5）莱姆病。

（9）职业性肿瘤

1）石棉所致肺癌、间皮瘤，2）联苯胺所致膀胱癌，3）苯所致白血病，4）氯甲醚、双氯甲醚所致肺癌，5）砷及其化合物所致肺癌、皮肤癌，6）氯乙烯所致肝血管肉瘤，7）焦炉逸散物所致肺癌，8）六价铬化合物所致肺癌，9）毛沸石所致肺癌、胸膜间皮瘤，10）煤焦油、煤焦油沥青、石油沥青所致皮肤癌，11）β—萘胺所致膀胱癌。

（10）其他职业病

1）金属烟热，2）滑囊炎（限于井下工人），3）股静脉血栓综合征、股动脉闭塞症或淋巴管闭塞症（限于刮研作业人员）。

《职业病分类和目录》调整解读（节选）

（1）为什么要调整职业病分类和目录？

1957年我国首次发布了《关于试行"职业病范围和职业病患者处理办法"的规定》，将职业病确定为14种，1987年对其进行调整，增加到9类99种。2002年，为配合《中华人民共和国职业病防治法》的实施，原卫生部联合原劳动保障部发布了《职业病目录》，将职业病增加到10类115种。后来，随着我国经济快速发展，新技术、新材料、新工艺的广泛应用，以及新的职业、工种和劳动方式不断产生，劳动者在职业活动中接触的职业病危害因素更为多样、复杂。不少地方、部门和劳动者反映现行《职业病目录》历时10余年，已不能完全反映当前职业病现状，有必要进行适当调整。2011年12月31日，第十一届全国人民代表大会常务委员会第二十四次会议审议通过了《关于修改〈中华人民共和国职业病防治法〉的决定》，其中规定："职业病的分类和目录由国务院卫生行政部门会同国务院安全生产监督管理部门、劳动保障行政部门制定、调整并发布。工会组织依法对职业病防治工作进行监督，维护劳动者的合法权益。"根据《中华人民共和国职业病防治法》的有关规定，为切实保障劳动者健康及其相关权益，国家卫生计生委、国家安全监管总局、人力资源社会保障部和全国总工会联合对《职业病分类和目录》进行了调整。2013年12月23日，国家卫生计生委等4部门下发了《关于印发〈职业病分类和目录〉的通知》（国卫疾控发〔2013〕48号），修订后的《职业病分类和目录》由原来的115种职业病调整为132种

（含 4 项开放性条款）。其中新增 18 种，对 2 项开放性条款进行了整合。另外，对 16 种职业病的名称进行了调整。

(2)《职业病分类和目录》调整的原则是什么？

《职业病分类和目录》的调整遵循以下原则：

1）坚持以人民为中心，以维护劳动者健康及其相关权益为宗旨。

2）结合我国职业病防治工作的实际，突出重点职业病病种。

3）与我国现阶段经济社会发展水平和工伤保险承受能力相适应。

4）保持《职业病分类和目录》的连续性和可操作性。

5）建立《职业病分类和目录》动态调整的工作机制。

6）公开、透明，充分听取各方面的意见。

(3) 职业病的遴选原则是什么？

职业病的遴选遵循以下原则：

1）有明确的因果关系或剂量反应关系。

2）有一定数量的暴露人群。

3）有可靠的医学认定方法。

4）通过限定条件可明确界定职业人群和非职业人群。

5）患者为职业人群，即存在特异性。

(4) 职业性传染病分类作了哪些调整？

职业性传染病分类，一是增加 2 种职业病："艾滋病（限于医疗卫生人员及人民警察）"和"莱姆病"；二是将"布氏杆菌病"修改为"布鲁氏菌病"。

艾滋病（限于医疗卫生人员及人民警察）是指医疗卫生人员及人民警察在职业活动或者执行公务中，被艾滋病病毒感染者或病人的血液、体液，或携带艾滋病病毒的生物样本，或废弃物污染了皮肤或者黏膜，或者被含有艾滋病病毒的血液、体液污染了的医疗器械或其他锐器刺破皮肤感染的艾滋病。

莱姆病是一种主要通过蜱叮咬，由伯氏疏螺旋体引起的慢性自然疫源性疾病，多发生在林区，且发病区域很广。长期在林区工作者，受蜱叮咬后感染和发病概率较高。

(5) 其他职业病作了哪些调整？

在其他职业病中，一是将"煤矿井下工人滑囊炎"修改为"滑囊炎（限于井下工人）"；二是增加"股静脉血栓综合征、股动脉闭塞症或淋巴管闭塞症（限于刮研作业人员）"。

《职业病分类和目录》调整前，滑囊炎的职业人群限定为煤矿井下工人，现在修改为井下工人，扩大了职业人群范围。

手工刮研作业在机床生产、精密加工和维修中十分普遍，具有一定暴露人群。由于刮研作业长期压迫，一些劳动者出现股静脉血栓、股动脉闭塞或淋巴管闭塞的症状。为此，国家卫生计生委、人力资源社会保障部、国家安全监管总局、全国总工会等部门组织中国疾病预防控制中心相关专家，深入企业调研，经反复研究论证，一致同意将刮研作业局部压迫所致股静脉血栓综合征、股动脉闭塞症或淋巴管闭塞症列入《职业病分类和目录》。

本次《职业病分类和目录》调整倾向生产一线作业人员。例如煤炭、冶金、有色金属、化工、林业、建材、机械加工行业作业人员，另外，还涉及低温作业人员、医疗卫生人员和人民警察等。

稿件来源：中国安全生产网

3. 关于职业病危害因素和职业禁忌

职业病危害，是指对从事职业活动的劳动者可能导致职业病的各种危害。职业病危害因素包括：职业活动中存在的各种有害的化学、物理、生物因素以及在作业过程中产生的其他职业有害因素。国家卫生计划生育委员会、人力资源和社会保障部、国家安全生产监督管理总局、中华全国总工会等四部委联合下发《关于印发〈职业病危害因素分类目录〉的通知》（国卫疾控发〔2015〕92号），公布了最新修订的2015年版《职业病危害因素分类目录》。职业病危害因素从133种，增加到454种。原则上说，只要用人单位涉及这些有毒、有害因素，就需要开展职业病防治工作。

职业禁忌，是指劳动者从事特定职业或者接触特定职业病危害因素时，比一般职业人群更易于遭受职业病危害和罹患职业病或者可能导致原有自身疾病病情加重，或者在从事作业过程中诱发可能导致对他人生命健康构成危险的疾病的个人特殊生理或者病理状态。

4. 关于职业健康检查

《中华人民共和国职业病防治法》第三十五条规定："对从事接触职业病危害的作业的劳动者，用人单位应当按照国务院安全生产监督管理部门、卫生行政部门的规定组织上岗前、在岗期间和离岗时的职业健康检查，并将检查结果书面告知劳动者。职业健康检查费用由用人单位承担。用人单位不得安排未经上岗前职业健康检查的劳动者从事接触职业病危害的作业；不得安排有职业禁忌的劳动者从事其所禁忌的作业；对在职业健康检查中发现有与所从事的职业相关的健康损害的劳动者，应当调离原工作岗位，并妥善安置；对未进行离岗前职业健康检查的劳动者不得解除或者终止与其订立的劳动合同。职业健康检查应当由省级以上人民政府卫生行政部门批准的医疗卫生机构承担。"

第三十六条规定："用人单位应当为劳动者建立职业健康监护档案，并按照规定的期限妥善保存。职业健康监护档案应当包括劳动者的职业史、职业病危害接触史、职业健康检查结果和职业病诊疗等有关个人健康资料。劳动者离开用人单位时，有权索取本人职业健康监护档案复印件，用人单位应当如实、无偿提供，并在所提供的复印件上签章。"

5. 关于职业病诊断和鉴定

职业病诊断必须由经省、自治区、直辖市人民政府卫生行政部门批准的医疗卫生机构承担。省、自治区、直辖市人民政府卫生行政部门应当向社会公布本行政区域内承担职业病诊断的医疗卫生机构的名单、地址、诊断项目等相关信息。劳动者可以选择用人单位所在地、本人户籍所在地或者经常居住地的职业病诊断机构进行职业病诊断。具体鉴定办法按照2013年卫生部印发的《职业病诊断与鉴定管理办法》（卫生部令第91号）执行。职业病诊断机构应当按照《中华人民共和国职业病防治法》《职业病诊断与鉴定管理办法》的有关规定和国家职业病诊断标准，依据劳动者的职业史、职业病危害接触史和工作场所职业病危害因素情况、临床表现以及辅助检查结果等，进行综合分析，作出诊断结论。没有证据否定职业病危害因素与病人临床表现之间的必然联系的，应当诊断为职业病。职业病诊断机构作出职业病诊断结论后，应当出具职业病诊断证明书。职业病诊断证明书应当包括劳动者、用人单位基本信息、诊断结论、诊断时间等内容。确诊为职业病的，应当载明职业病的名称、程度（期别）、处理意见。由参加诊断的医师共同签署，并经职业病诊断机构审核盖章。一式三份，劳动者、用人单位各一份，诊断机构存档一份。当事人对职业病诊断机构作出的职业病诊断结论有异议的，可以在接到职业病诊断证明书之日起三十日内，向职业病诊断机构所在地设区的市级卫生行政部门申请鉴定。设区的市级职业病诊断鉴定委员会负责职业病诊断争议的首次鉴定。当事人对设区的市级职业病鉴定结论不服的，可以在接到鉴定书之日起十五日内，向原鉴定组织所在地省级卫生行政部门申请再鉴定。职业病鉴定实行两级鉴定制，省级职业病鉴定结论为最终鉴定。

（二）工伤认定

职业病是职工在从事职业活动过程中接触职业危害因素引起的，与外伤事故和急性中毒相比，职业病具有一定的潜伏性和迟发性，为了保护罹患职业病的工伤职工的合法权益，经过不断完善，我国工伤保险制度已实现了对职业病职工的全程保障。

1. 在岗阶段。

《工伤保险条例》规定，职工按照职业病防治法规定被诊断、鉴定为职业病，所在单位应当自被诊断、鉴定为职业病之日起30日内，向统筹地区社会保险行政部门提出工伤认定申请。遇有特殊情况，经报社会保险行政部门同意，申请时限可以适当延长。认定工伤后，职工可依法享受工伤保险待遇。用人单位未按规定提出工伤认定申请的，工伤职工或者其近亲属、工会组织在被诊断、鉴定为职业病之日起1年内，可以直接向用人单位所在地统筹地区社会保险行政部门提出工伤认定申请。对依法取得职业病诊断证明书或者职业病诊断鉴定书的，社会保险行政部门不再进行调查核实。

2. 职工离职或退休、退职前。

用人单位对接触职业危害作业的职工，在终止、解除劳动合同时或者办理退休、退职手续前，应进行职业健康检查，并将检查结果告知职工。被确诊患有职业病的，应办理工伤认定、劳动能力鉴定、待遇核定手续，并按规定享受工伤保险待遇。山东省等一些省市还特别规定，职工被确诊为职业病的，在解除劳动关系时一次性工伤医疗补助金在规定标准基础上加发50%。

3. 离岗或退休后。

《人力资源社会保障部关于执行〈工伤保险条例〉若干问题的意见》（人社部发〔2013〕34号）规定，曾经从事接触职业病危害作业、当时没有发现罹患职业病、离开工作岗位后被诊断或鉴定为职业病的符合下列条件的人员，可以自诊断、鉴定为职业病之日起一年内申请工伤认定：

（1）办理退休手续后，未再从事接触职业病危害作业的退休人员；

（2）劳动或聘用合同期满后或者本人提出而解除劳动或聘用合同后，未再从事接触职业病危害作业的人员。

经工伤认定和劳动能力鉴定，前款第（1）项人员符合领取一次性伤残补助金条件的，按就高原则以本人退休前12个月平均月缴费工资或者确诊职业病前12个月的月平均养老金为基数计发。前款第（2）项人员被鉴定为一级至十级伤残、按《工伤保险条例》规定应以本人工资作为基数享受相关待遇的，按本人终止或者解除劳动、聘用合同前12个月平均月缴费工资计发。按上述规定被认定为工伤的职业病人员，职业病诊断证明书（或职业病诊断鉴定书）中明确的用人单位，在该职工从业期间依法为其缴纳工伤保险费的，按《工伤保险条例》的规定，分别由工伤保险基金和用人单位支付工伤保险待遇；未依法为该职工缴纳工伤保险费的，由用人单位按照《工伤保险条例》规定的相关项目和标准支付待遇。

（三）注意事项

1. 按照《工伤保险条例》第十九条规定："社会保险行政部门受理工伤认定申请后，根据审核需要可以对事故伤害进行调查核实，用人单位、职工、工会组织、医疗机构以及有关部门应当予以协助。职业病诊断和诊断争议的鉴定，依照职业病防治法的有关规定执行。对依法取得职业病诊断证明书或者职业病诊断鉴定书的，社会保险行政部门不再进行调查核实。"

2. 按照《中华人民共和国职业病防治法》和《职业病诊断与鉴定管理办法》规定，职业病实行一次诊断、两级鉴定制，对同一职工有可能先后出现职业病诊断证明书、职业病诊断首次鉴定书和职业病诊断再鉴定书等3份结论。在工伤认定过程中应注意调查了解，对文书加以甄别，以最后、最有效的诊断或鉴定结论作为证据。

3. 职工在解除劳动合同或办理退休手续后才发现患职业病的，应当结合其职业病危害接触史和工作场所职业病危害因素，以及离开原单位时是否进行职业健康检查，离开原单位后是否从事其他接触职业病危害因素的工作等情况，综合判断其所患职业病是否系在原单位工作时所致。

解除劳动合同后，发现罹患职业病的工伤认定

/案情/

2010年1月至2013年1月第三人李某在原告淄博市博山区某耐火材料厂从事成型工工作，长期接触石英粉尘。2013年1月25日该用人单位以李某违纪为由与其解除劳动合同。2015年4月9日李某到淄博市职业病防治院住院治疗，并于2015年5月21日被该院确诊为矽肺叁期＋tb。淄博市职业病防治院出具的职业病诊断证明书备注中记载："2012年患者在淄博市第一医院确诊为'空洞型肺结核'，现仍在服用药物治疗。"李某提供某社区居委会出具的证明材料及其享受城市居民最低生活保障的证件，能够证明其离开原单位后未从事其他工作。2015年6月11日李某向被告淄博市博山区人力资源和社会保障局（以下简称博山区人社局）提出工伤认定申请，经进一步调查核实后，博山区人社局依据《工伤保险条例》第十四条第（四）项之规定，将李某所患职业病认定为工伤。

原告不服，提起行政诉讼，要求撤销被告作出的上述认定工伤决定书。

山东省淄博市博山区人民法院一审认为：《工伤保险条例》第十四条第（四）项规定，职工患职业病的，应当认定为工伤。《人力资源社会保障部关于执行〈工伤保险条例〉若干问题的意见》（人社部发〔2013〕34号）第八条第一款第（二）项规定，曾经从事接触职业病危害作业、当时没有发现罹患职业病、离开工作岗位后被诊断或鉴定为职业病的人员，劳动或聘用合同期满后或者本人提出解除劳动或聘用合同后，未再从事接触职业病危害作业的，可自诊断、鉴定职业病之日起一年内申请工伤认定，社会保险行政部门应当受理。本案中，李某在被诊断为职业病矽肺叁期＋tb后的第二个月即向被告提出工伤认定申请，符合上述相关规定。

虽然原告已于2013年1月25日以违纪为由与李某解除劳动合同，李某于2015年5月21日才被确诊为职业病，但被告依据李某提供的证据能够证明李某离开原告单位后未再从事任何工作，李某所患职业病为工伤。原告主张李某所患职业病与其在原告单位接触职业病危害因素之间不具有关联性，但未提供反驳证据予以证明，也未能提供有效证据证明李某离开原告单位后从事过其他接触职业病危害因素的作业，故对原告提出的主张不予采信。

据此，依照《中华人民共和国行政诉讼法》第六十九条的规定，法院判决驳回原告的诉讼请求。宣判后，原告不服，遂上诉至山东省淄博市中级人民法院。山东省淄博市中级人民法院审理认为，上诉人淄博市博山区某耐火材料厂的上诉理由不能成立，判决驳回上诉，维持原判。

/评析/

本案争议的主要焦点是：李某离开原告单位后，被淄博市职业病防治院所确诊的职业病，是否系因在原告处工作时所致。

针对该焦点，应当结合李某的职业病危害接触史和工作场所职业病危害因素，以及其离开原单位时是否进行职业健康检查、离开原单位后是否从事其他接触职业病危害因素的工作等情况，综合判断其所患职业病是否系在原单位工作时所致。这也是由职业病的隐匿性、迟发性等特点所决定的，因为职工在受到职业病危害因素伤害时，往往难以及时发现和确诊，所以对于离开原工作单位后被确诊患职业病的，应当结合上述几个方面进行综合认定。第一，职业病危害接触史和工作场所职业病危害因素是职业病产生的两个客观条件，没有职业病危害因素，不可能导致职业病，同样即使有职业病危害因素，但是职工没有职业病危害接触史，也不可能导致职业病。所以首先要明确患病职工的职业病危害接触史和工作场所职业病危害因素。第二，根据《山东省贯彻〈工伤保险条例〉实施办法》（鲁政发〔2011〕25号）第二十六条第一款之规定，用人单位对接触职业危害作业的职工，在解除劳动合同时，应进行职业健康检查。若通过职业健康检查，能够确定职工离开单位时未患职业病，而该职工后来又被确诊为职业病的，在未推翻原有职业健康检查结果的情况下，应当排除该职工所患职业病与在原单位工作之间的因果关系，而应主要从该职工是否从事其他接触职业病危害因素的工作进行认定。第三，就本案而言，李某被确认患职业病时，已离开原单位两年多时间，因此应当审查李某离开原单位后是否从事其他接触职业病危害因素的工作。只有对上述几个方面进行综合考虑，才能对本案争议焦点作出正确判断。

通过本案也提醒各用人单位，一是对工作场所存在职业病危害因素的情况，应当积极采取相应的防护措施，同时对职工在工作中如何防范职业病也应当进行相关知识培训；二是要依法为职工参加工伤保险，本案中若用人单位为职工参加工伤保险的话，则会从工伤保险基金中为职工支付相关费用，而不必让用人单位为此背负上较重的负担；三是在职工入职和离职时，要积极为职工进行职业健康检查。

案例来源：淄博法院在线

案例编写人：张磊

职业病诊断机构未将《职业病诊断证明书》送达单位，职工的工伤认定被撤销

/案情/

2013年之前，李某在榆林市上河煤矿从事多年煤炭开采、运输等工作，工作环境污染严重，工作条件极其恶劣，给身体造成了巨大伤害。

2014年5月30日，经榆林市疾病预防控制中心诊断，李某被确诊为"煤工尘肺壹期"。

2014年8月6日，榆林市人社局作出工伤认定决定书，认定李某属于工伤。

榆林市上河煤矿对此工伤认定不服，向榆林市人民政府提出行政复议。

2015年3月4日，榆林市人民政府作出行政复议决定，维持了榆林市人社局作出的工伤认定。

榆林市上河煤矿仍不服，向榆林市榆阳区人民法院提起行政诉讼，要求撤销被诉

行政行为。

/法院审理/

榆林市人社局认定李某属于工伤的根据是榆林市疾病预防控制中心于 2014 年 5 月 30 日作出的《职业病诊断证明书》,法院以该诊断证明书未向榆林市上河煤矿送达、未附有签字医师资格证明为由,认为该诊断证明书不是合法有效的。

法院还以榆林市人社局受理工伤认定申请未制作《工伤认定申请受理决定书》、榆林市人社局向上河煤矿送达有关文书不应公告送达为由,认为榆林市人社局工伤认定程序违法,判决撤销被诉行政行为。

李某不服,认为榆林市人社局认定其属于工伤的事实清楚,适用法律正确。法院以榆林市人社局在工伤认定工作中程序上存在瑕疵为由,否定工伤认定决定错误。此外,本案应追加复议机关为共同被告,遂向陕西省高级人民法院申请再审。

/争议焦点/

榆林市疾病预防控制中心作出《职业病诊断证明书》程序是否合法,是否将《职业病诊断证明书》依法送达给被申请人榆林市上河煤矿;榆林市人力资源和社会保障局(以下简称榆林市人社局)作出的工伤认定决定事实是否清楚,程序是否合法;一、二审未追加复议机关为共同被告,程序是否合法。

/高院审理/

(1)关于榆林市疾病预防控制中心作出《职业病诊断证明书》程序是否合法,是否将《职业病诊断证明书》依法送达给被申请人榆林市上河煤矿的问题。

本案中,根据已查明的事实,榆林市疾病预防控制中心进行职业病鉴定时,没有书面通知榆林市上河煤矿提供其掌握的职业病诊断资料。且作出《职业病诊断证明书》后,虽通过 EMS 向榆林市上河煤矿邮递送达,但未提供送达回执。榆林市疾病预防控制中心在一审庭审中出具《证明》称,"我中心未将以上诊断证明送达榆林市上河煤矿,以后再没有进行送达。"

榆林市疾病预防控制中心未将《职业病诊断证明书》依法送达给被申请人榆林市上河煤矿,属程序违法。

(2)关于榆林市人社局作出职业病工伤认定决定事实是否清楚,程序是否合法的问题。

本案中,榆林市人社局进行工伤认定时,没有对李某与榆林市上河煤矿解除劳动合同后到《职业病诊断证明书》作出之前半年多时间,是否再从事接触职业病危害作业的事实进行审查,且所依据的《职业病诊断证明书》程序违法,故本案被诉的工伤认定事实不清,依据不足。

另在程序上,榆林市人社局受理李某工伤认定申请后,分别于 2014 年 7 月 9 日、2014 年 9 月 3 日在《榆林日报》公告向榆林市上河煤矿送达了举证通知书、工伤认定决定书。

榆林市人社局称其未去榆林市上河煤矿送达,EMS 邮政专递两次被退回后公告送达，但其未能向法庭提供 EMS 退回的证据，故该送达程序不符合《中华人民共和国民事诉讼法》第九十二条规定的"受送达人下落不明，或者用本节规定的其他方式无法送达的，公告送达"。且"举证通知书"公告送达后不到一月即径行作出工伤认定，不符合《中华人民共和国民事诉讼法》第九十二条"自发出公告之日起，经过六十日，即视为送达"的规定，属程序违法。

(3) 关于未追加复议机关为共同被告程序是否违法的问题。

根据《中华人民共和国行政诉讼法》第二十六条第二款的规定，本案应将复议机关列为共同被告，一审未将复议机关列为共同被告，程序违法。二审判决对此未予认定，其理由应予纠正。但综合本案的情况，未将复议机关列为共同被告，并未影响案件的公正审判。故再审申请人李某以该项理由申请再审，法院不予支持。

综上，裁定：驳回李某的再审申请。

案例来源：工伤法律人
案例编写人：张士谦

法律法规摘选

《职业病诊断与鉴定管理办法》（节选）

卫生部令第 91 号

第二十四条 职业病诊断机构进行职业病诊断时，应当书面通知劳动者所在的用人单位提供其掌握的本办法第二十一条规定的职业病诊断资料，用人单位应当在接到通知后的十日内如实提供。

第二十五条 用人单位未在规定时间内提供职业病诊断所需要资料的，职业病诊断机构可以依法提请安全生产监督管理部门督促用人单位提供。

第二十八条 经安全生产监督管理部门督促，用人单位仍不提供工作场所职业病危害因素检测结果、职业健康监护档案等资料或者提供资料不全的，职业病诊断机构应当结合劳动者的临床表现、辅助检查结果和劳动者的职业史、职业病危害接触史，并参考劳动者自述、安全生产监督管理部门提供的日常监督检查信息等，作出职业病诊断结论。仍不能作出职业病诊断的，应当提出相关医学意见或者建议。

(四) 职业病职工的其他权益保障

为了预防、控制和消除职业病危害，防治职业病，保护劳动者健康及其相关权益，促进经济社会发展，我国制定了包括《中华人民共和国职业病防治法》在内的一系列法律法规和防治政策。其中有不少保护职工劳动权益的相关规定，职工和用人单位也应该加强了解，认真守法，依法维权。

五、第十四条第（五）项详解　因工外出期间，由于工作原因受到伤害或者发生事故下落不明的

实际工作中，职工除在本单位内工作外，由于工作需要，有时还必须到本单位以外去工作，这时如果职工由于工作原因受到事故伤害，按照工伤保险的基本精神，也应认定为工伤。

（一）概念释义

1. 关于"因工外出"。

这里的"因工外出"，是指职工不在本单位的工作范围内，由于工作需要被用人单位指派到本单位以外工作，或者为了更好地完成工作，自己到本单位以外从事与本职工作或本单位业务范围有关的工作。这里的"外出"包括两层含义：一是指到本单位以外但是还在本地范围内；二是指不仅离开了本单位，并且到本地区以外或境外。在第一种情况下，可以是受用人单位指派，也可以是因职责需要自行外出活动。在第二种情况下，则必须是受用人单位指派的情形，如有会议通知、派工单、领导指示等。

> **法律法规摘选**

《最高人民法院关于审理工伤保险行政案件若干问题的规定》（节选）

法释〔2014〕9号

第五条　社会保险行政部门认定下列情形为"因工外出期间"的，人民法院应予支持：

（一）职工受用人单位指派或者因工作需要在工作场所以外从事与工作职责有关的活动期间；

（二）职工受用人单位指派外出学习或者开会期间；

（三）职工因工作需要的其他外出活动期间。

职工因工外出期间从事与工作或者受用人单位指派外出学习、开会无关的个人活动受到伤害，社会保险行政部门不认定为工伤的，人民法院应予支持。

2. 关于"由于工作原因受到伤害"。

这里的"由于工作原因受到伤害"，是指由于工作原因直接或间接造成的伤害，包括事故伤害、暴力伤害和其他形式的伤害。工作原因包括直接工作原因和间接工作原因。直接工作原因即从事与外出工作有直接关系的事项而受伤，如开会、学习、公务活动中等；间接工作原因即职工因工外出期间为解决必需的生理需要而受伤，如因工外出期间在所住宾馆洗澡、吃饭、休息过程中受到意外伤害的，也应认定为工伤。这里的"事故"，包括安全事故、意外事故以及自然灾害等各种形式的事故。

3. 关于"发生事故下落不明"。

这里的"发生事故下落不明",是指因遭受安全事故、空难事故、船舶事故、意外事故或者自然灾害等各种形式的事故而失去任何音讯的情形。在这种情形下,职工处于生死不确定的状态,很难确定职工是在事故中死亡了,还是由于事故暂时无法与单位取得联系,本着充分保护职工合法权益的基本精神,《工伤保险条例》规定,只要是在因工外出期间,发生事故造成职工下落不明的,就应认定为工伤。其工伤认定不以宣告失踪为程序要件。

关于职工下落不明的待遇,《工伤保险条例》第四十一条规定:"职工因工外出期间发生事故或者在抢险救灾中下落不明的,从事故发生当月起 3 个月内照发工资,从第 4 个月起停发工资,由工伤保险基金向其供养亲属按月支付供养亲属抚恤金。生活有困难的,可以预支一次性工亡补助金的 50%。职工被人民法院宣告死亡的,按照本条例第三十九条职工因工死亡的规定处理。"

宣告失踪和宣告死亡

《中华人民共和国民法总则》规定:

第四十条 自然人下落不明满二年的,利害关系人可以向人民法院申请宣告该自然人为失踪人。

第四十一条 自然人下落不明的时间从其失去音讯之日起计算。战争期间下落不明的,下落不明的时间自战争结束之日或者有关机关确定的下落不明之日起计算。

第四十五条 失踪人重新出现,经本人或者利害关系人申请,人民法院应当撤销失踪宣告。

第四十六条 自然人有下列情形之一的,利害关系人可以向人民法院申请宣告该自然人死亡:

(一)下落不明满四年;

(二)因意外事件,下落不明满二年。

因意外事件下落不明,经有关机关证明该自然人不可能生存的,申请宣告死亡不受二年时间的限制。

第四十七条 对同一自然人,有的利害关系人申请宣告死亡,有的利害关系人申请宣告失踪,符合本法规定的宣告死亡条件的,人民法院应当宣告死亡。

第四十八条 被宣告死亡的人,人民法院宣告死亡的判决作出之日视为其死亡的日期;因意外事件下落不明宣告死亡的,意外事件发生之日视为其死亡的日期。

第四十九条 自然人被宣告死亡但是并未死亡的,不影响该自然人在被宣告死亡期间实施的民事法律行为的效力。

第五十条 被宣告死亡的人重新出现,经本人或者利害关系人申请,人民法院应当撤销死亡宣告。

宣告失踪和宣告死亡对劳动关系的影响

《中华人民共和国劳动合同法》

第四十四条 有下列情形之一的，劳动合同终止：

……

（三）劳动者死亡，或者被人民法院宣告死亡或者宣告失踪的；

……

在劳动领域中，公民死亡、被人民法院宣告失踪或者宣告死亡的，劳动合同一方主体资格消灭，客观上丧失提供劳动的可能，之前签订的劳动合同因为缺乏一方主体而归于消灭，属于劳动合同终止的情形之一。

下落不明或被人民法院宣告死亡的职工重新出现对工伤认定的影响

原劳动部颁发的《企业职工工伤保险试行办法》（劳部发〔1996〕266号）第二十九条第二款曾规定："当失踪人重新出现并经法院撤销死亡结论的，已领取的工伤待遇应当退回。"现行《工伤保险条例》对此没有涉及。实践中可以以失踪人重新出现或人民法院撤销死亡宣告等为依据，撤销或变更工伤认定结论。

（二）认定要点

1. 职工遭受的事故伤害应与工作有因果关系。

考虑到因工外出的工作场所的流动性、不确定性，工作状态的不确定性和延伸性，我们应把因工外出期间看作一个有机连续的整体，而不能割裂看待，仅仅将外出工作作为条件，缩小解释为与工作有直接关系的才属于"外出工作时间、工作场所、工作原因"，而把与工作有间接关系的如休息、旅途等时间、地点都排除在外出工作时间、工作场所、工作原因之外。职工在整个因工外出期间，与工作有间接联系的就餐、休息、旅途等都是工作的延续，应认定为外出工作时间、工作场所、工作原因。因从事与本单位业务有直接或者间接联系的活动受到伤害，均应当认定工伤。

参考文件：《人力资源社会保障部关于执行〈工伤保险条例〉若干问题的意见》（人社部发〔2013〕34号）。

一、《工伤保险条例》（以下简称《条例》）第十四条第（五）项规定的"因工外出期间"的认定，应当考虑职工外出是否属于用人单位指派的因工作外出，遭受的事故伤害是否因工作原因所致。

2. 因工外出期间在从事与工作无关的个人活动中受到伤害的，不应当认定为工伤。

职工因工外出期间从事违法行为或者完全是个人目的的行为而发生的伤害，如探亲访友、娱乐游玩、购物等与工作无关的活动中受到他人或意外伤害、突发疾病死亡的，因所从事的活动与工作无直接和间接关系，不能扩张解释属于工作时间、工作场所、工作原因，故不能认定为工伤。

参考文件：《最高人民法院关于审理工伤保险行政案件若干问题的规定》（法释〔2014〕9号）。

第五条第二款 职工因工外出期间从事与工作或者受用人单位指派外出学习、开会无关的个人活动受到伤害，社会保险行政部门不认定为工伤的，人民法院应予支持。

3. 因工外出期间在安排的休息场所休息时受到意外伤害的，应当认定为工伤。

最高人民法院行政审判庭于2007年9月7日作出的（2007）行他字第9号《关于职工外出学习休息期间受到他人伤害应否认定为工伤问题的答复》中明确指出："职工受单位指派外出学习期间，在学习单位安排的休息场所休息时受到他人伤害的，应当认定为工伤。"最高人民法院蔡小雪撰文认为：（2007）行他字第9号答复所确定的原则，适用于所有外出期间因工受到伤害的案件。（2007）行他字第9号答复仅仅明确职工受单位指派外出学习期间（需要指出，这里的外出学习，不包括脱产或不脱产学历教育学习、公派留学学习、停薪留职学习），在学习单位安排的休息场所休息时受到他人伤害的，应当认定为工伤，对于因工外出的其他情况未作明确规定。对于因工外出其他情况与外出学习仅仅是外出原因不同，其他完全相同。所以，其他因工外出期间受到他人或者意外伤害、突发疾病死亡等的案件，亦应适用该答复所确定的原则。

4. 职工因工作原因长期驻外不适用因工外出条款。

值得注意的是，《工伤保险条例》第十四条第（五）项的规定，仅适用于短期因工外出的情形。有些单位职工有长期外派、甚至长期境外工作的情况，就不能机械地套用因工外出条款。用人单位长期外派到外地工作的职工发生事故伤害的，其工伤认定应根据具体情况，分别适用《工伤保险条例》第十四条、第十五条及第十六条的相关规定，不能直接适用"因工外出期间"的规定。所以，因工单位派其职工长期在外工作（如驻各地的办事处等），并为其解决了长期住所问题，其在单位安排的住所休息期间受到伤害或突发疾病死亡的，不属于工作时间、工作场所、工作原因受到伤害，不宜认定为工伤。

对于职工到本单位以外但是还在本地范围以内的短时、短途的"因工外出"情形，是按照正常上下班对待，还是套用因工外出条款，对此已有争议，但尚无操作标准，需要在实践中进一步探索。

参考文件：《人力资源社会保障部关于执行〈工伤保险条例〉若干问题意见（二）》（人社部发〔2016〕29号）。

五、职工因工作原因驻外，有固定的住所、有明确的作息时间，工伤认定时按照在驻在地当地正常工作的情形处理。

5. 特殊情况下应适用"工作原因"推定原则，无法排除非工作原因便应认定工伤。

职工因工外出期间受到伤害的情形十分复杂，判断是否因工作原因，应该掌握的原则是：没有证据否定职工因工外出期间受到的伤害与工作之间的必然联系的，在排除其他非工作原因后，应该认定为工作原因。这样规定是为了更好地保护因工外出职工的合法权益。

《最高人民法院关于职工因公外出期间死因不明应否认定工伤的答复》

(2010) 行他字第 236 号

山东省高级人民法院：

你院《关于于保柱诉临清市劳动和社会保障局劳动保障行政确认一案如何适用〈工伤保险条例〉第十四条第（五）项的请示》收悉。经研究，答复如下：

原则同意你院的第一种意见。即职工因公外出期间死因不明，用人单位或者社会保障部门提供的证据不能排除非工作原因导致死亡的，应当依据《工伤保险条例》第十四条第（五）项和第十九条第二款的规定，认定为工伤。

此复。

二〇一一年七月六日

在单位组织的拓展训练中受伤，是否算工伤？

/案情/

黄某系某中学教师。2014年4月20日，黄某在参加单位组织的外出考察过程中，在进行拓展训练时不慎摔倒受伤，诊断为：腰肌扭伤，腰椎骨折。

事后，黄某向当地社会保险行政部门提出工伤认定申请。当地社会保险行政部门受理后，向黄某任教的中学送达了举证通知书，该中学反馈称，认可黄某的受伤经过，但认为与工作无关，不属于工伤。当地社会保险行政部门经调查核实后，依据《工伤保险条例》第十四条第（五）项之规定，认定黄某为工伤。

/评析/

《工伤保险条例》第十四条第（五）项规定"职工因工外出期间，由于工作原因受到伤害或者发生事故下落不明的，应当认定为工伤"。

本案中，黄某参加单位组织对员工的拓展训练受伤，属于因公外出，因此应该认定为因工外出期间，由于工作原因受到伤害。

案例来源：中国工伤保险（微信公众号）

领导未指派自行因工外出，返程遭遇交通事故能否算工伤？

/案情/

陈某为某石材厂叉车工。在一次上班前的预备工作中，他发现自己所驾驶的叉车无法正常发动。陈某马上找到为厂里长年提供维修服务的技师杨某进行维修。经过一番检查，杨某发现叉车油泵出现故障，需去县城校正。不巧的是，当天值班主任有事请假，陈某给厂领导打电话又未联系上。为不影响正常生产，陈某自行决定尽快去县城校正油泵。由于不太熟悉油泵运行原理，陈某邀维修技师杨某一同驾驶摩托车前往。在校完油泵返厂途中，两人遭遇交通事故，杨某当场死亡，陈某受重伤。交警部门出具的交通事故责任认定书认定杨某、陈某均无责任。

随后，二人家属均以"因工外出期间由于工作原因受到伤害"为由，向当地社会保险行政部门提起工伤认定申请。

/裁判/

社会保险行政部门受理工伤认定申请后，依法向石材厂发出工伤认定限期举证通知书。石材厂提出，陈某虽为其厂叉车工，但事故当天他去县城校油泵并未经值班主任或厂领导安排或同意，属私自外出，不应被认定为工伤；杨某不属于本单位职工，只是定期或不定期地为厂里提供叉车维修服务，每次服务后厂里及时给付劳务费，双方系临时劳务关系，不应被认定为工伤。

经查，陈某与杨某事故当天去县城的唯一目的就是校油泵，油泵维修店及厂门卫可以证实。并且为确保厂里工作正常运转，他们二人在校完油泵后及时返回。杨某为叉车技师，同时服务于多个石材加工厂，不属于该石材厂职工，双方不存在劳动关系。

查实情况后，当地社会保险行政部门依据《工伤保险条例》第十四条第（五）项，职工"因工外出期间，由于工作原因受到伤害或发生事故下落不明的"应认定为工伤，认定陈某所受伤害为工伤。同时，工作人员对杨某家属做了细致解释工作，由其撤回杨某工伤认定申请，转向石材厂要求民事赔偿。

不久，石材厂与杨某家属协商达成一致，一次性支付抚慰金，但仍对陈某的认定结果不服。石材厂坚持认为陈某属于私自外出，所造成的后果理应由自己承担。考虑其外出是为了维护单位利益，石材厂表示出于同情心可适当给予一定的医疗费补助，但拒绝按规定支付工伤保险待遇，并向当地人民法院提起诉讼。经审理，当地人民法院依法作出判决，维持社会保险行政部门作出的关于陈某所受伤害属于工伤的决定。

/评析/

《工伤保险条例》第十四条第（五）项规定：职工"因工外出期间，由于工作原因受到伤害或者发生事故下落不明的"应当认定为工伤。这里的"因工外出"，是指职工不在本单位的工作范围内，由于工作需要被领导指派到本单位以外工作；或者为了更好地完成工作，自己到本单位以外从事与本职工作有关的工作。这里的"外地"包括两层含义：一是指到本单位以外，但是还在本地范围内；二是指不仅离开了本单位,并且到外地去了。对于前者可以是受领导指派,也可以是职工因职责需要自行决定;对于后者必须有单位领导的指派。陈某在无法联系单位领导的情况下,为了不影响单位的正常生产,维护单位的利益,积极主动地去县城(本单位外的本地区范围内)校正油泵,显然属于前种情形,可以没有领导指派,因职责需要自行作出决定。

同时,对于"因工外出期间"的工伤认定,《最高人民法院关于审理工伤保险行政案件若干问题的规定》(法释〔2014〕9号)第五条规定,职工受用人单位指派或者因工作需要在工作场所以外从事与工作职责有关的活动期间,社会保险行政部门认定该情形为"因工外出期间"的,人民法院应予支持。由此可见,"因工外出期间"属于"工作时间"的一种特殊情形,并应当从职工外出是否因工作需要或者为保证用人单位的正当利益等方面综合考虑来认定。石材厂将"指派与否"作为认定工伤的唯一依据,这种理解是片面的。

案例来源:中国工伤保险(微信公众号)
案例编写人:崔文乐　朱亮

职工因工外出期间未"发生事故"失踪,能否认定为工伤?

/案情/

付某是某电器公司员工,2015年7月去外地出差,给客户维修电器设备。但是到了约定的时间,客户仍然没有见到付某。公司给付某住宿的宾馆打电话,宾馆称:"付先生早上就退了房间,已经离开宾馆。"此后,付某一直下落不明。

2015年11月,电器公司停发了付某的工资。付某家属认为,他是在因工外出期间失踪的,属于工伤,单位应当继续发放工资待遇。但公司认为,付某的失踪原因无法确定,即使属于工伤,也应当等到被法院宣告其死亡时才能申报工伤并享受相关待遇。

那么,职工因工外出期间失踪怎么办?付某能被认定为工伤吗?

/评析/

这是一起因员工失踪而引发的争议,其焦点就在于员工因工外出失踪后,其家属能否享受员工的因工死亡待遇。

《工伤保险条例》第十四条第(五)项规定,职工"因工外出期间,由于工作原因受到伤害或者发生事故下落不明的",应当认定为工伤。据此,"因工外出"类工伤有两种情形:一是因工外出期间,由于工作原因受到伤害的;二是因工外出期间,发生事故下落不明的。

对于"下落不明的职工"的工伤认定,需要具备两个法律要件:

一是职工失踪时正处于因工外出期间。这里的"因工外出"是指职工由于工作需要到本单位以外从事与本职工作有关的工作、学习或参加会议。它包括两种情况:①到本单位以外但是还在本地范围内,②到本地区以外或境外。

二是失踪是因为"发生事故"所致。这里的"事故"是发生于预期之外的造成人身伤害或财产或经济损失的事件。它可以是安全事故、恐怖事件、意外事故,也可以是自然灾害等。

对于"发生事故"所导致的下落不明,职工虽处于生死不确定的状态,但为了保护利害关系人的利益,《工伤保险条例》第四十一条规定:"职工因工外出期间发生事故或者在抢险救灾中下落不明的,从事故发生当月起3个月内照发工资,从第4个月起停发工资,由工伤保险基金向其供养亲属按月支付供养亲属抚恤金。生活有困难的,可以预支一次性工亡补助金的50%。职工被人民法院宣告死亡的,按照本条例第三十九条职工因工死亡的规定处理。"这也就是说,职工因工外出期间下落不明,如果是发生事故造成的,用人单位应依法申报工伤,工伤保险行政部门也应当认定为工伤。在意外事故发生后的前3个月,由用人单位正常支付工资,从第4个月起,由工伤保险基金向其供养亲属支付供养亲属抚恤金。职工被宣告死亡的,工伤保险基金另外支付一次性工亡补助金与丧葬费。工伤职工的家属生活困难的,职工被宣告死亡之前,家属也可以预支50%的一次性工亡补助金。

本案中,付某虽然是因工外出期间失踪的,但是严格按照《工伤保险条例》来看,却无法认定为工伤,其重要原因就在于:在其失踪时,并没有"事故发生"。这也就是说,付某的失踪带有很多的不确定性,比如,他有可能是因个人恩怨被绑架,或者是因个人意愿而"主动蒸发"。当然实践中也有人认为,人失踪就是"发生事故"。但这种说法显然比较牵强。如果按这种理解的话,《工伤保险条例》就应当规定为"职工因工外出期间下落不明的,应当认定为工伤"。而不是特意加上"发生事故"这一限制条件。

一般的"下落不明"与"发生事故的下落不明"是两个不同的法律概念,这一结论从有关公民被宣告死亡的有关规定也可以看出。《中华人民共和国民法总则》第四十六条规定:"自然人有下列情形之一的,利害关系人可以向人民法院申请宣告该自然人死亡:(一)下落不明满四年的;(二)因意外事件,下落不明满二年的。"按照这一规定,一般的下落不明,宣告死亡时间为四年,发生事件而失踪的,只有两年。

案例来源:中国工伤保险(微信公众号)

案例编写人:鲁志峰

参加单位组织的旅游活动受伤,算不算工伤?

/案情/

青岛市市南区某美容院与广州东方国际旅行社有限公司签订泰国曼谷芭提雅6天5晚的广州市出境旅游组团合同,焦某系该美容院赴泰旅游的职工之一。2016年1月10日下午,焦某在旅途期间乘坐大巴车去景点时,因道路不平坦车辆颠簸不慎受伤,经医院诊断为腰锥体骨折。2016年2月14日,美容院到市人力资源和社会保障局申请工伤认定。2016年3月25日,市人力资源和社会保障局作出《工伤不予认定决定书》,认为焦某受到的事故伤害,不符合《工伤保险条例》第十四条、第十五条认定工伤的情形,决定不予认定工伤。焦某不服,提起行政诉讼。

/裁判/

青岛市市南区人民法院审理认为，依据《最高人民法院关于审理工伤保险行政案件若干问题的规定》（法释〔2014〕9号）第五条："社会保险行政部门认定下列情形为'因工外出期间'的，人民法院应予支持：（一）职工受用人单位指派或者因工作需要在工作场所以外从事与工作职责有关的活动期间；……"《人力资源社会保障部关于执行〈工伤保险条例〉若干问题的意见（二）》（人社部发〔2016〕29号）第四条："职工在参加用人单位组织或者受用人单位指派参加其他单位组织的活动中受到事故伤害的，应当视为工作原因，但参加与工作无关的活动除外。"本案中，焦某系美容院的职工，参加美容院组织的赴泰旅游活动受到伤害，属于职工参加用人单位组织的活动受到伤害的情形，且市人力资源和社会保障局提交的工伤事故调查笔录及补充说明均证实，焦某系因符合美容院工作业绩要求而享有出国旅游的福利，旅游活动与工作存在本质上的关联性，属于与工作有关的活动。市人力资源和社会保障局作出的《工伤不予认定决定书》事实认定不清，依法应予撤销，责令其于判决生效之日起十五日内对焦某重新作出关于工伤认定的行政行为。

宣判后，市人力资源和社会保障局不服，提起上诉。青岛市中级人民法院审理认为，焦某是因为工作出色获得了美容院组织的出国旅游奖励，因此该旅游活动与工作有关联性。市人力资源和社会保障局作出不予认定工伤的决定不当，依法应当予以纠正。判决驳回上诉，维持原判。

/评析/

本案是涉及工伤行政确认的参考案例。《人力资源社会保障部关于执行〈工伤保险条例〉若干问题的意见（二）》（人社部发〔2016〕29号）第四条规定："职工在参加用人单位组织或者受用人单位指派参加其他单位组织的活动中受到事故伤害的，应当视为工作原因，但参加与工作无关的活动除外。"对此，《最高人民法院关于审理工伤保险行政案件若干问题的规定》（法释〔2019〕9号）中有类似规定："社会保险行政部门认定下列情形为'因工外出期间'的，人民法院应予支持：（一）职工受用人单位指派或者因工作需要在工作场所以外从事与工作职责有关的活动期间；……"本案中，焦某系因符合美容院工作业绩要求而享有出国旅游的福利，该福利属于奖励性质，是美容院为了增强职工凝聚力、调动职工工作积极性、提高工作效率的一种方式。单位组织的该项带福利性质的旅游活动与工作存在本质上的关联性，应当认定为属于与工作有关的活动。因此，焦某在旅游活动期间所受到的伤害，属于职工参加用人单位组织的活动受到伤害的情形。

案例来源：山东省高级人民法院

职工外出开会休息期间洗澡受到意外伤害，应否认定为工伤？

/案情/

2004年10月12日，赵某向北京市朝阳区劳动和保障局（以下简称朝阳区劳动保障局）递交工伤认定申请表，称自己系微软（中国）有限公司（以下简称微软公司）

职工，其在 2004 年 7 月 5 日按照微软公司的要求入住九华山庄参加会议，当晚在客房内洗澡时因浴室防滑垫失效滑倒，次日被送往北京大学第三医院诊治。诊断结论为：右膝内侧半月板损伤，右侧胫骨平台骨折，右膝内侧副韧带撕脱，右股骨内踝骨软骨损伤。赵某认为其所受伤害系工作原因，故申请认定工伤。朝阳区劳动保障局受理赵某所提申请后，于 2004 年 10 月 15 日就有关事实向赵某进行核实，并制作询问笔录。微软公司亦向朝阳区劳动保障局出具证明，认可本公司员工赵某参加单位会议入住九华山庄，在客房洗澡时摔伤的事实。2004 年 10 月 25 日，朝阳区劳动保障局作出非工伤认定通知书，认定赵某在前述事故中所受伤害不符合工伤（视同工伤）认定范围，不予认定工伤（视同工伤）。

赵某不服，向北京市劳动保障局提出行政复议。

/裁判/

2004 年 12 月 22 日，北京市劳动保障局作出行政复议决定书，维持了非工伤认定通知书。

北京市朝阳区人民法院（2002）朝行初字第 101 号行政判决，判决维持非工伤认定通知书。

北京市第二中级人民法院（2005）二中行终字第 253 号行政判决，判决驳回上诉，维持一审判决。

赵某申请再审。

北京市高级人民法院再审认为，赵某系微软公司北京办事处员工，其应公司要求于 2004 年 7 月 5 日入住九华山庄参加会议，当晚在客房内洗澡时摔伤，经医院诊断为右膝内侧副韧带撕脱，右股骨内髁骨软骨损伤。根据《工伤保险条例》第十四条第（五）项规定，职工因工作原因在工作场所以外从事与职务有关的活动的时间应认定为因工外出期间，赵某系按照微软公司的安排入住九华山庄参加会议，属于因工外出期间。在用人单位组织或安排的与工作有关的活动中受到事故伤害，可以视为工作原因，赵某在微软公司安排的房间内洗澡摔伤系因工作原因受到伤害。综上分析，朝阳区劳动保障局针对赵某作出的非工伤认定结论通知书依据不足，应予撤销，由朝阳区劳动保障局重新作出是否构成工伤的认定结论。据此，北京市高级人民法院依据《中华人民共和国行政诉讼法》《最高人民法院关于执行行政诉讼法若干问题的解释》，判决如下：一、撤销北京市第二中级人民法院（2005）二中行终字第 253 号行政判决、撤销北京市朝阳区人民法院（2002）朝行初字第 101 号行政判决；二、撤销朝阳区劳动保障局 2004 年 10 月 25 日作出的非工伤认定结论通知书，朝阳区劳动保障局于本判决生效后 60 日内重新作出具体行政行为。

/评析/

职工受单位指派外出开会，在会议单位安排的休息场所休息时受到意外伤害的，应否认定为工伤，涉及对《工伤保险条例》第十四条第（五）项规定的解释问题。法律解释的基本方法可以分为文意解释、目的解释、历史解释和体系解释四种。对法律条文的解释一般也应当先从文意解释开始，如果文意解释存在不明确的情况时，再按照目的解释、历史解释、体系解释的步骤进行进一步的解释。

（1）关于文意解释的问题。

所谓文意解释，就是从法律的字面含义和日常含义出发来理解法律的意思。文意解释中还有两种特殊的情况：扩张解释和缩小解释。所谓扩张解释，就是作出比字面含义更广的解释。缩小解释就是作出比字面含义更窄的解释。扩张解释不同于类推解释，缩小解释也不同于目的论限缩。类推和目的论限缩都属于目的解释，也就是说它们不是在程度和范围上改变原来的字面含义，而是在属性和本质上在两个概念之间进行比较，以限制或扩大某一个概念的使用范围。

《工伤保险条例》第十四条第（五）项规定，"因工外出期间，由于工作原因受到伤害或者发生事故下落不明的"，应当认定工伤。根据该条的规定，因工外出认定工伤应当具有以下几个要件：一是职工接受用人单位的指派，以用人单位的名义外出工作的。这里所说的单位指派开会应当是单位根据工作需要指派的开会，不包括职工以个人名义接受外单位邀请开会的情形。二是在工作时间、工作场所和工作原因伤亡的。由于因工外出期间的工作具有特殊性，因此，因工外出，外出的职工"外出时间、工作场所和工作原因"从字面上解释，可以进行缩小解释和扩张解释。缩小解释是仅仅将与外出工作之间的关系作为条件，与工作有直接关系的才属于"外出工作时间、工作场所、工作原因"。与工作有间接关系如休息、旅途等时间、地点都排除在外出工作时间、工作场所、工作原因之外。在考虑到因工外出的工作场所的流动性、不确定性，其工作状态的不确定和延伸要相对宽泛。扩张解释将与外出工作有直接关系和间接关系都包含在外出工作时间、工作场所、工作原因之内。也就是说，与工作有间接联系的休息、旅途等都是工作的延续，应认定为外出工作时间、工作场所、工作原因。因从事与本单位业务有直接或者间接联系的活动受到伤害，具备这两个要素的，均应当认定工伤。这里需要指出的是，因开会而受到意外伤害的，其工作场所应当是开会场所，会议单位安排的休息场所及来回途中必经的地点。正因为对该项用缩小解释和扩张解释都有一定的道理，所以，还须进行目的解释。

（2）关于目的解释的问题。

所谓目的解释，就是不拘泥于法律文本的字面含义，而是运用一定的方法来探究法律的原意。目的解释有三种最重要的形式：一是合宪法性解释。在现代国家，宪法往往构成了法律目的的最基本表达，因此在探究某一个具体法律的目的或某一个具体案件的正义性标准的时候，不能够违背宪法的基本精神。另一个是类推解释。当某一个案件和规范之间形成的关系在价值判断上与另一案件事实与规范具有相似性，那么这个案件就应该同样得到另一个案件的处理结果。这就是根据法律的目的在这两个案件上的相似性进行类推处理的结果。类推解释的法理基础在于，由于立法技术的原因，法官不可能靠一部法律解决一切相关纠纷，因为立法总具有滞后性。但这并不意味着法官就无法运用明确的法律规则，而只能寻求抽象的法律原则来进行裁判。最后一个是目的论限缩的解释方法。当法官根据法律的内在目的进行判断，发现不能让某个法律完全按照其字面含义发生作用的时候，就要根据该目的对这个法律规范加上一些限制性解释，这个时候就发生了目的论解释。

《中华人民共和国宪法》第四十五条规定："中华人民共和国公民在年老、疾病或者丧失劳动能力的情况下，有从国家和社会获得物质帮助的权利。国家发展为公民享受这些权利所需要的社会保险、社会救济和医疗卫生事业。"根据该条规定，公民享有社会保障是宪法赋予公民的一项基本权利。《中华人民共和国劳动法》第一条规定："为了保护劳动者的合法权益，调整劳动关系，建立和维护适应社会主义市场经济的劳动制度，促进经济发展和社会进步，根据宪法，制定本法。"该条规定确立了保护劳动者权利的基本原则。《工伤保险条例》第一条规定："为了保障因工作遭受事故伤害或者患职业病的职工获得医疗救治和经济补偿，促进工伤预防和职业康复，分散用人单位的工伤风险，制定本条例。"由于在劳动法律关系中，职工处于被雇佣的地位，用人单位处于雇主的地位，在现实中，用人单位是管理者，处于强势地位，职工是被管理者，处于弱势地位，为了使两者在法律地位上实现真正的平等，该条规定突出了对职工权利的保护。可以看出，关于劳动法律关系双方当事人之间权利义务的规定中，偏重规定职工的权利和用人单位的义务。可以说，有关工伤保险的立法是以职工为权利本位，以用人单位为义务本位。因此，在《工伤保险条例》第十四条中规定"应当认定工伤"不明确的，应当从宽适用。换言之，根据《中华人民共和国劳动法》和《工伤保险条例》的立法目的，在对《工伤保险条例》第十四条中规定工作原因存在缩小解释与扩张解释都有一定道理时，适用扩张解释更符合我国宪法的基本精神。

最高人民法院行政审判庭于 2007 年 9 月 7 日作出的（2007）行他字第 9 号《关于职工外出学习休息期间受到他人伤害应否认定为工伤问题的答复》中明确指出："职工受单位指派外出学习期间，在学习单位安排的休息场所休息时受到他人伤害的，应当认定为工伤。"尽管该答复所指的是职工受单位指派外出学习期间受到他人伤害的问题，但该问题与职工受单位指派外出开会的性质是相同的，故可以适用。

综上所述，笔者认为北京市高级人民法院作出的（2009）高行提字第 1088 号行政判决是正确的。

（本文编者有所删节）

案例编写人：蔡小雪（作者单位：最高人民法院）

六、第十四条第（六）项详解　在上下班途中受到非本人主要责任的交通事故或者城市轨道交通、客运轮渡、火车事故伤害的

职工在上下班途中发生的交通事故，有的国家称之为通勤事故，虽然并非直接的工伤事故，但目前世界上多数国家已将其纳入工伤保险范围。1964 年第 48 届国际劳工大会第 121 号公约，即《1964 年工伤事故和职业津贴公约》扩大了"工伤事故"定义范围，将职业病和往返途中发生的事故（又称通勤事故）也纳入了工伤范围。据国

际劳工局调查统计，1925年世界上仅有7个国家将上下班交通事故纳入工伤，到1963年101个成员国中有50个国家把这种事故纳入工伤，目前世界上多数国家已将上下班交通事故纳入工伤保险范围。

第121号公约《1964年工伤事故和职业病津贴公约》①

国际劳工组织大会，经国际劳工局理事会召集，于1964年6月17日在日内瓦举行其第四十八届会议，并经决定采纳本届会议议程第五项关于工伤事故和职业病津贴的某些提议，并于1964年7月8日通过以下公约，引用时得称之为1964年工伤事故和职业津贴公约。

其中：

"第7条 1.各会员国应对'工伤事故'确立定义，包括在什么条件下往返途中发生的事故可视为工伤，并在按照国际劳工组织章程第22条规定提交的关于实施本公约的报告中明确该定义的表述。

2.当往返途中发生的事故已受工伤事故赔偿以外的社会保障制度的保护，而且按规定领取的津贴额至少等于本公约规定的津贴时，就不必把途中发生的事故列入'工伤事故'的定义范围之内。"

第121号《工伤事故津贴建议书》

国际劳工组织大会，经国际劳工局理事会召集，于1964年6月17日在日内瓦举行其第四十八届会议，并经决定采纳本届会议议程第五项关于工伤事故津贴的某些提议，并经确定这些提议应采取建议书的形式，作为对1964年工伤事故津贴公约的补充，于1964年7月8日通过以下建议书，引用时得称之为1964年工伤事故津贴建议书。

其中：

"5.每一会员国均应在规定的条件下将下列事故视为工伤事故：

（a）不管什么原因，凡工作时间内在工作地点或工作地点附近，或在人因工作需要而去的其他任何地方发生的事故；

（b）上班前和下班后的一段合理时间内，当事人在搬运、清洗、准备、整理、维修、堆放或收拾其工具和工作服时发生的事故；

（c）工人往返于工作地点和下列地方的直接途中发生的事故：

i）主要住宅或别墅；

ii）通常用餐的地方；

---

① 我国未批准，仅作阅读参考。

ⅲ) 通常领取工资的地方。"

统计数据显示,近年来,上下班途中交通事故认定的工伤,无论总量还是增速,一直保持偏高的态势。据统计,2015 年全国认定工伤的七种情形中,上下班途中交通事故达 78 000 多人,排在七种认定情形的第 2 位,占认定工伤总量的 7% 以上。有必要详细了解一下本项规定的有关知识:

(一) 立法沿革

我国关于上下班途中交通事故的工伤立法经历了一个不断修订的过程:

1. 1996 年原劳动部颁发的《企业职工工伤保险试行办法》(劳动部〔1996〕266 号)第八条规定,职工由于下列情形之一负伤、致残、死亡的,应当认定为工伤:(九)在上下班的规定时间和必经路线上,发生无本人责任或者非本人主要责任的道路交通机动车事故的。

2. 国务院 2003 年 4 月颁布、2004 年 1 月 1 日正式施行《工伤保险条例》(国务院令第 375 号)第十四条规定,职工有下列情形之一的,应当认定为工伤:(六)在上下班途中,受到机动车事故伤害的。

3. 根据 2010 年 12 月《国务院关于修改工伤保险条例的决定》,自 2011 年 1 月 1 日起正式施行的修订后的《工伤保险条例》(国务院令第 586 号)第十四条规定,职工有下列情形之一的,应当认定为工伤:(六)在上下班途中,受到非本人主要责任的交通事故或者城市轨道交通、客运轮渡、火车事故伤害的。

(二) 制度比较

1996 年原劳动部颁发的《企业职工工伤保险试行办法》(劳部发〔1996〕266 号)将上下班途中交通事故纳入工伤范围,对于充分保护职工的权益具有积极意义。但对于什么是上下班的"规定时间"和"必经路线"、加班后回家的途中时间是否属于"上下班的规定时间"、回家路线的不确定性是否属于"必经路线"等问题难以界定,不好操作,因此引发了大量争议。2003 年颁布的《工伤保险条例》(国务院令 375 号)将之修改为凡在上下班途中受到机动车事故伤害的情形,都应认定为工伤。条例仅限于"机动车事故伤害",而未将上下班途中发生的其他事故纳入工伤范围;同时在饮酒驾车、无证驾驶、驾驶无牌照机动车发生事故本人受伤能否认定工伤等问题上一直存在较大争议。之后,随着电动车的普及,非机动车交通事故比例逐年上升。此外,职工乘坐城市轨道交通、客运轮渡、火车等交通工具上下班的情况也日益增多,从制度公平的角度出发,应当将这些情况也纳入工伤认定范围。2010 年 12 月国务院作出修改《工伤保险条例》的决定,自 2011 年 1 月 1 日起正式施行的修订后的《工伤保险条例》(国务院令第 586 号),其中第十四条第(六)项修改为:"在上下班途中,受到非本人主要责任的交通事故或者城市轨道交通、客运轮渡、火车事故伤害的",应当认定为工伤。与《企业职工工伤保险试行办法》和 2003 年版《工伤保险条例》相比,新条例摒弃了"规定时间"和"必经路线"的限制,而以"合理时间"和"合理路线"取代，认定原则更加柔性。进一步扩大了上下班途中交通事故的工伤范围，突破过去仅限于"机动车事故伤害"的限制，将机动车事故与非机动车事故以及职工乘坐城市轨道交通、客运轮渡、火车等交通工具上下班发生的事故都纳入工伤认定的范围，惠及了更多的职工群众，既体现了公平的原则，也符合实践发展的需要，充分保障了职工的权益。同时，为了减少道德风险，维护公序良俗，条例修改时对上下班途中事故的工伤认定也作了适当限定，增加了"非本人主要责任"的条件限制，强调受到伤害认定工伤不应该属于本人主要责任所致，如属于本人全部责任或主要责任造成本人伤亡的，不纳入工伤范围。这样规定有利于提示和引导职工群众增加谨慎和注意程度，促进上下班途中的交通安全，具有正面的引领和示范意义。

（三）概念释义

1. 关于"上下班途中"。

对"上下班途中"的理解，应包括以上下班为目的、合理的上下班时间和合理的上下班路途三个要素。《人力资源社会保障部关于执行〈工伤保险条例〉若干问题的意见（二）》（人社部发〔2016〕29号）第六条规定："职工以上下班为目的、在合理时间内的合理路线，视为上下班途中。"

（1）合理的上下班时间，包括职工按正常工作时间以及职工加班加点时间往返于工作单位和居住地之间的合理时间。

（2）合理的上下班路途，按照《最高人民法院关于审理工伤保险行政案件若干问题的规定》（法释〔2014〕9号）第六条规定，对社会保险行政部门认定下列情形为"上下班途中"的，人民法院应予支持：

1）往返于工作地与住所地、经常居住地、单位宿舍的合理路线的上下班途中；

2）在合理时间内往返于工作地与配偶、父母、子女居住地的合理路线的上下班途中；

3）从事属于日常工作生活所需要的活动，且在合理时间和合理路线的上下班途中；

4）在合理时间内其他合理路线的上下班途中。

2. 关于"受到交通事故或者城市轨道交通、客运轮渡、火车事故伤害"。

（1）这里的"事故伤害"，既可以是职工驾驶或乘坐的车辆发生事故造成的伤害，也可以是职工因其他车辆事故造成的伤害。

（2）这里的"事故"包括非本人主要责任的交通事故和非本人主要责任的城市轨道交通、客运轮渡和火车事故。

其中，"交通事故"是指《中华人民共和国道路交通安全法》第一百一十九条规定的车辆在道路上因过错或者意外造成的人身伤亡或者财产损失事件。"车辆"是指机动车和非机动车；"道路"是指公路、城市道路和虽在单位管辖范围但允许社会机动车通行的地方，包括广场、公共停车场等用于公众通行的场所。

3. 关于"非本人主要责任"。

交通事故责任共分五类：全部责任、主要责任、同等责任、次要责任和无责任。其中"非本人主要责任"包括"同等责任""次要责任""无责任"，这三类责任属于可认定工伤的范围。

（四）道路交通事故认定

本项中，"交通事故或者城市轨道交通、客运轮渡、火车事故"等事故认定应以公安机关交通管理、交通运输、铁道等部门等有关机关出具的法律文书或者人民法院的生效裁决为依据。重点了解一下道路交通事故认定。

1. 关于道路交通事故认定的性质。

《中华人民共和国道路交通安全法》第五章第七十三条规定："公安机关交通管理部门应当根据交通事故现场勘验、检查、调查情况和有关的检验、鉴定结论，及时制作交通事故认定书，作为处理交通事故的证据。交通事故认定书应当载明交通事故的基本事实、成因和当事人的责任，并送达当事人。"

对道路交通事故的责任认定历来是公安机关的法定职责。1991年国务院《道路交通事故处理办法》第五条规定："公安机关处理交通事故的职责是：处理交通事故现场、认定交通事故责任、处罚交通事故责任者、对损害赔偿进行调解。"这一职能仍然为尔后的法规所保留。1990年《中华人民共和国行政诉讼法》在全国施行后，最高人民法院和公安部联合于1992年12月1日发出《关于处理道路交通事故案件有关问题的通知》。该通知规定："当事人仅就公安机关作出的道路交通事故责任认定和伤残评定不服，向人民法院提起行政诉讼或就损害赔偿问题提起民事诉讼的，人民法院不予受理。当事人对作出的行政处罚不服，提起行政诉讼或就损害赔偿问题提起民事诉讼的，以及人民法院审理交通肇事刑事案件时，人民法院经审查认为公安机关所作出的责任认定、伤残评定确属不妥，则不予采信，以人民法院审理认定的案件事实作为定案的依据。"2003年10月28日《中华人民共和国道路交通安全法》颁布。2005年1月5日，全国人大常委会法制工作委员会《关于事故认定是否属于具体行政行为的答复》（法工办复字〔2005〕1号）给湖南省人大常委会法制工作委员会的答复如下："根据道路交通安全法第七十三条的规定，公安机关交通管理部门制作的交通事故认定书，作为处理交通事故案件的证据使用。因此，交通事故责任认定行为不属于具体行政行为，不能向人民法院提起行政诉讼。如果当事人对交通事故认定书牵连的民事赔偿不服的，可以向人民法院提起民事诉讼。"2007年12月29日第一次修正、2011年4月22日第二次修正的《中华人民共和国道路交通安全法》，仍将公安机关对交通事故的责任认定定性为证据，亦有排除纳入行政复议和行政诉讼范围之意。

当然，在理论界，也有学者认为，公安机关对道路交通事故的责任认定，作为一种行政确认，理应纳入行政复议与行政诉讼范围。但此类观点目前尚未在制度上得到支持。

2. 关于道路交通事故文书的种类。

（1）道路交通事故认定书。

按照《中华人民共和国道路交通安全法》第五章第七十三条规定，公安机关交通管理部门应当根据交通事故现场勘验、检查、调查情况和有关的检验、鉴定结论，及时制作交通事故认定书，作为处理交通事故的证据。交通事故认定书应当载明交通事故的基本事实、成因和当事人的责任，并送达当事人。

按照《道路交通事故处理程序规定》①（公安部令第 104 号）第四十五条规定，道路交通事故认定应当做到程序合法、事实清楚、证据确实充分、适用法律正确、责任划分公正。

第四十六条规定，公安机关交通管理部门应当根据当事人的行为对发生道路交通事故所起的作用以及过错的严重程度，确定当事人的责任。

（一）因一方当事人的过错导致道路交通事故的，承担全部责任；

（二）因两方或者两方以上当事人的过错发生道路交通事故的，根据其行为对事故发生的作用以及过错的严重程度，分别承担主要责任、同等责任和次要责任；

（三）各方均无导致道路交通事故的过错，属于交通意外事故的，各方均无责任。

一方当事人故意造成道路交通事故的，他方无责任。

第四十七条规定，公安机关交通管理部门应当自现场调查之日起十日内制作道路交通事故认定书。交通肇事逃逸案件在查获交通肇事车辆和驾驶人后十日内制作道路交通事故认定书。对需要进行检验、鉴定的，应当在检验、鉴定结论确定之日起五日内制作道路交通事故认定书。

（2）道路交通事故证明。

按照《道路交通事故处理程序规定》（公安部令第 104 号）第五十条规定，道路交通事故成因无法查清的，公安机关交通管理部门应当出具道路交通事故证明，载明道路交通事故发生的时间、地点、当事人情况及调查得到的事实，分别送达当事人。

（3）交通肇事逃逸案件的认定文书。

按照《道路交通事故处理程序规定》（公安部令第 104 号）第四十七条规定，交通肇事逃逸案件应当在查获交通肇事车辆和驾驶人后十日内制作道路交通事故认定书。第四十九条同时规定，逃逸交通事故尚未侦破，受害一方当事人要求出具道路交通事故认定书的，公安机关交通管理部门应当在接到当事人书面申请后十日内制作道路交通事故认定书，并送达受害一方当事人。道路交通事故认定书应当载明事故发生的时间、地点、受害人情况及调查得到的事实，有证据证明受害人有过错的，确定受害人的责任；无证据证明受害人有过错的，确定受害人无责任。

（4）人民法院的生效裁决。

---

① 编者注：2017 年 9 月 19 日由国务院法制办公室主办的中国政府法制信息网公布最新修订的《道路交通事故处理程序规定》，该规定自 2018 年 5 月 1 日起施行。2008 年 8 月 17 日发布的《道路交通事故处理程序规定》（公安部令第 104 号）同时废止。新法规在本段叙述后有节选摘录。请对照参阅。

按照《中华人民共和国道路交通安全法》第七十四条规定，对交通事故损害赔偿的争议，当事人可以请求公安机关交通管理部门调解，也可以直接向人民法院提起民事诉讼。经公安机关交通管理部门调解，当事人未达成协议或者调解书生效后不履行的，当事人可以向人民法院提起民事诉讼。

关于交通事故的赔偿责任和过错比例，《中华人民共和国道路交通安全法》第七十六条规定，机动车发生交通事故造成人身伤亡、财产损失的，由保险公司在机动车第三者责任强制保险责任限额范围内予以赔偿；不足的部分，按照下列规定承担赔偿责任：

（一）机动车之间发生交通事故的，由有过错的一方承担赔偿责任；双方都有过错的，按照各自过错的比例分担责任。

（二）机动车与非机动车驾驶人、行人之间发生交通事故，非机动车驾驶人、行人没有过错的，由机动车一方承担赔偿责任；有证据证明非机动车驾驶人、行人有过错的，根据过错程度适当减轻机动车一方的赔偿责任；机动车一方没有过错的，承担不超过百分之十的赔偿责任。

交通事故的损失是由非机动车驾驶人、行人故意碰撞机动车造成的，机动车一方不承担赔偿责任。

3. 关于道路交通事故文书的采信和处理。

具体到工伤认定程序中，可对上述文书分别采信和处理：

（1）道路交通事故认定书确定当事人的责任，可作为处理工伤事故的证据。但有相反证据足以推翻事故责任认定书的除外。

（2）逃逸交通事故尚未侦破，已提交公安机关交通管理部门初步出具的交通事故肇事逃逸证明、但没有确认当事人责任的，尚有相应的法定救济渠道，当事人可按照《道路交通事故处理程序规定》（公安部令104号）第四十九条规定，要求交警部门出具道路交通事故认定书，依据新制作道路交通事故认定书作为处理工伤事故的证据。但有相反证据足以推翻事故责任认定书的除外。

（3）道路交通事故成因无法查清，无法确认当事人责任，公安机关交通管理部门按照《道路交通事故处理程序规定》（公安部令第104号）第五十条规定出具道路交通事故证明的，如果该交通事故尚能通过民事诉讼解决，可先中止工伤认定程序，待当事人向人民法院提起民事诉讼后，依据或参照人民法院的生效裁决中查明的事实或裁决的赔偿责任和过错比例作为处理工伤事故的证据。

> **法律法规摘选**

《中华人民共和国道路交通安全法》（节选）

2003年10月28日第十届全国人民代表大会常务委员会第五次会议通过，根据2007年12月29日第十届全国人民代表大会常务委员会第三十一次会议《关于修改〈中华人民共和国道路交通安全法〉的决定》第一次修正，根据2011年4月22日第十一届全国人民代表大会常务委员会第二十次会议《关于修改〈中华人民共和国道路交通安全法〉的决定》第二次修正①

第七十条 在道路上发生交通事故，车辆驾驶人应当立即停车，保护现场；造成人身伤亡的，车辆驾驶人应当立即抢救受伤人员，并迅速报告执勤的交通警察或者公安机关交通管理部门。因抢救受伤人员变动现场的，应当标明位置。乘车人、过往车辆驾驶人、过往行人应当予以协助。

在道路上发生交通事故，未造成人身伤亡，当事人对事实及成因无争议的，可以即行撤离现场，恢复交通，自行协商处理损害赔偿事宜；不即行撤离现场的，应当迅速报告执勤的交通警察或者公安机关交通管理部门。

在道路上发生交通事故，仅造成轻微财产损失，并且基本事实清楚的，当事人应当先撤离现场再进行协商处理。

第七十一条 车辆发生交通事故后逃逸的，事故现场目击人员和其他知情人员应当向公安机关交通管理部门或者交通警察举报。举报属实的，公安机关交通管理部门应当给予奖励。

第七十二条 公安机关交通管理部门接到交通事故报警后，应当立即派交通警察赶赴现场，先组织抢救受伤人员，并采取措施，尽快恢复交通。

交通警察应当对交通事故现场进行勘验、检查，收集证据；因收集证据的需要，可以扣留事故车辆，但是应当妥善保管，以备核查。

对当事人的生理、精神状况等专业性较强的检验，公安机关交通管理部门应当委托专门机构进行鉴定。鉴定结论应当由鉴定人签名。

第七十三条 公安机关交通管理部门应当根据交通事故现场勘验、检查、调查情况和有关的检验、鉴定结论，及时制作交通事故认定书，作为处理交通事故的证据。交通事故认定书应当载明交通事故的基本事实、成因和当事人的责任，并送达当事人。

第七十四条 对交通事故损害赔偿的争议，当事人可以请求公安机关交通管理部门调解，也可以直接向人民法院提起民事诉讼。

经公安机关交通管理部门调解，当事人未达成协议或者调解书生效后不履行的，

---

① 后文引用不再标注。

当事人可以向人民法院提起民事诉讼。

第七十五条 医疗机构对交通事故中的受伤人员应当及时抢救，不得因抢救费用未及时支付而拖延救治。肇事车辆参加机动车第三者责任强制保险的，由保险公司在责任限额范围内支付抢救费用；抢救费用超过责任限额的，未参加机动车第三者责任强制保险或者肇事后逃逸的，由道路交通事故社会救助基金先行垫付部分或者全部抢救费用，道路交通事故社会救助基金管理机构有权向交通事故责任人追偿。

第七十六条 机动车发生交通事故造成人身伤亡、财产损失的，由保险公司在机动车第三者责任强制保险责任限额范围内予以赔偿；不足的部分，按照下列规定承担赔偿责任：

（一）机动车之间发生交通事故的，由有过错的一方承担赔偿责任；双方都有过错的，按照各自过错的比例分担责任。

（二）机动车与非机动车驾驶人、行人之间发生交通事故，非机动车驾驶人、行人没有过错的，由机动车一方承担赔偿责任；有证据证明非机动车驾驶人、行人有过错的，根据过错程度适当减轻机动车一方的赔偿责任；机动车一方没有过错的，承担不超过百分之十的赔偿责任。

交通事故的损失是由非机动车驾驶人、行人故意碰撞机动车造成的，机动车一方不承担赔偿责任。

第七十七条 车辆在道路以外通行时发生的事故，公安机关交通管理部门接到报案的，参照本法有关规定办理。

第一百一十九条 本法中下列用语的含义：

（一）"道路"，是指公路、城市道路和虽在单位管辖范围但允许社会机动车通行的地方，包括广场、公共停车场等用于公众通行的场所。

（二）"车辆"，是指机动车和非机动车。

（三）"机动车"，是指以动力装置驱动或者牵引，上道路行驶的供人员乘用或者用于运送物品以及进行工程专项作业的轮式车辆。

（四）"非机动车"，是指以人力或者畜力驱动，上道路行驶的交通工具，以及虽有动力装置驱动但设计最高时速、空车质量、外形尺寸符合有关国家标准的残疾人机动轮椅车、电动自行车等交通工具。

（五）"交通事故"，是指车辆在道路上因过错或者意外造成的人身伤亡或者财产损失的事件。

第一百二十条 中国人民解放军和中国人民武装警察部队在编机动车牌证、在编机动车检验以及机动车驾驶人考核工作，由中国人民解放军、中国人民武装警察部队有关部门负责。

第一百二十一条 对上道路行驶的拖拉机，由农业（农业机械）主管部门行使本法第八条、第九条、第十三条、第十九条、第二十三条规定的公安机关交通管理部门的管理职权。

农业（农业机械）主管部门依照前款规定行使职权，应当遵守本法有关规定，并接受公安机关交通管理部门的监督；对违反规定的，依照本法有关规定追究法律责任。

本法施行前由农业（农业机械）主管部门发放的机动车牌证，在本法施行后继续有效。

第一百二十二条　国家对入境的境外机动车的道路交通安全实施统一管理。

《道路交通事故处理程序规定》（节选）

2017年9月19日，国务院法制办公室公布，自2018年5月1日起施行

第七章　认定与复核

第一节　道路交通事故认定

第五十九条　道路交通事故认定应当做到事实清楚、证据确实充分、适用法律正确、责任划分公正、程序合法。

第六十条　公安机关交通管理部门应当根据当事人的行为对发生道路交通事故所起的作用以及过错的严重程度，确定当事人的责任。

（一）因一方当事人的过错导致道路交通事故的，承担全部责任；

（二）因两方或者两方以上当事人的过错发生道路交通事故的，根据其行为对事故发生的作用以及过错的严重程度，分别承担主要责任、同等责任和次要责任；

（三）各方均无导致道路交通事故的过错，属于交通意外事故的，各方均无责任。

一方当事人故意造成道路交通事故的，他方无责任。

第六十一条　当事人有下列情形之一的，承担全部责任：

（一）发生道路交通事故后逃逸的；

（二）故意破坏、伪造现场、毁灭证据的。

为逃避法律责任追究，当事人弃车逃逸以及潜逃藏匿的，如有证据证明其他当事人也有过错，可以适当减轻责任，但同时有证据证明逃逸当事人有第一款第二项情形的，不予减轻。

第六十二条　公安机关交通管理部门应当自现场调查之日起十日内制作道路交通事故认定书。交通肇事逃逸案件在查获交通肇事车辆和驾驶人后十日内制作道路交通事故认定书。对需要进行检验、鉴定的，应当在检验报告、鉴定意见确定之日起五日内制作道路交通事故认定书。

有条件的地方公安机关交通管理部门可以试行在互联网公布道路交通事故认定书，但对涉及的国家秘密、商业秘密或者个人隐私，应当保密。

第六十三条　发生死亡事故以及复杂、疑难的伤人事故后，公安机关交通管理部门应当在制作道路交通事故认定书或者道路交通事故证明前，召集各方当事人到场，

公开调查取得的证据。

证人要求保密或者涉及国家秘密、商业秘密以及个人隐私的，按照有关法律法规的规定执行。

当事人不到场的，公安机关交通管理部门应当予以记录。

第六十四条　道路交通事故认定书应当载明以下内容：

（一）道路交通事故当事人、车辆、道路和交通环境等基本情况；

（二）道路交通事故发生经过；

（三）道路交通事故证据及事故形成原因分析；

（四）当事人导致道路交通事故的过错及责任或者意外原因；

（五）作出道路交通事故认定的公安机关交通管理部门名称和日期。

道路交通事故认定书应当由交通警察签名或者盖章，加盖公安机关交通管理部门道路交通事故处理专用章。

第六十五条　道路交通事故认定书应当在制作后三日内分别送达当事人，并告知申请复核、调解和提起民事诉讼的权利、期限。

当事人收到道路交通事故认定书后，可以查阅、复制、摘录公安机关交通管理部门处理道路交通事故的证据材料，但证人要求保密或者涉及国家秘密、商业秘密以及个人隐私的，按照有关法律法规的规定执行。公安机关交通管理部门对当事人复制的证据材料应当加盖公安机关交通管理部门事故处理专用章。

第六十六条　交通肇事逃逸案件尚未侦破，受害一方当事人要求出具道路交通事故认定书的，公安机关交通管理部门应当在接到当事人书面申请后十日内，根据本规定第六十一条确定各方当事人责任，制作道路交通事故认定书，并送达受害方当事人。道路交通事故认定书应当载明事故发生的时间、地点、受害人情况及调查得到的事实，以及受害方当事人的责任。

交通肇事逃逸案件侦破后，已经按照前款规定制作道路交通事故认定书的，应当按照本规定第六十一条重新确定责任，制作道路交通事故认定书，分别送达当事人。重新制作的道路交通事故认定书除应当载明本规定第六十四条规定的内容外，还应当注明撤销原道路交通事故认定书。

第六十七条　道路交通事故基本事实无法查清、成因无法判定的，公安机关交通管理部门应当出具道路交通事故证明，载明道路交通事故发生的时间、地点、当事人情况及调查得到的事实，分别送达当事人，并告知申请复核、调解和提起民事诉讼的权利、期限。

第六十八条　由于事故当事人、关键证人处于抢救状态或者因其他客观原因导致无法及时取证，现有证据不足以认定案件基本事实的，经上一级公安机关交通管理部门批准，道路交通事故认定的时限可中止计算，并书面告知各方当事人或者其代理人，但中止的时间最长不得超过六十日。

当中止认定的原因消失，或者中止期满受伤人员仍然无法接受调查的，公安机关交通管理部门应当在五日内，根据已经调查取得的证据制作道路交通事故认定书或者出具道路交通事故证明。

第六十九条　伤人事故符合下列条件，各方当事人一致书面申请快速处理的，经县级以上公安机关交通管理部门负责人批准，可以根据已经取得的证据，自当事人申请之日起五日内制作道路交通事故认定书：

（一）当事人不涉嫌交通肇事、危险驾驶犯罪的；

（二）道路交通事故基本事实及成因清楚，当事人无异议的。

第七十条　对尚未查明身份的当事人，公安机关交通管理部门应当在道路交通事故认定书或者道路交通事故证明中予以注明，待身份信息查明以后，制作书面补充说明送达各方当事人。

第二节　复　　核

第七十一条　当事人对道路交通事故认定或者出具道路交通事故证明有异议的，可以自道路交通事故认定书或者道路交通事故证明送达之日起三日内提出书面复核申请。当事人逾期提交复核申请的，不予受理，并书面通知申请人。

复核申请应当载明复核请求及其理由和主要证据。同一事故的复核以一次为限。

第七十二条　复核申请人通过作出道路交通事故认定的公安机关交通管理部门提出复核申请的，作出道路交通事故认定的公安机关交通管理部门应当自收到复核申请之日起二日内将复核申请连同道路交通事故有关材料移送上一级公安机关交通管理部门。

复核申请人直接向上一级公安机关交通管理部门提出复核申请的，上一级公安机关交通管理部门应当通知作出道路交通事故认定的公安机关交通管理部门自收到通知之日起五日内提交案卷材料。

第七十三条　除当事人逾期提交复核申请的情形外，上一级公安机关交通管理部门收到复核申请之日即为受理之日。

第七十四条　上一级公安机关交通管理部门自受理复核申请之日起三十日内，对下列内容进行审查，并作出复核结论：

（一）道路交通事故认定的事实是否清楚、证据是否确实充分、适用法律是否正确、责任划分是否公正；

（二）道路交通事故调查及认定程序是否合法；

（三）出具道路交通事故证明是否符合规定。

复核原则上采取书面审查的形式，但当事人提出要求或者公安机关交通管理部门认为有必要时，可以召集各方当事人到场，听取各方意见。

办理复核案件的交通警察不得少于二人。

第七十五条　复核审查期间，申请人提出撤销复核申请的，公安机关交通管理部门应当终止复核，并书面通知各方当事人。

受理复核申请后，任何一方当事人就该事故向人民法院提起诉讼并经人民法院受理的，公安机关交通管理部门应当将受理当事人复核申请的有关情况告知相关人民法院。

受理复核申请后，人民检察院对交通肇事犯罪嫌疑人作出批准逮捕决定的，公安机关交通管理部门应当将受理当事人复核申请的有关情况告知相关人民检察院。

第七十六条　上一级公安机关交通管理部门认为原道路交通事故认定事实清楚、证据确实充分、适用法律正确、责任划分公正、程序合法的，应当作出维持原道路交通事故认定的复核结论。

上一级公安机关交通管理部门认为调查及认定程序存在瑕疵，但不影响道路交通事故认定的，在责令原办案单位补正或者作出合理解释后，可以作出维持原道路交通事故认定的复核结论。

上一级公安机关交通管理部门认为原道路交通事故认定有下列情形之一的，应当作出责令原办案单位重新调查、认定的复核结论：

（一）事实不清的；
（二）主要证据不足的；
（三）适用法律错误的；
（四）责任划分不公正的；
（五）调查及认定违反法定程序可能影响道路交通事故认定的。

第七十七条　上一级公安机关交通管理部门审查原道路交通事故证明后，按下列规定处理：

（一）认为事故成因确属无法查清，应当作出维持原道路交通事故证明的复核结论；
（二）认为事故成因仍需进一步调查的，应当作出责令原办案单位重新调查、认定的复核结论。

第七十八条　上一级公安机关交通管理部门应当在作出复核结论后三日内将复核结论送达各方当事人。公安机关交通管理部门认为必要的，应当召集各方当事人，当场宣布复核结论。

第七十九条　上一级公安机关交通管理部门作出责令重新调查、认定的复核结论后，原办案单位应当在十日内依照本规定重新调查，重新作出道路交通事故认定，撤销原道路交通事故认定书或者原道路交通事故证明。

重新调查需要检验、鉴定的，原办案单位应当在检验报告、鉴定意见确定之日起五日内，重新作出道路交通事故认定。

重新作出道路交通事故认定的，原办案单位应当送达各方当事人，并报上一级公安机关交通管理部门备案。

第八十条　上一级公安机关交通管理部门可以设立道路交通事故复核委员会，由办理复核案件的交通警察会同相关行业代表、社会专家学者等人员共同组成，负责案件复核，并以上一级公安机关交通管理部门的名义作出复核结论。

延伸阅读

骑电动车是否算醉驾？隔夜醉驾怎么认定？

（1）"醉驾"的法律依据。

2013年12月18日，最高人民法院、最高人民检察院、公安部联合制定了《关于办理醉驾机动车刑事案件适用法律若干问题的意见》，其中对"醉酒"的认定沿用了强制性国家标准《车辆驾驶人员血液、呼气酒精含量阈值与检验》关于"醉酒后驾车"的规定，即车辆驾驶人员血液酒精含量达到80毫克/100毫升以上的，属于醉驾。这是一个单一的量化认定标准，不论行为人的意识清晰程度和控制能力，只要达到此标准就可以认定醉驾。所以，"没有喝醉不会被判刑""干喝不醉，驾车无罪"等说法都是错误的。

（2）关于酒精检测。

当前，我国交警部门在处理醉驾时通常要对驾驶人员进行两次检验，即先进行呼气检验，若呼气检验结果达到或者接近醉酒标准，则还需要进行血液检验。根据《关于办理醉驾机动车刑事案件适用法律若干问题的意见》规定，行为人的血液酒精含量检验鉴定意见是认定行为人是否醉酒的依据。但对恶意逃避酒精检测的行为，《关于办理醉驾机动车刑事案件适用法律若干问题的意见》作了特殊规定：

一是经呼气酒精含量检验，已达到80毫克/100毫升的醉酒标准，却在抽取血样前脱逃的，以呼气酒精含量检验结果作为认定醉酒的依据。

二是为逃避法律追究，在呼气酒精含量检验或者抽取血样前又饮酒的，以其饮酒后的血液酒精含量检验结果作为认定是否醉酒的依据。如果血液酒精含量达到80毫克/100毫升以上，应当认定为醉酒。

三是以暴力、威胁方法阻碍公安机关依法检查，构成妨害公务罪等其他犯罪的，依照数罪并罚的规定处罚。醉驾入刑的目的是加重对醉驾行为的惩罚，有效防范风险。以恶意逃避酒精测试的方法逃避法律追究，将会产生不良示范效应，不利于公众利益的保护。

因此，对于恶意逃避酒精检测的行为，应当依照法律规定从重处罚。

（3）醉驾电动车是否会构成危险驾驶罪？

醉驾电动车是否会构成危险驾驶罪关键是看驾驶的电动车是否属于机动车。

普通观点认为，机动车与非机动车之间的区别在于是否装有内燃机，装有内燃机为机动车，没装内燃机则为非机动车，其实这种观点是错误的。根据《中华人民共和国道路交通安全法》的规定，非机动车是指以人力或者畜力驱动，上道路行驶的交通工具，以及虽有动力装置驱动但设计最高车速、空车质量、外形尺寸符合有关国家标准的残疾人机动轮椅车、电动自行车等交通工具。电动车是否属于非机动车，要根据车辆的整车重量、最高车速等是否符合非机动车的国家标准来判断。

根据《电动自行车通用技术条件》《电动摩托车和电动轻便摩托车通用技术条件》等国家标准，电动车最高车速应不大于 20 km/h；整车重量应不大于 40 kg。不符合上述标准，不属于非机动车范畴。

因此，整车重量大于 40 kg、最高车速大于 20 km/h 的电动车，属于机动车，醉驾此类电动车也会构成危险驾驶罪。在此提醒广大驾驶员，驾驶电动车前也不要饮酒，否则也有可能构成危险驾驶罪。

（4）"醉驾"犯罪案件的具体量刑。

危险驾驶罪属于故意犯罪，要求行为人主观上知道或者应当知道自己可能处于醉酒状态并驾驶机动车，但不要求行为人准确认识到自己的醉酒程度。

《关于办理醉驾机动车刑事案件适用法律若干问题的意见》从醉驾行为的危险性、行为人的主观恶性、醉驾的后果和行为人的认罪、悔罪态度等四方面规定了多种从重处罚的情形，对具有从重情形的醉驾案件应当重点打击，判处较重的刑罚，不得适用缓刑和免刑。但在从严惩治醉驾的同时，也要区别处理好酒精含量低、情节较轻的"醉驾"案件。

醉驾除了要承担刑事责任，《中华人民共和国道路交通安全法》第九十一条规定，醉酒驾驶机动车的，由公安机关交通管理部门约束至酒醒，吊销机动车驾驶证，依法追究刑事责任；五年内不得重新取得机动车驾驶证。醉酒驾驶营运机动车的，由公安机关交通管理部门约束至酒醒，吊销机动车驾驶证，依法追究刑事责任；十年内不得重新取得机动车驾驶证，重新取得机动车驾驶证后，不得驾驶营运机动车。饮酒后或者醉酒驾驶机动车发生重大交通事故，构成犯罪的，依法追究刑事责任，并由公安机关交通管理部门吊销机动车驾驶证，终生不得重新取得机动车驾驶证。

醉驾者的工作也会受到牵连：行政机关公务人员因醉驾而被刑事处罚的，将被给予开除处分；劳动者因醉驾而被刑事处罚的，用人单位可以解除劳动合同，而且不用向劳动者支付经济补偿。醉驾导致自身伤亡的，因属于故意犯罪，即使参加保险，也不会获得保险利益。因醉驾致使他人伤亡的，保险公司虽然要先于交强险范围内对第三人承担赔偿责任，但是保险公司在履行赔偿义务后，可在赔偿范围内向侵权人行使追偿权。

稿件来源：山东高法

（五）与上下班途中交通事故有关的 6 个参考文件（节选）

• 参考文件 1：《中华人民共和国民法总则》。

第二十五条　自然人以户籍登记或者其他有效身份登记记载的居所为住所；经常居所与住所不一致的，经常居所视为住所。

• 参考文件 2：《关于实施〈工伤保险条例〉若干问题的意见》（劳社部函〔2004〕256 号）。

二、条例第十四条规定"上下班途中，受到机动车事故伤害的，应当认定为工伤"。这里"上下班途中"既包括职工正常工作的上下班途中，也包括职工加班加点的上下班途中。"受到机动车事故伤害的"既可以是职工驾驶或乘坐的机动车发生事故造成的，也可以是职工因其他机动车事故造成的。

• 参考文件3：《关于工伤保险有关规定处理意见的函》（人社厅函〔2011〕339号）。

关于新《工伤保险条例》第十四条第（六）项的规定如何理解和适用问题，经征得国务院法制办和最高人民法院同意，并商公安部、交通运输部、铁道部，提出如下处理意见，请遵照执行：

一、该条规定的"上下班途中"是指合理的上下班时间和合理的上下班路途。

二、该条规定的"非本人主要责任"事故包括非本人主要责任的交通事故和非本人主要责任的城市轨道交通、客运轮渡和火车事故。其中，"交通事故"是指《道路交通安全法》第一百一十九条规定的车辆在道路上因过错或者意外造成的人身伤亡或者财产损失事件。"车辆"是指机动车和非机动车；"道路"是指公路、城市道路和虽在单位管辖范围但允许社会机动车通行的地方，包括广场、公共停车场等用于公众通行的场所。

三、"非本人主要责任"事故认定应以公安机关交通管理、交通运输、铁道等部门或司法机关，以及法律、行政法规授权组织出具的相关法律文书为依据。

• 参考文件4：《人力资源社会保障部关于执行〈工伤保险条例〉若干问题的意见》（人社部发〔2013〕34号）。

二、《条例》第十四条第（六）项规定的"非本人主要责任"的认定，应当以有关机关出具的法律文书或者人民法院的生效裁决为依据。

• 参考文件5：《最高人民法院关于审理工伤保险行政案件若干问题的规定》（法释〔2014〕9号）。

第一条　人民法院审理工伤认定行政案件，在认定是否存在《工伤保险条例》第十四条第（六）项"本人主要责任"、第十六条第（二）项"醉酒或者吸毒"和第十六条第（三）项"自残或者自杀"等情形时，应当以有权机构出具的事故责任认定书、结论性意见和人民法院生效裁判等法律文书为依据，但有相反证据足以推翻事故责任认定书和结论性意见的除外。

前述法律文书不存在或者内容不明确，社会保险行政部门就前款事实作出认定的，人民法院应当结合其提供的相关证据依法进行审查。

《工伤保险条例》第十六条第（一）项"故意犯罪"的认定，应当以刑事侦查机关、检察机关和审判机关的生效法律文书或者结论性意见为依据

第六条　对社会保险行政部门认定下列情形为"上下班途中"的，人民法院应予支持：

（一）在合理时间内往返于工作地与住所地、经常居住地、单位宿舍的合理路线的上下班途中；

（二）在合理时间内往返于工作地与配偶、父母、子女居住地的合理路线的上下班途中；

（三）从事属于日常工作生活所需要的活动，且在合理时间和合理路线的上下班途中；

（四）在合理时间内其他合理路线的上下班途中。

• 参考文件 6：《人力资源社会保障部关于执行〈工伤保险条例〉若干问题的意见（二）》（人社部发〔2016〕29 号）。

第六条　职工以上下班为目的、在合理时间内往返于工作单位和居住地之间的合理路线，视为上下班途中。

案例参考

下班后返回公司加班途中被撞身亡，算工伤吗？

/案情/

何某系某塑料公司员工，已参加工伤保险。2013 年 12 月 7 日，何某正常下班后回到家中，后接到公司电话要求回公司加班。何某在返回公司的途中遭遇交通事故，经抢救无效死亡，交警部门作出的交通事故认定书认定何某无事故责任。事故发生后，当地社会保险行政部门认定何某为工伤，公司不服，向当地法院提起行政诉讼。

/裁判/

公司认为，事故发生时，何某已经下班，再返回公司加班，路上发生交通事故已不属于"上下班途中"，不应认定为工伤。

当地社会保险行政部门调查后认为，何某下班后回到家中，是在被公司要求返回单位加班的途中遭遇的交通事故，应仍属于"上下班途中"；何某在此次事故中无责任；公司并没有提供相关证据证明何某不是在上下班途中受伤。所以，何某符合依法被认定为工伤的条件。

案例来源：中国工伤保险（微信公众号）

下班途中因照看同事而受伤，可否认定为工伤？

/案情/

2015 年 10 月 30 日 19 时 30 分许，方某驾驶电动自行车与同事一行三人，从某机械有限公司下班回该公司提供的宿舍。途中一名同事不小心与一辆小车剐蹭摔倒受伤。方某遂停车前去照看她。就在这时，另一辆小车径直驶来，将方某撞倒在地。方某被诊断为骨折。当地交警部门认定方某在这起事故中不承担事故责任。

2016 年 5 月 24 日，方某申请工伤认定。

/评析/

根据《最高人民法院关于审理工伤保险行政案件若干问题的规定》（法释〔2014〕9 号）第 6 条，职工从事属于日常工作生活所需要的活动，且在合理时间和合理路线的上下班途中，应认定为规定的"上下班途中"。

本案的主要分歧在于方某停车照看同事这一行为是否属于"日常工作生活所需要的活动"。

这里涉及合理性问题，即职工在上下班途中从事其他活动是否属于职工日常工作生活所必需的、合理的事项。这可以根据一般社会生活经验及社会情理、道德、公序良俗等综合考量。针对本案，方某在下班途中停车照看受伤同事，是人之常情，符合一般社会情理道德，应视为下班途中从事的日常工作生活所需要的活动，此时发生了非本人主要责任的道路交通事故，应认定为工伤。

最终，方某被认定为工伤。

案例来源：《中国劳动保障报》
案例编写人：徐国庆

员工在公司宿舍居住，下班后外出买菜途中受伤，是否算工伤？

/案情/

杜某是广德县某钙业有限公司的职工。2015年8月23日下午下班后，杜某去某街道买菜（距离杜某工作的地点有5千米左右）。17时27分左右，杜某在广德县某镇某路段发生交通事故受伤，后送广德县人民医院治疗。交警部门认定杜某负事故次要责任。

2016年1月7日，杜某向广德县人力资源和社会保障局提出工伤认定申请，县人社局认为杜某受到的事故伤害，不符合《工伤保险条例》第十四条、第十五条认定工伤或视同工伤的情形，决定不予认定为工伤。杜某不服该决定，诉至广德县人民法院。

/裁判/

法院经审理认为，本案的争议焦点为原告杜某下班后在去买菜的途中发生交通事故受伤，其受到的伤害是否符合《工伤保险条例》规定的工伤构成要件。根据本案的案件事实，原告在第三人处工作，该公司为其安排的食宿地点是公司院内的职工宿舍，一日三餐自行解决。原告诉称当日下班后外出是为了买菜回来做饭。那么，根据其工作地点与宿舍距离较近的情形分析，无论其下班后是否进入宿舍，其外出的主要目的是解决下班后的生活问题，而不是"回家"。故其受交通事故伤害的情形不符合《工伤保险条例》第十四条第（六）项："在上下班途中，受到非本人主要责任的交通事故或者城市轨道交通、客运轮渡、火车事故伤害的"和《最高人民法院关于审理工伤保险行政案件若干问题的规定》（法释〔2014〕9号）第六条第（三）项："从事属于日常工作生活所需要的活动，且在合理时间和合理路线的上下班途中"规定的认定工伤情形。

法院判决驳回杜某的诉讼请求。

案例来源：广德县人民法院

何某某诉江苏省新沂市劳动和社会保障局工伤认定行政案

/案情/

原告何某某系原北沟镇石涧小学教师，2006年12月22日上午，原告被石涧小学安排到新沂城西小学听课，中午在新沂市区就餐。因石涧小学及原告居住地到城西小学无直达公交车，原告采取骑摩托车、坐公交车、步行相结合方式往返。下午15时40分左右，石涧小学邢某某、何某某、周某某等开车经过石涧村大陈庄水泥路时，发现何某某骑摩托车摔倒在距离石涧小学约二三百米的水泥路旁，随即送往医院抢救治疗。12月27日，原告所在单位就何某某的此次伤害事故向被告江苏省新沂市劳动和社会保障局提出工伤认定申请，后因故撤回。2007年6月，原告就此次事故伤害直接向被告提出工伤认定申请。经历了二次工伤认定，二次复议，二次诉讼后，被告于2009年12月26日作出《职工工伤认定》，认定：何某某所受机动车事故伤害虽发生在上下班的合理路线上，但不是在上下班的合理时间内，不属于上下班途中，不认定为工伤。原告不服，向新沂市人民政府申请复议，复议机关作出复议决定，维持了被告作出的工伤认定决定。之后，原告诉至法院，请求撤销被告作出的工伤认定决定。

/裁判/

经江苏省新沂市人民法院一审，徐州市中级人民法院二审认为：上下班途中的"合理时间"与"合理路线"，是两种相互联系的认定属于上下班途中受机动车事故伤害情形的必不可少的时空概念，不应割裂开来。结合本案，何某某在上午听课及中午就餐结束后返校的途中骑摩托车摔伤，其返校上班目的明确，应认定为合理时间。故判决撤销被告新沂市劳动和社会保障局作出的《职工工伤认定》；责令被告在判决生效之日起六十日内就何某某的工伤认定申请重新作出决定。

案例来源：2014年8月20日最高人民法院发布的四起工伤保险行政纠纷参考案例3

下班途中发生非本人主要责任的"交通意外"能否认定工伤？

/案情/

宋某是东营市某公司的一名保洁员，属于非全日制用工劳动关系职工，主要负责该公司东城开发区的保洁工作，工作时间为上午7时30分至9时30分，双方仅口头协议，未签订书面劳动合同，未缴纳工伤保险。

2013年5月29日上午8时50分许，宋某在公司完成保洁任务骑电动车回家途中，一条流浪狗突然从路侧窜出，直接和宋某的电动自行车相撞，致电动自行车失控倒地，宋某也在受伤后晕了过去，后被送到医院救治，诊断为：脑出血、脑疝、脑梗死、运动性失语、颅骨后天性缺损、肺部感染。2014年3月5日，公安交通警察支队出具了《道路交通事故证明》，通过调查交通事故得到的事实证明："此事故属交通意外，宋某不承担责任"。2014年4月23日，宋某的代理人向东营市人力资源和社会保障局提起工伤认定申请。2014年10月10日，经东营市劳动争议仲裁委员会仲裁裁决，确认宋某与该公司存在非全日制用工劳动关系。另外，经东营市劳动能力鉴定委员会鉴定确认，宋某被医院诊治的脑出血等病症都与工伤有因果关系。东营市人力资源和社会保障局依据《工伤保险条例》第十四条第（六）项之规定，认定宋某为工伤。

/裁判/

宋某所在公司不服，认为《工伤保险条例》要求发生的事故必须是非本人主要责任的交通事故，宋某上班时间私自离岗，而且是因狗冲撞摔倒受伤不属于交通事故的范畴，也不属于交通意外，是动物侵权导致，这属于民事侵权纠纷，应该让狗的饲养人或管理人赔偿，不应该定性为交通事故，更不应认定为工伤。为此，公司先后申请行政复议、提起行政诉讼。东营市人民政府行政复议决定维持市人力资源和社会保障局的工伤认定，一审法院判决驳回公司的诉讼请求，东营市中级人民法院终审判决，维持原判，支持宋某的工伤结论。

二审终审后，该公司仍不服，向山东省高级人民法院提起了再审申请。2016年12月1日，山东省高级人民法院对该案进行了立案审查。经审查，山东省高级人民法院认为，交警部门出具的《道路交通事故证明》确实是该机关根据监控录像资料载明的事实出具的，二审法院对此进行了核实，该证明是真实的，其确认的事实是正确的，该公司无充分的证据推翻该证明所确认的事实。宋某从事的是非全日制性质的保洁员工作，宋某发生事故的时间属于下班的合理时间。即便宋某存在早退的情形，违反申请人公司的规章制度，但基于用人单位单方责任和无过错责任的《工伤保险条例》立法原则，也不影响对其工伤的认定。原审法院认定事实清楚，适用法律正确。再审申请人的申请理由没有法律依据，山东省高级人民法院不予支持，于2016年12月20日裁定驳回该公司的再审申请。

/评析/

1. 非本人主要责任的"交通意外"能否认定工伤？

本案中，公安交通警察支队出具的《道路交通事故证明》证明，宋某骑电动车与流浪狗相撞的事故属交通意外，宋某不承担责任。根据《中华人民共和国道路交通安全法》第一百一十九条第（五）项之规定："交通事故是指车辆在道路上因过错或者意外造成的人身伤亡或财产损失的事件。"意外事故是指行为人的行为虽然在客观上造成了损害后果，但不是出于行为人的故意或者过失，而是由于不能预见的原因引起的。根据《道路交通事故处理程序规定》（公安部令第104号）第四十六条第一款第（三）项之规定："各方均无导致道路交通事故的过错，属于交通意外事故的，各方均无责任。"那么，"非本人主要责任的交通意外"，是否属于"非本人主要责任的交通事故"范围，是否可以适用《工伤保险条例》第十四条第（六）项之规定认定工伤呢？我们认为，该案中，宋某所涉事故发生在道路上，且为行驶中的非机动车，因流浪狗突然窜出，第三人无法预见，其主观上既无故意也无过失，属因交通意外事故造成的人身伤害，符合《中华人民共和国道路交通安全法》中"交通事故"的定义范围。就该《道路交通事故证明》的真实性，东营市人力资源和社会保障局也向东营市公安局交通警察支队进行了核实，该事故证明确实是该机关根据监控录像资料载明的事实出具的。二审法院也对此进行了核实，认可该证明是真实的，其确认的事实是正确的。据此，东营市人力资源和社会保障局认定宋某所受事故为非本人主要责任的交通事故伤害，终审判决也予以维持。

2. 迟到早退能否认定工伤？

根据相关规定，"上下班途中"必须是在合理时间和合理路线上。但是否"合理"要根据具体案件具体分析。该案中，虽然公司规定宋某工作时间为 7 时 30 分至 9 时 30 分，但她从事的是非全日制性质的保洁员工作，完成固定区域的保洁工作即可视为完成工作任务。该公司辩称宋某违反单位规章制度提前擅自离岗遭受意外，但其并未提供对宋某工作进行规范管理以及提出特定要求的相关证据。宋某是在完成保洁任务后 8 时 50 分许发生了交通意外，结合事故地点离宋某上班地点距离较近的情况，她发生事故的时间应该属于下班的合理时间。即使宋某存在早退的情形，其违反的是单位的规章制度，但是基于用人单位单方责任和无过错责任的《工伤保险条例》立法原则，并不影响其下班途中的性质，故宋某的受伤属于下班途中发生的事故导致。二审法院认为，《工伤保险条例》中规定的立法本意应当是在于劳动者自身的主观目的性，只要劳动者离开单位后径直回家，而没有因办理个人非日常必需的私事存在耽搁、停留的情况，那么从她离开工作单位回到家所需的时间，就是合理时间。

3. 民事侵权责任是否影响工伤认定？

该公司提出的宋某受伤属于民事侵权、而不应认定为工伤的观点，法院认为，工伤责任和民事侵权责任的性质是不同的，并且不能互相替代。即便存在第三方侵权的情况，也不会影响对是否是工伤作出认定。

案例来源：劳动法库（微信公众号）

案例编写人：何登香　于少飞

（六）疑难问题

1. 发生道路交通事故超过 1 年能不能申请工伤？

发生道路交通事故的，工伤职工或者其直系亲属、工会组织提出工伤认定申请的期限为 1 年。即其申请期限应从事故发生之日起计算，而非从公安交通管理部门出具道路交通事故认定书送达之日起计算。对此，国务院法制办公室在对《关于发生道路交通事故认定工伤申请期限如何确认问题的请示的复函》（国法秘函〔2006〕205 号）中有过明确答复。发生道路交通事故超过 1 年提起工伤认定申请的，也不属于《人力资源社会保障部关于执行〈工伤保险条例〉若干问题的意见（二）》和《最高人民法院关于审理工伤保险行政案件若干问题的规定》（法释〔2014〕9 号）第七条规定的"被耽误的时间"的情形。

另外，在工伤认定申请期限内公安交通管理部门没有及时作出道路交通事故认定的，应当适用《工伤保险条例》第二十条第三款规定的"作出工伤认定决定需要以司法机关或者有关行政主管部门的结论为依据的，在司法机关或者有关行政主管部门尚未作出结论期间，作出工伤认定决定的时限中止"的情形。

参考文件：国务院法制办公室对《关于发生道路交通事故认定工伤申请期限如何

确认问题的请示的复函》(国法秘函〔2006〕205 号)。

辽宁省人民政府法制办公室：

你办《关于发生道路交通事故认定工伤申请期限如何确认问题的请示》(辽政法函〔2006〕5 号) 收悉。经研究，函复如下：

根据《工伤保险条例》第十七条第二款的规定，工伤职工或者其直系亲属、工会组织提出工伤认定申请的期限为 1 年。①

2006 年 6 月 1 日

附：辽宁省人民政府法制办公室关于发生道路交通事故认定工伤申请期限如何确认问题的请示 (辽政法〔2006〕5 号)

国务院法制办：

我省阜新市一企业职工在上班途中发生交通事故，于 2003 年 10 月 7 日死亡。公安交通管理部门于 2005 年 12 月 1 日对该事故制发了《道路交通事故认定书》。2005 年 12 月 4 日，该职工家属到市劳动和社会保障局申请工伤认定，市劳动和社会保障局以其逾期申请工伤认定为由，作出不予受理的决定。该职工家属不服，申请行政复议。在处理本案时，对发生道路交通事故工伤认定申请期限存在两种不同意见。一种意见认为，《工伤保险条例》第十七条第二款规定，工伤职工或者其直系亲属应在事故伤害发生之日起 1 年内向用人单位所在地统筹地区劳动保障行政部门提出工伤认定申请。本案申请人没有在事故发生之日起 1 年内提出工伤认定申请，对此申请不予受理符合法律规定。另一种意见则认为，虽然《工伤保险条例》第十七条第二款规定工伤认定申请期限为 1 年，但被申请人向申请人出具的制式工伤认定申请表填表说明中，载明上下班途中受到机动车事故伤害的，需要提交公安交通管理部门的证明。申请人在法定期限内未能提出工伤认定申请，是因为公安交通管理部门没有及时作出道路交通事故认定。因此，申请工伤认定的申请期限，应从公安交通管理部门出具道路交通事故认定书送达之日起计算，对工伤认定申请应予受理。

以上哪种意见为妥，请予明示。

2. 职工迟到早退发生道路交通事故能否认定工伤？

一般情况下，职工在合理时间段内的迟到、早退途中，应当认定为上下班途中。因为工伤保险实行无过失补偿原则，工伤认定一般不追究伤害事件的原因、程度和性质。除非职工有《中华人民共和国社会保险法》和《工伤保险条例》规定的不得认定为工伤或者视同工伤情形。迟到、早退等违反劳动纪律或规章制度的过失，不属于故意犯罪、醉酒吸毒、自杀自残等法定工伤排除情形。

参考文件 1：国务院法制办对《关于职工违反企业内部规定在下班途中受到机动车伤害能否认定为工伤的请示的复函》(国法秘函〔2005〕315 号)。

---

① 编者注：2006 年施行的《工伤保险条例》为国务院令第 375 号版。现行《工伤保险条例》为 2010 年 12 月修订，国务院令第 586 号公布。

辽宁省人民政府法制办公室：

你办《关于职工违反企业内部规定在下班途中受到机动车伤害能否认定为工伤的请示》（辽政法〔2005〕12号）收悉。经研究，并征得劳动保障部同意，答复如下：

职工所受伤害只要符合《工伤保险条例》第十四条第（六）项规定的"上下班途中，受到机动车事故伤害的"规定，就应当认定为工伤。

编者说明：2005年施行的《工伤保险条例》为国务院令第375号版。2010年修订的《工伤保险条例》已将"机动车事故"修改为"非本人主要责任的交通事故或者城市轨道交通、客运轮渡、火车事故"。

参考文件2：《四川省高级人民法院关于审理工伤认定行政案件若干问题的意见》（川高法〔2009〕660号）。

第二十二条第二款 职工在合理时间段内的迟到、早退途中，应当认定为上下班途中。

3. 职工在上下班途中从事了"接孩子""买菜"等日常工作生活中必需的、合理的活动，发生道路交通事故能否认定工伤？

一般情况下，职工在上下班途中从事了其他活动，如果该活动是职工日常工作生活中必须的、合理的要求，且在合理时间内未改变以"上下班"为目的的合理路线，应当认定为"上下班途中"。

参考文件1：《江苏省人力资源和社会保障厅关于实施〈工伤保险条例〉若干问题的处理意见》（苏人社规〔2016〕3号）。

第十条第一款 《条例》第十四条规定的"上下班途中"包括下列情形：（三）从事属于日常工作生活所需要的活动，且在合理时间和合理路线的上下班途中。

参考文件2：《四川省高级人民法院关于审理工伤认定行政案件若干问题的意见》（川高法〔2009〕660号）。

第二十二条第三款 职工在上下班途中从事了其他活动，该活动是职工日常工作生活中必须的、合理的要求，且在合理时间内未改变以"上下班"为目的的合理路线，应当认定为"上下班途中"。

情景再现

2014年8月20日最高人民法院举行《关于审理工伤保险行政案件若干问题的规定》新闻发布会（内容片断）

出席人员：最高人民法院新闻发言人　孙军工

最高人民法院行政审判庭庭长　赵大光

内容：发布《最高人民法院关于审理工伤保险行政案件若干问题的规定》，并公布4起工伤保险行政纠纷参考案例。

记者：我看到第六条里有关于上下班途中内容的介绍，我想问一下，出台这个规定是否是因为以前存在大量的争议，或者同案不同判的情况，再解释一下什么是合理时间，什么是合理路线，能不能具体解释一下？日常生活当中需要的合理活动能不能具体解释一下？比如像有些单位的人晚上有应酬，但不是单位指派他，而是出于自己对工作的需求出去应酬出现了事故，这种情况能不能介绍一下？谢谢。

赵大光：这位记者提出的问题是很关键的问题，也是我们在研究制定司法解释当中遇到的一个比较重点的问题。什么是上下班途中？法律规定比较原则，只规定上下班途中。什么叫上下班途中呢？具体实践当中、生活当中可以说是有多种情况。在理解和认识上确实不一致，各地法院在处理相同或者是相似案件的过程当中也有裁判标准不一致的问题，也就是刚才所说的同案不同判。为了解决这些问题，我们才把它作为司法解释当中的一个重点问题来进行研究和规定。

什么是合理时间？这个合理时间可以说比较宽泛，用我们的话来讲就是应当具有正当性。上下班有一个时间区域，可能早一点，可能晚一点，比如下了班以后，还要加一会儿班，或者是等交通的高峰时段过了之后再回家。我们认为这些都属于合理时间。合理路线包括的范围就比较广泛，举一个比较简单的例子，比如下班的途中需要到菜市场买一点菜，然后再回家，而且是顺路，是不是合理的路线，是不是日常工作中所需要的必需的活动呢？我们认为都应当包括在内。所以理解这一条规定，我们要抓住一个关键词就是"合理"。

4. 职工在非固定居所到工作场所之间的路线上发生道路交通事故，能否认定工伤？

法律规定比较原则，而现实生活中的情况十分复杂。随着我国户籍制度的改革和交通事业的发展，城市人口流动性日益加大，当前家庭结构和家庭成员居住模式也呈现多元化趋势，职工平时有多个居住地，或平常在一个地方工作和居住，周末到另一个地方居住的情形越来越多，"上下班途中"的认定也需要一定的弹性空间，兼顾到职工常态化、多元化、合理化的日常生活需求。

参考文件1：《最高人民法院关于非固定居所到工作场所之间的路线是否属于"上下班途中"的答复》（〔2008〕行他字第2号）。①

山东省高级人民法院：

你院《关于翟恒芝邹依兰诉肥城市劳动和社会保障局工伤行政确认一案的请示》收悉。经研究认为：如邹平确系下班直接回其在济南的住所途中受到机动车事故伤害，应当适用《工伤保险条例》第十四条第（六）项的规定。

此复。

附：《山东省高级人民法院关于翟恒芝、邹依兰诉肥城市劳动和社会保障局工伤行政确认一案的请示》（鲁高法函〔2007〕35号）

---

① 编者注：2008年施行的《工伤保险条例》为国务院令第375号版。现行《工伤保险条例》为2010年12月修订，国务院令第586号公布。

最高人民法院：

肥城市法院在审理翟恒芝、邹依兰诉肥城市劳动和社会保障局工伤行政确认一案中，对《工伤保险条例》第十四条中"上下班途中"的理解与适用存在分歧，经泰安市中级人民法院审判委员会研究后，向我院提出请示。我院经审判委员会研究后认为，随着我国户籍制度的改革和公路交通的发展，城市人口流动性日益加大，像本案中原告平常在一个地方工作，周末到另一个地方居住的情形越来越多，因此本案反映出的法律问题具有普遍意义，特向你院请示。现将案件有关情况报告如下：

一、基本案情

邹平系第三人山东石横特钢集团有限公司供应处职工。2005年7月8日邹平在下班后乘坐黄锦飘驾驶的鲁A50967号桑塔纳轿车在济南市槐荫区沿220线由西向东行驶至老济兖公路路口时与济南市公交公司阎勇驾驶鲁A26603号K56路大型客车相撞，造成邹平受重伤经抢救无效死亡。2006年7月8日原告翟恒芝、邹依兰向被告肥城市劳动和社会保障局提出工伤认定申请，2006年9月6日被告肥城市劳动和社会保障局作出肥劳社工认字〔2006〕第225号工伤认定决定书，认定邹平不属于工伤。原告不服，于2006年11月19日向肥城市人民政府申请行政复议，肥城市人民政府于2006年12月20日以〔2006〕肥政复决字第20号决定书决定维持被告作出的肥劳社工认字〔2006〕第225号工伤认定书。原告仍不服，向肥城市人民法院提起行政诉讼。另查明：邹平在其单位宿舍区有住房一处，在济南市中区王官庄1区4号楼303室有住房一处，事发前邹平的父母在其济南住房处居住。邹平的妻子（本案原告）在泰安上学，女儿随妻子在泰安居住，3人仅在节假日去济南居住。

二、需要请示的法律问题

本案涉及的法律问题是：邹平回济南的住房能否认定为上下班途中。我院经审判委员会研究后，形成以下两种意见：

一种意见认为，邹平下班后从工作场所到济南住处之间的途径符合《工伤保险条例》第十四条第（六）项规定的"上下班途中"，应当认定工伤。理由是：

1. 邹平的两个住处均应为其固定居所。邹平在单位的住房为其上下班提供了方便；而济南的住房有3人在节假日去居住的事实。另外，事发时是周五，邹平下班后回济南的住处也是情理之中。

2.《工伤保险条例》第十九条第二款规定："职工或者直系亲属认定是工伤，用人单位不认为是工伤的，由用人单位承担举证责任"。本案被告提供的证据证实邹平去济南不是公务外出，但没有证据证实邹平去济南不是回济南的住处。

3.《工伤保险条例》第十六条规定：职工有下列情形之一的，不得认定为工伤或者视同工伤：（一）因犯罪或者违反治安管理伤亡的；（二）醉酒导致伤亡的；（三）自残或自杀的。本案邹平的伤亡不具备上述情形规定的条件。

4. 工伤保护的首要法律原则和精神应是最大可能保障主观上无恶意的劳动者在劳

动伤亡后能够获得救济。因此，邹平下班后从工作场所到济南住处之间的路径符合《工伤保险条例》第十四条第（六）项规定的"上下班途中"。被告作出的工伤认定决定认定的事实不清。对适用的法律条款理解有误。依据《中华人民共和国行政诉讼法》第五十四条第（二）项之规定，应判决撤销被告肥城市劳动和社会保障局于2006年9月6日作出的肥劳社工认字〔2006〕第225号工伤认定决定；并限被告肥城市劳动和社会保障局于60日内对邹平的死亡的性质重新作出认定。

另一种意见认为，邹平下班后从工作场所到济南住处之间的途径不符合《工伤保险条例》第十四条第（六）项规定的"上下班途中"，不应当认定为工伤。理由是：《工伤保险条例》第十四条第（六）项规定："在上下班途中受到机动车事故伤害的可认定为工伤"。此情形中"上下班途中"通常是指从固定居所到工作场所之间的正常路线，因此是否属于"上下班途中"应主要看该路线是否属于保证上下班正常需要所必须的路线。本案中，邹平在山东石横特钢集团有限公司家属院的住所，既具有户籍证明所表明的法律意义上的居住性质，又有长期生活居住的客观事实，邹平的"上下班途中"应当是指从其居住的单位宿舍到工厂之间的路径，而不是原告主张的从其单位到济南的住处所经过的路线。因此，依据《中华人民共和国行政诉讼法》第五十四条第（一）项之规定，应判决维持被告作出的工伤认定决定。

我院倾向于第一种意见。当否，请批示。

参考文件2：《四川省高级人民法院关于审理工伤认定行政案件若干问题的意见》（川高法〔2009〕660号）。

第二十二条第一款 认定职工工伤的"上下班途中"是指职工以上下班为目的，在合理时间内往返于工作单位和居住地的合理路线的途中。居住地包括实际居住地、经常居住地和不定期居住地。

案例参考

职工下班回到临时住处换洗后，骑摩托车回家途中遇交通事故死亡，是否算工伤？

/案情/

陆某在某建筑公司工作，2012年4月27日18时下班后，陆某回到公司在工地为其安排的住处换洗后，驾驶摩托车回家，在路上与半挂车左后角发生碰撞，当场死亡。交警部门认定陆某承担此次事故的同等责任。当地人力资源和社会保障局认定陆某为工伤。公司不服，向法院提起行政诉讼。

/裁判/

一审法院：本案中，陆某发生交通事故的时间为2012年4月27日20时1分，路径在工作单位与家之间，且当天又是星期五，陆某下班回家与家人相聚合情合理，故应认定陆某是在下班途中受到交通事故伤害。陆某在此次交通事故中承担的是同等责任,符合《工伤保险条例》第十四条第(六)项规定的认定工伤条件。故,判决维持人力资源和社会保障局作出的工伤认定决定书。

公司不服,提起上诉。

二审法院:陆某的死亡不属于"上下班途中"。"上下班途中"应是从居住地、经常居住地、户籍所在地到工作场所之间的正常路线。本案中,陆某家离工地有一百多千米,如每天都从家到工地上下班不符合常理、也不方便工作,否则公司就不会为陆某特别安排住处。在此情形中,"上下班途中"应是从陆某在公司安排的住处到工作场所之间合理的正常路线。陆某2012年4月27日18时下班回到公司安排的住处时,正常的"上下班途中"过程结束,因当天是星期五,陆某在休息期间与家人团聚纯属人之常情,其从公司安排的住处前往家中应视为"探亲路途",不属于合理上下班途中发生交通事故死亡的情形。综上,判决:撤销人力资源和社会保障局的工伤认定决定书。

陆某的家人不服,向检察机关申诉,检察院作出抗诉书,向省高级人民法院提起抗诉。中级人民法院再审认为,原审被告认定的事实不清,检察机关的抗诉理由也不充分,不予支持。

申请人向省高级人民法院提出再审申请。

省高级人民法院:结合本案,从时间上看,陆某18时下班,驾驶摩托车由龙里县城回都匀市杨柳街镇谷江村五组的家,从龙里县城到交通事故发生地,仅一个多小时,时间非常紧凑,属合理时间。从路途来看,随着我国社会经济发展,交通越来越便捷,人口流动性加大,劳动者工作和居住不在同一地方的情形越来越普遍,从龙里县城骑摩托车到都匀杨柳街镇谷江村走贵新高速符合"合理路途"。且当天又是星期五,陆某下班回家中与家人相聚合情合理,其行程路线具备合理性,故应认定陆某是在下班途中受到交通事故伤害。交警部门认定陆某在此次交通事故中承担的是同等责任,符合《工伤保险条例》第十四条第(六)项规定的认定工伤条件。综上所述,撤销中级人民法院作出的行政判决,维持一审法院行政判决和人力资源和社会保障局的工伤认定决定。

本判决为终审判决。

案例来源:贵州省高级人民法院
编者略有增补,详见(2016)黔行再字4号行政判决书

5. 交通事故责任无法认定怎样处理?

如果当事人仅能提供道路交通事故证明,甚至不能提供道路交通事故证明,而且既无法进一步取得交通事故认定书,也不会通过民事诉讼取得相应裁判文书,穷尽一切手段无法实质证明本人在交通事故中所承担的责任的,那么工伤认定程序该如何进行?工伤认定结论该如何作出?因牵扯到部门职权、举证责任分配、适用证据规则、实体行政行为和程序行政行为等诸多问题,目前对此争议很大。本书收录几起相关案例,仅供参考。

（1）关于中止程序的处理。

最高人民法院在指导案例69号《王明德诉乐山市人力资源和社会保障局工伤认定案》（2016年9月19日发布）中认为：在现实道路交通事故中，也存在因道路交通事故成因确实无法查清，公安机关交通管理部门不能作出交通事故认定书的情况。《道路交通事故证明》已经是公安机关交通管理部门依据《道路交通事故处理程序规定》就事故作出的结论，也就是《工伤保险条例》第二十条第三款中规定的工伤认定决定需要的"司法机关或者有关行政主管部门的结论"。除非出现新事实或者法定理由，否则公安机关交通管理部门不会就本案涉及的交通事故作出其他结论。在这种情况下，虽然《中止通知》是工伤认定中的一种程序性行为，但该行为将导致原告的合法权益长期，乃至永久得不到依法救济，直接影响了原告的合法权益，对其权利义务产生实质影响，并且原告也无法通过对相关实体性行政行为提起诉讼以获得救济。因此，《中止通知》属于可诉行政行为，人民法院应当依法受理。在申请人已经提交了《道路交通事故证明》的情况下，并不存在《工伤保险条例》第二十条第三款所规定的依法可以作出中止决定的情形，作出《中止通知》属于适用法律、法规错误，应当予以撤销，恢复工伤认定的程序。

（2）关于工伤认定结论如何作出？

有三种意见：

第一种意见认为，上下班途中交通事故工伤构成要件要求"非本人主要责任"，该证明的举证责任在于职工。事故无法认定责任不等于不负主要责任，在劳动者不能证明交通事故系"非本人主要责任"所致，公安机关交通管理部门及其他相关部门均无法证明系"非本人主要责任"所致时，劳动者应当承担不利后果，所受伤害不能认定为工伤。

第二种意见认为，在道路交通事故责任无法认定的情况下，以劳动者未提交证据证明系"非本人主要责任"的交通事故作出不予认定工伤决定，相当于推定了劳动者负事故主要责任，作出不利于受伤害职工的工伤认定决定，不符合《工伤保险条例》的立法目的。在交通事故责任无法认定的情况下，应当按照法律法规的立法目的，秉持有利于申请人权益保护的原则作出工伤认定。

第三种意见认为，应由社会保险行政部门进行调查核实，人民法院进行实质审查。如：《江苏省人力资源和社会保障厅关于实施〈工伤保险条例〉若干问题的处理意见》（苏人社规〔2016〕3号）第十条第二款规定："《条例》第十四条规定的'非本人主要责任的交通事故'，应当以有权机构出具的事故责任认定书或者人民法院生效裁判等法律文书为依据。如有权机构无法出具事故责任认定书，或者出具的法律文书无法认定事故责任的，社会保险行政部门可以依据经调查核实的相关证据作出结论。"《最高人民法院关于审理工伤保险行政案件若干问题的规定》（法释〔2014〕9号）第一条规定："人民法院审理工伤认定行政案件，在认定是否存在《工伤保险条例》第十四条第（六）项'本人主要责任'、第十六条第（二）项'醉酒或者吸毒'和第十六条第（三）项'自残或者自杀'等情形时，应当以有权机构出具的事故责任认定书、结论性意见和人民法院生效裁判等法律文书为依据，但有相反证据足以推翻事故责任认定书和结论性意见的除外。前述法律文书不存在或者内容不明确，社会保险行政部门就前款事实作出认定的，人民法院应当结合其提供的相关证据依法进行审查。"

根据上述规定，社会保险行政部门在工伤认定程序中应当结合申请人和用人单位提供的证据进行调查核实，根据现有的证据或者是经过调查核实取得的证据，对交通事故的责任作出认定，并结合其他相关事实作出工伤认定决定。当然，工伤认定部门对交通事故责任的这种调查认定不是权威性的结论，是否能够起到证据的作用，在此基础上作出的工伤认定结论是否正确，人民法院在审理案件的时候还要进行实质审查。因为即便是公安机关交通管理部门制作的交通事故认定书，也只是作为处理交通事故案件的证据使用；人民法院经审查认为公安机关所作出的责任认定确属不妥，则不予采信，以人民法院审理认定的案件事实作为定案的依据。从指导案例69号的后续处理来看，其二审法院和再审法院均持此类观点（案例参考见后）。

在此，相当于人民法院通过指导案例和司法解释的形式，将这种对事故责任的事实和证据认定"变相"赋予了工伤认定部门，至于是否采信，则由人民法院在实质审理时予以认定或以人民法院审理认定的案件事实作为定案的依据。这样处理的目的，从职工权利救济的角度，是为了使受伤职工能够及时得到救治，能够及时得到工伤认定结论；从法律调整的角度，是为了尽快确定相对人的权利和义务，尽快稳定行政管理关系。但却同时存在两个无法回避的问题，需要进一步解决。一是交通事故认定并非社会保险行政部门的法定职权，二是在因道路交通事故成因确实无法查清，公安机关交通管理部门不能作出交通事故认定书的情况下，社会保险行政部门显然更不具备查清事故事实、科学划分当事人事故责任的优势。但无论如何，这种意见已渐成此类案件的主流审判规则。

无责任认定下班途中的单方交通事故符合认定工伤条件的应予认定

（最高法院出版物公布的参考性案例中确定的审判规则）

对于行政相对人在上下班途中发生的单方交通事故，在交警部门未作出事故责任划分的情况下，不影响保险行政部门对其的工伤认定。公安交通管理部门作出的交通事故责任认定书只是社会保险行政部门履行工伤认定职责的重要依据之一，而并非前提条件。在无交警部门出具交通事故责任认定书的情况下，社会保险行政部门对责任的认定享有自由裁量权，应结合相关事实证据对职工在事故中承担的责任程度作出衡量判断，而不能以未经交通事故责任划分为由，作出不予认定决定书。

稿件来源：指导性案例审判规则（微信公众号）

案例参考

无交通事故责任认定书如何确定事故双方责任？

/案情/

邱某驾驶机动车（已投保）与骑摩托车的刘某相撞，刘某被撞倒在地，邱某送刘某赴医院治疗，没有固定事故现场，致使交警部门无法作出交通事故责任认定书。邱某认为，刘某摔伤是因刘某饮酒骑车过快，其将刘某送往医院系出于人道主义。刘某则认为，自己并未饮酒行驶，事故发生是因邱某右转弯时车速过快所致，故邱某应承担责任。后刘某被鉴定为十级伤残，刘某为此诉至法院要求邱某赔偿损失。由于事故现场已不存在，事发路段无其他目击者，且无监控录像，因此交警部门无法作出交通事故责任认定。

第一种意见认为，没有交警部门出具的交通事故认定书，应驳回刘某的诉讼请求。

第二种意见认为，因邱某是送刘某赴医院治疗没有固定事故现场，致使事故责任无法划分，双方都存在过错，在双方都没有证据证实对方存在过错的情形下，推定双方承担同等事故责任。

/评析/

笔者同意第二种意见，理由如下：

第一，交通事故责任认定书是公安交通管理部门通过对交通事故现场勘察、技术分析和有关检验、鉴定结论，分析查明交通事故的基本事实、成因和当事人责任后所作的技术性结论，该结论不具有拘束力和执行力。交通事故责任认定书作为一种证据，法院应依证据规则审查其效力性及证明力，若有其他证据证明其存在错误，法院不应采信该证据，而应以审理认定的事实作为定案根据。故交通事故案件能够确认事故发生，即便没有事故认定书，也应对双方当事人的责任进行划分。

第二，《中华人民共和国道路交通安全法》第七十六条规定："机动车发生交通事故造成人身伤亡、财产损失的，由保险公司在机动车第三者责任强制保险责任限额范围内予以赔偿；不足的部分，按照下列规定承担赔偿责任：（一）机动车之间发生交通事故的，由有过错的一方承担赔偿责任；双方都有过错的，按照各自过错的比例分担责任。"由此可见，对机动车与机动车之间的交通事故是根据过错来划分责任。本案中，由于邱某为了救人，破坏了事故现场，导致事故无法查清，责任难以划分，当事人过错无法认定。根据公平原则，对刘某的损失双方应各承担一半责任。

案例来源：《人民法院报》
案例编写人：王乐荣

最高人民法院指导案例 69 号始末

其一：指导案例 69 号——王某德诉乐山市人力资源和社会保障局工伤认定案

/裁判要点/

当事人认为行政机关作出的程序性行政行为侵犯其人身权、财产权等合法权益，对其权利义务产生明显的实际影响，且无法通过提起针对相关的实体性行政行为的诉讼获得救济，而对该程序性行政行为提起行政诉讼的，人民法院应当依法受理。

/案情/

原告王某德系王某兵之父。王某兵是四川嘉宝资产管理集团有限公司峨眉山分公司职工。2013年3月18日，王某兵因交通事故死亡。由于王某兵驾驶摩托车倒地翻覆的原因无法查实，四川省峨眉山市公安局交警大队于同年4月1日依据《道路交通事故处理程序规定》第五十条的规定，作出乐公交认定〔2013〕第00035号《道路交通事故证明》。该《道路交通事故证明》载明：2013年3月18日，王某兵驾驶无牌"卡迪王"二轮摩托车由峨眉山市大转盘至小转盘方向行驶。1时20分许，当该车行至省道S306线29.3km处驶入道路右侧与隔离带边缘相擦剐，翻覆于隔离带内，造成车辆受损、王某兵当场死亡的交通事故。

2013年4月10日，第三人四川嘉宝资产管理集团有限公司峨眉山分公司就其职工王某兵因交通事故死亡，向被告乐山市人力资源和社会保障局申请工伤认定，并同时提交了峨眉山市公安局交警大队所作的《道路交通事故证明》等证据。被告以公安机关交通管理部门尚未对本案事故作出交通事故认定书为由，于当日作出乐人社工时〔2013〕05号（峨眉山市）《工伤认定时限中止通知书》（以下简称《中止通知》），并向原告和第三人送达。

2013年6月24日，原告通过国内特快专递邮件方式，向被告提交了《恢复工伤认定申请书》，要求被告恢复对王某兵的工伤认定。因被告未恢复对王某兵工伤认定程序，原告遂于同年7月30日向法院提起行政诉讼，请求判决撤销被告作出的《中止通知》。

/裁判结果/

四川省乐山市市中区人民法院于2013年9月25日作出（2013）乐中行初字第36号判决，撤销被告乐山市人力资源和社会保障局于2013年4月10日作出的乐人社工时〔2013〕05号《中止通知》。一审宣判后，乐山市人力资源和社会保障局提起了上诉。乐山市中级人民法院二审审理过程中，乐山市人力资源和社会保障局递交撤回上诉申请书。乐山市中级人民法院经审查认为，上诉人自愿申请撤回上诉，属其真实意思表示，符合法律规定，遂裁定准许乐山市人力资源和社会保障局撤回上诉。一审判决已发生法律效力。

/裁判理由/

法院生效裁判认为，本案争议的焦点有两个：一是《中止通知》是否属于可诉行政行为；二是《中止通知》是否应当予以撤销。

一、关于《中止通知》是否属于可诉行政行为问题

法院认为，被告作出《中止通知》，属于工伤认定程序中的程序性行政行为，如

果该行为不涉及终局性问题，对相对人的权利义务没有实质影响的，属于不成熟的行政行为，不具有可诉性，相对人提起行政诉讼的，不属于人民法院受案范围。但如果该程序性行政行为具有终局性，对相对人权利义务产生实质影响，并且无法通过提起针对相关的实体性行政行为的诉讼获得救济的，则属于可诉行政行为，相对人提起行政诉讼的，属于人民法院行政诉讼受案范围。

虽然根据《中华人民共和国道路交通安全法》第七十三条的规定："公安机关交通管理部门应当根据交通事故现场勘验、检查、调查情况和有关的检验、鉴定结论，及时制作交通事故认定书，作为处理交通事故的证据。交通事故认定书应当载明交通事故的基本事实、成因和当事人的责任，并送达当事人。"但是，在现实道路交通事故中，也存在因道路交通事故成因确实无法查清，公安机关交通管理部门不能作出交通事故认定书的情况。对此，《道路交通事故处理程序规定》第五十条规定："道路交通事故成因无法查清的，公安机关交通管理部门应当出具道路交通事故证明，载明道路交通事故发生的时间、地点、当事人情况及调查得到的事实，分别送达当事人。"就本案而言，峨眉山市公安局交警大队就王某兵因交通事故死亡，依据所调查的事故情况，只能依法作出《道路交通事故证明》，而无法作出《交通事故认定书》。因此，本案中《道路交通事故证明》已经是公安机关交通管理部门依据《道路交通事故处理程序规定》就事故作出的结论，也就是《工伤保险条例》第二十条第三款中规定的工伤认定决定需要的"司法机关或者有关行政主管部门的结论"。除非出现新事实或者法定理由，否则公安机关交通管理部门不会就本案涉及的交通事故作出其他结论。而本案被告在第三人申请认定工伤时已经提交了相关《道路交通事故证明》的情况下，仍然作出《中止通知》，并且一直到原告起诉之日，被告仍以工伤认定处于中止中为由，拒绝恢复对王某兵死亡是否属于工伤的认定程序。由此可见，虽然被告作出《中止通知》是工伤认定中的一种程序性行为，但该行为将导致原告的合法权益长期乃至永久得不到依法救济，直接影响了原告的合法权益，对其权利义务产生实质影响，并且原告也无法通过对相关实体性行政行为提起诉讼以获得救济。因此，被告作出《中止通知》，属于可诉行政行为，人民法院应当依法受理。

二、关于《中止通知》应否予以撤销问题

法院认为，《工伤保险条例》第二十条第三款规定："作出工伤认定决定需要以司法机关或者有关行政主管部门的结论为依据的，在司法机关或者有关行政主管部门尚未作出结论期间，作出工伤认定决定的时限中止。"如前所述，第三人在向被告就王某兵死亡申请工伤认定时已经提交了《道路交通事故证明》。也就是说，第三人申请工伤认定时，并不存在《工伤保险条例》第二十条第三款所规定的依法可以作出中止决定的情形。因此，被告依据《工伤保险条例》第二十条规定，作出《中止通知》属于适用法律、法规错误，应当予以撤销。另外，需要指出的是，在人民法院撤销被告作出的《中止通知》判决生效后，被告对涉案职工认定工伤的程序即应予以恢复。

案例来源：最高人民法院网

其二：指导案例 69 号后续处理：工伤认定、一审、二审、再审

/工伤认定/

乐中行初字第 36 号判决生效后，2013 年 12 月 6 日，乐山市人力资源和社会保障局作出《认定工伤决定书》，认定王某兵的事故伤害为工伤（亡）。

/一审/

2014 年 3 月 11 日，四川嘉宝资产管理集团有限公司峨眉山分公司向乐山市市中区人民法院提起行政诉讼，请求撤销乐山市人力资源和社会保障局作出的《认定工伤决定书》。

一审法院认为，按照人力资源和社会保障部办公厅《关于工伤保险有关规定处理意见的函》（人社厅函〔2011〕339 号）关于"'非本人主要责任'事故认定应以公安机关交通管理、交通运输、铁道等部门或司法机关，以及法律、行政法规授权组织出具的相关法律文书为依据"的规定，本案就王某兵的交通事故责任认定应以公安机关交通管理部门出具的相关法律文书为依据。

《道路交通事故处理程序规定》（公安部令第 104 号）第五十条规定："道路交通事故成因无法查清的，公安机关交通管理部门应当出具道路交通事故证明，载明道路交通事故发生的时间、地点、当事人情况及调查得到的事实，分别送达当事人。"因此，峨眉山市公安局交警大队作出的乐公交认字（2013）00035 号《道路交通事故证明》，也是公安机关交通管理部门的法律文书之一，应当作为鉴别王某兵应否承担交通事故责任的重要依据。但是，基于该《道路交通事故证明》并不能推定王某兵应承担交通事故的主要责任。

《工伤保险条例》第十九条第二款规定："职工或者其近亲属认为是工伤，用人单位不认为是工伤的，由用人单位承担举证责任。"因此，若四川嘉宝资产管理集团有限公司峨眉山分公司不认为王某兵的事故伤害构成工伤，则应由原告承担举证责任。本案中，原告既未提供王某兵应承担交通事故主要责任的相关证据，也不能举证证明王某兵的交通事故伤害属于《工伤保险条例》第十六条规定的不得认定为工伤或者视同工伤的情形之一，故应由原告承担举证不能的法律后果。

本案中，因原告不能提供相反证据，故应认可王某兵在上班途中受到非本人主要责任的交通事故伤害的事实成立，并属于应当认定为工伤的法定情形。因此，乐山市人力资源和社会保障局作出的认定工伤决定并无不当。

一审判决驳回四川嘉宝资产管理集团有限公司峨眉山分公司要求撤销乐山市人力资源和社会保障局作出的认定工伤决定的诉讼请求。

/二审/

四川嘉宝资产管理集团有限公司峨眉山分公司不服乐山市市中区人民法院行政判决，向四川省乐山市中级人民法院提起上诉。

该公司上诉称，被上诉人乐山市人力资源和社会保障局认定工伤的基础是峨眉山市公安局交警大队作出的乐公交认字（2013）00035 号《道路交通事故证明》，但该事

故证明书并未对事故责任进行划分,并且明确记载无法查明原因;被上诉人在没有其他任何证据予以佐证的情况下,仅凭无法查清原因的《道路交通事故证明》就作出符合《工伤保险条例》第十四条第(六)项关于工伤认定条件的《认定工伤决定书》,其具体行政行为明显缺乏事实基础,行政行为的合法性不应得到支持。

二审法院另查明,峨眉山市公安局交警大队作出的乐公交认字(2013)00035号《道路交通事故证明》载明的交通事故基本事实为:2013年3月18日,驾驶人王某兵驾驶无牌"卡迪王"二轮摩托车由峨眉山市大转盘至小转盘方向行驶,凌晨1时20分许行至S306线29.3 km处车辆驶入道路右侧,与隔离带边缘相擦剐,翻覆于隔离带内,造成车辆受损、王某兵当场死亡的交通事故。王某兵无二轮摩托车驾驶证,事发时未戴安全头盔。二轮摩托车经检验前照灯撞击损毁,转向符合规定,前、后轮制动性能良好、工作正常。车辆前后左右无其他车辆撞击痕迹。摩托车前轮右侧边缘有明显和隔离带边缘摩擦痕迹。

二审法院认为,依据《中华人民共和国道路交通安全法》第八条"国家对机动车实行登记制度。机动车经公安机关交通管理部门登记后,方可上道路行驶。尚未登记的机动车,需要临时上道路行驶的,应当取得临时通行牌证"、第十九条第一款"驾驶机动车,应当依法取得机动车驾驶证"、第五十一条"机动车行驶时,驾驶人、乘坐人员应当按规定使用安全带,摩托车驾驶人及乘坐人员应当按规定戴安全头盔"的规定,未经公安机关登记的机动车,不能上道路行驶;驾驶机动车,应当依法取得机动车驾驶证并戴好安全头盔。峨眉山市公安局交警大队作出的乐公交认字(2013)00035号《道路交通事故证明》载明:原审第三人之子驾驶的摩托车属于未经依法登记的无牌摩托车,也未依法取得摩托车驾驶证和戴安全头盔。原审第三人之子王某兵上述行为,违反了《中华人民共和国道路交通安全法》的规定,其违法行为与发生此次交通事故之间存在因果关系。

2014年9月1日起施行的《最高人民法院关于审理工伤保险行政案件若干问题的规定》第一条规定:"人民法院审理工伤认定行政案件,在认定是否存在《工伤保险条例》第十四条第(六)项'本人主要责任'、第十六条第(二)项'醉酒或者吸毒'和第十六条第(三)项'自残或者自杀'等情形时,应当以有权机构出具的事故责任认定书、结论性意见和人民法院生效裁判等法律文书为依据,但有相反证据足以推翻事故责任认定书和结论性意见的除外。前述法律文书不存在或者内容不明确,社会保险行政部门就前款事实作出认定的,人民法院应当结合其提供的相关证据依法进行审查。"本案中,峨眉山市公安局交警大队并未作出《交通事故认定书》确认原审第三人之子王某兵在此次事故中不承担主要责任。而峨眉山市公安局交警大队作出的乐公交认字(2013)00035号《道路交通事故证明》认定的基本事实,载明了事故发生的时间、地点、摩托车性能,同时排除其他车辆的撞击情况,其事故的发生系单车事故。由于原审第三人之子王某兵的违法行为和自身驾驶未尽到安全义务的原因,应对此次交通事故承担主要责任。

被上诉人乐山市人力资源和社会保障局以峨眉山市公安局交警大队作出的乐公交认字（2013）00035号《道路交通事故证明》为依据，认定原审第三人之子王某兵在此次交通事故中不承担主要责任，适用《工伤保险条例》第十四条第一款（六）项规定，作出的《认定工伤决定书》，缺乏具体的事实依据，其主要证据不足。

原审判决认定事实清楚，符合法定程序，但在二审中新的司法解释《最高人民法院关于审理工伤保险行政案件若干问题的规定》开始施行，故一审适用法规不当。判决：撤销乐山市市中区人民法院行政判决、撤销乐山市人力资源和社会保障局作出的《认定工伤决定书》。

/再审/

王某德不服四川省乐山市中级人民法院行政判决，向四川省高级人民法院申请再审。

再审法院认为，峨眉山市公安局交警大队在乐公交认字（2013）00035号《道路交通事故证明》中明确，该队对王某兵驾驶的摩托车翻覆的具体原因事实无法查实，但查明王某兵未依法取得摩托车驾驶证，事发时未戴安全头盔，驾驶的是无牌摩托车。因此，二审法院认为王某兵的上述行为，违反了《中华人民共和国道路交通安全法》的相关规定，其违法行为与交通事故之间存在因果关系，并无不当。

峨眉山市公安局交警大队在乐公交认字（2013）00035号《道路交通事故证明》中载明了事故发生的时间、地点、摩托车性能，同时排除其他车辆的撞击情况，该次事故的发生系单车事故。二审法院认为因王某兵的违法行为和自身驾驶未尽到安全义务，应对此次交通事故承担主要责任，亦无不当。

乐山市人力资源和社会保障局以峨眉山市公安局交警大队作出的乐公交认字（2013）00035号《道路交通事故证明》为依据，认定王某兵为工伤（亡），主要证据不足。二审法院撤销一审判决及认定工伤决定，认定事实清楚。王某德要求撤销二审判决的理由不成立。

裁定驳回王某德的再审申请。

有权机关未作出交通事故责任认定时，人力资源社会保障部门可以根据其收集的证据、调查核实的情况对交通事故的责任作出认定，并结合其他相关事实作出工伤认定决定

/案情/

刘某是某铜业有限公司员工，2014年4月，刘某在上班途中发生交通事故死亡。铜业有限公司、刘某家属申请认定工伤。

经当地人力资源社会保障部门调查核实，2014年4月2日晚22时许，刘某因到单位上班，驾驶二轮摩托车到公司途中遭受道路交通意外事故死亡。2014年4月30日县公安局交警大队出具道路交通事故证明："当事人刘某驾驶二轮摩托车往单位行驶时，与道路右侧行道树发生碰撞，造成刘某当场死亡及车辆受损的交通事故。"交警部门调查取证并未发现第三方因素参与本次事故，也没有其他证据证明第三方因素

参与。

当地人力资源社会保障部门认定决定：刘某受到的交通事故意外伤害，不符合认定条件，不予认定为工伤。

刘某家属不服当地人力资源社会保障部门作出的认定决定，向一审人民法院提起行政诉讼。一审人民法院判决驳回家属的诉讼请求。一审法院认为，虽然对本次交通事故交警部门仅出具了道路交通事故证明，并未作出事故责任认定，但本次交通事故责任并非不能作出认定。当地人力资源社会保障部门按照《工伤保险条例》第十九条规定：社会保险行政部门在工伤认定程序中具有调查核实权。虽然《关于工伤保险有关规定处理意见的函》（人社厅函〔2011〕339号）及《人力资源社会保障部关于执行〈工伤保险条例〉若干问题的意见》（人社部发〔2013〕34号）中均要求对《工伤保险条例》第十四条第（六）项规定的"非本人主要责任"的认定以司法等有权机关出具的法律文书为依据，但其并未限制在没有上述法律文书的前提下社会保险行政部门的认定权。《最高人民法院关于审理工伤保险行政案件若干问题的规定》（法释〔2014〕9号）第一条第二款同样明确了在上述法律文书不存在或不明确的前提下，社会保险行政部门可以根据事实进行相关认定，法院也应当就其作出的认定进行审查。交警部门经调查取证并未发现第三方因素参与本次事故，也没有其他证据证明第三方因素参与，结合刘某夜间驾驶摩托车撞到行道树这一事实，认定刘某承担本次交通事故的全部责任的证据成立。其死亡情形不符合《工伤保险条例》第十四条第（六）项规定，不应认定为工伤。

刘某家属不服一审判决，向二审人民法院上诉，二审法院认为，人力资源社会保障部门在经调查无其他相反证据的前提下，根据县公安局交警大队出具的道路交通事故证明等证据材料，以道路交通管理部门对道路事故未作出责任划分为由，作出对刘某所受伤害不予认定为工伤的决定并无不当。判决驳回上诉，维持原判。

/评析/

此类案件的争议焦点在于当有权机关未对道路交通事故作出责任划分时，人力资源社会保障部门如何依法作出工伤认定决定。职工家属方认为：一是刘某在上班途中发生交通事故，由于无法查清交通事故成因，公安局交警大队依法作出了《道路交通事故证明》，该份证明未作责任认定，因此公安机关并未认定刘某承担本次事故的主要责任或全部责任。《工伤保险条例》第十四条第（六）项规定仅排除了在道路交通事故中负主要责任和全部责任的受伤人可以享受工伤待遇的情形，并未限制在无法认定责任情形下主张享受工伤保险待遇的权利，未认定责任的情形未排除在第十四条第（六）项规定之外。二是有权机关未进行交通事故责任认定时，人力资源社会保障部门作出工伤认定决定是不合法的。

当地人力资源社会保障部门认为，根据《人力资源社会保障部关于执行工伤保险条例若干问题的意见》（人社部发〔2013〕34号）第二条"《条例》第十四条第（六）项规定的'非本人主要责任'的认定，应当以有关机关出具的法律文书或者人民法院的生效裁决为依据"的规定，工伤认定申请人应该向人力资源社会保障部门提供有关机关出具的法律文书或者应该提交人民法院的生效裁决，应当知道无道路交通管理部门责任划分的有效证明，将会自行承担不利后果。

按照《工伤保险条例》第十九条规定：社会保险行政部门在工伤认定程序中具有调查核实权。因此人力资源社会保障部门调查核实此次道路交通事故是一起单车交通事故，刘某驾驶的摩托车与道路右侧行道树发生碰撞。行道树是静止不动的物体，刘某驾驶的车辆是运动的，是人可控制的。事故中，公安交通管理部门证明未发现第三方因素参与本次事故，也没有其他证据证明第三方因素参与。人力资源社会保障部门根据调查收集的现有证据判断，刘某自身的过错是发生此次事故的全部原因，其应对本次事故负全部责任。

因此，本案中，在没有有权机关作出事故认定时，人力资源社会保障部门可以根据其收集的证据、调查核实的情况对交通事故的责任作出认定，并结合其他相关事实作出工伤认定决定。

案例来源：中国医疗保险（微信公众号）

案例编写人：徐华蕾

交通事故工伤中"非本人主要责任"的证明

/裁判要旨/

上下班途中交通事故工伤构成要件要求"非本人主要责任"。该证明责任的基本承担主体是劳动者。在劳动者不能证明交通事故系"非本人主要责任"所致，公安机关交通管理部门及其他相关部门均无法证明系"非本人主要责任"所致时，劳动者应当承担不利后果，所受伤害不能认定为工伤。行政确认行政行为与行政处罚行政行为中行政主体的举证责任是不同的，行政确认行政行为作为依申请而发生的行政行为，并非行政主体行使公权力强行介入而对相对人发生不利后果的行为，不能要求行政主体对全部事实承担举证责任。

/案情/

2013年8月7日，原告陈某某与第三人福建富达矿建工程有限公司签订劳动合同书，第三人聘请原告为矿井抽水工，合同期限自2013年8月6日至2014年8月5日。2013年8月22日早上，原告驾驶二轮摩托车上班（早6时至晚18时），5时15分左右，从上杭县湖洋镇寨背村往紫金山方向行驶，途经上杭县湖洋镇碧田村石壁坑路口路段时，摔倒致右手受伤。伤后被送上杭县医院住院治疗，诊断为：右肱骨远端骨折，右肘部挫擦裂伤。2014年1月13日，上杭县公安局交通管理大队出具《道路交通事故证明》，该证明载明："原告驾驶摩托车途经事故路段操作不当，导致所驾车翻车，造成其受伤的交通事故，事发后，其未及时报警，后书面向我队报案。此事故属事后报案，无事故现场，有关证据遗失，致事故成因无法查清。"2013年12月18日，原告陈某某向被告福建省龙岩市人力资源和社会保障局申请工伤认定，于2014年1月13日补齐材料。被告受理后，向第三人发出举证通知书。2014年3月11日，被告福建省龙岩市人力资源和社会保障局作出龙人社伤认字（2014）83—27号《不予认定工伤决定书》。原告不服，提起行政诉讼。

原告陈某某诉称，其在骑摩托车上早班路上因路面极不平整，加上天尚未大亮，视线不良，不慎摔倒受伤。原告受伤时认为，事故是自己不慎摔伤，无须当场报警处理。原告认为其是在上班途中受伤，本起交通事故系单方事故、意外事故，无须认定事故责任，但仍应确定为机动车交通事故。原告受伤完全符合《工伤保险条例》第十四条第（六）项的规定，应认定为工伤。请求撤销被告作出的龙人社伤认字（2014）83—27号《不予认定工伤决定书》，责令被告重新作出工伤认定。

被告福建省龙岩市人力资源和社会保障局辩称，其受理原告提出的工伤认定申请后，对参与救助的林某某等作了调查笔录，对原告是否属于工伤进行了调查核实。根据《福建省实施〈工伤保险条例〉办法》第十六条、人力资源和社会保障部办公厅《关于工伤保险有关规定处理意见的函》（人社厅函〔2011〕339号）第三条之规定，原告应提交公安交通管理部门出具的事故责任认定书或者相关部门出具的有效证明，由于原告提供的上杭县公安局交管大队出具的《道路交通事故证明》，未对事故责任作出认定，无法证明原告在交通事故中承担非本人主要责任，而被告并不具备对交通事故责任作出认定的行政职能，因此原告受伤不符合《工伤保险条例》第十四条（六）项中应当认定为工伤的情形。请求法院依法维持被诉不予认定工伤决定。

第三人同意不予认定工伤决定，未提供证据。

/裁判/

福建省龙岩市新罗区人民法院一审认为，《工伤保险条例》第十四条规定："职工有下列情形之一的，应当认定为工伤：……（六）在上下班途中，受到非本人主要责任的交通事故或者城市轨道交通、客运轮渡、火车事故伤害的……"本案争议的主要焦点是：原告是否受到非本人主要责任的交通事故伤害。上下班途中，是指合理的上下班时间和合理的上下班路线。本案中，2013年8月22日，原告驾驶摩托车从家到第三人处上日班，因操作不当，导致所驾车翻车，造成其受伤的交通事故，属于在上班途中受到交通事故伤害的情形。《福建省实施〈工伤保险条例〉办法》第十六条规定："工伤认定过程中，申请人主张发生下列工伤或视同工伤情形的，应提交相应的证明材料：……（三）在上下班途中，受到非本人主要责任的交通事故或者城市轨道交通、客运轮渡、火车事故伤害的，应提交公安交通管理部门出具的事故责任认定书或者相关部门出具的有效证明……"人力资源和社会保障部办公厅《关于工伤保险有关规定处理意见的函》（人社厅函〔2011〕339号）第三条规定："'非本人主要责任'事故认定应以公安机关交通管理、交通运输、铁道等部门或司法机关，以及法律、行政法规授权组织出具的相关法律文书为依据。"由于原告所提供的上杭县公安局交管大队出具的《道路交通事故证明》，未对事故责任作出认定，无法证明原告在交通事故中承担非本人主要责任，故不符合认定为工伤的条件。原告因举证不能，应承担相应的法律后果。被告作出被诉《不予认定工伤决定书》事实清楚，证据充分，适用法律正确，程序合法，依法应予维持。

陈某某不服，向福建省龙岩市中级人民法院提起上诉。陈某某上诉称：原审判决在本案属于《工伤保险条例》第十九条第二款"职工或者近亲属认为是工伤，用人单位不认为是工伤的，由用人单位承担举证责任"之情形下，把举证不能的责任判给上诉人，明显违法。在本案中，第三人明确不同意上诉人申请工伤，同时又不举证，此时本案举证责任理应由第三人承担。根据本案相关事实以及上杭县公安交警大队出具的《道路交通事故证明》，上诉人的受伤理应推定为"非本人主要责任"交通事故形成的。当天事发时下着雨，道路本身破烂。在此基础上，上诉人在此次交通事故中并没有较大过错，因此不会有"本人全部或者主要责任"。另外，在上杭县交警大队证明中，虽然载明事故成因无法查清，但不能据此证明上诉人在本案交通事故中负"本人全部或者主要责任"，相关法律文书没有明确载明对当事人不利规定的，该当事人就不应承担相关不利后果。本案上杭县交警大队对上诉人在此次交通事故中的责任无法认定，就不应让上诉人承担此次交通事故不利于自己的全部或者主要责任。

被上诉人福建省龙岩市人力资源和社会保障局坚持一审答辩意见。

二审诉讼中，上诉人提供了以下证据：①上杭县气象局2014年8月5日出具的《晴雨天气证明》一份，证明2013年8月22日早上全县普降暴雨，天气恶劣，上诉人的交通事故是无法避免的意外事故；②事发路段上杭县湖洋镇碧田村2014年8月6日出具的《道路情况证明》一份，证明事发路段路况，该路面极不平整、破烂。被上诉人福建省龙岩市人力资源和社会保障局质证认为，对上述证据的真实性没有异议，但与本案没有关联性，且《道路交通事故证明》已经证明陈某某发生交通事故是由于操作不当造成的。原审第三人福建富达矿建工程有限公司质证认为，对证据①的真实性无异议，但与本案无关；对证据②的合法性有异议，村委会无权证明交通事故发生的原因。二审法院经审查认为，上述证据所反映的天气、路况不能够证明与本案交通事故的发生有必然的因果关系，无法证明本案交通事故系不可避免的意外事故，故不予采信。

福建省龙岩市中级人民法院二审认为，根据《工伤保险条例》第十四条第一款第（六）项及《福建省实施〈工伤保险条例〉办法》第十六条规定，申请人在申请认定工伤时，应当提交公安交通管理部门或其他相关部门出具的事故责任认定证明。本案中，上杭县公安局交警大队作出的杭公交认字（2014）第00001号《道路交通事故证明》证实公安交通管理部门系事后接到报案，无事故现场，有关证据遗失，致使公安机关无法查清该事故的成因。由于上诉人未及时报案，导致公安交通管理部门无法查清事故原因并作出责任认定，现上诉人未能提交事故责任认定证明，未完成初步举证之责任，应当承担不利的法律后果，其受伤不符合《工伤保险条例》第十四条第一款第（六）项和《福建省实施〈工伤保险条例〉办法》第十六条的规定。被上诉人据此作出不予认定工伤的决定事实清楚，适用法律法规正确，程序合法。一审判决正确合法，应予支持。上诉人的上诉请求证据不足，理由不能成立，二审法院不予支持。

陈某某不服，向福建省高级人民法院申请再审。陈某某申请再审认为，本案系因自然灾害台风造成的意外事故，而非责任事故，事故责任认定书记载有误，原审法院举证责任分配亦有误。请求依法撤销龙岩市人力资源和社会保障局所作出的龙人社伤认字（2014）83-27号《不予认定工伤决定书》。

福建省高级人民法院经审查认为，根据《工伤保险条例》第十四条第一款第（六）项之规定，在上下班途中，受到非本人主要责任的交通事故或者城市轨道交通、客运轮渡，火车事故伤害的，应认定为工伤。但本案中陈某某并未提供证据证明其于2013年8月22日凌晨5时骑车摔伤的事故系非本人主要责任所致。另，上杭县公安局交警大队作出的杭公交认字（2014）第00001号《道路交通事故证明》证实公安交通管理部门系事后接到报案，无事故现场，有关证据遗失，致使公安机关无法查清该事故的成因。故，陈某某应对"是否系非本人主要责任"承担举证不能的法律后果。原审据此判决维持龙岩市人力资源和社会保障局于2014年3月11日作出的龙人社伤认字（2014）83-27号《不予认定工伤决定书》并无不当。陈某某主张本案系因自然灾害台风造成的意外事故而非责任事故、事故责任认定书记载"晴天"是否有误等均不属本案的审查范围；陈某某主张原审法院举证责任分配有误亦缺乏法律依据，不能成立。原审判决认定事实清楚、适用法律正确、程序合法。陈某某的再审申请不符合《中华人民共和国行政诉讼法》第九十一条规定的再审条件。据此，依照《最高人民法院关于执行〈中华人民共和国行政诉讼法〉若干问题的解释》第七十四条的规定，裁定：驳回陈某某的再审申请。

/评析/

一、关于《工伤保险条例》第十九条第二款"职工或者近亲属认为是工伤，用人单位不认为是工伤的，由用人单位承担举证责任"规定之理解

本案中，原告对一、二审判决的主要意见是，根据《工伤保险条例》第十九条第二款之规定，"职工或者近亲属认为是工伤，用人单位不认为是工伤的，由用人单位承担举证责任"。而一、二审法院及再审法院均未同意这一观点。

在现实中，确实有基于文义解释对该条款作简单理解的：职工或者其近亲属只需提出所受伤害属于工伤，可以不提供证据支持，如果用人单位不能举证反对，那么就应当承担不利后果即应予认定为工伤。客观地说，笔者认为《工伤保险条例》第十九条第二款规定是不妥当的，容易造成对用人单位举证责任的误解。

第一，这一观点实际上要求否定诉求者提供证据，违背了"谁主张、谁举证"的基本举证原理。用人单位否定工伤，可以从两个方面否定，一是否定其与劳动者之间存在劳动关系；二是否定伤害的发生原因等伤害的具体事实。在没有肯定性事实证据存在时，仅仅因为用人单位无法提供否认的充分证据就要由用人单位承担不利后果，将背离基本的公平正义。因为甲即便真的与乙公司毫无关联，但要让乙公司证明甲不是其员工，是根本无法做到的；在甲确系乙公司员工的背景下，在非乙公司控制范围如上下班途中，让乙公司直接证明在甲身上发生了什么，通常也是不可能的，除非有

不间断的视频记录。即便在劳动争议案件中，也是以"谁主张、谁举证"为原则，举证倒置仅适用于特定情形，如是否发放了工资，只有证据系由用人单位掌握或者应当由用人单位掌握的，才应由用人单位承担举证责任。

第二，从《工伤保险条例》的整体规定来看，即基于体系解释，职工一方应当承担基本的举证责任。《工伤保险条例》第十八条规定，提出工伤认定申请应当提交工伤认定申请表等材料，应当包括事故发生的时间、地点、原因以及职工伤害程度等基本情况。职工方提供这些材料及其内容，需要提供相应的证据支持。

在工伤事实的证明中，职工作为权利主体有首要义务举证证明工伤事实的存在，但基于工伤对劳动者及其家庭、社会的影响，其他相关主体亦负有证明义务，如工会。职工一方对工伤事实的证明程度达到了可信赖的程度，如果用人单位还否认工伤的成立，那么用人单位就应当承担反对的举证责任，如果用人单位举证不能，那么可以根据职工的举证进行事实认定。

第三，工伤保险涉及用人单位、劳动者、社保机构多方关系，其中，用人单位与劳动者之间的劳动关系是基础。工伤的成立对劳动者意味着权利，对用人单位则意味着义务，用人单位与劳动者之间的工伤权利义务属于劳动关系即劳动权利义务关系的重要内容。在工伤事实的确认上，虽然立法给劳动者提供了更多的保护，例如工会的介入、社会保险行政部门的调查职责，但是并没有完全推翻劳动权利义务关系中的举证原则，在注重保护劳动者权益的同时，不能忽视用人单位的法定权利，亦不能无视用人单位正当的利益诉求。

二、上下班途中交通事故工伤构成要件要求"非本人主要责任"应由谁承担举证责任

在上下班途中交通事故工伤类型中，是否系"非本人主要责任"关系工伤成立与否，具有重要意义，由谁承担"非本人主要责任"的证明责任因而具有关键意义。本案中，三级法院认为该证明义务应主要由职工一方承担，是符合证据法原理及法治要求的。

除此之外，还有两种意见。一种意见认为应由用人单位承担。该观点认为，用人单位应当对交通事故中受伤职工的责任大小问题承担倒置的举证责任，是否存在非本人主要责任，应由否定方提供证据予以证明，否则应当直接推定为非本人主要责任，故对于非本人主要责任的举证责任并不在受伤职工，而在用人单位。如前所述，由否定方提供证据，不仅缺乏法律依据，违背举证原则，亦没有基本理论可以支撑。

另一种意见认为，此证明责任应由社会保险行政部门承担。例如，有意见认为，社会保险行政部门并未能提供证据证明受伤害职工负交通事故的主要责任，其以受伤害职工不能提供相应证据为由而作出不予工伤认定决定，实际上等同于推定受伤害职工在交通事故中承担主要责任或者全部责任，此种推定并没有事实依据。因此社会保险行政作出不予工伤认定决定属认定事实不清、证据不足。为什么工伤认定的申请人不能提供证据证明其申请符合法律要求的"非本人主要责任"，社会保险行政部门拒

绝认定工伤就等于推定申请人承担主要责任或者全部责任呢？这样的法律、法理依据在哪里？基于这种逻辑，如果受伤害职工证明不了其属于特定用人单位的职工（劳动关系的存在），社会保险行政部门拒绝认定工伤岂不就等于推定受伤害职工不是该单位的职工，那么这样的推定也同样是没有法律依据的；更进一步来说，如果劳动者证明不了伤害的存在，社会保险行政部门拒绝认定工伤不也就等于推定伤害不存在吗？显然，证明不了"非本人主要责任"、劳动关系存在以及伤害的存在，并不等于就是主要责任或全部责任，不等于劳动关系一定不存在，也不等于伤害一定没有发生，这样的逻辑推论违背基本的常识，亦没有理论可以支持。

认为应由社会保险行政部门对交通事故伤害中"非本人主要责任"承担举证责任，可能基于两种考虑。一是，该举证责任首先要有用人单位承担，在用人单位未举证时，转由社会保险行政部门承担。这种举证责任的转移是没有法律和法理依据的。

二是，认为行政主体应对具体行政行为的合法性承担全部举证责任，包括事实的确实和充分、程序的合法与正、法律适用的准确。这种观点是有一定法律依据的。《中华人民共和国行政诉讼法》（2014年修订）第三十四条规定："被告对作出的行政行为负有举证责任，应当提供作出该行政行为的证据和所依据的规范性文件。"《最高人民法院关于行政诉讼证据若干问题的规定》第一条规定："被告对作出的具体行政行为负有举证责任。"例如，在治安管理行政处罚、工商行政管理处罚、劳动监察行政处罚中，作为处罚对象的行政相对人完全不需要承担举证责任，其只需要说一句"我没有违法"就可以了，剩下的，从行为主体的适格，到违法行为事实的存在，主观过错等等，均需要行政主体举证；如果行政主体举证不能，就应当承担败诉后果。要求社会保险行政部门对交通事故伤害中受伤害职工"非本人主要责任"举证，可以从这一举证理论中找到根源。

但这是错误的，即将行政处罚等传统高权行政行为举证理论适用于现代福利行政，而完全没有意识到两类行政行为存在根本的区别。行政处罚等传统高权行政行为是通过国家权力严重限制公民的人身和财产的行为，是常见的侵益行政行为。任何人均无需"自证其罪"，如果行政主体不能证实违法行为的存在，自然不能实施行政处罚和行政强制等处理措施。而在现代行政法中，行政行为的多样性决定了如果仍然适用传统高权行为下的举证责任，就会发生匪夷所思的后果。比如，对于行政契约，依法行政原则亦非不能与契约自由原则相互调合。如果将体现一定契约自由、属于双务契约的行政契约争议，完全由行政主体承担举证责任，这就背离了契约争议的常识。

工伤认定实际属于社会给付的一种。行政法领域将之称之为行政给付。行政给付是授益性、非强制性行政行为，在符合条件的情况下，获得行政给付是行政相对人的一项宪法性权利。当由否定诉求者承担举证责任时，因为根本无法否定因此只能接受诉求。那么，在工伤认定中，如果劳动者不提供属于工伤的证据，那么几乎所有的意外伤害都可能被认定为工伤。即便第三人负全责，受伤害职工仍然可以与侵害方达成协议，不让公安交通管理部门出具责任认定书；如果第一时间报案能够划定责任，那么就 10 个月后去公安交通管理部门报案从而获得一个"无法划分责任"的证明，并由此让社会保险行政部门承担举证不能的后果。任何不符合享受养老金待遇的人，都可以要求社保机构支付养老金，而如果社保机构无法证明申请人不符合享受养老金的条件，社保机构当然无法充分证明这一点——即便社保机构拿出了所有缴费记录，也无法证明自己没有隐藏或遗失申请人的缴费记录，那么就都要发放养老金。那么整个秩序不全乱套了？

包括工伤认定，社会保障给付是依申请的行政行为，只有在相对人符合法定条件时才能给付。申请人必须对其符合申请资格、待遇享受条件承担基本的举证责任，行政主体基于其行政职责，可以对申请人主张的事实进行调查核实，亦即承担辅助举证责任。如果申请人不能证明其主张事实存在，行政主体调查后亦不能证明申请人主张事实存在，就必须拒绝申请人的主张。在该行政行为中，举证不能的后果应由申请人而非行政主体承担；行政主体应调查核实而不调查核实，实际上承担的是行政不作为的责任，行政主体存在不作为责任，并不能导致申请人举证不能时其诉求亦能成立。

案例来源：《人民司法·案例》

案例编写人：向春华

七、第十四条第（七）项详解　法律、行政法规规定应当认定为工伤的其他情形

这是对应当认定为工伤的情形的一项兜底性规定。《工伤保险条例》第十四条对应当认定为工伤的情形逐一进行了列举，但是现实生活是丰富多彩的，职业伤害的情形是复杂多样的，随着社会和人类生产活动的发展，会出现新的应当认定为工伤的情形，而对于未来要出现的情形不可能在《工伤保险条例》中规范穷尽。为了使工伤范围的规定更科学、更合理，使那些随着时间的推移应该纳入工伤的情形能够纳入，同时也为了与其他法律规定相衔接，《工伤保险条例》规定了"法律、行政法规规定应当认定为工伤的其他情形"。

这里"法律、行政法规规定应当认定为工伤的其他情形"主要是指《工伤保险条例》出台后，由全国人大及其常委会制定并颁布实施的法律，以及国务院制定并颁布实施的行政法规规定应当认定为工伤的其他情形。这些情形也应该按照《工伤保险条例》的规定，进行工伤认定、劳动能力鉴定以及享受工伤保险待遇。

第四节 视同工伤的情形

为了鼓励职工爱岗敬业、勇于担当，弘扬正能量，倡导社会主义道德风尚，《工伤保险条例》第十五条规定了视同工伤的三种情形：

（一）在工作时间和工作岗位，突发疾病死亡或者在 48 小时之内经抢救无效死亡的；

（二）在抢险救灾等维护国家利益、公共利益活动中受到伤害的；

（三）职工原在军队服役，因战、因公负伤致残，已取得革命伤残军人证，到用人单位后旧伤复发的。

这三种情形都与本单位工作没有直接的关系，不具有职业伤害的本质属性，但是国家将其纳入工伤保障范围，以鼓励、肯定职工维护国家利益、公共利益的行为。

一、第十五条第（一）项详解　职工在工作时间和工作岗位，突发疾病死亡或者在 48 小时之内经抢救无效死亡的

（一）"突发疾病"视同工伤的立法沿革

我国突发疾病视同工伤政策经历了多次调整，其历史演变过程大致经历三个阶段：

1. 第一阶段，工作时间因病死亡不算工亡。大致为 1951 年至 1963 年期间，以《中华人民共和国劳动保险条例》和全国总工会劳动保险部《关于劳动保险问题解答》为标志。在这一阶段，对因工死亡与因病死亡有着严格的区分，因病致残或者死亡"不算因工"，"应算因病"。

（1）1951 年 2 月 26 日原政务院颁布的《中华人民共和国劳动保险条例》，1953 年 1 月 26 日原劳动部公布的《劳动保险实施条例修正草案》，分别对"工人职员在何种情况下负伤、残废或死亡时，应享受因工负伤、残废或死亡的待遇"以及相关待遇标准进行了规定，但是没有对因病致残或者死亡认定工伤或者比照（视同）工伤作出任何例外规定。

（2）1964 年 4 月，全国总工会劳动保险部《关于劳动保险问题解答》采用问答式对工伤和非工伤的界限进行了解答，其中就疾病问题进行了专门列举。如"工厂企业内的绘图员、会计员等成天在桌子上办公，不可能像工人那样容易因工负伤，但因工作紧张，天长日久，得了肺结核等病算不算工伤""某职工患有高血压症，在工作中突然因脑溢血死亡算因工死亡还是疾病死亡""在工作时间生急性病（如霍乱、盲肠

炎等)死亡是否算因工"全国总工会劳动保障部的答复均为"不算因工","应算因病"。

2. 第二阶段,对与工作有关联的几类特殊情况下的因病死亡可比照工亡(伤)处理。大致为1965年至2003年期间,以1965年全国总工会《关于职工在工作时间工作地点突然发病死亡待遇如何处理问题的复函》为发端,以1996年《企业职工工伤保险试行办法》颁布实施为标志。在这一阶段,对职工在正常工作中患病死亡按因病非因工处理,但对与工作有关联的几类特殊情况,如加班加点、带病工作、执行任务、因工作而延误抢救治疗等突发疾病死亡的,可比照工亡处理。

(1) 1965年12月14日,全国总工会《关于职工在工作时间工作地点突然发病死亡待遇如何处理问题的复函》〔(65)险字第760号〕规定:"职工在正常的工作中,确因患病而造成死亡的,原则上应按非因工死亡处理。但是对于个别特殊情况,例如由于加班加点突击任务(包括开会)而突然发生急病死亡,或正在执行任务中,突然发病但没有条件离开工作岗位去进行治疗(如火车、轮船司机等,发病不能进行抢救治疗)而造成死亡,或者患病后经医师令其休息治疗,但本人为了工作坚持上班,而突然病变造成死亡,以及其他类似上述特殊情况,经职工群众讨论,党委同意,可以当作个别特殊问题,予以照顾,比照因工死亡待遇处理。"

(2) 1982年12月7日,全国总工会《关于执行(65)险字第760号文的复函》〔(82)活字第193号〕对此又明确规定:"职工在正常工作中患病死亡的,应按非因工死亡处理。对于特殊情况给予照顾的必须有以下几个前提:①由于工作确实需要而领导安排连续加班加点突击任务,突然发病造成死亡的;②在执行任务中突然发病,没有条件离开工作岗位(如火车司机、轮船司机等)去抢救治疗而死亡的;③职工患病并有医生证明需要休息,而由于非本人参加不能完成某项紧急任务,领导安排其带病坚持工作,突然发生病变死亡的。上述情况,经职工群众讨论,党委同意,可以作为特殊情况,比照因工死亡待遇处理。"

(3) 1996年8月12日,原劳动部颁布《企业职工工伤保险试行办法》(劳部发〔1996〕266号),这是我国全面实施工伤保险制度的标志。试行办法适当吸取上述政策,并进行类型化处理,在第八条第(四)项规定,"在生产工作的时间和区域内,由于不安全因素造成意外伤害的,或者由于工作紧张突发疾病造成死亡或经第一次抢救治疗后全部丧失劳动能力的";第(八)项规定,"因公外出期间,由于工作原因,遭受交通事故或其他意外事故造成伤害或者失踪的,或因突发疾病造成死亡或者经第一次抢救治疗后全部丧失劳动能力的",应当认定为工伤。至此,由于工作原因导致的因病死亡由当初的个别特殊照顾政策正式列入部颁规章的认定范围。

3. 第三阶段,在工作时间和工作岗位,突发疾病死亡或者在48小时之内经抢救无效死亡视同工伤。时间为2004年至今,以新老《工伤保险条例》实施为标志。职工在工作时间和工作岗位,突发疾病死亡均可视同工亡,不再要求与工作具有关联性,但增加了死亡结果在48小时之内的限制条款。

（1）2003年4月27日《工伤保险条例》（国务院第375号令）第十五条第（一）项规定："在工作时间和工作岗位，突发疾病死亡或者在48小时之内经抢救无效死亡的，视同工伤。"

（2）原劳动和社会保障部《关于实施〈工伤保险条例〉若干问题的意见》（劳社部函〔2004〕256号）第三条规定："条例第十五条规定'职工在工作时间和工作岗位，突发疾病死亡或者在48小时之内经抢救无效死亡的，视同工伤'。这里'突发疾病'包括各类疾病。'48小时'的起算时间，以医疗机构的初次诊断时间作为突发疾病的起算时间。"

（3）2010年12月20日国务院第586号令对《工伤保险条例》进行修订，继续沿用在工作时间和工作岗位突发疾病死亡或者在48小时之内经抢救无效死亡的视同工伤的规定。

《工伤保险条例》将工作时间和工作岗位，突发疾病死亡或者在48小时之内经抢救无效死亡视同工伤，是考虑到职工在工作时间和工作岗位突发疾病可能与工作劳累、工作紧张等因素有关，为了更好地保障职工的权益，也纳入工伤保险予以保障。之所以增加"48小时"的规定限制，主要是考虑了重症疾病的有效抢救时间一般在48小时以内。这样的规定，既保障了在工作时间、工作岗位突发重症疾病死亡职工的权益，另一方面也防止将突发疾病无限制地扩大到工伤保险范围内，加重用人单位和工伤基金的负担，有利于平衡各方利益。

"突发疾病视同工伤"，实质上是对"工伤"概念的突破，是将工伤保险的保障范围由工作原因造成的伤害，扩大到了在工作时间、工作岗位突发疾病的情形。这一条款充分体现了"以人民为中心"的立法精神，扩大了工伤保险的保障范围，体现了我国工伤保险制度的优越性，增强了制度的吸引力。

（二）概念释义

1. 关于"工作时间"。

这里的"工作时间"，是指法律规定的或者单位要求职工工作的时间，包括加班加点时间。

2. 关于"工作岗位"。

这里的"工作岗位"，是指职工日常所在的工作岗位和本单位领导指派所从事工作的岗位。例如，清洁工人负责的清洁区域范围即属于该工人的工作岗位。工作时间和工作岗位的界定以法律规定及用人单位的管理规定为准。

怎样理解工作岗位？

《工伤保险条例》第十四条第（一）、（二）、（三）项规定的"在工作场所内"和第十五条第（一）项规定的"在工作岗位"，在空间条件的表述上有所不同，所表示的概念内涵也应当有所不同。至于什么是"工作岗位",虽然在立法上并无明确技术表述,但一般理解,"工作岗位"涵盖范围应当要小于"工作场所"。例如原四川省劳动厅《〈关于划分因工与非因工伤亡界限的暂行规定〉若干问题的解释》就有如下解释:"'工作岗位上',具体是指职工本人在单位安排进行生产、工作的具体位置上(含因生产、工作需要到另一生产、工作地点)。凡有固定生产、工作岗位的职工,'工作岗位'即是其生产、工作的位置或地点。"

3. 关于"突发疾病"。

这里的"突发疾病",按照原劳动和社会保障部《关于实施〈工伤保险条例〉若干问题的意见》(劳社部函〔2004〕256号)第三条规定,"应当包括各类疾病"。现实中,一般多为心脏病、脑出血、心肌梗死等突发性疾病。

职工在工作时间和工作岗位,因原有疾病(突发)死亡或者在 48 小时之内经抢救无效死亡的,可以视同工伤吗?

综合现实案例可见,尤其以法院为代表的观点普遍认为,原劳动和社会保障部《关于实施〈工伤保险条例〉若干问题的意见》(劳社部函〔2004〕256号)第三条的规定,并未对职工原有疾病突然发作作出排他性的规定,《工伤保险条例》中的突发疾病包括了各类疾病,也包括劳动者患间歇性疾病、慢性病或者其他已显症状且本人知晓的疾病。

4. 关于"死亡或者在 48 小时之内经抢救无效死亡"。

突发疾病死亡视同工伤包括两种情形:一种是职工在工作时间和工作岗位突发疾病当场死亡,这种情形是在极短时间内死亡,医学通常诊断为"猝死";另一种是职工在工作时间和工作岗位突发疾病后没有当时死亡,在 48 小时之内经医学抢救无效死亡的。职工虽然是在工作时间和工作岗位突发疾病,经过 48 小时抢救之后才死亡的,不属于视同工伤的情形,可享受因病非因公的相关社保待遇。

按照原劳动和社会保障部《关于实施〈工伤保险条例〉若干问题的意见》(劳社部函〔2004〕256号)第三条规定,"48 小时"的起算时间,以医疗机构的初次诊断时间作为突发疾病的起算时间。

"死亡时间"通常以临床医学证明上的时间为准。"抢救"的标志是医疗手段的使用。死亡结果认定以医疗机构出具的《居民死亡医学证明书》为依据,未经救治的非正常死亡证明以公安司法部门出具的死亡证明为依据。

参考文件1:《中华人民共和国民法总则》(2017 年 3 月 15 日第十二届全国人民代表大会第五次会议通过)。

第十五条 自然人的出生时间和死亡时间,以出生证明、死亡证明记载的时间为准;没有出生证明、死亡证明的,以户籍登记或者其他有效身份登记记载的时间为准。有其他证据足以推翻以上记载时间的,以该证据证明的时间为准。

参考文件2:《国家卫生计生委 公安部 民政部关于进一步规范人口死亡医学证明和信息登记管理工作的通知》(国卫规划发〔2013〕57号)。

一、人口死亡医学证明的签发

人口死亡医学证明是医疗卫生机构出具的、说明居民死亡及其原因的医学证明。

(一)自2014年1月1日起,各地医疗卫生机构使用全国统一制定的新版《居民死亡医学证明(推断)书》(以下简称《死亡证》)。《死亡证》共四联(式样见附件1)。

(二)《死亡证》签发对象为在中国大陆死亡的中国公民、台港澳居民和外国人(含死亡新生儿)。

(三)《死亡证》签发单位为负责救治或正常死亡调查的医疗卫生机构。

(四)《死亡证》签章后生效。医疗卫生机构和公安部门必须准确、完整、及时地填写《死亡证》四联(后三联一致)及《死亡调查记录》,严禁任何单位和个人伪造、私自涂改。

(五)死者家属遗失《死亡证》,可持有效身份证件向签发单位申请补发一次。补发办法如下:已办理户籍注销及殡葬手续的,仅补发第三联;未办理户籍注销及殡葬手续的,补发第二至第四联。

(六)未经救治的非正常死亡证明由公安司法部门按照现行规定及程序办理。

二、人口死亡医学证明的使用

《死亡证》是进行户籍注销、殡葬等人口管理的凭证,由卫生计生、公安、民政部门共同管理。

(一)死者家属持《死亡证》第二、三、四联向公安机关申报户籍注销及签章手续。公安机关凭第二联办理死者户籍注销手续,加盖第三、四联公章(在医疗卫生机构内死亡者,第四联无须公安机关签章)。死者家属持第四联《居民死亡殡葬证》到殡仪馆办理尸体火化手续,殡仪馆凭第四联办理殡葬手续。

(二)《死亡证》第一联是原始凭证,由出具单位随病案保存或按档案管理永久保存,以备查询。第二联由死者户籍所在地公安部门永久保存。第三联由死者家属保存,第四联由民政部门收集保存。

(三)纸质《死亡证》由卫生计生部门统一印制,发放范围为不具备打印条件的基层医疗卫生机构。

参考文件3:公安部等12部门联合出台《关于改进和规范公安派出所出具证明工作的意见》(公通字〔2016〕21号)。

一、有关单位要求群众开具证明或者提供证明材料,要遵循于法有据和"谁主管、谁负责"的原则,凡是公民凭法定身份证件能够证明的事项,公安派出所不再出具证明;依法不属于公安派出所法定职责的证明事项,由主管部门负责核实。

……

（三）对于需要证明的下列 6 类事项，由有关部门和单位按照以下方式办理：

......

3. 需证明当事人正常死亡或者经医疗卫生机构救治的非正常死亡的，由医疗卫生机构签发《居民死亡医学证明（推断）书》。

......

二、公民在办理相关社会事务时，无法用法定身份证件证明的事项，需要公安派出所开具相关证明的，由公安派出所根据具体情况予以办理。主要包括下列 9 类情形：

......

6. 非正常死亡证明。公安部门依法处置的非正常死亡案（事）件（经医疗卫生机构救治的除外），需要开具证明的，公安派出所应当依据相关公安部门调查和检验鉴定结果出具。

......

案例参考

非固定工作时间和工作岗位突发疾病死亡是否属于工伤？

/案情/

宋某系某渔场职工，受渔场指派，驻守渔窝棚看护拦鱼栅。2013 年 7 月 9 日中午 12 时许，宋某与同事任某在清理完拦鱼栅处杂物后，划船回渔窝棚时，感觉身体不适，回到渔窝棚后吃药休息。7 月 10 日凌晨 1 时许病情加重，同事任某划船送他到河对岸医院救治，经当地医院抢救无效，于凌晨 5 时 20 分死亡。

事后，宋某家属向当地社会保险行政部门提出工伤认定申请，当地社会保险行政部门经调查核实后，依据《工伤保险条例》第十五条第（一）项规定，认定宋某死亡为视同因工死亡。宋某所在用人单位不服，以宋某离开拦鱼栅在船上发病不在工作岗位突发疾病和中午 12 时许不是正常工作时间为由，向法院提请行政诉讼，法院判决维持了社会保险行政部门的工亡认定结论。

/评析/

《工伤保险条例》第十五条第（一）项规定，在工作时间和工作岗位，突发疾病死亡或者在 48 小时之内经抢救无效死亡的，视同工伤。

本案中，宋某作为渔场工作人员，其工作职责是防偷鱼、防止天气因素或人为破坏拦鱼栅、清理拦鱼栅周围杂物。由于上述情形具有不确定性和不可预见性，宋某在值班期间需 24 小时驻守，渔场在日常管理中也在此时间段经常查岗。实际工作中渔窝棚、水面的船上都有远望看守的功能，对于不能按常态化上下班的驻守（看守）岗位人员，难以分清工作区域和生活区域，其工作性质决定随时可能进入工作状态，就其工作职责和工作状态的特殊性而言，不能狭义地界定"工作时间"和"工作岗位"，要针对实际情况来具体分析和把握。因此，宋某在2013年7月9日12时许清理完拦鱼栅处杂物后划船返回渔窝棚途中突发疾病，符合在工作时间和工作岗位上突发疾病且在48小时之内经抢救无效死亡，属于视同工伤情形。

案例来源：工伤法律人（微信公众号）

因工外出期间休息时突发疾病死亡是否属于工伤？

/案情/

张某系W市某信用合作联社主任。2012年10月27日下午因工作需要与贷款客户尤某至Z市进行贷前实地考察。两人16时到达Z市某公司仓库，与仓库相关人员见面。因天色较晚，约定第二天进行实地考察，当晚张某与尤某入住当地某酒店，并与Z市某公司仓库相关人员一起在该酒店就餐。21时许就餐结束后，张某回房间休息。当晚23时40分左右张某身体不适，尤某等随即拨打120电话，经医院抢救无效后，张某于2012年10月28日凌晨2时许死亡。

/裁判/

该案中，对张某是否属于在工作时间、工作岗位突发疾病存在争议。

社会保险行政部门认为，是否认定张某为工伤应严格按照《工伤保险条例》第十五条第（一）项之规定，即必须同时具备"工作时间""工作岗位""突发疾病死亡或者在48小时之内经抢救无效死亡"三个要素。该案中张某系出差期间死亡，但目前国家并无相关法律规定出差期间的时间、地点均为工作时间、工作岗位，本案中张某系在宾馆休息时死亡，其发病时间不是在"工作时间和工作岗位"，因而不应被认定为工伤。据此作出不予认定工伤决定。

法院认为，张某是受单位指派到Z市进行实地考察，因其考察是临时、短期委派，考察时间短、任务重、工作累，不同于长期外出委派可以有规律地工作和休息，其住的宾馆系必要的临时性休息场所，张某无其他目的入住宾馆，根据最高人民法院行政审判庭2007年9月7日作出的（2007）高行他字第9号《关于职工外出学习期间受到他人伤害应否认定为工伤问题的答复》"职工受单位指派外出学习期间，在学习单位安排的休息场所休息时受到他人伤害的，应当认定为工伤"之精神，张某在宾馆休息，应视为工作时间、工作地点的延伸。张某在宾馆内休息期间突发疾病48小时内死亡，应视为工作时间和工作场所延伸的认定，这种情形应当认定为工伤。

2013年6月12日，一审法院以社会保险行政部门"工伤认定结论事实不清，证据不足，适用法律有误"判定撤销社会保险行政部门作出的工伤认定结论，责令重新作出工伤认定结论。

社会保险行政部门不服一审判决，上诉至市中级人民法院。市中级人民法院审理认为：对张某因工作需要到Z市实地考察，入住酒店后身体不适送往医院经抢救无效死亡的事实，各方当事人并无异议，双方争议焦点是张某外出考察休息期间突发疾病48小时之内抢救无效死亡应否认定为工伤。根据《工伤保险条例》第十四条第（五）项"因工外出期间，由于工作原因受到伤害或者下落不明的，应当认定为工伤"的规定，职工因工作原因在工作场所以外从事与职务有关的活动的时间应认定为"因工外出期间"。张某系根据工作需要到Z市考察，属于"因工外出期间"。在"因工外出期间"从事与工作有关的休息等活动属于工作的延续，张某系"因工外出期间"在房间内休息期间突发疾病经医院抢救无效在48小时内死亡，应当视为"工作时间和工作场所的延伸"。一审判决认定事实清楚，审判程序合法，裁判结果正确，依法予以维持。

社会保险行政部门不服终审判决，向山东省高级人民法院申请再审，省高级人民法院未予反馈。后社会保险行政部门向W市中级人民法院申请再审的请求被驳回。社会保险行政部门再次调查，无新证据的情况下于2014年12月9日根据基层人民法院、市中级人民法院生效判决及工伤保险条例第十五条第（一）项之规定，对张某之死亡认定为工亡。

编者分析：最高人民法院蔡小雪在《职工外出开会休息期间受到意外伤害应认定工伤》一文中认为，最高人民法院行政审判庭《关于职工外出学习休息期间受到他人伤害应否认定为工伤问题的答复》［（2007）行他字第9号］中明确指出："职工受单位指派外出学习期间，在学习单位安排的休息场所休息时受到他人伤害的，应当认定为工伤。"（2007）行他字第9号答复所确定的原则，适用于所有外出期间因工受到伤害的案件。因对于因工外出其他情况与外出学习仅仅是外出原因不同，其他完全相同，所以，其他因工外出期间受到他人或者意外伤害、突发疾病死亡等的案件，亦应适用该答复所确定的原则。

不坐班的老师在家中给学生电话指导论文时突发疾病死亡是否属于工伤？

/案情/

杨某国生前系某大学交通学院物流教研室教师，杨某洁系杨某国之女。因2013年5月24日下午杨某国的学生王某某要将论文交到学院，但其论文尚未改好，当日7时37分，杨某国主动打电话询问王某某毕业论文修改情况，至10时25分，杨某国与王某某先后四次通过电话指导毕业论文。期间的8时35分，杨某国因身体不适被送到市某医院住院治疗。

病历记载：发热2天，2013年5月24日10时16分入院，15时23分自行去厕所小便返回病房时，突然意识丧失，经抢救无效于16时55分死亡，诊断为败血症、猝死。

2013年10月9日，杨某洁以其父杨某国在课外辅导学生修改毕业论文期间突发疾病，经抢救无效死亡为由，向市人力资源和社会保障局提出工伤认定申请，该局于当日受理后，于2014年3月28日作出《工伤认定决定书》，认定杨某国不是因工死亡。

/复议诉讼/

杨某洁不服工伤认定决定，向市人民政府提出行政复议申请。市人民政府作出

《行政复议决定书》，以认定事实不清，证据不足为由，撤销了市人力资源和社会保障局作出的《工伤认定决定书》，责令市人力资源和社会保障局在60日内重新作出具体行政行为。

某大学不服市人民政府《行政复议决定书》，向市中级人民法院提起行政诉讼，该院裁定由某区人民法院审理。区人民法院判决驳回某大学的诉讼请求。某大学不服区人民法院行政判决，向市中级人民法院提起上诉。

/主要证据/

市人力资源和社会保障局的证据中，有某大学在行政程序中提交的证明材料，证人姜某、宋某、张某、刘某的证言和《××大学教学与教学管理工作规程》等，认为杨某国事发当日没有到物流教研室上班；有市人力资源和社会保障局于2014年1月26日对杨某国的女婿张某所作的工伤调查笔录，张某在笔录中称，事发当天杨某国在家中接了很多电话，指导学生毕业论文，本打算去办公室，但因身体不适，在去办公室的途中由其将杨某国送至医院。有杨某洁在行政程序中提交的杨某国学生王某某的证人证言及网通公司的通话记录，证实2014年5月24日，因王某某要交的毕业论文未改好，杨某国于当日7时37分主动打电话询问王某某毕业论文修改情况，至10时25分，杨某国与王某某先后四次通过电话指导毕业论文。

2014年9月4日，市人民政府对杨某国的女婿、杨某洁的丈夫张某作了调查笔录，张某称杨某国一周集体活动的时间最多2个工作日，其他时间在家中办公，并称学院没有给教师配备电脑和固定办公桌椅，杨某国生前在家中使用自己的电脑。对没有给教师配备电脑和固定办公桌椅的事实，某大学予以了确认。

另查，《××大学教学与教学管理工作规程》第40条、42条、43条规定，提倡教师网上布置和批改作业，课外辅导和答疑是课堂教学的辅助形式，是整个教学过程的组成部分，辅导与答疑的方式和时间由教师根据课程类型和教学条件确定，可以深入班级教室或在固定地点有针对性地召集部分学生进行辅导或答疑，提倡进行网上辅导和答疑。

/争议观点/

一、某大学上诉认为：此前杨某国发热两天，从家中被送往医院前杨某国有与学生通话指导论文的事实，但从整个过程看，不足以证明其符合《工伤保险条例》第十五条等条款和相关法律法规规定的工伤条件。原审判决关于工伤条件的认识过于宽泛，《工伤认定决定书》的认定更加严谨。视同工伤已经是法律的一个意外的规定，不应在第十五条之外进行更加宽泛的理解和司法认定，如果该老师的事情能够认定工伤，那么在实践中高校老师就不存在不是工伤死亡的情形。杨某国在家里工作以及电话指导学生写论文不能视为工作岗位的延伸。该大学不采用坐班制，但并非不能坐班，杨某国没有在工作时间、工作岗位突发疾病。因此，市人力资源和社会保障局所作出不予认定工伤的结论是正确的。

二、一审法院判决认为：《工伤保险条例》第十五条第一款第（一）项规定，职工在工作时间和工作岗位，突发疾病死亡或者在48小时之内经抢救无效死亡的，视同工伤。关于此项规定的"突发疾病"，原劳动保障部《关于实施〈工伤保险条例〉若干问题的意见》（劳社部函〔2004〕256号）已作了明确规定，即"突发疾病"是指各类疾病。高校教师实行不坐班制是我国普通高校的普遍做法。这种做法在原告制定的《××大学教学与教学管理工作规程》中也得到充分的体现。该规程明确规定了课外辅导和答疑是课堂教学的辅助形式，是整个教学的组成部分；辅导与答疑的方式和时间由教师根据课程类型和教学条件确定。在没有为教师配备电脑和固定办公桌椅的情况下，杨某国于事发前的2013年5月24日上午7时37分至10时25分多次用电话指导学生完成毕业论文，不违反上述规程的规定，应视为其工作时间和工作岗位的延伸。其在指导学生完成毕业论文过程中，突发疾病在48小时内经抢救无效死亡，符合《工伤保险条例》第十五条第一款第（一）项之规定，应当认定为工伤。

三、市人民政府答辩认为：高校教师实行不坐班是我国高校的普遍做法。杨某国生前用电话指导学生完成毕业论文，不违反原告制定的文件规定，属于工作时间和工作场所的延伸。杨某国在指导学生完成毕业论文过程中，突发疾病在48小时内经抢救无效死亡，符合《工伤保险条例》第十五条第一款第（一）项的规定。杨某国事发前身体不适，不能改变本案杨某国在工作时间、工作岗位突发疾病的事实，《工伤保险条例》第十五条第一款也未将这种情形作为排除适用的情形，因此，市人民政府作出的行政复议决定、一审法院作出的判决适用法律是正确的。

四、杨某洁认为：杨某国事发前身体不适，不能改变本案杨某国在工作时间、工作岗位突发疾病的事实，《工伤保险条例》第十五条第一款也未将这种情形作为排除适用的情形，因此，市人民政府作出的行政复议决定、一审法院作出的判决适用法律是正确的。某大学认可高校教师可以不坐班，也没有给杨某国配备电脑和专门的办公桌椅。杨某国在家中通过电话指导学生论文，不仅仅是工作岗位的延伸，本身就是第二工作岗位，视同工伤应当成立。

/二审判决/

市中级人民法院认为：

一、关于杨某国是否属于在工作时间突发疾病。这里所称的"工作时间"，是指法律规定的或者单位要求职工工作的时间，包括加班加点时间及为开展正常工作所必需的与工作有关的预备性或收尾性工作时间。根据被上诉人市人民政府提交的涉案大学《关于调整作息时间的通知》的规定，该大学规定的5月1日至10月31日的工作时间是8时至12时，杨某国感到身体不适被从家中送到市某医院的时间是8点37分，此时应为突发疾病时间，属于上诉人单位的工作时间。被上诉人认为杨某国从7时37分开始给学生打电话指导论文写作至10时25分结束，8时以前的时间视为工作时间的延伸的观点，应予支持。

二、关于杨某国是否突发疾病死亡或经抢救无效48小时内死亡。这里的"突发疾病"，是指工作时间突然发生任何种类的疾病，此处48小时的起算时间以医疗机构的初次诊断时间作为突发疾病的起算时间。本案中，根据被上诉人提交的杨某国的病历资料，可证明杨某国的初次诊断时间为 2013 年 5 月 24 日 10 时 16 分，该时间依法应为杨某国突发疾病的时间，其于当日 16 时 55 分去世，符合突发疾病在 48 小时内死亡的情形。

三、关于杨某国突发疾病是否处在工作岗位上。这里所称的"工作岗位"，是指职工日常所在的工作岗位和本单位领导指派所从事工作的岗位，即工作岗位是指在工作场所从事或者履行与工作有关的活动的空间。本案中，根据高校教师不坐班的特点，杨某国从 7 时 37 分开始给学生打电话指导论文写作至 10 时 25 分结束，杨某国履行的是其指导学生论文写作的职责，应视为工作岗位的延伸。所以，杨某国在工作时间和工作岗位，突发疾病在 48 小时之内经抢救无效死亡，符合《工伤保险条例》第十五条视同工伤的规定，应当认定为视同工伤。

二审判决驳回上诉，维持原判。

/最终认定/

当地人力资源社会保障部门在后续调查中确认，学生毕业论文因前期答辩未通过需修改，因各种原因，事发当天为最后期限，不上交修改后论文，该学生当年不能毕业。当天与学生的通话，对该老师而言是不得不为、应该而为的工作。所以，认定杨某国在工作时间、工作岗位上突发疾病，且入院后当天因病死亡是客观事实。基于以上几点认定其为工亡。

案例来源：劳动法库（微信公众号）

案例编写人：何登香

二、第十五条第（二）项详解　在抢险救灾等维护国家利益、公共利益活动中受到伤害的

职工参与抢险救灾等维护国家利益、公共利益活动的行为，虽然可能与本职工作没有直接的关系，但这种行为应该得到国家和社会的提倡与保护，职工由此受到的伤害应该得到相应的补偿。

（一）概念释义

"维护国家利益"，是指为了减少或者避免国家利益遭受损失，职工挺身而出。"维护公共利益"，是指为了减少或者避免公共利益遭受损失，职工挺身而出。"抢险救灾"是指当天灾人祸来临时，国家动用一切力量去解救、转移或者疏散受困人员、抢救、运送重要物资、保护重要目标安全、开展灾后重建等工作。

（二）注意事项

1. "维护国家利益、公共利益活动"，是指职工在国家利益或者社会公共利益受到威胁时，有组织或者自发施行的、旨在阻止或减少这种威胁及其可能造成的损失的行为。

2. 条例中列举了抢险救灾这种情形，是为了帮助大家更好地理解和掌握哪种情形属于维护国家利益和维护公共利益，但凡是与抢险救灾性质类似的行为，都应当认定为属于维护国家利益和维护公共利益的行为。例如，为使国家利益、公共利益，他人的人身、财产和其他权利免受侵害采取制止侵害的行为而受到伤害的，见义勇为的，都应按照此项规定视同工伤。

3. 在这种情形下，工伤认定不受工作时间、工作地点、工作原因等条件限制。

参考文件1：《中华人民共和国突发事件应对法》。

第三条 本法所称突发事件，是指突然发生，造成或者可能造成严重社会危害，需要采取应急处置措施予以应对的自然灾害、事故灾难、公共卫生事件和社会安全事件。

第十一条 有关人民政府及其部门采取的应对突发事件的措施，应当与突发事件可能造成的社会危害的性质、程度和范围相适应；有多种措施可供选择的，应当选择有利于最大程度地保护公民、法人和其他组织权益的措施。

公民、法人和其他组织有义务参与突发事件应对工作。

参考文件2：《国务院办公厅转发民政部等部门关于加强见义勇为人员权益保护意见的通知》（国办发〔2012〕39号）。

国家对公民在法定职责、法定义务之外，为保护国家利益、社会公共利益和他人的人身、财产安全挺身而出的见义勇为行为，依法予以保护，对见义勇为人员的合法权益，依法予以保障，对见义勇为人员及其家庭的生活困难给予必要帮扶。

……

三、认真落实见义勇为伤亡人员抚恤补助政策

对见义勇为死亡人员，凡符合烈士评定条件的，依法评定为烈士，其家属按照《烈士褒扬条例》享受相关待遇。不符合烈士评定条件，属于因公牺牲情形的，按照《军人抚恤优待条例》有关规定予以抚恤；属于视同工伤情形的，享受一次性工亡补助金以及相当于本人40个月工资的遗属特别补助金，其中一次性工亡补助金由工伤保险基金按有关规定支付，遗属特别补助金由当地财政部门安排，民政部门发放。不属于上述情形的，按照上一年度全国城镇居民人均可支配收入的20倍加40个月的中国人民解放军排职少尉军官工资标准发放一次性补助金，有工作单位的由所在单位落实待遇；无工作单位的由民政部门会同见义勇为基金会负责发放，所需资金通过见义勇为专项基金统筹解决；尚未建立见义勇为专项基金的，由当地财政部门安排，民政部门发放。

对见义勇为致残人员，凡符合享受工伤保险待遇条件的，依据《工伤保险条例》落实相应待遇；不符合享受工伤保险待遇条件的，按照《伤残抚恤管理办法》及有关规定，由民政部门评定伤残等级并落实相应待遇。

参考文件3：《最高人民法院关于非因工作原因对遇险者实施救助导致伤亡的情形是否认定工伤问题的答复》〔（2014）行他字第2号〕。

江西省高级人民法院：

你院赣高法报（2014）5号《关于张贤锋、王年姣诉信丰县人力资源和社会保障局劳动与社会保障行政确认的请示》收悉，经研究，答复如下：

非因工作原因对遇险者实施救助导致伤亡的，如未经有关部门认定为见义勇为，似不属于《工伤保险条例》第十五条第一款第（二）项规定的视同工伤情形。考虑到请示所涉案件中张诗春舍身救人的行为值得提倡，建议你院与下级法院协调当地有关部门，尽可能通过其他方式做好相关安抚工作，以妥善化解争议。

编者分析：该答复主要涉及证据问题。《工伤保险条例》第十五条规定，职工在抢险救灾等维护国家利益、公共利益活动中受到伤害的，视同工伤，按照条例的有关规定享受工伤保险待遇。在维护国家利益、公共利益活动行为的认定上，还应当分别提交相应证据，如提交民政部门或者其他相关部门的证明等。职工在未经有关部门认定为见义勇为的情况下，（2014）行他字第2号答复认为"似不属于《工伤保险条例》第十五条第一款第（二）项规定的视同工伤情形"。

案例参考

劳动者因见义勇为受伤视同工伤

/案情/

罗某某系志大物业公司保安。2011年12月，罗某某在志大物业公司服务的小区上班时，有人实施抢劫，其听到呼喊后，立即阻止抢劫者逃跑，并与抢劫者搏斗，在搏斗过程中因摔倒受伤。2012年6月，经罗某某申请，涪陵区人力资源和社会保障局作出《认定工伤中止通知书》，要求罗某某补充提交见义勇为的认定材料。罗某某补交见义勇为材料并重新申请工伤认定。涪陵区人力资源和社会保障局核实材料后作出罗某某属于因工受伤的《认定工伤决定书》。志大物业公司不服提起行政诉讼。涪陵区人力资源和社会保障局在诉讼过程中以《认定工伤决定书》适用法律有误为由，撤销了《认定工伤决定书》，并于2013年6月根据《工伤保险条例》第十五条第一款第（二）项之规定重新作出《认定工伤决定书》，认定罗某某受伤属于视同工伤。志大物业公司以涪陵区人力资源和社会保障局法律适用有误为由，申请行政复议。复议机关维持了涪陵区人力资源和社会保障局作出的认定。

志大物业公司以涪陵区人力资源和社会保障局作出的《认定工伤决定书》适用法律错误，罗某某所受伤依法不应认定为工伤为由，提起诉讼，请求判令撤销涪陵区人力资源和社会保障局作出的《认定工伤决定书》并责令涪陵区人力资源和社会保障局重新作出认定。

/裁判/

一审法院判决：驳回原告志大物业公司要求撤销被告涪陵区人力资源和社会保障局作出的《认定工伤决定书》的诉讼请求。

宣判后，双方当事人均未提起上诉，判决已发生法律效力。

/评析/

《工伤保险条例》第十五条第一款第（二）项规定，"劳动者在抢险救灾等维护国家利益、公共利益活动中受到伤害的，视同工伤"。该规定并未要求职工必须在工作的时间、工作的地点，更未要求必须系在职责的范围内，只要职工系为了维护国家利益或者公共利益而受到伤害的，即应当认定为工伤。

见义勇为是指为了保护国家、集体利益或者他人的人身、财产安全，不顾个人安危与正在发生的违法犯罪行为作斗争或者抢险救灾的行为。见义勇为的主体为非负法定职责或者义务的自然人，所保护的客体为国家、集体利益或他人的人身财产。见义勇为的主观方面在于积极主动、不顾个人安危，客观方面表现为在国家、集体利益或者他人的人身、财产遭受正在进行的侵害时，义无反顾地与危害行为或者自然灾害进行斗争的行为。根据见义勇为的法律特征可知，见义勇为属于《工伤保险条例》第十五条第一款第（二）项规定的维护国家利益、公共利益的活动，故劳动者因见义勇为而受到伤害的，视同工伤，国家为其提供法律保护和救济。

本案劳动者发现犯罪分子在公共场所抢劫，其不顾个人安危与犯罪分子作斗争，既保护了个人财产及生命安全，亦维护了社会治安管理秩序，应当认定为见义勇为行为，视同工伤。

案例来源：指导性案例审判规则（微信公众号）

三、第十五条第（三）项详解　职工原在军队服役，因战、因公负伤致残，已取得革命伤残军人证，到用人单位后旧伤复发的

职工原在军队因公负伤致残，到用人单位后旧伤复发，在这种情况下，职工是为了国家的利益而受到伤害的，其后果不应由职工个人而应由国家来承担。为了保护这部分人的合法权益，《工伤保险条例》将其规定为视同工伤的情形，并按照条例的有关规定享受除一次性伤残补助金以外的工伤保险待遇。

（一）关于旧伤复发的证明材料

《工伤认定办法》填表说明第6条第（7）项中规定："属于因战、因公负伤致残的转业、复员军人，旧伤复发的，提交《革命伤残军人证》及劳动能力鉴定机构对旧伤复发的确认。"

关于《革命伤残军人证》和《中华人民共和国残疾军人证》

1997年4月1日，民政部发布《伤残抚恤管理暂行办法》，其中第七条规定，军人在服役期间因战因公因病致残，发给《革命伤残军人证》。2004年8月1日，《军人

抚恤优待条例》公布，自 2004 年 10 月 1 日起施行。《军人抚恤优待条例》第二十四条规定，残疾军人由认定残疾性质和评定残疾等级的机关发给《中华人民共和国残疾军人证》。1988 年 7 月 18 日国务院发布的《军人抚恤优待条例》同时废止。民政部 2004 年下发的《关于换发伤残人员证件的通知》规定，2004 年 12 月 1 日至 2005 年 6 月 30 日，集中为伤残人员换发新式证件。

因此，2004 年《军人抚恤优待条例》发布以前，是使用《革命伤残军人证》，2005 年 7 月以后全国实施换证，就换成了《中华人民共和国残疾军人证》了。

（二）关于旧伤复发的待遇

《工伤保险条例》第十五条第二款规定，职工原在军队服役，因战、因公负伤致残，已取得革命伤残军人证，到用人单位后旧伤复发视同工伤情形的，按照条例的有关规定享受除一次性伤残补助金以外的工伤保险待遇。

这是因为，一次性伤残补助金是对伤残职工伤残程度的一次性补偿，职工原在军队服役期间，因公负伤致残后，当时已经按照军队的有关规定享受了各项待遇，包括一次性待遇。在军队享受的一次性待遇，性质上与《工伤保险条例》的一次性伤残补助金等同，因此不应再重复享受。工伤保险应该支付的是伤残军人旧伤复发后新发生的费用及相应的长期性待遇。

法律法规摘选

《军人抚恤优待条例》

2004 年 8 月 1 日中华人民共和国国务院、中华人民共和国中央军事委员会令第 413 号公布，自 2004 年 10 月 1 日起施行，根据 2011 年 7 月 29 日中华人民共和国国务院、中华人民共和国军事委员会令第 602 号公布的《国务院中央军事委员会关于修改〈军人抚恤条例〉的决定》修订，自 2011 年 8 月 1 日起施行[①]

第二十一条　现役军人残疾被认定为因战致残、因公致残或者因病致残的，依照本条例的规定享受抚恤。

因第八条第一款规定的情形之一导致残疾的，认定为因战致残；因第九条第一款规定的情形之一导致残疾的，认定为因公致残；义务兵和初级士官因第九条第一款第三项、第四项规定情形以外的疾病导致残疾的，认定为因病致残。

第二十二条　残疾的等级，根据劳动功能障碍程度和生活自理障碍程度确定，由重到轻分为一级至十级。

残疾等级的具体评定标准由国务院民政部门、人力资源社会保障部门、卫生部门会同军队有关部门规定。

---

① 后文引用不再标注。

第二十三条　现役军人因战、因公致残,医疗终结后符合评定残疾等级条件的,应当评定残疾等级。义务兵和初级士官因病致残符合评定残疾等级条件,本人(精神病患者由其利害关系人)提出申请的,也应当评定残疾等级。

因战、因公致残,残疾等级被评定为一级至十级的,享受抚恤;因病致残,残疾等级被评定为一级至六级的,享受抚恤。

第二十四条　因战、因公、因病致残性质的认定和残疾等级的评定权限是:

(一)义务兵和初级士官的残疾,由军队军级以上单位卫生部门认定和评定;

(二)现役军官、文职干部和中级以上士官的残疾,由军队军区级以上单位卫生部门认定和评定;

(三)退出现役的军人和移交政府安置的军队离休、退休干部需要认定残疾性质和评定残疾等级的,由省级人民政府民政部门认定和评定。

评定残疾等级,应当依据医疗卫生专家小组出具的残疾等级医学鉴定意见。

残疾军人由认定残疾性质和评定残疾等级的机关发给《中华人民共和国残疾军人证》。

第二十五条　现役军人因战、因公致残,未及时评定残疾等级,退出现役后或者医疗终结满3年后,本人(精神病患者由其利害关系人)申请补办评定残疾等级,有档案记载或者有原始医疗证明的,可以评定残疾等级。

现役军人被评定残疾等级后,在服现役期间或者退出现役后残疾情况发生严重恶化,原定残疾等级与残疾情况明显不符,本人(精神病患者由其利害关系人)申请调整残疾等级的,可以重新评定残疾等级。

第二十六条　退出现役的残疾军人,按照残疾等级享受残疾抚恤金。残疾抚恤金由县级人民政府民政部门发给。

因工作需要继续服现役的残疾军人,经军队军级以上单位批准,由所在部队按照规定发给残疾抚恤金。

第二十七条　残疾军人的抚恤金标准应当参照全国职工平均工资水平确定。残疾抚恤金的标准以及一级至十级残疾军人享受残疾抚恤金的具体办法,由国务院民政部门会同国务院财政部门规定。

县级以上地方人民政府对依靠残疾抚恤金生活仍有困难的残疾军人,可以增发残疾抚恤金或者采取其他方式予以补助,保障其生活不低于当地的平均生活水平。

第二十八条　退出现役的因战、因公致残的残疾军人因旧伤复发死亡的,由县级人民政府民政部门按照因公牺牲军人的抚恤金标准发给其遗属一次性抚恤金,其遗属享受因公牺牲军人遗属抚恤待遇。

退出现役的因战、因公、因病致残的残疾军人因病死亡的,对其遗属增发12个月的残疾抚恤金,作为丧葬补助费;其中,因战、因公致残的一级至四级残疾军人因病死亡的,其遗属享受病故军人遗属抚恤待遇。

第二十九条　退出现役的一级至四级残疾军人,由国家供养终身;其中,对需要长年医疗或者独身一人不便分散安置的，经省级人民政府民政部门批准，可以集中供养。

第三十条　对分散安置的一级至四级残疾军人发给护理费，护理费的标准为：

（一）因战、因公一级和二级残疾的，为当地职工月平均工资的50%；

（二）因战、因公三级和四级残疾的，为当地职工月平均工资的40%；

（三）因病一级至四级残疾的，为当地职工月平均工资的30%。

退出现役的残疾军人的护理费，由县级以上地方人民政府民政部门发给；未退出现役的残疾军人的护理费，经军队军级以上单位批准，由所在部队发给。

第三十一条　残疾军人需要配制假肢、代步三轮车等辅助器械，正在服现役的，由军队军级以上单位负责解决；退出现役的，由省级人民政府民政部门负责解决。

第五节　不得认定为工伤或者视同工伤的情形

补偿不追究过错原则是工伤保险的基本法律精神，但不是绝对的，任何法律制度都存在普遍规则与例外情形的辩证统一问题。工伤保险虽然实行无过错责任原则，但只有那些与工作具有因果联系、符合规定的伤害才能纳入工伤范围。职工因故意犯罪、醉酒和吸毒、自杀以及自残等性质造成的伤害，与工作不具有因果关系，并且这种伤害具有主观故意性和社会危害性，应承担法律上予以否定、不予保护的法律后果。根据《中华人民共和国社会保险法》第三十七条和《工伤保险条例》第十六条的规定，这些情形不得认定为工伤和视同工伤，其后果应由行为人自己承担。

《中华人民共和国社会保险法》第三十七条　职工因下列情形之一导致本人在工作中伤亡的，不认定为工伤：

（一）故意犯罪；

（二）醉酒或者吸毒；

（三）自残或者自杀；

（四）法律、行政法规规定的其他情形。

《工伤保险条例》第十六条　职工符合本条例第十四条、第十五条的规定，但是有下列情形之一的，不得认定为工伤或者视同工伤：

（一）故意犯罪的；

（二）醉酒或者吸毒的；

（三）自残或者自杀的。

一、详解和释义

(一) 故意犯罪的

1. 故意犯罪的定义：《中华人民共和国刑法》第十四条规定："明知自己的行为会发生危害社会的结果，并且希望或者放任这种结果发生，因而构成犯罪的，是故意犯罪。故意犯罪，应当负刑事责任。"

2. 职工故意犯罪造成自身伤亡，应由职工本人承担相应的法律后果，按照法律规定不认定为工伤。故意犯罪的社会影响恶劣，对国家、社会和公民的财产、利益等损害较大，本着引导公民遵纪守法的精神，对于故意犯罪的恶劣情形，应当对其设定一定的不利后果，将其排除在工伤保险制度之外，不予认定工伤、支付工伤保险待遇。

3. 职工因故意犯罪遭受事故伤害，仅指职工本人实施故意犯罪导致的伤害，不包括侵权第三人实施故意犯罪导致职工受到的伤害。

4. 在工伤认定的过程中，犯罪职工的主观动机，也就是故意或者过失，对职工受伤性质的定性起着决定性作用。需要注意的是，在涉刑因素工伤案件的认定过程中，由于工伤认定机构的工作人员对相关法律、法规条款内容的掌握理解不具权威性，对于职工究竟是故意犯罪还是过失犯罪，应当依据司法机关的判决来判断，而不是由工伤认定机构或是社会保险行政部门自行判断，否则将有越权定罪的嫌疑。《工伤保险条例》第二十条规定："作出工伤认定决定需要以司法机关或者有关行政主管部门的结论为依据的，在司法机关或者有关行政主管部门尚未作出结论期间，作出工伤认定决定的时限中止"。

(二) 醉酒或者吸毒的

1. 关于因"醉酒"导致的伤亡，是指职工饮用含有酒精的饮料达到醉酒的状态，在酒精作用期间从事工作受到事故伤害。酒精具有麻痹神经中枢的作用，导致行为人的判断能力和反应能力迟钝，难以辨认或控制自己的行为。职工在工作时因醉酒导致行为失控而对自己造成的伤害，按照法律规定不认定为工伤。《工伤保险条例》不将醉酒导致伤亡的情形认定为工伤，主要考虑醉酒是一种个人行为，国家的一些法律规定禁止醉酒后工作、醉酒后驾车等，因此醉酒导致行为失控而引发的各种事故不能作为工伤处理，这样的规定也为了控制职工酒后工作，以减少工伤事故的发生。

参考文件：《实施〈中华人民共和国社会保险法〉若干规定》(人力资源和社会保障部令第13号)

第十条　社会保险法第三十七条第二项中的醉酒标准，按照《车辆驾驶人员血液、呼气酒精含量阈值与检验》(GB19522—2004)执行。公安机关交通管理部门、医疗机构等有关单位依法出具的检测结论、诊断证明等材料，可以作为认定醉酒的依据。

说明：2011年1月14日，国家质量监督检验检疫总局、国家标准化管理委员会批准了强制性国家标准《车辆驾驶人员血液、呼气酒精含量阈值与检验》(GB19522—2010),于 2011 年 7 月 1 日实施,已代替《车辆驾驶人员血液、呼气酒精含量阈值与检验》(GB19522—2004)。

法律法规摘选

《车辆驾驶人员血液、呼气酒精含量阈值与检验》(节选)

GB19522—2010

4. 酒精含量值

4.1 酒精含量阈值

车辆驾驶人员饮酒后或者醉酒后驾车血液中的酒精含量阈值见表 1。

表 1　　　　　　　车辆驾驶人员血液酒精含量阈值

驾驶行为类别	阈值(mg/100 mL)
饮酒后驾车	≥20,<80
醉酒后驾车	≥80

《中华人民共和国道路交通安全法》(节选)

第九十一条　饮酒后驾驶机动车的,处暂扣六个月机动车驾驶证,并处一千元以上二千元以下罚款。因饮酒后驾驶机动车被处罚,再次饮酒后驾驶机动车的,处十日以下拘留,并处一千元以上二千元以下罚款,吊销机动车驾驶证。

醉酒驾驶机动车的,由公安机关交通管理部门约束至酒醒,吊销机动车驾驶证,依法追究刑事责任;五年内不得重新取得机动车驾驶证。

饮酒后驾驶营运机动车的,处十五日拘留,并处五千元罚款,吊销机动车驾驶证,五年内不得重新取得机动车驾驶证。

醉酒驾驶营运机动车的,由公安机关交通管理部门约束至酒醒,吊销机动车驾驶证,依法追究刑事责任;十年内不得重新取得机动车驾驶证,重新取得机动车驾驶证后,不得驾驶营运机动车。

饮酒后或者醉酒驾驶机动车发生重大交通事故,构成犯罪的,依法追究刑事责任,并由公安机关交通管理部门吊销机动车驾驶证,终生不得重新取得机动车驾驶证。

2. 关于因"吸毒"导致的伤亡。吸毒是通俗说法,吸毒行为在医学上多称药物依赖和药物滥用,是指不以医疗为目的,采取各种方式滥用麻醉药品与精神药品。吸毒是一种违反治安管理的行为。吸毒对吸毒者的身心危害极大,毒品进入人体后作用于人的神经系统,使吸毒者对毒品产生依赖,造成社会财富的巨大损失和浪费,加剧各种违法犯罪活动,扰乱社会治安,威胁社会稳定。相比醉酒,吸毒在行为人主观过错、社会危害性方面有过之而无不及,将其纳入排除工伤认定的情形是比较合理的。吸毒后,人的控制力降低,职工在工作时因吸毒导致行为失控而对自己造成的伤害,按照法律规定不认定为工伤。

法律法规摘选

《中华人民共和国刑法》(节选)

第三百五十七条 本法所称的毒品,是指鸦片、海洛因、甲基苯丙胺(冰毒)、吗啡、大麻、可卡因以及国家规定管制的其他能够使人形成瘾癖的麻醉药品和精神药品。

毒品的数量以查证属实的走私、贩卖、运输、制造、非法持有毒品的数量计算,不以纯度折算。

《中华人民共和国治安管理处罚法》(节选)

第七十二条 有下列行为之一的,处十日以上十五日以下拘留,可以并处二千元以下罚款;情节较轻的,处五日以下拘留或者五百元以下罚款:

……

(三)吸食、注射毒品的;

……

(三)自残与自杀的

"自残"是指通过各种手段和方法伤害自己的身体,并造成伤害结果的行为。例如,某职工为了获取工伤保险赔付或逃避劳动,在工作过程中故意用利器将自己扎伤,该职工的这种行为就属于自残。

"自杀"是指通过各种手段和方法结束自己生命的行为。例如,某职工因个人私事想不开,从工作场所内的塔吊上纵身跳下,当场死亡,该职工的这种行为就属于自杀。

《中华人民共和国社会保险法》和《工伤保险条例》不将自残或者自杀的情形定为工伤,主要是考虑,自残或者自杀与工作没有必然联系,其行为目的都不是为了工作。而且,在这种情形中,职工本人对自己的死伤存在着主观故意,应当自行承担后果。如果将其认定为工伤,工伤保险的赔付就会存在较高的道德风险,有悖于工伤保险的立法目的,也不符合人道主义的基本原则。

(四)法律、行政法规规定的其他情形

这是对不认定工伤情形的兜底性规定。因为现实中的情况复杂多变,不可能在法律中一一穷尽。随着社会的发展,也会不断出现新情况、新问题。为了使工伤认定的范围更加科学合理,为了保证工伤保险制度的统一性和严肃性,避免随意扩大排除范围,损害参保职工的合法权益,按照《中华人民共和国社会保险法》第三十七条规

定，排除工伤认定范围的权力仅限于法律和行政法规，其他如地方性法规、部门规章等均无权作此规定。

二、证据采用标准

前面讲过，在作出不予认定工伤的决定时应有充分的证据。对此，人力资源和社会保障部和最高人民法院均作出明确规定。

参考文件1：《人力资源社会保障部关于执行〈工伤保险条例〉若干问题的意见》（人社部发〔2013〕34号）。

三、《条例》第十六条第（一）项"故意犯罪"的认定，应当以司法机关的生效法律文书或者结论性意见为依据。

四、《条例》第十六条第（二）项"醉酒或者吸毒"的认定，应当以有关机关出具的法律文书或者人民法院的生效裁决为依据。无法获得上述证据的，可以结合相关证据认定。

参考文件2：《最高人民法院关于审理工伤保险行政案件若干问题的规定》（法释〔2014〕9号）。

第一条 人民法院审理工伤认定行政案件，在认定是否存在《工伤保险条例》第十四条第（六）项"本人主要责任"、第十六条第（二）项"醉酒或者吸毒"和第十六条第（三）项"自残或者自杀"等情形时，应当以有权机构出具的事故责任认定书、结论性意见和人民法院生效裁判等法律文书为依据，但有相反证据足以推翻事故责任认定书和结论性意见的除外。

前述法律文书不存在或者内容不明确，社会保险行政部门就前款事实作出认定的，人民法院应当结合其提供的相关证据依法进行审查。

《工伤保险条例》第十六条第（一）项"故意犯罪"的认定，应当以刑事侦查机关、检察机关和审判机关的生效法律文书或者结论性意见为依据。

三、不影响认定为工伤或视同工伤的几种情形

除《中华人民共和国社会保险法》和《工伤保险条例》规定的排除情形外，以下几种情况不影响认定为工伤或视同工伤：

第一，过失犯罪。并不是所有因犯罪造成的伤亡都不是工伤，只有故意犯罪造成的伤亡才不能认定为工伤。《中华人民共和国刑法》第十五条规定："应当预见自己的行为可能发生危害社会的结果，因为疏忽大意而没有预见，或者已经预见而轻信能够避免，以致发生这种结果的，是过失犯罪。过失犯罪，法律有规定的才负刑事责任。"如果仅仅因为一时的疏忽大意，就剥夺职工享受工伤保险待遇的权利，有失公平，也有违工伤保险的初衷。在刑法中，对过失犯罪和故意犯罪的刑罚截然不同，也是为了体现惩治恶性犯罪为主的精神。因此，对于因过失导致的犯罪，不应剥夺其基本的社会保险权利，将其排除在工伤保险制度之外。

第二,对于轻微违法、违反治安管理秩序等尚不构成犯罪的情形,相比犯罪,涉案标的额小,社会危害较轻,更不应将其排除在工伤保险制度之外。

第三,对一般的违反安全生产、技术性法规及操作制度、劳动纪律、规章制度等行为,只要不构成故意犯罪,就不影响工伤认定和享受工伤待遇。

当然,现实生活中的情况十分复杂,在复杂疑难的情况下,还需要根据具体案情作出合理裁量和综合判断。

不予认定工伤范围的立法演变

1. 《企业职工工伤保险试行办法》(劳部发〔1996〕266号)(已废止)

第九条 职工由于下列情形之一造成负伤、致残、死亡的,不应认定为工伤:

(一)犯罪或违法;

(二)自杀或自残;

(三)斗殴;

(四)酗酒;

(五)蓄意违章;

(六)法律、法规规定的其他情形。

2. 2003年版《工伤保险条例》(国务院令第375号)(已修订)

第十六条 职工有下列情形之一的,不得认定为工伤或者视同工伤:

(一)因犯罪或者违反治安管理伤亡的;

(二)醉酒导致伤亡的;

(三)自残或者自杀的。

3. 《工伤保险条例》(根据2010年12月20日《国务院关于修改〈工伤保险条例〉的决定》修订,国务院令第586号)(现行)

第十六条 职工符合本条例第十四条、第十五条的规定,但是有下列情形之一的,不得认定为工伤或者视同工伤:

(一)故意犯罪的;

(二)醉酒或者吸毒的;

(三)自残或者自杀的。

综上,从1996年颁布的《企业职工工伤保险试行办法》(劳部发〔1996〕266号)到2003年版《工伤保险条例》,再到现行《工伤保险条例》(2010年修订),从条文的改变可以看出,排除工伤的范围正逐步缩小,违法、斗殴、酗酒、蓄意违章、违反治安管理、过失犯罪,这些曾经是法定不能认定工伤的情形,已经逐步被取消和删除。之所以作这样的改变,是本着最大限度保护工伤职工合法权益的精神,使尽可能多的工伤职工能够享受到工伤保险待遇。为避免随意扩大排除范围,损害参保职工的合法权益，按照《中华人民共和国社会保险法》的规定，排除工伤认定范围的权力仅限于法律和行政法规的规定，任何部门和个人都不能凭个人理解随便扩大排除工伤的范围。

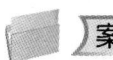

案例参考

违反规定穿拖鞋上班致摔伤，算工伤吗？

/案情/

吴某在一家私企上班，公司规定上班时间员工不允许穿拖鞋，但对于一些仍然穿拖鞋上班的员工，公司也没有采取惩戒措施。某日，因天气炎热，吴某穿拖鞋去了公司，在下楼时不慎摔倒，造成小腿骨折。事后，吴某要求公司给他申报工伤。但公司认为，吴某是因为违反了公司安全规定才受伤的，不属于工伤。吴某遂向当地社会保险行政部门申请工伤认定。

/裁判/

当地社会保险行政部门认为，在本案中，吴某是在上班期间在公司内下楼取文件时摔伤的，符合认定为工伤的条件。吴某穿拖鞋上班的行为虽然违反了公司的劳动纪律，但并不在《工伤保险条例》规定的应排除认定为工伤或视同工伤的情形。所以，吴某依法应被认定为工伤。

《工伤保险条例》第十四条第（一）项规定，职工在工作时间和工作场所内，因工作原因受到事故伤害的，应认定为工伤。

同时，《工伤保险条例》第十六条规定，职工有下列情形之一的，不得认定为工伤或者视同工伤：（一）故意犯罪的；（二）醉酒或者吸毒的；（三）自残或者自杀的。

综上，当地社会保险行政部门的工伤认定符合法律规定，公司接受了社会保险行政部门的认定结论。

案例来源：中国工伤保险（微信公众号）

上夜班打瞌睡遇安全事故，是否算工伤？

/案情/

李某是某纸业公司造纸车间的一名造纸工，于2012年10月20日0时至8时上夜班。凌晨5时45分左右，纸辊架上原有的半成品纸辊突然坍塌，砸向了正坐在车间内门边休息打瞌睡的李某。李某躲闪不及，造成右脚踝骨骨折。当地社会保险行政部门认定李某属于工伤，公司不服，于2013年2月5日向当地法院提起行政诉讼。

/裁判/

纸业公司辩称，李某虽是在工作时间和工作场所内，但事发时，李某在打瞌睡，没有直接从事工作，非因工作原因受伤，不符合认定为工伤的条件。

当地社会保险行政部门认为，李某是在当班从事生产经营活动过程中受伤，夜班工作期间，因生理原因打瞌睡违反劳动纪律，并不是排除其因工作原因受伤的法律依据；其次，公司存在着生产上的安全隐患是导致李某受伤的内在原因，工作场所中纸辊坍塌是导致李某受伤的直接原因。李某符合《工伤保险条例》第十四条第（一）项规定的可以认定为工伤的条件，即职工在工作时间和工作场所内，因工作原因受到事故伤害，应认定为工伤。

综上，当地社会保险行政部门认定事实清楚，适用法律正确，法院支持了社会保险行政部门认定李某为工伤的决定。

案例来源：中国工伤保险（微信公众号）

第六节 工伤认定程序

一、工伤认定的合法要件

工伤认定作为一种行政确认行为，从法律对行政行为的规定和要求来看，工伤认定行为必须符合以下要件：

（一）工伤认定行为主体应当合法

实施工伤认定行为的组织必须具有认定主体资格，能够以自己名义独立承担法律责任。这其中不仅要求作出具体行政行为的行政机关必须是依法成立的，并且对于具体办案人员也必须是行政机关的正式在编人员，必须具备合法的公职身份，能够代表行政机关作出具体工伤认定决定。

（二）工伤认定行为应当符合行政主体的权限范围

工伤认定必须是认定主体在法定职权范围内实施认定行为。这其中包括了工伤认定的时间管辖权限、工伤认定地域管辖权限、工伤认定过程中调查核实所使用的方式和手段，以及对于某些特定情形的判断必须依照法律规定，不可越权执法。

（三）工伤认定行为的内容应当合法、适当

这是工伤认定行为的内容要件，是指工伤认定内容必须符合法律、法规的规定，认定内容要明确适当，而且应当公正合理。

（四）工伤认定行为应当符合法定程序

工伤认定的作出必须符合《工伤保险条例》及《工伤认定办法》所规定的时限、步骤、方式、顺序要求，不得违反法定程序。

二、工伤认定的申请主体和时限

法律法规摘选

《工伤保险条例》（节选）

第十七条　职工发生事故伤害或者按照职业病防治法规定被诊断、鉴定为职业病，所在单位应当自事故伤害发生之日或者被诊断、鉴定为职业病之日起 30 日内，向统筹地区社会保险行政部门提出工伤认定申请。遇有特殊情况，经报社会保险行政部门同意，申请时限可以适当延长。

用人单位未按前款规定提出工伤认定申请的，工伤职工或者其近亲属、工会组织在事故伤害发生之日或者被诊断、鉴定为职业病之日起 1 年内，可以直接向用人单位所在地统筹地区社会保险行政部门提出工伤认定申请。

按照本条第一款规定应当由省级社会保险行政部门进行工伤认定的事项，根据属地原则由用人单位所在地的设区的市级社会保险行政部门办理。

用人单位未在本条第一款规定的时限内提交工伤认定申请，在此期间发生符合本条例规定的工伤待遇等有关费用由该用人单位负担。

（一）工伤认定的申请主体

工伤认定的申请主体主要包括用人单位、工伤职工、工伤职工的近亲属和工会组织等 4 种。

1. 职工所在单位。

工伤保险遵循的是雇主责任原则，雇主在工伤保险方面承担了许多责任和义务。工伤事故发生或者职业病被确诊以后，为了抢救受伤职工，保障职工的合法权益，促进单位的安全生产，有必要要求职工所在单位承担首要的工伤申报义务。

《工伤保险条例》第二条规定："中华人民共和国境内的企业、事业单位、社会团体、民办非企业单位、基金会、律师事务所、会计师事务所等组织和有雇工的个体工商户（以下称用人单位）应当依照本条例规定参加工伤保险。"前述组织和个体工商户必须具备合法经营资格。

对于无营业执照，或者未依法登记、备案的单位以及被依法吊销营业执照或者撤销登记、备案的单位不能成为工伤认定的合法主体。这就是我们常说的"非法用工单位"。

（1）关于"企业"。包括中国境内在工商行政管理机关登记注册的所有企业。《关于划分企业登记注册类型的规定》（国统字〔2011〕86 号）将企业登记注册类型分为以下几种：内资企业，国有企业，集体企业，股份合作企业，联营企业，有限责任公司，股份有限公司，私营企业，其他企业，港、澳、台商投资企业，合资经营企业（港或澳、台资），合作经营企业（港或澳、台资），港、澳、台商独资经营企业，港、澳、台商投资股份有限公司，外商投资企业，中外合资经营企业，中外合作经营企业，外资企业，外商投资股份有限公司。《企业法人登记管理条例》第三条规定："申请企业法人登记，经企业法人登记主管机关审核，准予登记注册的，领取《企业法人营业执照》，取得法人资格，其合法权益受国家法律保护。"需要注意的是，工伤保险制度在国家之间不能互免。目前，通过多边或者双边协定，一些国家可以对养老保险、失业保险等参保缴费进行互免，但工伤保险却不能互免，而是需要参加营业地所在国的工伤保险制度。这就意味着来中国投资的外国企业需要参加中国的工伤保险制度，而到国外承包工程或者投资设厂的中国企业则需要参加当地的工伤保险制度。

法律法规摘选

《企业法人登记管理条例》（节选）

1988年6月3日中华人民共和国国务院令第1号发布，根据2014年2月19日《国务院关于废止和修改部分行政法规的决定》修订

第三条　申请企业法人登记，经企业法人登记主管机关审核，准予登记注册的，领取《企业法人营业执照》，取得法人资格，其合法权益受国家法律保护。

依法需要办理企业法人登记的，未经企业法人登记主管机关核准登记注册，不得从事经营活动。

第四条　企业法人登记主管机关（以下简称登记主管机关）是国家工商行政管理局和地方各级工商行政管理局。

第二十八条　根据国家有关规定，实行企业化经营，国家不再核拨经费的事业单位和从事经营活动的科技性的社会团体，具备企业法人登记条件的，由该单位申请登记，经登记主管机关核准，领取《企业法人营业执照》，方可从事经营活动。

第三十五条　企业法人设立不能独立承担民事责任的分支机构，由该企业法人申请登记，经登记主管机关核准，领取《营业执照》，在核准登记的经营范围内从事经营活动。

《国务院办公厅关于加快推进"三证合一"登记制度改革的意见》（节选）

国办发〔2015〕50号

"三证合一"登记制度是指将企业登记时依次申请，分别由工商行政管理部门核发工商营业执照、质量技术监督部门核发组织机构代码证、税务部门核发税务登记证，改为一次申请、由工商行政管理部门核发一个营业执照的登记制度。

通过"一窗受理、互联互通、信息共享"，将由工商行政管理、质量技术监督、税务三个部门分别核发不同证照，改为由工商行政管理部门核发一个加载法人和其他组织统一社会信用代码的营业执照，即"一照一码"登记模式。

《国务院办公厅关于加快推进"五证合一、一照一码"登记制度改革的通知》(节选)

国办发〔2016〕53号

在全面实施工商营业执照、组织机构代码证、税务登记证"三证合一"登记制度改革的基础上,再整合社会保险登记证和统计登记证,实现"五证合一、一照一码"……从2016年10月1日起正式实施"五证合一、一照一码",在更大范围、更深层次实现信息共享和业务协同,巩固和扩大"三证合一"登记制度改革成果,进一步为企业开办和成长提供便利化服务,降低创业准入的制度性成本,优化营商环境,激发企业活力,推进大众创业、万众创新,促进就业增加和经济社会持续健康发展。

(2)关于"事业单位"。事业单位,是指国家为了社会公益目的,由国家机关举办或者其他组织利用国有资产举办的,从事教育、科技、文化、卫生等活动的社会服务组织。《事业单位登记管理暂行条例实施细则》(中央编办发〔2014〕4号)第六条规定:"登记管理机关向核准设立登记的事业单位颁发《事业单位法人证书》,《事业单位法人证书》是事业单位法人资格的唯一合法凭证。"值得注意的是,《工伤保险条例》第二条规定的事业单位,是指依照《事业单位登记管理暂行条例》的有关规定,在机构编制管理机关登记为事业单位,且没有改为由工商行政管理部门登记为企业的事业单位。另外,事业单位中具有公共事务管理职能的组织一般都有行政执法的职能,工作人员参照公务员法管理,在许多方面与公务员没有什么区别,因此,这类事业单位在工伤保险方面仍参照公务员的做法。参照公务员法管理的事业单位之外的其他事业单位,《工伤保险条例》明确规定应当纳入工伤保险的适用范围。

🔍 法律法规摘选

《事业单位登记管理暂行条例实施细则》(节选)

(中央编办发〔2014〕4号)

第四条 本细则所称事业单位,是指国家为了社会公益目的,由国家机关举办或者其他组织利用国有资产举办的,从事教育、科研、文化、卫生、体育、新闻出版、广播电视、社会福利、救助减灾、统计调查、技术推广与实验、公用设施管理、物资仓储、监测、勘探与勘察、测绘、检验检测与鉴定、法律服务、资源管理事务、质量技术监督事务、经济监督事务、知识产权事务、公证与认证、信息与咨询、人才交流、就业服务、机关后勤服务等活动的社会服务组织。

第六条 登记管理机关向核准设立登记的事业单位颁发《事业单位法人证书》。《事业单位法人证书》是事业单位法人资格的唯一合法凭证。

第九条 县级以上各级人民政府机构编制管理机关所属的登记管理机关负责实施事业单位登记管理工作。

(3)关于"民办非企业单位"。民办非企业单位,是指企业事业单位、社会团体和其他社会力量以及公民个人利用非国有资产举办的，从事非营利性社会服务活动的社会组织。依照1998年10月25日国务院公布施行的《民办非企业单位登记管理暂行条例》规定，民政部门准予登记的民办非企业单位，根据其依法承担民事责任的不同方式，分别发给《民办非企业单位（法人）登记证书》《民办非企业单位（合伙）登记证书》《民办非企业单位（个体）登记证书》。从《民办非企业单位登记管理暂行条例》的定义可以看出，民办非企业单位具有以下几个特征：一是由企业事业单位、社会团体和其他社会力量以及公民个人举办，而不由政府或者政府部门举办。二是民办非企业单位利用非国有资产举办，这是民办非企业单位与事业单位的一个重要区别。国有资产是指所有权属于国家的一切财产形式，而非国有资产是指国有资产以外的其他财产形式，可以是个人财产、集体所有财产，也可以是国外的财产。三是民办非企业单位提供的服务具有非营利性，这是与企业的重要区别。民办非企业单位提供的服务具有社会公益特点。

法律法规摘选

《民办非企业单位登记管理暂行条例》（节选）

1998年10月25日国务院令第251号发布，自1998年10月25日起施行

第五条　国务院民政部门和县级以上地方各级人民政府民政部门是本级人民政府的民办非企业单位登记管理机关（以下简称登记管理机关）。

国务院有关部门和县级以上地方各级人民政府的有关部门、国务院或者县级以上地方各级人民政府授权的组织，是有关行业、业务范围内民办非企业单位的业务主管单位（以下简称业务主管单位）。

第十二条　准予登记的民办非企业单位，由登记管理机关登记民办非企业单位的名称、住所、宗旨和业务范围、法定代表人或者负责人、开办资金、业务主管单位，并根据其依法承担民事责任的不同方式，分别发给《民办非企业单位（法人）登记证书》《民办非企业单位（合伙）登记证书》《民办非企业单位（个体）登记证书》。

第十三条　民办非企业单位不得设立分支机构。

（4）关于"社会团体"。社会团体是指中国公民自愿组成，为实现会员共同意愿，按照其章程开展活动的非营利性社会组织。依照1998年10月25日国务院公布施行的《社会团体登记管理条例》的规定，在民政部门准予登记为社会团体的，发给《社会团体法人登记证书》。社会团体的名称类别主要有协会、学会、联合会、研究会、基金会、联谊会、促进会、商会等。社会团体的情况与事业单位基本类似，参照公务员法管理的社会团体及其工作人员实行与国家机关及其工作人员一样的工伤保险制度。这部分社会团体包括两类：一是参加中国人民政治协商会议的8个人民团体；二是由国务院机构编制管理机关核定并经国务院批准的团体。不参照公务员法管理的社会团体，则直接适用《工伤保险条例》。

法律法规摘选

《社会团体登记管理条例》（节选）

1998年10月25日国务院令第250号发布，根据2016年2月6日国务院令第666号《国务院关于修改部分行政法规的决定》修订

第六条 国务院民政部门和县级以上地方各级人民政府民政部门是本级人民政府的社会团体登记管理机关（以下简称登记管理机关）。

国务院有关部门和县级以上地方各级人民政府有关部门、国务院或者县级以上地方各级人民政府授权的组织，是有关行业、学科或者业务范围内社会团体的业务主管单位（以下简称业务主管单位）。

法律、行政法规对社会团体的监督管理另有规定，依照有关法律、行政法规的规定执行。

第十一条 申请登记社会团体，发起人应当向登记管理机关提交下列文件：

（一）登记申请书；

（二）业务主管单位的批准文件；

（三）验资报告、场所使用权证明；

（四）发起人和拟任负责人的基本情况、身份证明；

（五）章程草案。

第十二条 登记管理机关应当自收到本条例第十一条所列全部有效文件之日起60日内，作出准予或者不予登记的决定。准予登记的，发给《社会团体法人登记证书》；不予登记的，应当向发起人说明理由。

社会团体登记事项包括：名称、住所、宗旨、业务范围、活动地域、法定代表人、活动资金和业务主管单位。

社会团体的法定代表人，不得同时担任其他社会团体的法定代表人。

第十五条 依照法律规定，自批准成立之日起即具有法人资格的社会团体，应当自批准成立之日起60日内向登记管理机关提交批准文件，申领《社会团体法人登记证书》。登记管理机关自收到文件之日起30日内发给《社会团体法人登记证书》。

第十七条 社会团体的分支机构、代表机构是社会团体的组成部分，不具有法人资格，应当按照其所属于的社会团体的章程所规定的宗旨和业务范围，在该社会团体授权的范围内开展活动、发展会员。社会团体的分支机构不得再设立分支机构。

社会团体不得设立地域性的分支机构。

（5）关于"律师事务所"。根据《中华人民共和国律师法》的规定，律师事务所是律师的执业机构。律师事务所主要分为合伙律师事务所、个人律师事务所以及国家出资设立的律师事务所三类。律师事务所应当由省、自治区、直辖市人民政府司法行政部门准予设立，颁发律师事务所执业证书。

> 法律法规摘选

《中华人民共和国律师法》（节选）

1996年5月15日第八届全国人民代表大会常务委员会第十九次会议通过，根据2001年12月29日第九届全国人民代表大会常务委员会第二十五次会议《关于修改〈中华人民共和国律师法〉的决定》修正，2007年10月28日第十届全国人民代表大会常务委员会第三十次会议修订

第十四条　律师事务所是律师的执业机构。设立律师事务所应当具备下列条件：

（一）有自己的名称、住所和章程；

（二）有符合本法规定的律师；

（三）设立人应当是具有一定的执业经历，且三年内未受过停止执业处罚的律师；

（四）有符合国务院司法行政部门规定数额的资产。

第十五条　设立合伙律师事务所，除应当符合本法第十四条规定的条件外，还应当有三名以上合伙人，设立人应当是具有三年以上执业经历的律师。

合伙律师事务所可以采用普通合伙或者特殊的普通合伙形式设立。合伙律师事务所的合伙人按照合伙形式对该律师事务所的债务依法承担责任。

第十六条　设立个人律师事务所，除应当符合本法第十四条规定的条件外，设立人还应当是具有五年以上执业经历的律师。设立人对律师事务所的债务承担无限责任。

第十八条　设立律师事务所，应当向设区的市级或者直辖市的区人民政府司法行政部门提出申请，受理申请的部门应当自受理之日起二十日内予以审查，并将审查意见和全部申请材料报送省、自治区、直辖市人民政府司法行政部门。省、自治区、直辖市人民政府司法行政部门应当自收到报送材料之日起十日内予以审核，作出是否准予设立的决定。准予设立的，向申请人颁发律师事务所执业证书；不准予设立的，向申请人书面说明理由。

第十九条　成立三年以上并具有二十名以上执业律师的合伙律师事务所，可以设立分所。设立分所，须经拟设立分所所在地的省、自治区、直辖市人民政府司法行政部门审核。申请设立分所的，依照本法第十八条规定的程序办理。

合伙律师事务所对其分所的债务承担责任。

（6）关于"会计师事务所"。根据《中华人民共和国注册会计师法》的规定，会计师事务所是依法设立并承办注册会计师业务的机构。注册会计师执行业务，应当加入会计师事务所。设立会计师事务所，由省、自治区、直辖市人民政府财政部门批准，报国务院财政部门备案。

（7）关于"基金会"。根据2004年3月8日国务院公布施行的《基金会管理条例》，基金会是指利用自然人、法人或者其他组织捐赠的以从事公益事业为目的的非

营利性法人。基金会分为面向公众募捐的基金会和不得面向公众募捐的基金会。国务院民政部门和省、自治区、直辖市人民政府民政部门是基金会的登记管理机关。准予登记的,发给《基金会法人登记证书》或《境外基金会代表机构登记证书》。

法律法规摘选

《基金会管理条例》(节选)

2004年3月8日国务院令第400号发布,自2004年6月1日起施行

第二条 本条例所称基金会,是指利用自然人、法人或者其他组织捐赠的财产,以从事公益事业为目的,按照本条例的规定成立的非营利性法人。

第三条 基金会分为面向公众募捐的基金会(以下简称公募基金会)和不得面向公众募捐的基金会(以下简称非公募基金会)。公募基金会按照募捐的地域范围,分为全国性公募基金会和地方性公募基金会。

第六条 国务院民政部门和省、自治区、直辖市人民政府民政部门是基金会的登记管理机关。

第十一条 登记管理机关应当自收到本条例第九条所列全部有效文件之日起60日内,作出准予或者不予登记的决定。准予登记的,发给《基金会法人登记证书》;不予登记的,应当书面说明理由。

第十二条 基金会拟设立分支机构、代表机构的,应当向原登记管理机关提出登记申请,并提交拟设机构的名称、住所和负责人等情况的文件。

登记管理机关应当自收到前款所列全部有效文件之日起60日内作出准予或者不予登记的决定。准予登记的,发给《基金会分支(代表)机构登记证书》;不予登记的,应当书面说明理由。

基金会分支机构、基金会代表机构依据基金会的授权开展活动,不具有法人资格。

第十三条 境外基金会在中国内地设立代表机构,应当经有关业务主管单位同意后,向登记管理机关提交下列文件:

……

登记管理机关应当自收到前款所列全部有效文件之日起60日内,作出准予或者不予登记的决定。准予登记的,发给《境外基金会代表机构登记证书》;不予登记的,应当书面说明理由。

境外基金会代表机构应当从事符合中国公益事业性质的公益活动。境外基金会对其在中国内地代表机构的民事行为,依照中国法律承担民事责任。

(8)关于"有雇工的个体工商户"。《个体工商户条例》(2016年修正)第二条规定:"有经营能力的公民,依照本条例规定经工商行政管理部门登记,从事工商业经营的,为个体工商户。"第九条规定:"予以注册登记的,登记机关应当自登记之日起

10日内发给营业执照。"第二十一条规定:"个体工商户可以根据经营需要招用从业人员。"

个体工商户的工伤风险程度不同,劳动用工制度也不完善,但从社会保险公平性出发,对这部分人群也需要予以保护。因此,《工伤保险条例》规定,有雇工的个体工商户应当参加工伤保险,由雇主为其雇员缴纳工伤保险费。需要强调的是,《工伤保险条例》要求的是有雇工的个体工商户才强制参加工伤保险。对没有雇工的个体工商户并未作强制性的要求,如个体户业主本身或者开"夫妻店"的。这些人员是否要求参保,各地可根据情况自行掌握。而对"雇工"的含义,应作较广的理解,只要是雇主使用该人员、支付了劳动报酬,就应当视为雇工,无论该雇工是否为雇主的亲戚或者邻居。

法律法规摘选

《个体工商户条例》(节选)

2011年4月16日中华人民共和国国务院令第596号公布,
根据2014年2月19日国务院令648号《国务院关于废止和修改部分
行政法规的决定》修正,根据2016年2月6日国务院令666号
《国务院关于修改部分行政法规的决定》修正

第二条 有经营能力的公民,依照本条例规定经工商行政管理部门登记,从事工商业经营的,为个体工商户。

个体工商户可以个人经营,也可以家庭经营。

第九条 登记机关对申请材料依法审查后,按照下列规定办理:

……

予以注册登记的,登记机关应当自登记之日起10日内发给营业执照。

国家推行电子营业执照。电子营业执照与纸质营业执照具有同等法律效力。

第二十一条 个体工商户可以根据经营需要招用从业人员。

个体工商户应当依法与招用的从业人员订立劳动合同,履行法律、行政法规规定和合同约定的义务,不得侵害从业人员的合法权益。

《关于贯彻执行〈中华人民共和国劳动法〉若干问题的意见》(节选)

劳部发〔1995〕309号

一、适用范围

1. 劳动法第二条中的"个体经济组织"是指一般雇工在七人以下的个体工商户。

2. 中国境内的企业、个体经济组织与劳动者之间,只要形成劳动关系,即劳动者事实上已成为企业、个体经济组织的成员,并为其提供有偿劳动,适用劳动法。

(9)各地政策另行规定的可参保用人单位。除上述用人单位外,部分省、市通过

政府规章、规范性文件等政策规定的将机关单位、公务员和参照公务员管理的事业单位、社会团体的工作人员及零活就业人员等特定单位、特定职业群体也纳入了本地工伤保险的适用范围,这是工伤认定的地域性特定申请主体。

村委会、居委会是否具备用工主体资格?

过去长期以来,由于法律未明确村委会、居委会的法人地位,司法实践中裁判机关基本上都不认可村委会和居委会的用工主体资格。实务中比较常见的是劳动者与村委会之间因劳动关系确认问题的争议,法院的一般观点为:根据《中华人民共和国村民委员会组织法》第二条的规定,村民委员会是村民自我管理、自我教育、自我服务的基层群众性自治组织,实行民主选举、民主决策、民主管理、民主监督,故村民委员会不属于《中华人民共和国劳动法》第二条和《中华人民共和国劳动合同法》第二条所列的用人单位范围,不具备劳动法律关系的用人单位资格。但实践中村委会、居委会招聘劳动者从事劳动已非常普遍,用工的本质上也符合劳动关系的特征,如果因主体资格定性不明问题而不认定劳动关系,对劳动者保护非常不利。

值得注意的是,2017年颁布的《中华人民共和国民法总则》已经明确了居民委员会、村民委员会具有法人资格,可以从事为履行职能所需要的民事活动,相信对理顺该类主体的用工主体责任和工伤保险责任都会产生积极影响。

如《广东省高级人民法院关于审理劳动争议案件疑难问题的解答》(粤高法〔2017〕147号)第4条,关于"村委会等基层自治组织聘用人员关系如何认定"问题,提出的解答意见是:"村民委员会、居民委员会与其对外招聘人员发生的用工关系符合劳动关系特征的,应按劳动关系处理。"

附:《中华人民共和国民法总则》(节选)

第九十六条 本节规定的机关法人、农村集体经济组织法人、城镇农村的合作经济组织法人、基层群众性自治组织法人,为特别法人。

第九十九条 农村集体经济组织依法取得法人资格。法律、行政法规对农村集体经济组织有规定的,依照其规定。

第一百条 城镇农村的合作经济组织依法取得法人资格。法律、行政法规对城镇农村的合作经济组织有规定的,依照其规定。

第一百零一条 居民委员会、村民委员会具有基层群众性自治组织法人资格,可以从事为履行职能所需要的民事活动。

法人分支机构的用工主体资格问题

关于法人分支机构能否作为用工主体签订劳动合同,《中华人民共和国劳动合同法实施条例》第四条规定:"劳动合同法规定的用人单位设立的分支机构,依法取得营业执照或者登记证书的,可以作为用人单位与劳动者订立劳动合同;未依法取得营业执照或者登记证书的,受用人单位委托可以与劳动者订立劳动合同。"

可见,依据《中华人民共和国劳动合同法实施条例》第四条规定,依法取得营业执照或者登记证书的分支机构具有用工主体资格,可以作为用人单位与劳动者订立劳动合同,可以直接作为劳动合同中的甲方(用人单位)。未依法取得营业执照或者登记证书的分支机构,只能受用人单位委托与劳动者订立劳动合同,即劳动合同中的用人单位只能是设立该分支机构的单位,不能将分支机构直接列为用人单位。

《中华人民共和国民法总则》第七十四条规定:"法人可以依法设立分支机构。法律、行政法规规定分支机构应当登记的,依照其规定。分支机构以自己的名义从事民事活动,产生的民事责任由法人承担;也可以先以该分支机构管理的财产承担,不足以承担的,由法人承担。"

《中华人民共和国公司法》第十四条规定:"公司可以设立分公司。设立分公司,应当向公司登记机关申请登记,领取营业执照。分公司不具有法人资格,其民事责任由公司承担。公司可以设立子公司,子公司具有法人资格,依法独立承担民事责任。"

应当注意的是,虽然法人分支机构是以自己的名义而不是以法人的名义从事民事活动,但并不是由分支机构承担责任而是由法人来承担责任,当然可以先用该分支机构管理的财产来承担责任,不能足额承担时,还是要由法人来承担。

2. 工伤职工。申请工伤认定是工伤职工的一项基本权利,是工伤职工获得工伤保险待遇的前提。为了充分保护职工的合法权益,《工伤保险条例》规定用人单位没有在职工事故伤害发生之日或者被诊断、鉴定为职业病之日起30日内提出工伤认定申请的,工伤职工或者其近亲属、工会组织在事故伤害发生之日或者被诊断、鉴定为职业病之日起1年内,可以直接向用人单位所在地统筹地区社会保险行政部门提出工伤认定申请。

3. 工伤职工的近亲属。由于在很多工伤发生的情况下,受伤职工在医疗机构接受治疗时很难亲自去办理工伤申请等事项,因此《工伤保险条例》规定,工伤职工的近亲属都可以成为工伤认定申请的主体。这里的近亲属应当包括:配偶、父母、子女、兄弟姐妹、祖父母、外祖父母、孙子女、外孙子女和其他具有抚养、赡养关系的亲属。

延伸阅读

法律上关于"近亲属"的范围规定

当事人的近亲属,是指与自然人当事人之间具有特定的亲近亲属关系的人。

(1)《中华人民共和国刑事诉讼法》(2012年3月14日第十一届全国人民代表大会第五次会议《关于修改〈中华人民共和国刑事诉讼法〉的决定》第二次修正)第一百零六条第(六)项规定:"刑事诉讼法中'近亲属'的含意是指夫、妻、父、母、子、女、同胞兄弟姊妹。"

（2）《最高人民法院关于贯彻执行〈民法通则〉若干问题的意见》（法[办]发〔1988〕6号）第12条规定："民法通则中规定的近亲属，包括配偶、父母、子女、兄弟姐妹、祖父母、外祖父母、孙子女、外孙子女。"

（3）《最高人民法院关于执行〈中华人民共和国行政诉讼法〉若干问题的解释》（法释〔2000〕8号）第十一条规定："行政诉讼法第二十四条规定的'近亲属'，包括配偶、父母、子女、兄弟姐妹、祖父母、外祖父母、孙子女、外孙子女和其他具有扶养、赡养关系的亲属。"

4. 工会组织。工会作为维护职工权益的专门性群众组织，也有权为职工申请工伤认定。

延伸阅读

特殊情况：个人不能成为工伤认定申请主体的情况

（1）非法使用的童工。

（2）实习生和勤工助学人员。

《劳动保障部关于贯彻执行〈中华人民共和国劳动法〉若干问题的意见》（劳部发〔1995〕309号文）第12条规定："在校生利用业余时间勤工助学，不视为就业，未建立劳动关系，可以不签订劳动合同。"

（3）家政服务人员。

按照《最高人民法院关于审理劳动争议案件适用法律若干问题的解释（二）》（法释〔2006〕6号）第七条规定，家庭或者个人与家政服务人员间的纠纷不属于劳动争议。

（4）依法享受基本养老保险待遇人员。

《最高人民法院关于审理劳动争议案件适用法律若干问题的解释（三）》（法释〔2010〕12号）第七条规定："用人单位与其招用的已经依法享受养老保险待遇或领取退休金的人员发生用工争议，向人民法院提起诉讼的，人民法院应当按劳务关系处理。"

据此，超过法定退休年龄且已经领取基本养老金人员，原则上不属于劳动法调整的范围，不适用工伤认定程序。但是下列三种特殊情况除外：

1)《人力资源社会保障部关于执行〈工伤保险条例〉若干问题的意见（二）》（人社部发〔2016〕29号）第二条第二款规定："用人单位招用已经达到、超过法定退休年龄或已经领取城镇职工基本养老保险待遇的人员，在用工期间因工作原因受到事故伤害或患职业病的，如招用单位已按项目参保等方式为其缴纳工伤保险费的，应适用《工伤保险条例》。"

2)《最高人民法院行政审判庭关于离退休人员与现工作单位之间是否构成劳动关

系以及工作时间内受伤是否适用〈工伤保险条例〉问题的答复》[（2007）行他字第 6 号]："离退休人员受聘于现工作单位，现工作单位已经为其缴纳了工伤保险费，其在受聘期间因工作受到事故伤害的，应当适用《工伤保险条例》的有关规定处理。"

3）《人力资源社会保障部关于执行〈工伤保险条例〉若干问题的意见》（人社部发〔2013〕34 号）第八条规定："曾经从事接触职业病危害作业、当时没有发现罹患职业病、离开工作岗位后被诊断或鉴定为职业病的符合下列条件的人员，可以自诊断、鉴定为职业病之日起一年内申请工伤认定，社会保险行政部门应当受理：（一）办理退休手续后，未再从事接触职业病危害作业的退休人员；……"

对于超过法定退休年龄但未享受基本养老保险人员是否适用《工伤保险条例》的问题，本书将在第四章中专题讲述，此处不再赘述。

（二）工伤认定的申请时限

工伤认定申请时限是指职工因工作遭受事故伤害或患职业病，公民、法人或其他组织依法向社会保险行政部门提起工伤认定请求，以保护工伤职工合法权益的时限。目前有关工伤认定时限的规定有以下三种：

1. 用人单位的申请时限。《工伤保险条例》第十七条第一款的规定："职工发生事故伤害或者按照职业病防治法规定被诊断、鉴定为职业病，所在单位应当自事故伤害发生之日或者被诊断、鉴定为职业病之日起 30 日内，向统筹地区社会保险行政部门提出工伤认定申请。遇有特殊情况，经报社会保险行政部门同意，申请时限可以适当延长。"

用人单位的申报时间限定为事故伤害发生或者职业病被确诊后的 30 日内。只有在特殊情况下，经过社会保险行政部门的同意，才可以将申报时间延长。对用人单位的申报时限要求较短，主要是为了加强对用人单位安全生产的监管，便于有关证据的搜集与分析，及时保护职工的合法权益。为了督促用人单位及时向社会保险行政部门提出工伤认定申请，《工伤保险条例》第十七条第四款规定："用人单位未在本条第一款规定的时限内提交工伤认定申请，在此期间发生符合本条例规定的工伤待遇等有关费用由该用人单位负担。"据此，如果用人单位未在 30 日内又未报经社会保险行政部门同意延长提出工伤认定，则用人单位将要承担社会保险行政部门受理前的工伤保险待遇。

2. 工伤职工（或者其近亲属、工会组织）的申请时限。《工伤保险条例》第十七条第二款规定："用人单位未按前款规定提出工伤认定申请的，工伤职工或者其近亲属、工会组织在事故伤害发生之日或者被诊断、鉴定为职业病之日起 1 年内，可以直接向用人单位所在地统筹地区社会保险行政部门提出工伤认定申请。"

对于工伤职工（或者其近亲属、工会组织）的申请时限作较长的规定，主要是为了充分保障职工的申请权利。

3. 超过工伤认定申请时限仍可申请的几种特殊情形。考虑到职工实际所处的弱势地位，由于不属于职工或者其近亲属自身原因超过工伤认定申请时限的，被耽误的时间不计算在工伤认定申请时限内，以对其申请权利进行充分保障。工伤认定部门要对当事人超期的缘由进行审查，确认是否存在《人力资源社会保障部关于执行〈工伤保险条例〉若干问题的意见（二）》（人社部发〔2016〕29号）和《最高人民法院关于审理工伤保险行政案件若干问题的规定》（法释〔2014〕9号）中规定的耽误申请时限的情形。排除特殊情形后，才能以超过法定期限为由，作出不予受理决定。

法律法规摘选

《人力资源社会保障部关于执行〈工伤保险条例〉若干问题的意见（二）》（节选）

人社部发〔2016〕29号

八、有下列情形之一的，被延误的时间不计算在工伤认定申请时限内。

（一）受不可抗力影响的；

（二）职工由于被国家机关依法采取强制措施等人身自由受到限制不能申请工伤认定的；

（三）申请人正式提交了工伤认定申请，但因社会保险机构未登记或者材料遗失等原因造成申请超时限的；

（四）当事人就确认劳动关系申请劳动仲裁或提起民事诉讼的；

（五）其他符合法律法规规定的情形。

《最高人民法院关于审理工伤保险行政案件若干问题的规定》

法释〔2014〕9号

第七条　由于不属于职工或者其近亲属自身原因超过工伤认定申请期限的，被耽误的时间不计算在工伤认定申请期限内。

有下列情形之一耽误申请时间的，应当认定为不属于职工或者其近亲属自身原因：

（一）不可抗力；

（二）人身自由受到限制；

（三）属于用人单位原因；

（四）社会保险行政部门登记制度不完善；

（五）当事人对是否存在劳动关系申请仲裁、提起民事诉讼。

延伸阅读

《最高人民法院关于审理工伤保险行政案件若干问题的规定》的理解与适用（节选）

八、关于工伤认定申请法定期限的规定

根据2010年《工伤保险条例》的规定，用人单位工伤认定申请法定期限遇有特殊情况，经报社会保险行政部门同意，申请时限可以适当延长。但对工伤职工或者其近亲属的 1 年工伤认定申请法定期限是否可以适当延长则没有明确规定。对此，有两种不同意见：一种意见认为，《工伤保险条例》第十七条第二款规定的是除斥期间，不能延长；另一种意见认为，不属于除斥期间，可以适当延长。我们认为，国务院法制办《对〈关于对〈工伤保险条例〉第十七条、第六十四条关于工伤认定申请时限问题的请示〉的复函》（国法秘函〔2005〕39 号）明确"申请工伤认定时限应扣除因不可抗力耽误的时间"，由此可见，该条规定的不是除斥期间，申请时限依法可以延长，但应当有正当理由。《最高人民法院关于审理工伤保险行政案件若干问题的规定》第七条将延长的正当理由明确为"不属于职工或者其近亲属自身原因"，主要包括不可抗力和社会保险行政部门、用人单位等不当致使受伤职工或者其近亲属耽误工伤认定申请等情形。

一是因不可抗力或者人身自由受到限制而耽误工伤认定申请的。受伤职工或者其近亲属因不可抗力而耽误工伤认定申请的，应当将耽误期限予以扣除，否则对受伤职工或者其近亲属不公平。国务院法制办《对〈关于对〈工伤保险条例〉第十七条、第六十四条关于工伤认定申请时限问题的请示〉的复函》（国法秘函〔2005〕39 号）也指出，"申请工伤认定时限应扣除因不可抗力耽误的时间"；《最高人民法院关于执行〈中华人民共和国行政诉讼法〉若干问题的解释》（法释〔2000〕8 号，以下简称《若干解释》）第四十三条规定，"因人身自由受到限制而不能提起诉讼的，被限制人身自由的时间不计算在起诉期间内"。因此，因人身自由受到限制而不能提起工伤认定申请的期限应当予以扣除。

二是因属于用人单位原因而耽误工伤认定申请的。实践中，以下情形属于这一问题：①有不少职工申请工伤认定意识不强，一些用人单位有意欺骗受伤职工或者其近亲属，虽也给予受伤职工必要的治疗和支付一定的待遇，一旦超过法定申请期限就撒手不管；②用人单位借故与职工协商申请工伤认定事宜，一旦超过法定申请期限，就不再协商；③用人单位在与职工协商过程中同意申请工伤认定，但一直拖延申请，导致职工超过申请期限的。这些情形一般出现在未缴纳工伤保险费的用人单位中。因此，在理解工伤认定申请期限的问题上，要考虑到职工实际所处的弱势地位，对其申请权利进行充分保障，因属于用人单位原因而耽误工伤认定申请期限的，依法应当予以扣除。

三是因社会保险行政部门登记制度不完善而耽误工伤认定申请的。由于社会保险行政部门登记制度不完善，工伤申请人已申请工伤认定却无从查证，申请人有证据证明是因社会保险行政部门登记制度不完善导致的，被耽误的时间应当扣除。

四是因双方当事人对是否存在劳动关系发生争议而申请仲裁、提起民事诉讼而耽误工伤认定申请的。申请人申请劳动仲裁、提起民事诉讼程序确认劳动关系的期间，是否属于申请期限的中断或者中止的事由？一种意见认为，不是中断或者中止事由。申请人应先提出工伤认定申请，再通过民事诉讼或劳动仲裁确认劳动关系。因为在提起仲裁、民事诉讼的期间，并不影响其同时申请工伤认定，在社会保险行政部门受理其申请后,会要求其提供劳动关系的相关证据,申请人可以以正在仲裁或诉讼的理由要求延长举证期限。另外,有人进一步认为,不应将其视为申请期限的中断或者中止事由的理由为:工伤补偿一定要及时,补偿及时到位,可以使职工得到更多的生存、康复的机会,可以避免职工及其家属的生活陷入困境。如果认可中断事由,这实际上就大大推迟了职工得到工伤补偿的时间。况且,工伤认定部门同样具备对劳动关系存在与否的认定能力,在工伤认定过程中,对劳动关系存在与否有争议,没有必要通过劳动仲裁来解决。综上,不应将其视为申请期限的中断或者中止事由。另一种意见认为,应该属于中断或者中止的法定事由。用人单位和劳动者之间存在劳动关系,是受伤职工认定为工伤的前提条件之一。因为工伤认定是以确认劳动关系为基础的,劳动关系不存在也就不可能认定工伤了。双方当事人因是否存在劳动关系发生争议而申请仲裁、提起民事诉讼而耽误时间应当依法予以中断或者扣除,否则受伤职工或者其近亲属无法在申请工伤时提供《工伤保险条例》第十八条第一款第(二)项规定的"与用人单位存在劳动关系(包括事实劳动关系)的证明材料"。我们认为,如果没有民事诉讼法等法律规定申请仲裁、提起民事诉讼,社会保险行政部门在行使工伤认定职权中独自对劳动关系进行判断是最为理想的,也可以大大缩短职工得到工伤补偿的时间。不过,由于民事诉讼法等法律明确规定对劳动关系可以申请仲裁、提起民事诉讼,工伤申请人可以在法定工伤认定申请期限内对劳动关系申请仲裁、提起民事诉讼。因此,由此耽误的期限依法应当扣除。

稿件来源:《人民司法(应用)》
稿件编写人:马永欣 李涛 杨科雄

案例参考

用人单位借故与职工协商耽误的时间不计算在工伤认定申请期限内

/案情/

刘某于 2011 年 11 月应聘至西安某公司工作,工作岗位为普工。2012 年 1 月 30 日刘某在工作中,搬运货物时致右腿受伤,随即被送往医院住院治疗。经医院诊断为右股骨颈骨折,单位承担了住院治疗费用。在刘某住院期间,单位向刘某许诺,待治疗结束后,再行按照工伤标准进行协商赔偿。刘某的伤情稳定后,双方就工伤赔偿事宜进行了多次协商未果,并于 2013 年 12 月 19 日由单位向陕西某司法鉴定中心委托鉴定,经鉴定,刘某的伤残等级为九级伤残。伤残鉴定报告作出后,双方之间又进行了多次协商,但均未果。后刘某于 2014 年 5 月 9 日依法向人力资源和社会保障局提出书面工伤认定申请,但人力资源和社会保障局认为刘某申请认定工伤的时效已过,向刘某出具书面《工伤认定申请不予受理通知书》。刘某提起行政诉讼。

/裁判/

此案件经一审、二审,最终法院撤销了该《工伤认定申请不予受理通知书》。法院认为,根据《最高人民法院关于审理工伤保险行政案件若干问题的规定》(法释〔2014〕9号)第七条规定:"由于不属于职工或者其近亲属自身原因超过工伤认定申请期限的,被耽误的时间不计算在工伤认定申请期限内。有下列情形之一耽误申请时间的,应当认定为不属于职工或者其近亲属自身原因:(一)不可抗力;(二)人身自由受到限制;(三)属于用人单位原因;(四)社会保险行政部门登记制度不完善;(五)当事人对是否存在劳动关系申请仲裁、提起民事诉讼。"刘某于2012年1月30日在用人单位生产车间受伤后,用人单位支付了刘某两次住院的医疗费,并在2012年2月至2013年2月期间,按月发放刘某生活费,可以看出刘某和用人单位就受伤治疗和赔偿事宜进行过协商,用人单位也在积极处理刘某受伤问题。2013年12月,双方在协商未果情况下,对刘某作了伤残等级鉴定,后参考鉴定结论再进行协商,可见双方就刘某受伤及赔偿事宜一直处于协商中,且用人单位也有支付医疗费及发放生活费等积极处理行为,故刘某未在1年内向人力资源和社会保障局申请认定工伤,应当认定为属于用人单位原因,不应视为其申请超过1年的期限。人力资源和社会保障局在接到刘某的工伤认定申请材料后,仅对刘某进行了调查,制作了笔录,而未依法对用人单位进行调查,以刘某受伤后1年内没有遇到不可抗的外力为由作出《工伤认定申请不予受理通知书》,系事实不清,证据不足,适用依据错误,应予撤销。

用人单位一直支付工伤职工待遇被耽误的时间不计算在工伤认定申请期限内

/案情/

冯某于2010年9月应聘至西安普惠汽修厂工作,工作岗位为普工。2011年8月15日冯某在使用砂轮工作过程中,被异物打伤右眼,随即送往医院住院治疗,经医院诊断为右眼贯通伤,后又于2012年4月10日在医院进行二次住院医疗,共计住院38天。两次住院治疗费用均由单位承担。在冯某第一次住院治疗后,向当时单位的法律顾问提出申请,要求单位申报工伤,法律顾问将冯某的要求反映单位后,单位没有向行政部门提出工伤认定申请,但单位一直支付冯某的所有医疗费用和生活费。2014年3月单位停止支付冯某的医疗费和生活护理费,冯某到单位询问后得知,单位并没有为其申报工伤。随后,冯某于2014年6月份,依法向市人力资源和社会保障局提请书面工伤认定申请。

/裁判/

市人力资源和社会保障局向单位依法调查,并找到当时的法律顾问取证,同时冯某提供了银行卡明细等证据材料。市人力资源和社会保障局依法对申请人出具书面《工伤认定决定书》,认定冯某所受伤害为工伤。

当事人就是否存在劳动关系申请仲裁、提起民事诉讼被耽误的时间不计算在工伤认定申请期限内

/案情/

宏达豪纺织公司系经依法核准登记设立的企业法人,其注册地位于广东省佛山市

禅城区劳动和社会保障局辖区内。邓某与宏达豪纺织公司存在事实劳动关系。2006年4月24日邓某在宏达豪纺织公司擅自增设的经营场所内，操作机器时左手中指被机器轧伤，经医院诊断为"左中指中节闭合性骨折、软组织挫伤、肌腱断裂"。2006年7月28日邓某在不知情的情况下向佛山市禅城区劳动和社会保障局申请工伤认定时，列"宏达豪纺织厂"为用人单位。佛山市禅城区劳动和社会保障局以"宏达豪纺织厂"不具有用工主体资格、不能与劳动者形成劳动关系为由不予受理其工伤认定申请。邓某后通过民事诉讼途径最终确认与其存在事实劳动关系的用人单位是宏达豪纺织公司。2008年1月16日，邓某以宏达豪纺织公司为用人单位向佛山市禅城区劳动和社会保障局申请工伤认定。佛山市禅城区劳动和社会保障局于1月28日作出《工伤认定决定书》，认定邓某于2006年4月24日所受到的伤害为工伤。2008年3月24日，宏达豪纺织公司经工商行政管理部门核准注销。邹某作为原宏达豪纺织公司的法定代表人于2009年3月10日收到该《工伤认定决定书》后不服，向佛山市劳动和社会保障局申请行政复议，复议机关维持该工伤认定决定。邹某仍不服，向佛山市禅城区人民法院提起行政诉讼。广东省佛山市禅城区人民法院判决维持佛山市禅城区劳动和社会保障局作出的《工伤认定决定书》。宣判后，邹某不服，向广东省佛山市中级人民法院提起上诉。

/裁判/

法院经审理认为，因宏达豪纺织公司未经依法登记即擅自增设营业点从事经营活动，故2006年7月28日邓某在不知情的情况下向佛山市禅城区劳动和社会保障局申请工伤认定时，错列"宏达豪纺织厂"为用人单位并不存在主观过错。另外，邓某在佛山市禅城区劳动和社会保障局以"宏达豪纺织厂"不具有用工主体资格、不能与劳动者形成劳动关系为由不予受理其工伤认定申请并建议邓某通过民事诉讼途径解决后，才由生效民事判决最终确认与其存在事实劳动关系的用人单位是宏达豪纺织公司。故佛山市禅城区劳动和社会保障局于2008年1月16日收到邓某以宏达豪纺织公司为用人单位的工伤认定申请后，从《工伤保险条例》切实保护劳动者合法权益的立法目的考量，认定邓某已在1年的法定申请时效内提出过工伤认定申请，是因存在不能归责于其本人的原因而导致其维护合法权益的时间被拖长，受理其申请并作出是工伤的认定决定，程序并无不当，判决维持佛山市禅城区劳动和社会保障局作出的《工伤认定决定书》。

案例来源：2014年8月20日最高人民法院公布四起工伤保险行政纠纷参考案例4

单位未履行告知义务被耽误的时间不计算在工伤认定申请期限内

/案情/

倪某之子卢某于2013年10月5日在某砖厂工作时因意外事故死亡，卢某死亡之情倪某并不知情，砖厂也未告知倪某。2016年3月21日倪某向山东省莱芜市莱城区人力资源和社会保障局（以下简称莱城区人社局）提出工伤认定申请，同日莱城区人社局认定倪某申请工伤认定超过了1年的工伤认定申请时效，作出不予受理决定。倪某不服,提起行政诉讼。

/裁判/

莱芜市莱城区人民法院一审认为,原告倪某系死亡职工卢某之母,具有提出工伤认定申请的主体资格,且在无证据证明砖厂或其他单位向原告告知了卢某于厂内意外死亡的事实的情况下,原告超期限提出工伤认定申请非因其自身原因导致,依法判决撤销莱城区人社局作出的《工伤认定申请不予受理决定书》,责令其于判决生效之日起15日内重新作出处理。砖厂不服,提起上诉。莱芜市中级人民法院二审认为,倪某作为卢某的母亲,有权提出工伤认定申请,且不受民事行为能力限制;用人单位明知道倪某有精神障碍且已改嫁他乡,却并未告知其子卢某死亡的事实,倪某不知道卢某死亡确有正当原因,因此其逾期提出工伤认定申请,不属于自身原因。依法判决:驳回上诉,维持原判。

/评析/

本案涉及工伤认定申请主体资格及申请时效问题,倪某作为死者母亲,具有申请主体资格,不受是否有民事行为能力和对死者是否尽抚养义务的限制;《最高人民法院关于审理工伤保险行政案件若干问题的规定》第七条规定,属于用人单位原因,耽误申请时间的,应当认定为不属于职工或者其近亲属自身原因。卢某死亡后,用人单位并未告知倪某,母亲不知道儿子死亡的事实确有客观原因,因此其逾期提出工伤认定申请,不属于自身原因所致,莱城区人社局对其申请应当依法受理。

此案提醒工伤认定部门要对当事人超期的缘由仔细审查,确认是否存在耽误申请时间的情形。同时也提醒用人单位,劳动者在出现工伤后,超期未申请不表示无法认定工伤,也不意味着就甩掉了赔偿"包袱"。用人单位在一些情形下,应积极维护劳动者权益,如有告知的义务而未履行,很可能会引发不必要的争议。

案例来源:山东省莱芜市中级人民法院公布的2016年度行政案件参考案例3

三、提出工伤认定申请应当提交的材料

《工伤认定办法》(人力资源和社会保障部令第8号)第三条规定:"工伤认定应当客观公正、简捷方便,认定程序应向社会公开。"

工伤认定属于一种事实认定,社会保险行政部门要作出工伤认定决定,必须依据相应的事实和能够证明这些事实的证据材料。工伤认定主要实行书面审查,工伤职工所在单位、职工个人及其近亲属、工会组织在申请工伤认定时,首先应积极举证,提交全面、真实的书面材料,以便社会保险行政部门准确、及时地作出工伤认定结论,缩短处理时间,提高工作效率,保护工伤职工的合法权益。为便于社会保险行政部门调查确认,因特殊情况无法提供相关证明材料的,应书面说明情况及提供证据线索。

按照《工伤保险条例》第十八条规定,提出工伤认定申请应当提交下列材料:

(一)工伤认定申请表;

(二)与用人单位存在劳动关系(包括事实劳动关系)的证明材料;

（三）医疗诊断证明或者职业病诊断证明书（或者职业病诊断鉴定书）。

工伤认定申请表应当包括事故发生的时间、地点、原因以及职工伤害程度等基本情况。

工伤认定申请人提供材料不完整的，社会保险行政部门应当一次性书面告知工伤认定申请人需要补正的全部材料。申请人按照书面告知要求补正材料后，社会保险行政部门应当受理。

《工伤认定办法》（人力资源和社会保障部令第8号）在《工伤认定申请表》填表说明中同时规定，有下列情形之一的，还应当分别提交相应证据：

（一）职工死亡的，提交死亡证明；

（二）在工作时间和工作场所内，因履行工作职责受到暴力等意外伤害的，提交公安部门的证明或者其他相关证明；

（三）因工外出期间，由于工作原因受到伤害或者发生事故下落不明的，提交公安部门的证明或者相关部门的证明；

（四）上下班途中，受到非本人主要责任的交通事故或者城市轨道交通、客运轮渡、火车事故伤害的，提交公安机关交通管理部门或者其他相关部门的证明；

（五）在工作时间和工作岗位，突发疾病死亡或者在48小时之内经抢救无效死亡的，提交医疗机构的抢救证明；

（六）在抢险救灾等维护国家利益、公共利益活动中受到伤害的，提交民政部门或者其他相关部门的证明；

（七）属于因战、因公负伤致残的转业、复员军人，旧伤复发的，提交《革命伤残军人证》以及劳动能力鉴定机构对旧伤复发的确认。

四、工伤认定的办理程序

（一）工伤认定登记受理程序

1. 工伤认定申请登记程序。申请人正式提交了工伤认定申请，社会保险行政部门收到申请人提交的申请材料后，应当进行登记。《人力资源社会保障部关于执行〈工伤保险条例〉若干问题的意见（二）》第八条第（二）项规定，申请人正式提交了工伤认定申请，但因社会保险机构未登记或者材料遗失等原因造成申请超时限的，被延误的时间不计算在工伤认定申请时限内。《最高人民法院关于审理工伤保险行政案件若干问题的规定》（法释〔2014〕9号）第七条第（四）项规定，社会保险行政部门登记制度不完善的，应当认定为不属于职工或者其近亲属自身原因超过工伤认定申请期限，被耽误的时间不计算在工伤认定申请期限内。因此，实务中应注意完善工伤申请登记制度，做好申请登记，否则将造成超过工伤认定申请期限仍可申请的特殊事由。

2. 工伤认定审核和补正程序。《工伤保险条例》第十八条规定："工伤认定申请人提供材料不完整的，社会保险行政部门应当一次性书面告知工伤认定申请人需要补正的全部材料。"《工伤认定办法》第八条规定:"社会保险行政部门收到工伤认定申请后,应当在15日内对申请人提交的材料进行审核,材料完整的,作出受理或者不予受理的决定;材料不完整的,应当以书面形式一次性告知申请人需要补正的全部材料。社会保险行政部门收到申请人提交的全部补正材料后,应当在15日内作出受理或者不予受理的决定。"

实务中应注意以下两点:一是对于补正程序来说,要求必须是一次性,且必须以书面形式告知申请人。如果当事人按照补正材料中的内容补齐资料,则社会保险行政部门必须作出受理或者不予受理的决定。二是在法定申请时限的最后一天申请时,可以利用补正通知书来延续工伤认定申请时效,证明当事人在法定时限内提出了工伤认定申请。另外,对社会保险行政部门来说,补正程序也是"材料不齐"不予受理的前置程序。因此,在出具补正通知书时需要注意,必须填写工伤认定申请资料清单,该清单一式两份,经申请人签字后可留存备档一份。当然,这里的"材料不齐",仅指按照《工伤保险条例》第十八条的规定提出工伤认定申请应当提交的材料,而不包括其他事实证据材料。有意见认为,《工伤认定申请表》"填表说明"中的有关规定,仅是引导性说明而非强制性条款,其目的在于指引申请人应尽可能详尽地提供有效申请材料,以便于准确作出工伤认定,因此这类材料不齐不能作为不予受理的理由。

如何对申请人提交的材料进行审核?

对于当事人提交的申请材料,社会保险行政部门的工作人员应该首先进行审核,除了核对复印件与原件是否一致外,实务中,还应该从以下几个方面进行全面审核:

(1) 工伤认定申请是否在法定期限内;

(2) 工伤认定申请是否符合地域管辖范围;

(3) 工伤职工与用人单位双方主体是否合法;

(4) 工伤职工与用人单位之间是否具有劳动关系(或工伤保险责任关系);

(5) 申请表中填写的内容是否字迹清楚、内容翔实,申请表是否有申请人的签字确认,系真实意思表示;

(6) 当事人所申请的事项是否清楚确定,受伤害部位的填写是否与工伤职工的病历和诊断证明书内容一致;

(7) 提交的申请材料是否符合《工伤保险条例》及《工伤认定办法》的要求;

(8) 提交的证据是否符合法定的证据规则标准;

(9) 申请内容和其提交证据是否能够相互印证并且可以形成证据链条;

(10) 双方当事人的送达地址是否真实有效,确保送达。

医学诊断证明书和病历如何把握？

医学诊断证明书是具有等同病历效力的医疗法律文件，是保障当事人休假、索赔等合法权益的重要依据。根据《工伤保险条例》和《工伤认定办法》规定，医学诊断证明书是工伤认定申请材料的必备要件；但病历可以作为认定过程中的主要证据使用。

医学诊断证明书包括疾病诊断、治疗、出生、死亡等证明文件，是重要的法律文书。根据《中华人民共和国执业医师法》《医疗机构管理条例》等相关规定，医师不得出具与自己执业范围无关或者与职业类别不相符的医学证明文件，医师必须亲自诊查患者后方可出具医学诊断证明书。医学诊断证明书应客观、全面，每项诊断都应具备科学、客观的依据，并与病历中记载的病情和检查结果相符。医学诊断证明书应严格按照医院规定加盖医院专用印章后方为有效。

病历是指医务人员在医疗活动过程中形成的文字、符号、图表、影像、切片等资料的总和，包括门（急）诊病历和住院病历。原卫生部颁发的《医疗机构病历管理规定（2013年版）》（国卫医发〔2013〕31号）和《病历书写基本规范》（卫医政发〔2010〕11号）对病历作出了明确的规定。病历的证明作用体现在：可以根据病例中的主诉，来反映事故发生时的情形；可以根据病例中的体检内容，来判断当事人的具体受伤部位。一般情况下，医学诊断证明是根据病历作出的，病例与医学诊断证明书是伤者就医过程完整的记录。工伤职工在接受医疗救治过程中，可能产生多份病例或医学诊断证明书，可以按照以下原则处理：

（1）只有门诊病历，以医学诊断证明书为准。

（2）同一家医院的住院病历和医学诊断证明书，具有同等的法律地位，按照时间顺序，以最后出具的为准。

（3）出现不同医院的多份医学诊断证明书和住院病历的，在进行工伤认定时，注意要互为补充，不要漏项。

法律法规摘选

《中华人民共和国执业医师法》（节选）

1998年6月26日第九届全国人民代表大会常务委员会第三次会议通过
自1999年5月1日起施行

第三十七条 医师在执业活动中，违反本法规定，有下列行为之一的，由县级以上人民政府卫生行政部门给予警告或者责令暂停六个月以上一年以下执业活动；情节严重的，吊销其医师执业证书；构成犯罪的，依法追究刑事责任：

……

（四）未经亲自诊查、调查，签署诊断、治疗、流行病学等证明文件或者有关出生、死亡等证明文件的；

……

《医疗机构管理条例》（节选）

1994年2月26日国务院令第149号发布，自1994年9月1日起施行

第三十二条　未经医师（士）亲自诊查病人，医疗机构不得出具疾病诊断书、健康证明书或者死亡证明文件；未经医师（士）、助产人员亲自接产，医疗机构不得出具出生证明书或者死产报告书。

《关于印发〈医疗机构病历管理规定（2013年版）〉的通知》（节选）

（国卫医发〔2013〕31号）

第二条　病历是指医务人员在医疗活动过程中形成的文字、符号、图表、影像、切片等资料的总和，包括门（急）诊病历和住院病历。病历归档以后形成病案。

第四条　按照病历记录形式不同，可区分为纸质病历和电子病历。电子病历与纸质病历具有同等效力。

第八条　医务人员应当按照《病历书写基本规范》、《中医病历书写基本规范》、《电子病历基本规范（试行）》和《中医电子病历基本规范（试行）》要求书写病历。

第九条　病案应当按照以下顺序装订保存：住院病案首页、入院记录、病程记录、术前讨论记录、手术同意书、麻醉同意书、麻醉术前访视记录、手术安全核查记录、手术清点记录、麻醉记录、手术记录、麻醉术后访视记录、术后病程记录、出院记录、死亡记录、死亡病例讨论记录、输血治疗知情同意书、特殊检查（特殊治疗）同意书、会诊记录、病危（重）通知书、病理资料、辅助检查报告单、医学影像检查资料、体温单、医嘱单、病重（病危）患者护理记录。

第十条　门（急）诊病历原则上由患者负责保管。医疗机构建有门（急）诊病历档案室或者已建立门（急）诊电子病历的，经患者或者其法定代理人同意，其门（急）诊病历可以由医疗机构负责保管。

住院病历由医疗机构负责保管。

第十一条　门（急）诊病历由患者保管的，医疗机构应当将检查检验结果及时交由患者保管。

第十四条　医疗机构应当严格病历管理，任何人不得随意涂改病历，严禁伪造、隐匿、销毁、抢夺、窃取病历。

第二十条　公安、司法、人力资源社会保障、保险以及负责医疗事故技术鉴定的部门，因办理案件、依法实施专业技术鉴定、医疗保险审核或仲裁、商业保险审核等需要，提出审核、查阅或者复制病历资料要求的，经办人员提供以下证明材料后，医疗机构可以根据需要提供患者部分或全部病历：

（一）该行政机关、司法机关、保险或者负责医疗事故技术鉴定部门出具的调取病历的法定证明；

（二）经办人本人有效身份证明；

（三）经办人本人有效工作证明（需与该行政机关、司法机关、保险或者负责医疗事故技术鉴定部门一致）。

3. 工伤认定受理程序。《工伤认定办法》规定，工伤认定申请人提交的申请材料符合要求，属于社会保险行政部门管辖范围且在受理时限内的，社会保险行政部门应当受理。社会保险行政部门决定受理的，应当出具《工伤认定申请受理决定书》；决定不予受理的，应当出具《工伤认定申请不予受理决定书》。

《人力资源社会保障部关于执行〈工伤保险条例〉若干问题的意见（二）》第八条第（三）项规定，申请人正式提交了工伤认定申请，但因社会保险机构未登记或者材料遗失等原因造成申请超时限的，被延误的时间不计算在工伤认定申请时限内。《最高人民法院关于审理工伤保险行政案件若干问题的规定》（法释〔2014〕9号）第七条第（四）项规定，社会保险行政部门登记制度不完善的，应当认定为不属于职工或者其近亲属自身原因超过工伤认定申请期限，被耽误的时间不计算在工伤认定申请期限内。因此，实务中应注意完善工伤申请登记制度，做好申请登记，否则将造成超过工伤认定申请期限仍可申请的特殊事由。

（二）工伤认定调查核实程序

法律法规摘选

《工伤保险条例》（节选）

第十九条 社会保险行政部门受理工伤认定申请后，根据审核需要可以对事故伤害进行调查核实，用人单位、职工、工会组织、医疗机构以及有关部门应当予以协助。职业病诊断和诊断争议的鉴定，依照职业病防治法的有关规定执行。对依法取得职业病诊断证明书或者职业病诊断鉴定书的，社会保险行政部门不再进行调查核实。

职工或者其近亲属认为是工伤，用人单位不认为是工伤的，由用人单位承担举证责任。

《工伤认定办法》（节选）

人力资源和社会保障部令第8号

第九条 社会保险行政部门受理工伤认定申请后，可以根据需要对申请人提供的证据进行调查核实。

第十条 社会保险行政部门进行调查核实，应当由两名以上工作人员共同进行，并出示执行公务的证件。

第十一条 社会保险行政部门工作人员在工伤认定中，可以进行以下调查核实工作：

（一）根据工作需要，进入有关单位和事故现场；

（二）依法查阅与工伤认定有关的资料，询问有关人员并作出调查笔录；

（三）记录、录音、录像和复制与工伤认定有关的资料。调查核实工作的证据收集参照行政诉讼证据收集的有关规定执行。

第十二条　社会保险行政部门工作人员进行调查核实时，有关单位和个人应当予以协助。用人单位、工会组织、医疗机构以及有关部门应当负责安排相关人员配合工作，据实提供情况和证明材料。

第十三条　社会保险行政部门在进行工伤认定时，对申请人提供的符合国家有关规定的职业病诊断证明书或者职业病诊断鉴定书，不再进行调查核实。职业病诊断证明书或者职业病诊断鉴定书不符合国家规定的要求和格式的，社会保险行政部门可以要求出具证据部门重新提供。

第十四条　社会保险行政部门受理工伤认定申请后，可以根据工作需要，委托其他统筹地区的社会保险行政部门或者相关部门进行调查核实。

第十五条　社会保险行政部门工作人员进行调查核实时，应当履行下列义务：

（一）保守有关单位商业秘密以及个人隐私；

（二）为提供情况的有关人员保密。

第十七条　职工或者其近亲属认为是工伤，用人单位不认为是工伤的，由该用人单位承担举证责任。用人单位拒不举证的，社会保险行政部门可以根据受伤害职工提供的证据或者调查取得的证据，依法作出工伤认定决定。

兼顾行政效率原则和行政合法性原则，调查核实不是每个工伤案件认定程序中的必经程序，但调查核实却是社会保险行政部门必须履行的职能。如果社会保险行政部门已经掌握清楚的事实和确凿证据，可以不再进行调查；为确保工伤认定结论的客观公正，社会保险行政部门在进行工伤认定时，也可以根据需要对有关情况进行调查核实。

1. 调查核实的形式。

（1）书面审核。社会保险行政部门受理工伤认定申请后，应首先对申请人提供的申请材料进行书面审核。在书面审核过程中，可以通过对当事人提供的材料进行分析、电话询问有关人员、与当事人面谈等方式对申请材料所提供信息的真实性、全面性作出判断。如果申请人提供的材料真实准确，并且能够说明自己的主张，社会保险行政部门可以据此作出工伤认定决定。

（2）实地调查。经书面审核后，如果发现申请人提供的材料及相关证据不能支持自己的主张，社会保险行政部门不能据此作出是否属于或视同工伤的认定决定。此时，就需要对申请所涉及的单位和个人进行实地调查核实，以确定哪些证据可以采信，哪些证据不能采信。被调查的用人单位、工会组织、医疗机构、有关人员等应当协助社会保险行政部门调查，如实反映情况，并提供相应的证据。

（3）委托调查。社会保险行政部门受理工伤认定申请后，认为需要进行调查核实，而自己进行调查核实又有困难的，如对职工因工外出期间受到的伤害进行调查等，可以根据工作需要，委托其他统筹地区的社会保险行政部门或者相关部门进行调查核实。

2. 调查核实的权限和内容。

根据《工伤保险条例》和《工伤认定办法》，社会保险行政部门工作人员在工伤认定中，可以进行以下调查核实工作：

（1）根据工作需要，进入有关单位和事故现场；

（2）依法查阅与工伤认定有关的资料，询问有关人员并作出调查笔录；

（3）记录、录音、录像和复制与工伤认定有关的资料。调查核实工作的证据收集参照行政诉讼证据收集的有关规定执行。

社会保险行政部门在进行调查核实时，应注意以下几点：

一是所进行的调查应当是必需的。实际工作中确实需要对某些材料或证据进行核实的，才进行调查。对申请人提供的符合国家有关规定的职业病诊断证明书或者职业病诊断鉴定书，不再进行调查。《中华人民共和国职业病防治法》和《职业病诊断与鉴定管理办法》对职业病的诊断以及诊断争议的鉴定都作了明确规定。依法取得的职业病诊断证明书或者职业病诊断鉴定书，是说明职工患职业病的具有法律效力的凭证。在进行工伤认定时，社会保险行政部门应将其作为有效的证据来使用，无须再进行事实认定，只需确认职工与用人单位是否存在劳动关系和工伤保险关系即可。但是，社会保险行政部门如果发现申请人提交的职业病诊断证明书或者职业病诊断鉴定书不符合国家规定的格式和要求时（关于职业病诊断证明书或职业病诊断鉴定书的格式，卫计部门有相关的规定和要求），有权要求出具证据部门重新提供。

二是调查核实应当依法进行。社会保险行政部门进行调查核实，应当由两名以上工作人员共同进行，并出示执行公务的证件。社会保险行政部门工作人员进行调查核实时，应当履行下列义务：①保守有关单位商业秘密以及个人隐私；②为提供情况的有关人员保密。社会保险行政部门工作人员进行调查核实不能干扰被调查单位的正常生产、工作秩序。

3. 被调查者的协助义务和违法后果。

根据《工伤保险条例》和《工伤认定办法》规定，社会保险行政部门工作人员进行调查核实时，有关单位和个人应当予以协助。用人单位、工会组织、医疗机构以及有关部门应当负责安排相关人员配合工作，据实提供情况和证明材料。这里的有关部门包括出具有效证据的各相关部门，如在交通事故中出具证据的公安交通管理部门、出具宣告死亡结论的人民法院等。这些部门对于社会保险行政部门的询问应予以协助和配合，并按程序和权限提供有关材料。

在调查核实过程中，不同的单位和人员应从不同方面配合协助。有配合义务的单位或个人，如果是申请工伤认定的主体，应协助社会保险行政部门说明申请材料的各项内容以及提供的有关证据情况。如果不是申请主体，对于用人单位来说，应对社会保险行政部门提出的询问事项如实回答，如实提供各项材料；对于社会保险行政部门提出向有关人员了解情况的，应配合安排并应主动告知知情人员情况。对于职工来说,应如实回答社会保险行政部门的询问并如实提供相关材料和证据。工会组织应如实反映情况,提供与核实情况有关的线索并要求职工如实提供情况。医疗机构应如实、客观回答与医疗诊断相关的询问,并应向社会保险行政部门解释医疗伤病情况。

按照《工伤保险条例》第六十三条规定:"用人单位违反本条例第十九条的规定,拒不协助社会保险行政部门对事故进行调查核实的,由社会保险行政部门责令改正,处 2 000 元以上 2 万元以下的罚款。"按照《工伤保险条例》和《人力资源社会保障部关于执行〈工伤保险条例〉若干问题的意见(二)》规定,用人单位、工伤职工或者其近亲属隐瞒有关情况或者提供虚假材料,导致工伤认定决定错误的,社会保险行政部门发现后,应当及时予以更正。用人单位、工伤职工或者其近亲属骗取工伤保险待遇,医疗机构、辅助器具配置机构骗取工伤保险基金支出的,由社会保险行政部门责令退还,处骗取金额 2 倍以上 5 倍以下的罚款;情节严重,构成犯罪的,依法追究刑事责任。

(三) 工伤认定决定程序

《工伤保险条例》第二十条和《工伤认定办法》第十八条、第十九条对作出工伤认定决定的时限和形式作出了明确规定。主要包括:

1. 作出工伤认定决定的时限。一是社会保险行政部门应当自受理工伤认定申请之日起 60 日内作出工伤认定的决定。二是社会保险行政部门对受理的事实清楚、权利义务明确的工伤认定申请,应当在 15 日内作出工伤认定的决定。需要指出的是,作出决定的时限的起算时间为自受理工伤认定申请之日,而不是自申请人提交申请之日。

2. 作出工伤认定决定的形式。作出工伤认定决定,应当按照《工伤认定办法》规定出具《认定工伤决定书》或者《不予认定工伤决定书》。《认定工伤决定书》应当载明下列事项:

(1) 用人单位全称;

(2) 职工的姓名、性别、年龄、职业、身份证号码;

(3) 受伤害部位、事故时间和诊断时间或职业病名称、受伤害经过和核实情况、医疗救治的基本情况和诊断结论;

(4) 认定工伤或者视同工伤的依据;

(5) 不服认定决定申请行政复议或者提起行政诉讼的部门和时限;

(6) 作出认定工伤或者视同工伤决定的时间。

《不予认定工伤决定书》应当载明下列事项:

(1) 用人单位全称;

(2) 职工的姓名、性别、年龄、职业、身份证号码;

(3) 不予认定工伤或者不视同工伤的依据;

(4) 不服认定决定申请行政复议或者提起行政诉讼的部门和时限;

(5) 作出不予认定工伤或者不视同工伤决定的时间。

《认定工伤决定书》和《不予认定工伤决定书》应当加盖社会保险行政部门工伤认定专用印章。

(四) 工伤认定送达程序

按照《工伤保险条例》和《工伤认定办法》规定，《认定工伤决定书》和《不予认定工伤决定书》应当书面通知申请工伤认定的职工或者其近亲属和该职工所在单位。社会保险行政部门应当自工伤认定决定作出之日起20日内，将《认定工伤决定书》或者《不予认定工伤决定书》送达受伤害职工（或者其近亲属）和用人单位，并抄送社会保险经办机构。《认定工伤决定书》和《不予认定工伤决定书》的送达参照民事法律有关送达的规定执行。

(五) 工伤认定中止程序

《工伤保险条例》第二十条规定："作出工伤认定决定需要以司法机关或者有关行政主管部门的结论为依据的，在司法机关或者有关行政主管部门尚未作出结论期间，作出工伤认定决定的时限中止。"中止应有通知文书。中止通知文书应该送达工伤职工和用人单位，保障双方当事人知情权。一般情况下，中止通知文书属于工伤认定程序中的程序性行政行为，如果该行为不涉及终局性问题，对相对人的权利义务没有实质影响的，属于不成熟的行政行为，不具有可诉性，不属于提起行政诉讼的对象；但如果中止程序具有终局性，对相对人权利义务产生实质影响，并且无法通过提起针对相关的实体性行政行为的诉讼获得救济的，则属于可诉行政行为，可以作为提起行政诉讼的对象。（参见最高人民法院指导案例69号裁判摘要）

(六) 工伤认定的恢复程序

造成中止的事由消失，则应该恢复工伤认定程序。恢复工伤认定程序应有书面通知文书。恢复通知文书应该送达工伤职工和用人单位，保障双方当事人知情权。程序恢复后应按法定期限作出工伤认定的决定。

(七) 工伤认定的补充程序

目前，工伤认定程序尚不完善，还存在一定的瑕疵和漏洞。实务中，可参照行政复议法、行政诉讼法、劳动争议调解仲裁法等相关法律规定，对工伤认定程序进行必要的补充。如，对争议案件可引入证据质证程序，进一步辨认和核实证据，确保采纳证据真实有效。对重大事项可建立行政听证制度，倾听社情民意，确保认定结果公平公正。对专业问题可增加鉴定程序，由鉴定部门出具鉴定结论，确保结论科学。对申请人自愿撤回工伤认定申请的，可建立准予撤案制度。对认定结论下达后又出现其他诉求的，可探索变更或补充制度等。其他如公示、事故报告、案件移送等。这些补充程序，既能满足工作实际需要，又符合行政程序正当原则的要求。目前虽然全国没有统一的制度设计，但很多地方行政部门在制定地方政策或操作规程时，充分考虑到实际情况，已在当地的政策规范中进行了一定的创新，如《天津市工伤认定工作操作规程》和《东营市工伤认定工作规程》就是比较好的范例，可资借鉴。

五、工伤认定的期间问题

工伤认定程序中关于"期间"问题没有规定，实务中应参照适用《中华人民共和国民事诉讼法》（2012 年第二次修正，中华人民共和国主席令第五十九号）和《最高人民法院关于适用〈中华人民共和国民事诉讼法〉的解释》（法释〔2015〕5 号）关于期间的相关规定。

（一）期间包括法定期间和指定的期间。法定期间如 30 日内和 1 年内提出工伤认定申请、60 日内或 15 日内作出工伤认定决定、20 日内送达等。指定期间如社会保险行政部门指定的补正材料期间或限期举证期间（一般为 15 天）等。

（二）期间以时、日、月、年计算。期间开始的时和日，不计算在期间内。期间届满的最后一日是节假日的，以节假日后的第一日为期间届满的日期。以时起算的期间从次时起算；以日、月、年计算的期间从次日起算。

（三）期间不包括在途时间，法律文书在期满前交邮的，不算过期。

六、工伤认定的送达问题

《工伤认定办法》第二十二条规定："《认定工伤决定书》和《不予认定工伤决定书》的送达参照民事法律有关送达的规定执行。"

实际上，社会保险行政部门在工伤认定程序中作出的各种法律文书，如《补正通知》《受理通知》《不予受理通知》《调查举证通知》《中止通知》《恢复通知》《工伤认定决定书》《不予认定工伤决定书》等，都需要依照法定的程序和方式送达当事人和其他行政相对人。工伤认定法律文书的送达应参照《中华人民共和国民事诉讼法》（2012 年第二次修正）、《最高人民法院关于适用〈中华人民共和国民事诉讼法〉的解释》（法释〔2015〕5 号）和最高人民法院《关于进一步加强民事送达工作的若干意见》（法发〔2017〕9 号）等关于送达的相关规定。送达文书必须有送达回证，由受送达人在送达回证上记明收到日期，签名或者盖章。受送达人在送达回证上的签收日期为送达日期。

送达的方式有：

（一）直接送达

送达法律文书，应当直接送交受送达人。直接送达，可以通知当事人领取，也可以送交。通知当事人领取，当事人到达社会保险行政部门，拒绝签署送达回证的，视为送达，工伤认定执法人员应当在送达回证上注明送达情况并签名。参照《最高人民法院关于适用〈中华人民共和国民事诉讼法〉的解释》（法释〔2015〕5 号）规定，可以在当事人住所地以外向当事人直接送达文书。当事人拒绝签署送达回证的，采用拍照、录像等方式记录送达过程即视为送达，工伤认定执法人员应当在送达回证上注明送达情况并签名。

受送达人是公民的，本人不在交他的同住成年家属签收。向法人或者其他组织送达诉讼文书的,应当由法人的法定代表人、该组织的主要负责人或者该法人、组织办公室、收发室、值班室等负责收件的人签收或者盖章,拒绝签收或者盖章的,适用留置送达。受送达人已指定代收人的,送交代收人签收。受送达人有诉讼代理人的,既可以向受送达人送达,也可以向其诉讼代理人送达。

受送达人的同住成年家属,法人或者其他组织的负责收件的人,诉讼代理人或者代收人在送达回证上签收的日期为送达日期。

(二) 委托送达

直接送达文书有困难的,可以委托其他社会保险行政部门代为送达。参照《中华人民共和国民事诉讼法》第八十八条规定,委托其他社会保险行政部门代为送达的,委托部门应当出具委托函,并附需要送达的文书和送达回证,以受送达人在送达回证上签收的日期为送达日期。委托送达的,受委托部门应当自收到委托函及相关诉讼文书之日起十日内代为送达。

(三) 邮寄送达

直接送达诉讼文书有困难的,除可以委托送达外,也可以邮寄送达。邮寄送达的,以回执上注明的收件日期为送达日期。如通过挂号信邮寄的,挂号信回执上注明的收件日期为送达日期;通过EMS或快递方式送达的,从快递公司查询到的签收日期为送达日期。

(四) 电子送达

《中华人民共和国民事诉讼法》第八十七条规定:"经受送达人同意,人民法院可以采用传真、电子邮件等能够确认其收悉的方式送达诉讼文书,但判决书、裁定书、调解书除外。"《最高人民法院关于适用〈中华人民共和国民事诉讼法〉的解释》(法释〔2015〕5号)规定,电子送达可以采用传真、电子邮件、移动通信等即时收悉的特定系统作为送达媒介。受送达人同意采用电子方式送达的,应当在送达地址确认书中予以确认。工伤认定过程中也可以采用电子送达。采用电子方式送达的,以传真、电子邮件、移动通信等到达受送达人特定系统的日期为送达日期。

此到达受送达人特定系统的日期,为社会保险行政部门对应系统显示发送成功的日期,但受送达人证明到达其特定系统的日期与社会保险行政部门对应系统显示发送成功的日期不一致的,以受送达人证明到达其特定系统的日期为准。

参考文件:最高人民法院《关于进一步加强民事送达工作的若干意见》(法发〔2017〕19号)。

二、同意电子送达的,应当提供并确认接收民事诉讼文书的传真号、电子信箱、微信号等电子送达地址。当事人委托诉讼代理人的,诉讼代理人确认的送达地址视为当事人的送达地址。

十、在严格遵守民事诉讼法和民事诉讼法司法解释关于电子送达适用条件的前提下,积极主动探索电子送达及送达凭证保全的有效方式、方法。有条件的法院可以建立专门的电子送达平台，或以诉讼服务平台为依托进行电子送达，或者采取与大型门户网站、通信运营商合作的方式，通过专门的电子邮箱、特定的通信号码、信息公众号等方式进行送达。

十一、采用传真、电子邮件方式送达的，送达人员应记录传真发送和接收号码、电子邮件发送和接收邮箱、发送时间、送达诉讼文书名称，并打印传真发送确认单、电子邮件发送成功网页，存卷备查。

十二、采用短信、微信等方式送达的，送达人员应记录收发手机号码、发送时间、送达诉讼文书名称，并将短信、微信等送达内容拍照片，存卷备查。

（五）留置送达

包括见证留置和记录留置。受送达人或者他的同住成年家属拒绝接收法律文书的，送达人可以邀请有关基层组织或者所在单位的代表到场，说明情况，在送达回证上记明拒收事由和日期，由送达人、见证人签名或者盖章，把文书留在受送达人的住所。这里的"有关基层组织和所在单位的代表"，可以是受送达人住所地的居民委员会、村民委员会的工作人员以及受送达人所在单位的工作人员。留置送达，也可以把文书留在受送达人的住所，并采用拍照、录像等方式记录送达过程，即视为送达。受送达人指定诉讼代理人为代收人的，向诉讼代理人送达时，适用留置送达。

（六）转交送达

受送达人是军人的，通过其所在部队团以上单位的政治机关转交。受送达人被监禁的，通过其所在监所转交。受送达人被采取强制性教育措施的，通过其所在强制性教育机构转交。代为转交的机关、单位收到文书后，必须立即交受送达人签收，以在送达回证上的签收日期，为送达日期。

（七）公告送达

受送达人下落不明，或者用法律规定的其他方式无法送达的，公告送达。自发出公告之日起，经过60日，即视为送达。公告送达，应当说明公告送达的原因，应当在案卷中记明原因和经过。公告送达可以在部门的公告栏和受送达人住所地张贴公告，也可以在报纸、信息网络等媒体上刊登公告，发出公告日期以最后张贴或者刊登的日期为准。在受送达人住所地张贴公告的，应当采取拍照、录像等方式记录张贴过程。对公告送达方式有特殊要求的，应当按要求的方式进行。公告期满，即视为送达。在公告期内当事人前来领取文书的，公告送达转化为直接送达，当事人在送达回证上签收的日期为送达日期。

公告送达限期举证通知书的，应当说明申请人或者申请事项，受送达人举证答辩期限及逾期不举证的法律后果；公告送达认定书的，应当说明认定的主要内容、不服认定决定申请行政复议或者提起行政诉讼的部门和时限。

总之，公告送达需慎用，在其他送达方式无法实现的情况下，或者确定受送达人下落不明的情况下，方可使用。在公告期间，若出现可实现其他送达方式的事实或寻得受送达人下落，应重新转入其他送达方式。

参考文件：最高人民法院《关于进一步加强民事送达工作的若干意见》（法发〔2017〕19号）。

十五、要严格适用民事诉讼法关于公告送达的规定，加强对公告送达的管理，充分保障当事人的诉讼权利。只有在受送达人下落不明，或者用民事诉讼法第一编第七章第二节规定的其他方式无法送达的，才能适用公告送达。

论行政行为送达的司法审查标准（节选）

公告送达作为一种法律拟制送达，其在行政行为送达体系中充当的是一种补充性的角色。从法律规定来看，公告送达适用条件为"当事人下落不明"或者"采取其他几种方式不能送达"，但基于行政活动的丰富多样性，司法机关在坚持法定程序原则进行审查的基础上，应严格审查行政机关是否穷尽其他送达方式，如果未穷尽其他送达方式，则应当认定适用公告送达行为不适。例如在A公司诉B工商局行政处罚案中，B工商局因A公司未按期参加年检而拟对其进行吊销营业执照的行政处罚，便到A公司所在地送达《听证告知书》，A公司住所地仅有几名临时人员，以主管人员不在为理由，拒绝签收法律文书，B工商局便在报纸公告《听证告知书》。最后，B工商局作出了吊销A公司营业执照的行政处罚。A公司提起行政诉讼，认为该公司法定代表人在B工商局的登记材料中留有固定地址和电话号码，B工商局在完全可以找到法定代表人的情况下未认真寻找，而直接采取公告送达违法。一审法院以公告送达违法为由，判决撤销B工商局的行政处罚，二审法院予以维持。

稿件编写人：项励　邹绍莉

七、工伤认定证据和举证责任分配

《中华人民共和国行政诉讼法》和《最高人民法院关于行政诉讼证据若干问题的规定》（法释〔2002〕21号）对证据的种类、举证责任分配、提供证据的要求、调取、对质辨认和核实、审核认定等作了明确规定。按照《工伤认定办法》规定，工伤认定调查核实工作的证据收集参照行政诉讼证据收集的有关规定执行。

（一）证据种类

按照《中华人民共和国行政诉讼法》规定，证据的种类包括书证、物证、视听资料、电子数据、证人证言、当事人的陈述、鉴定意见、勘验笔录、现场笔录等。

（二）证据收集

证据的收集方式主要有自行收集、调取证据和补充证据等。当事人可以自行收集证据。社会保险行政部门有权向有关行政机关以及其他组织、公民调取证据。社会保险行政部门有权要求当事人提供或者补充证据。与本案有关的证据，当事人不能自行收集的，可以申请社会保险行政部门依权限调取。证据的取得应当手段合法。以非法手段取得的证据，不得作为认定案件事实的根据。

（三）证据采纳

证据经审查属实，才能作为认定案件事实的根据。证据应当在公开开庭时出示，并由当事人互相质证。应当全面、客观地审查核实证据。对未采纳的证据应当能说明理由。

（四）工伤认定的举证责任分配

在工伤认定过程中，按照《工伤保险条例》第十九条规定："职工或者其近亲属认为是工伤，用人单位不认为是工伤的，由用人单位承担举证责任。"如果用人单位与职工有不同的主张，并且各自提供的材料及证据都不足以支持自己的主张，那么此时应由用人单位承担举证责任。如果用人单位拒不举证，或者用人单位提供的证据不足以推翻职工的主张和提供的证据，那么社会保险行政部门可以根据受伤害职工提供的证据或者社会保险行政部门调查取得的证据，依法作出工伤认定决定。

（五）行政诉讼的举证责任分配

在行政诉讼过程中，被告（社会保险行政部门或经办机构）对作出的行政行为负有举证责任，应当提供作出该行政行为的证据和所依据的规范性文件。被告不提供或者无正当理由逾期提供证据，视为没有相应证据。但是，被诉行政行为涉及第三人合法权益，第三人提供证据的除外。原告可以提供证明行政行为违法的证据，原告提供的证据不成立的，不免除被告的举证责任。

法律法规摘选

《中华人民共和国行政诉讼法》（节选）

第三十三条　证据包括：

（一）书证；

（二）物证；

（三）视听资料；

（四）电子数据；

（五）证人证言；

（六）当事人的陈述；

（七）鉴定意见；

（八）勘验笔录、现场笔录。

以上证据经法庭审查属实，才能作为认定案件事实的根据。

第三十四条　被告对作出的行政行为负有举证责任，应当提供作出该行政行为的证据和所依据的规范性文件。

被告不提供或者无正当理由逾期提供证据，视为没有相应证据。但是，被诉行政行为涉及第三人合法权益，第三人提供证据的除外。

第三十五条　在诉讼过程中，被告及其诉讼代理人不得自行向原告、第三人和证人收集证据。

第三十六条　被告在作出行政行为时已经收集了证据，但因不可抗力等正当事由不能提供的，经人民法院准许，可以延期提供。

原告或者第三人提出了其在行政处理程序中没有提出的理由或者证据的，经人民法院准许，被告可以补充证据。

第三十七条　原告可以提供证明行政行为违法的证据。原告提供的证据不成立的，不免除被告的举证责任。

第三十八条　在起诉被告不履行法定职责的案件中，原告应当提供其向被告提出申请的证据。但有下列情形之一的除外：

（一）被告应当依职权主动履行法定职责的；

（二）原告因正当理由不能提供证据的。

在行政赔偿、补偿的案件中，原告应当对行政行为造成的损害提供证据。因被告的原因导致原告无法举证的，由被告承担举证责任。

第三十九条　人民法院有权要求当事人提供或者补充证据。

第四十条　人民法院有权向有关行政机关以及其他组织、公民调取证据。但是，不得为证明行政行为的合法性调取被告作出行政行为时未收集的证据。

第四十一条　与本案有关的下列证据，原告或者第三人不能自行收集的，可以申请人民法院调取：

（一）由国家机关保存而须由人民法院调取的证据；

（二）涉及国家秘密、商业秘密和个人隐私的证据；

（三）确因客观原因不能自行收集的其他证据。

第四十二条　在证据可能灭失或者以后难以取得的情况下，诉讼参加人可以向人民法院申请保全证据，人民法院也可以主动采取保全措施。

第四十三条　证据应当在法庭上出示，并由当事人互相质证。对涉及国家秘密、商业秘密和个人隐私的证据，不得在公开开庭时出示。

人民法院应当按照法定程序，全面、客观地审查核实证据。对未采纳的证据应当在裁判文书中说明理由。

以非法手段取得的证据，不得作为认定案件事实的根据。

第三章 劳动能力鉴定和工伤保险待遇

第一节　劳动能力鉴定

一、劳动能力鉴定的概念

劳动能力鉴定，是指由劳动能力鉴定机构根据当事人的申请，组织医学专家，依据国家有关标准，对劳动者伤、病情况和供养直系亲属丧失劳动能力情况，进行劳动功能障碍程度和生活自理障碍程度鉴定并作出技术性结论的活动。劳动能力鉴定结论是工伤职工享受工伤保险待遇的依据。

二、劳动能力鉴定机构

劳动能力鉴定委员会是劳动能力鉴定的法定机构。根据《工伤保险条例》规定，省、自治区、直辖市劳动能力鉴定委员会和设区的市级劳动能力鉴定委员会分别由省、自治区、直辖市和设区的市级社会保险行政部门、卫生行政部门、工会组织、经办机构代表以及用人单位代表组成。承担劳动能力鉴定委员会日常工作的机构，其设置方式由各地根据实际情况决定。根据《工伤职工劳动能力鉴定管理办法》（人力资源和社会保障部、国家卫生和计划生育委员会令第 21 号）规定，劳动能力鉴定委员会履行下列职责：①选聘医疗卫生专家，组建医疗卫生专家库，对专家进行培训和管理；②组织劳动能力鉴定；③根据专家组的鉴定意见作出劳动能力鉴定结论；④建立完整的鉴定数据库，保管鉴定工作档案 50 年；⑤法律、法规、规章规定的其他职责。设区的市级劳动能力鉴定委员会负责本辖区内的劳动能力初次鉴定、复查鉴定。省、自治区、直辖市劳动能力鉴定委员会负责对初次鉴定或者复查鉴定结论不服提出的再次鉴定。

三、劳动能力鉴定的申请主体

根据《工伤保险条例》第二十三条的规定："劳动能力鉴定由用人单位、工伤职工或者其近亲属向设区的市级劳动能力鉴定委员会提出申请，并提供工伤认定决定和职工工伤医疗的有关资料。"劳动能力鉴定申请主体有三种：一是用人单位，即工伤职工所在单位，也是《工伤认定决定书》中载明的用人单位；二是工伤职工本人；三是工伤职工的近亲属。近亲属包括：配偶、父母、子女、兄弟姐妹、祖父母、外祖父母、孙子女、外孙子女和其他具有抚养、赡养关系的亲属。

四、劳动能力鉴定的内容

根据《工伤职工劳动能力鉴定管理办法》（人力资源和社会保障部、国家卫生和计划生育委员会令第 21 号）有关规定，劳动能力鉴定内容主要包括对工伤职工劳动功能障碍程度和生活自理障碍程度组织进行技术性等级鉴定。根据工伤保险工作的需要，以下情况也应进行劳动能力鉴定：工伤职工延长停工留薪期鉴定、旧伤复发鉴定、工伤职工工伤导致疾病鉴定、工伤职工辅助器具配置鉴定、因工死亡职工遗属劳动能力鉴定等。

五、劳动能力鉴定标准

目前正在使用的劳动能力鉴定标准是《劳动能力鉴定 职工工伤与职业病致残等级》（GB/T 16180—2014）。该标准于 2014 年 9 月 3 日发布，2015 年 1 月 1 日起实施。

职工工伤与职业病致残等级分为十个等级，最重的为一级，最轻的为十级。一级至四级属完全丧失劳动力，五级至六级属大部分丧失劳动能力，七级至十级属部分丧失劳动能力。生活自理障碍分为三个等级：生活完全不能自理、生活大部分不能自理和生活部分不能自理。

六、劳动能力鉴定程序

（一）鉴定申请

职工发生工伤，经治疗伤情相对稳定后存在残疾、影响劳动能力的，或者停工留薪期满（含劳动能力鉴定委员会确认的延长期限），工伤职工或者其用人单位应当及时向设区的市级劳动能力鉴定委员会提出（初次）劳动能力鉴定申请。申请劳动能力鉴定应当填写劳动能力鉴定申请表，并提交下列材料：

1. 《工伤认定决定书》原件和复印件；
2. 有效的诊断证明、按照医疗机构病历管理有关规定复印或者复制的检查、检验报告等完整病历材料；
3. 工伤职工的居民身份证或者社会保障卡等其他有效身份证明原件和复印件；
4. 劳动能力鉴定委员会规定的其他材料。

（二）材料审核

劳动能力鉴定委员会收到劳动能力鉴定申请后，应当及时对申请人提交的材料进行审核；申请人提供材料不完整的，劳动能力鉴定委员会应当自收到劳动能力鉴定申请之日起 5 个工作日内一次性书面告知申请人需要补正的全部材料。

（三）专家组鉴定

设区的市级劳动能力鉴定委员会收到劳动能力鉴定申请后，应当视伤情程度从其建立的医疗卫生专家库中随机抽取 3 名或者 5 名与工伤职工伤情相关科别的专家组成专家组，由专家组提出鉴定意见。劳动能力鉴定委员会应当提前通知工伤职工进行鉴定的时间、地点以及应当携带的材料。工伤职工应当按照通知的时间、地点参加现场鉴定。对行动不便的工伤职工，劳动能力鉴定委员会可以组织专家上门进行劳动能力鉴定。组织劳动能力鉴定的工作人员应当对工伤职工的身份进行核实。工伤职工因故不能按时参加鉴定的，经劳动能力鉴定委员会同意，可以调整现场鉴定的时间，作出劳动能力鉴定结论的期限相应顺延。因鉴定工作需要，专家组提出应当进行有关检查和诊断的，劳动能力鉴定委员会可以委托具备资格的医疗机构协助进行有关的检查和诊断。专家组根据工伤职工伤情，结合医疗诊断情况，依据《劳动能力鉴定 职工工伤与职业病致残等级》（GB/T 16180—2014）提出鉴定意见。参加鉴定的专家都应当签署意见并签名。

专家意见不一致时，按照少数服从多数的原则确定专家组的鉴定意见。

（四）作出劳动能力鉴定结论

劳动能力鉴定委员会根据专家组的鉴定意见作出劳动能力鉴定结论。劳动能力鉴定结论书应当载明下列事项：

1. 工伤职工及其用人单位的基本信息；
2. 伤情介绍，包括伤残部位、器官功能障碍程度、诊断情况等；
3. 作出鉴定的依据；
4. 鉴定结论。

劳动能力鉴定委员会应当自收到劳动能力鉴定申请之日起60日内作出劳动能力鉴定结论，必要时，作出劳动能力鉴定结论的期限可以延长30日。

（五）鉴定结论送达

劳动能力鉴定委员会应当自作出鉴定结论之日起20日内将劳动能力鉴定结论及时送达工伤职工及其用人单位，并抄送社会保险经办机构。

（六）再次鉴定

工伤职工或者其用人单位对初次鉴定结论不服的，可以在收到该鉴定结论之日起15日内向省、自治区、直辖市劳动能力鉴定委员会申请再次鉴定。申请再次鉴定，除提供初次鉴定规定的材料外，还需提交劳动能力初次鉴定结论原件和复印件。省、自治区、直辖市劳动能力鉴定委员会作出的劳动能力鉴定结论为最终结论。

（七）复查鉴定

自劳动能力鉴定结论作出之日起1年后，工伤职工、用人单位或者社会保险经办机构认为伤残情况发生变化的，可以向设区的市级劳动能力鉴定委员会申请劳动能力复查鉴定。对复查鉴定结论不服的，可以申请再次鉴定。

第二节　工伤保险待遇

一、工伤保险待遇项目

根据《工伤保险条例》第五章规定，我国工伤保险待遇主要包括：

（一）工伤医疗待遇

1. 工伤医疗费用。职工因工作遭受事故伤害或者患职业病进行治疗，所需费用符合工伤保险诊疗项目目录、工伤保险药品目录、工伤保险住院服务标准的，全部从工伤保险基金支付。无起付线、最高限额限制。

2. 住院伙食补助费。职工住院治疗工伤的伙食补助费，从工伤保险基金支付。

3. 转外地治疗的交通、食宿费。经医疗机构出具证明，报经办机构同意，工伤职工到统筹地区以外就医所需的交通、食宿费用从工伤保险基金支付。

4. 工伤康复费。工伤职工到签订服务协议的医疗机构进行工伤康复的费用，符合规定的，从工伤保险基金支付。

工伤职工在停工留薪期满后仍需治疗的，继续享受工伤医疗待遇。

工伤职工工伤复发，确认需要治疗的，继续享受工伤医疗待遇。

为使工伤职工能够得到及时救治，从制度上遏制用人单位恶意诉讼，《工伤保险条例》规定社会保险行政部门作出认定为工伤的决定后发生行政复议、行政诉讼的，行政复议和行政诉讼期间不停止支付工伤职工治疗工伤的医疗费用。

工伤职工治疗非工伤引发的疾病，不享受工伤医疗待遇，按照基本医疗保险办法处理。

（二）辅助器具安装配置费用

工伤职工因日常生活或者就业需要，经劳动能力鉴定委员会确认，可以安装假肢、矫形器、假眼、假牙和配置轮椅等辅助器具，所需费用按照国家规定的标准从工伤保险基金支付。

（三）停工留薪期工资福利待遇

职工因工作遭受事故伤害或者患职业病需要暂停工作接受工伤医疗的，在停工留薪期内，原工资福利待遇不变，由所在单位按月支付。停工留薪期一般不超过12个月。伤情严重或者情况特殊，经设区的市级劳动能力鉴定委员会确认，可以适当延长，但延长不得超过12个月。

(四) 护理待遇

生活不能自理的工伤职工在停工留薪期需要护理的,由所在单位负责。工伤职工已经评定伤残等级并经劳动能力鉴定委员会确认需要生活护理的,从工伤保险基金按月支付生活护理费。

生活护理费按照生活完全不能自理、生活大部分不能自理或者生活部分不能自理3个不同等级支付,其标准分别为统筹地区上年度职工月平均工资的50％、40％或者30％。

(五) 因工致残待遇

职工发生工伤,经治疗伤情相对稳定后存在残疾、影响劳动能力的,应当进行劳动能力鉴定。劳动能力鉴定是指劳动功能障碍程度和生活自理障碍程度的等级鉴定。劳动功能障碍分为十个伤残等级,最重的为一级,最轻的为十级。职工因工致残按鉴定等级享受相关待遇。

1. 一级至四级伤残待遇。《工伤保险条例》第三十五条规定,职工因工致残被鉴定为一级至四级伤残的,保留劳动关系,退出工作岗位,享受以下待遇:

(1) 从工伤保险基金按伤残等级支付一次性伤残补助金,标准为:一级伤残为27个月的本人工资,二级伤残为25个月的本人工资,三级伤残为23个月的本人工资,四级伤残为21个月的本人工资。

(2) 从工伤保险基金按月支付伤残津贴,标准为:一级伤残为本人工资的90％,二级伤残为本人工资的85％,三级伤残为本人工资的80％,四级伤残为本人工资的75％。伤残津贴实际金额低于当地最低工资标准的,由工伤保险基金补足差额。

(3) 工伤职工达到退休年龄并办理退休手续后,停发伤残津贴,按照国家有关规定享受基本养老保险待遇。基本养老保险待遇低于伤残津贴的,由工伤保险基金补足差额。

职工因工致残被鉴定为一级至四级伤残的,由用人单位和职工个人以伤残津贴为基数,缴纳基本医疗保险费。

2. 五级至六级伤残待遇。《工伤保险条例》第三十六条规定,职工因工致残被鉴定为五级、六级伤残的,享受以下待遇:

(1) 从工伤保险基金按伤残等级支付一次性伤残补助金,标准为:五级伤残为18个月的本人工资,六级伤残为16个月的本人工资。

(2) 保留与用人单位的劳动关系,由用人单位安排适当工作。难以安排工作的,由用人单位按月发给伤残津贴,标准为:五级伤残为本人工资的70％,六级伤残为本人工资的60％,并由用人单位按照规定为其缴纳应缴纳的各项社会保险费。伤残津贴实际金额低于当地最低工资标准的,由用人单位补足差额。

经工伤职工本人提出,该职工可以与用人单位解除或者终止劳动关系,由工伤保险基金支付一次性工伤医疗补助金,由用人单位支付一次性伤残就业补助金。一次性工伤医疗补助金和一次性伤残就业补助金的具体标准由省、自治区、直辖市人民政府规定。

3. 七级至十级伤残待遇。《工伤保险条例》第三十七条规定，职工因工致残被鉴定为七级至十级伤残的，享受以下待遇：

（1）从工伤保险基金按伤残等级支付一次性伤残补助金，标准为：七级伤残为13个月的本人工资，八级伤残为11个月的本人工资，九级伤残为9个月的本人工资，十级伤残为7个月的本人工资。

（2）劳动、聘用合同期满终止，或者职工本人提出解除劳动、聘用合同的，由工伤保险基金支付一次性工伤医疗补助金，由用人单位支付一次性伤残就业补助金。一次性工伤医疗补助金和一次性伤残就业补助金的具体标准由省、自治区、直辖市人民政府规定。

（六）因工死亡待遇

《工伤保险条例》第三十九条规定，职工因工死亡，其近亲属按照下列规定从工伤保险基金领取丧葬补助金、供养亲属抚恤金和一次性工亡补助金。

1. 丧葬补助金为6个月的统筹地区上年度职工月平均工资；

2. 供养亲属抚恤金按照职工本人工资的一定比例发给由因工死亡职工生前提供主要生活来源、无劳动能力的亲属。标准为：配偶每月40%，其他亲属每人每月30%，孤寡老人或者孤儿每人每月在上述标准的基础上增加10%。核定的各供养亲属的抚恤金之和不应高于因工死亡职工生前的工资。供养亲属的具体范围由国务院社会保险行政部门规定。

3. 一次性工亡补助金标准为上一年度全国城镇居民人均可支配收入的20倍。

伤残职工在停工留薪期内因工伤导致死亡的，其近亲属享受上述规定的待遇。

一级至四级伤残职工在停工留薪期满后死亡的，其近亲属可以享受上述第1项和第2项规定的待遇。

（七）长期待遇动态调整

为保证工伤职工和工亡职工的遗属能够共享社会经济发展成果，且不因物价涨幅波动而降低实际待遇水平，《工伤保险条例》还规定，伤残津贴、供养亲属抚恤金、生活护理费等长期待遇由统筹地区社会保险行政部门根据职工平均工资和生活费用变化等情况适时调整。调整办法由省、自治区、直辖市人民政府规定。2017年8月，《人力资源社会保障部关于工伤保险待遇调整和确定机制的指导意见》（人社部发〔2017〕58号）印发，作为全国调整和确定工伤保险待遇水平的政策依据。

二、工伤保险待遇支付渠道

国家规定由两种渠道支付工伤保险待遇，对已参加工伤保险的用人位，职工发生工伤，大部分工伤保险待遇的支付渠道是由工伤保险基金支付，另一部分工伤保险待遇的支付渠道是由用人单位支付。采取两种支付渠道既体现了共济的原则，又没有完全免除用人单位支付工伤保险待遇的责任，意在分散用人单位工伤风险的同时，引导用人单位增强安全生产和劳动保护的责任感，更好地降低工伤风险，从而保护劳动者职业安全。而对应当参加工伤保险而未参加工伤保险的用人单位职工发生工伤的，《中华人民共和国社会保险法》规定，由用人单位支付工伤保险待遇；用人单位不支付的，从工伤保险基金中先行支付。从工伤保险基金中先行支付的待遇应当由用人单位偿还；用人单位不偿还的，社会保险经办机构可以依照《中华人民共和国社会保险法》第六十三条的规定追偿。

（一）由用人单位支付的工伤保险待遇

1. 工伤职工停工留薪期内的工资福利待遇及护理。
2. 五级、六级伤残职工按月领取的伤残津贴。
3. 终止或者解除劳动合同时，职工应当领取的一次性伤残就业补助金。

（二）由工伤保险基金支付的工伤保险待遇

除应由用人单位支付的工伤保险待遇外，其他工伤保险待遇均由工伤保险基金支付。包括符合规定的工伤医疗费，工伤康复费，辅助器具安装配置费用，工伤治疗期间的伙食补助费，到统筹地区以外就医所需的交通、食宿费用，一次性伤残补助金，一次性医疗补助金，一至四级伤残职工按月领取的伤残津贴，职工鉴定后的生活护理费，工亡职工的一次性工亡补助金、丧葬补助金和供养亲属抚恤金等。

三、争议处理

（一）按照《工伤保险条例》第五十四条规定，职工与用人单位发生工伤待遇方面的争议，按照处理劳动争议的有关规定处理。

（二）按照《工伤保险条例》第五十五条规定，工伤职工或者其近亲属对经办机构核定的工伤保险待遇有异议的，可以依法申请行政复议，也可以依法向人民法院提起行政诉讼。

 案例参考

工伤医疗费以外的工伤保险待遇依法适用终局裁决

/裁判要旨/

工伤医疗费以外的工伤保险待遇争议属于《中华人民共和国劳动争议调解仲裁法》第四十七条第（二）项规定的因执行国家的劳动标准在社会保险方面发生的争议，应当依法适用终局裁决。

/案情/

2013年8月1日，张某到某汽车销售公司从事机修工作，双方当日签订了三年期的劳动合同，汽车销售公司自2013年8月起开始为张某缴纳工伤保险费。2014年5

月31日,张某在工作中受伤,汽车销售公司为其申请了工伤认定。2014年7月21日,市人力资源和社会保障局作出《工伤认定决定书》,认定张某所受伤害为工伤。2014年9月19日,市劳动能力鉴定委员会确认张某劳动功能障碍程度为十级,并出具了鉴定结论书。双方在收到上述文书后,均未提出异议。2014年10月,张某从工伤保险行政部门申领了一次性伤残补助金,之后仍继续在岗工作。2015年9月14日,张某因个人原因向汽车销售公司提出辞职。汽车销售公司表示同意,在张某办理完工作交接手续后,为其出具了《解除劳动合同证明书》,办理了档案和社会保险关系转移手续,但未支付一次性伤残就业补助金。为此,张某在离职后多次与汽车销售公司协商要求支付一次性伤残就业补助金,但被汽车销售公司拒绝支付。在多次交涉无果的情况下,2016年6月28日,张某提起劳动仲裁申请,请求裁定汽车销售公司支付一次性伤残就业补助金35 055元。

/裁判/

终局裁决汽车销售公司支付张某一次性伤残就业补助金35 055元。

/评析/

本案事实清楚,张某是汽车销售公司的工伤职工,根据《工伤保险条例》第三十七条、《山东省贯彻〈工伤保险条例〉实施办法》第二十五条规定,在双方解除劳动合同后,汽车销售公司应当依法支付张某一次性伤残就业补助金。但根据《中华人民共和国劳动争议调解仲裁法》第四十七条规定,对于张某主张的一次性伤残就业补助金能否适用终局裁决成为焦点问题。

《中华人民共和国劳动争议调解仲裁法》第四十七条规定,适用"一裁终局"的劳动争议仲裁案件有两类:一是小额仲裁案件,包括劳动者追索劳动报酬、工伤医疗费、经济补偿及赔偿金等,金额不超过当地月最低工资标准12个月金额;二是有关劳动基准的仲裁案件,包括执行国家的劳动标准在工作时间、休息休假、社会保险等方面发生的争议。根据以上规定,劳动人事争议仲裁委员会认为将工伤医疗费以外的工伤保险待遇争议纳入《中华人民共和国劳动争议调解仲裁法》第四十七条第(二)项规定的因执行国家劳动标准在社会保险方面发生的争议范畴,依法适用终局裁决,符合法律规定,亦符合《中华人民共和国劳动争议调解仲裁法》关于有条件终局裁决这一立法精神要旨,有利于维护劳动者合法权益。根据《最高人民法院关于审理劳动争议案件适用法律若干问题的解释(三)》(法释〔2010〕12号)第一条规定,劳动者以用人单位未为其办理社会保险手续,且社会保险经办机构不能补办导致其无法享受社会保险待遇为由,要求用人单位赔偿损失而发生争议的,人民法院应予受理。从上述规定可以看出,劳动者向用人单位追索工伤保险待遇而发生的争议属于"社会保险"争议的范畴,因此应当依据《中华人民共和国劳动争议调解仲裁法》第四十七条第(二)项的规定,适用终局裁决。此外,追索工伤待遇案件具有一定的特殊性,遭遇工伤的劳动者往往工作能力存在障碍,工伤待遇急需落实,加之我国现行法律法规对工伤待遇标准有明确具体的规定,实践中处理的追索工伤待遇案件也多存在周期长和成本高的问题,将工伤医疗费以外的工伤保险相关待遇纳入终局裁决范围,更加符合劳动立法关于维护劳动者合法权益的目的。因此,仲裁委在本案裁决中适用了终局裁决,依法支持了申请人张某关于一次性伤残就业补助金的请求。

案例来源:山东省2016年度全省劳动人事争议参考案例7

孟某某等诉莱芜市钢城区社会保险事业处不履行发放供养亲属抚恤金法定职责案

/案情/

2009年5月25日孟某因工死亡。其遗属孟某某等三人从被告莱芜市钢城区社会保险事业处领取供养亲属抚恤金至2015年2月13日。因死者孟某所在单位莱芜某生化有限公司从2015年1月停止向该社会保险事业处缴纳工伤保险费,该社会保险事业处遂停发了三人的供养亲属抚恤金。孟某某等三人提起行政诉讼。

/裁判/

莱芜市钢城区人民法院审理认为,孟某因工死亡,死亡时间发生在用人单位缴纳工伤保险费期间,三原告依法应该享受供养亲属抚恤金,其请求被告莱芜市钢城区社会保险事业处支付供养亲属抚恤金的请求应予支持。被告莱芜市钢城区社会保险事业处辩称用人单位未按时足额缴纳工伤保险费,欠费期间的工伤保险待遇应由用人单位支付,用人单位补缴应当缴纳的工伤保险费后,再向原告支付其相关待遇的观点无法律依据。依法判决:责令被告自判决生效之日起15日内向三原告履行给付供养亲属抚恤金的法定义务。

/评析/

《中华人民共和国社会保险法》《工伤保险条例》都规定,因工死亡的,其遗属领取的丧葬补助金、供养亲属抚恤金和因工死亡补助金应当从工伤保险基金中支付,莱芜市钢城区社会保险事业处认为死亡职工所在企业未足额缴纳工伤保险费,可以另行追缴,其停止发放相关供养亲属抚恤金没有法律依据,依法应当发放。

案例来源:山东省莱芜市中级人民法院2016年度公布的行政参考案例4

四、工伤职工取得的工伤保险待遇免征个人所得税

财政部、国家税务总局发布的《关于工伤职工取得的工伤保险待遇有关个人所得税政策的通知》(财税〔2012〕40号)规定,对工伤职工及其近亲属按照《工伤保险条例》规定取得的工伤保险待遇,免征个人所得税。该通知所称的工伤保险待遇,包括工伤职工按照《工伤保险条例》规定取得的一次性伤残补助金、伤残津贴、一次性工伤医疗补助金、一次性伤残就业补助金、工伤医疗待遇、住院伙食补助费、外地就医交通食宿费用、工伤康复费用、辅助器具费用、生活护理费等,以及职工因工死亡,其近亲属按照《工伤保险条例》规定取得的丧葬补助金、供养亲属抚恤金和一次性工亡补助金等。

五、职工因病或者非因工死亡、致残享受的待遇

职工因病或者非因工死亡、致残的，如突发疾病超过 48 小时之后死亡等不属于工伤的情形，目前我国社会保险也对此作了一定的制度安排，可以通过基本养老保险、医疗保险等渠道予以保障。如《中华人民共和国社会保险法》第十七条规定："参加基本养老保险的个人，因病或者非因工死亡的，其遗属可以领取丧葬补助金和抚恤金；在未达到法定退休年龄时因病或者非因工致残完全丧失劳动能力的，可以领取病残津贴。所需资金从基本养老保险基金中支付。"关于相关待遇和标准，目前没有全国统一的制度，部分省市有自己的相关规定。

职工非因工伤残或因病丧失劳动能力的，按照《职工非因工伤残或因病丧失劳动能力程度鉴定标准（试行）》鉴定。按照《国务院关于工人退休、退职的暂行办法》（国发〔1978〕104 号）规定，不具备退休条件，由医院证明，并经劳动能力鉴定委员会确认，完全丧失劳动能力（一级至四级）的工人，应该退职，享受退职待遇。

案例参考

用人单位未缴纳社会保险费，职工非因工死亡如何赔偿？

/案情/

单某从 2012 年 10 月起在江苏省徐州市某玻璃公司工作。公司为单某缴纳社会保险费至 2013 年 10 月，之后一直欠缴。2015 年 8 月 20 日，单某因感情纠纷遇害。单某死亡时，其母已满 55 周岁，无工作，符合供养亲属条件。2016 年 7 月，单某父母申请仲裁，述称因单位欠缴单某的社会保险费，导致无法享受单某非因工死亡待遇，要求单位支付丧葬补助金、供养亲属一次性抚恤金、供养亲属一次性救济费。

公司辩称，单某是因感情问题遭杀害，与公司无关，公司不论是否缴纳社会保险费，都不应支付上述待遇。

/裁判/

当地劳动人事争议仲裁委员会开庭审理查明事实后认为，《中华人民共和国劳动法》第七十二条规定："用人单位和劳动者必须依法参加社会保险，缴纳社会保险费。"从法律的规定看出，社会保险费由国家强制征收，公司为单某缴纳社会保险费是其法定义务。

《中华人民共和国社会保险法》第十七条规定，参加基本养老保险的个人，因病或者非因工死亡的，其遗属可以领取丧葬补助金和抚恤金，所需资金从基本养老保险基金中支付。单某属于非因工死亡，其遗属依法享受丧葬补助金和抚恤金。此外，江苏省还规定非因工死亡职工的供养直系亲属享受一次性或定期救济费。若公司与单某在劳动关系存续期间缴纳职工基本养老保险费，则单某父母能够从职工基本养老保险基金中领取丧葬补助金和抚恤金以及一次性救济费。因所在单位欠缴单某基本养老保

险费，导致单某父母不能领取相关待遇，该费用应由所在单位承担。最终，当地劳动人事争议仲裁委员会支持了单某父母的仲裁请求。公司不服仲裁，向法院提出诉讼，法院判决结果与当地劳动人事争议仲裁委员会裁审一致。

案例来源：《中国劳动保障报》

chapter 4

第四章 工伤劳动管理

工伤保险遵循的是雇主责任原则，用人单位在工伤保险制度中处于核心地位，承担了许多责任和义务，履行一系列用工主体职责。工伤保险工作的好坏，在很大程度上依赖于用人单位的管理与服务。由于工伤保险工作内容广泛，涉及法律法规政策众多、技术专业性强、办理环节流程多，再加上工伤职工既有一般职工的共性特征，更有其特定的情况和诉求。工伤劳动管理作为劳动用工管理领域一个重要的、具有相对独立性的专向领域，理应引起政府、企业和学界的高度重视，结合形势发展需要，进一步加强系统研究和理论指导。尤其是广大用人单位，一定要增强守法意识，加强工伤保险政策法规和业务知识的学习，结合单位工作实际，依法、科学、规范地做好工伤职工管理与服务工作，落实好工伤职工权益，促进企业和谐稳定发展。本章将结合相关专题，重点讲解工伤职工劳动管理实务知识。

第一节　用人单位的权利与义务

一、权利

《工伤保险条例》规定用人单位的基本权利主要有：

（一）在职工发生工作伤害或者患职业病时，由工伤保险基金支付规定的费用和待遇。

（二）举报监督的权利。

（三）对工伤认定受理或者工伤认定决定不服的，有依法提出行政复议申请或提起行政诉讼的权利。

二、义务

《工伤保险条例》规定用人单位的基本义务主要有：

（一）参加工伤保险，为本单位全部职工或雇工缴纳工伤保险费。将参加工伤保险的有关情况在本单位内公示。

（二）遵守有关安全生产和职业病防治的法律法规，执行安全卫生规程和标准，预防工伤事故发生，减少和避免职业病的危害。

（三）发生工伤时，采取措施使工伤职工得到及时救治。

（四）履行工伤认定申请和劳动能力鉴定申请的义务。

（五）支付按规定应由单位支付的有关费用和工伤职工待遇。

（六）协助社会保险行政部门对事故进行调查核实。

第二节　职工的权利与义务

一、权利

《工伤保险条例》规定了职工的基本权利主要有：

（一）按《工伤保险条例》规定享受工伤保险待遇的权利。

（二）提出工伤认定申请和劳动能力鉴定的权利。

（三）举报监督的权利。

（四）对工伤认定受理或者工伤认定决定不服的，有依法提出行政复议申请或提起行政诉讼的权利。

二、义务

《工伤保险条例》规定了职工的基本义务主要有：

（一）遵守有关安全生产和职业病防治的法律法规，执行安全卫生规程和标准，预防工伤事故发生，减少事故和职业病的危害。

（二）发生事故和职业病伤害，积极配合治疗和康复。

（三）协助社会保险行政部门对事故进行调查核实。

法律法规摘选

《中华人民共和国劳动法》（节选）

第一条　为了保护劳动者的合法权益，调整劳动关系，建立和维护适应社会主义市场经济的劳动制度，促进经济发展和社会进步，根据宪法，制定本法。

第三条　劳动者享有平等就业和选择职业的权利、取得劳动报酬的权利、休息休假的权利、获得劳动安全卫生保护的权利、接受职业技能培训的权利、享受社会保险和福利的权利、提请劳动争议处理的权利以及法律规定的其他劳动权利。

劳动者应当完成劳动任务，提高职业技能，执行劳动安全卫生规程，遵守劳动纪律和职业道德。

第四条　用人单位应当依法建立和完善规章制度，保障劳动者享有劳动权利和履行劳动义务。

《中华人民共和国劳动合同法》（节选）

第一条　为了完善劳动合同制度，明确劳动合同双方当事人的权利和义务，保护劳动者的合法权益，构建和发展和谐稳定的劳动关系，制定本法。

法理分析：《中华人民共和国劳动法》和《工伤保险条例》的立法宗旨

　　立法宗旨，也叫立法目的、立法精神，是立法者制定某个法律的目的，也是立法者对于某一类社会关系的价值判断的集中表现。我国立法习惯在各法第一条中明文宣示立法宗旨，这一立法宗旨也是制定该部法律所要解决的问题及想要达到的目标，是整部法律的指导思想和最高价值判断，其他条文的设置都要围绕立法宗旨展开并为其服务。

　　"劳动合同双方当事人"应当包括劳动者和用人单位，而《中华人民共和国劳动法》和《中华人民共和国劳动合同法》在立法宗旨中仅规定了"保护劳动者的合法权益"，而未将"保护用人单位"的内容在宗旨性条款中予以宣示，体现了立法对劳动者的倾向性保护（即优先保护）。这意味着，在特定条件下，当对劳动者合法利益的保护与对用人单位利益的保护发生冲突时，法律将优先保护劳动者的利益。

　　同理，《工伤保险条例》第一条规定："为了保障因工作遭受事故伤害或者患职业病的职工获得医疗救治和经济补偿，促进工伤预防和职业康复，分散用人单位的工伤风险，制定本条例。"也就是说《工伤保险条例》的首要立法宗旨就是保障工伤职工获得医疗救治和经济补偿的合法权益，这是工伤保险制度最初也是最主要的宗旨，是工伤保险立法的最高价值判断。至于用人单位，《工伤保险条例》的宗旨在于"分散用人单位的工伤风险"，而非保护用人单位的利益。只有参加工伤保险，才能分担风险。这也意味着，在特定条件下，当对工伤职工的医疗救治和经济补偿权益的保护与对用人单位利益的保护发生冲突时，法律将优先保护因工作遭受事故伤害或者患职业病职工的利益。

　　劳动法属于社会法。在现代讲法治、重人权的社会，法律对劳动者权益的保护尤为突出。

第三节　用人单位应重视做好的工伤职工管理与服务工作

　　实务工作中，工伤职工管理按照工作性质和环节顺序，大体可划分为以下四个板块：

一、首先要做好工伤职工的救治和护理

《工伤保险条例》第四条规定："职工发生工伤时，用人单位应当采取措施使工伤职工得到及时救治。"工伤救治是工伤保险的基本内容。工伤发生的事故现场大多在用人单位，职工发生工伤事故后，用人单位要承担及时救治的责任。对受伤较轻的，可以先进行简单处理；但对伤害较重的，应当将伤者尽快送到有处理能力的医疗机构进行抢救和治疗。由于抢救伤者是一个复杂的专业性问题，用人单位平时应建立相应的应急预案并加强应急培训。在医疗机构接手伤者抢救治疗之前，用人单位一方面要争取抢救时间，以免时机贻误；另一方面也需要采取科学的手段和方法，使伤情得以控制，以免操作不当而加重伤害后果。用人单位还要熟悉相应工伤保险政策。根据《工伤保险条例》第三十条的规定，职工因工作遭受事故伤害或者患职业病进行治疗，享受工伤医疗待遇。职工治疗工伤应当在签订服务协议的医疗机构就医，情况紧急时可以先到就近的医疗机构急救。治疗工伤所需费用符合工伤保险诊疗项目目录、工伤保险药品目录、工伤保险住院服务标准的，从工伤保险基金支付。职工住院治疗工伤的伙食补助费，以及经医疗机构出具证明，报经办机构同意，工伤职工到统筹地区以外就医所需的交通、食宿费用从工伤保险基金支付。用人单位参加工伤保险的，工伤医疗待遇由工伤保险基金支付。用人单位未参加工伤保险的，工伤医疗待遇由用人单位全部支付。为使工伤职工能够得到及时救治，《工伤保险条例》第三十一条规定："社会保险行政部门作出认定为工伤的决定后发生行政复议、行政诉讼的，行政复议和行政诉讼期间不停止支付工伤职工治疗工伤的医疗费用。"此外，工伤职工在停工留薪期需要护理的，由所在单位负责。

二、及时做好工伤认定、劳动能力鉴定、工伤保险待遇给付等手续的申请和办理

总的来说，职工发生工伤后，大体要经历三个办事环节：首先，要进行工伤认定；其次，经治疗伤情相对稳定后存在残疾、影响劳动能力的，应当进行劳动能力鉴定（如无残疾则不用鉴定）；最后，依照工伤认定和劳动能力鉴定结果享受相应的工伤保险待遇。在工伤事故发生或职业病确诊后，受伤职工或在医疗机构接受治疗，或行动不便，很难亲自去办理这些手续。为了及时救治受伤职工、保障职工合法权益，落实相关补偿待遇，按照国家规定，作为工伤保险"第一责任人"的用人单位，就应该为工伤职工及时办理一系列的工伤手续。这些手续都属于依申请才启动的行为，有的还有明确的时限要求，不主动申请、延误申请、不按规定要求办理等"失责"行为，都会给用人单位和职工权利带来不利影响，甚至造成不必要的损失。

三、做好与工伤密切相关的停工留薪期、工伤康复期、辅助器具配置等特殊时期的管理与服务

(一) 工伤职工停工留薪期 (可理解为停工留薪工伤医疗期)

工伤职工停工留薪期是指职工因工作遭受事故伤害或者患职业病后,需要暂停工作接受工伤医疗,继续享受原工资福利待遇的期限。《工伤保险条例》第三十三条规定:"职工因工作遭受事故伤害或者患职业病需要暂停工作接受工伤医疗的,在停工留薪期内,原工资福利待遇不变,由所在单位按月支付。停工留薪期一般不超过12个月。伤情严重或者情况特殊,经设区的市级劳动能力鉴定委员会确认,可以适当延长,但延长不得超过12个月。工伤职工评定伤残等级后,停发原待遇,按照本章的有关规定享受伤残待遇。"工伤职工在停工留薪期满后仍需治疗的,继续享受工伤医疗待遇。关于停工留薪期的具体长短,国家没有统一规定,一般依据工伤医疗机构的诊断证明,对照各省制定的停工留薪期管理办法、停工留薪期分类目录等地方文件确定。

(二) 工伤康复期

工伤康复是指利用现代康复手段和技术,为工伤职工提供心理康复、医疗康复、职业康复和社会康复等服务,最大限度地恢复和提高他们的身体功能和生活自理能力,并尽可能恢复他们的职业劳动能力,从而促进工伤职工全面回归社会和重返工作岗位。《工伤保险条例》第三十条规定:"工伤职工到签订服务协议的医疗机构进行工伤康复的费用,符合规定的,从工伤保险基金支付。"目前我国尚无全国性的工伤康复管理办法,各省根据实际情况出台了一些省级的管理办法,如《山东省工伤康复管理办法》(鲁人社发〔2016〕7号)等。依据《工伤保险经办规程》(人社部发〔2012〕第11号)第四十六条至第四十九条规定,工伤职工需要进行康复应由工伤保险协议机构提出康复治疗方案,由用人单位、工伤职工或近亲属提出申请,填写《工伤职工康复申请表》,报业务部门批准。工伤职工康复治疗结束后,应由工伤保险协议机构作出最终评价,制定社会康复方案,提供残疾适应指导、家庭康复指导等。业务部门应对工伤职工康复治疗情况进行跟踪指导。

(三) 工伤保险辅助器具的配置

职工遭受工伤事故后,可能造成身体器官缺损,要恢复和提高病人的身体功能,满足工伤职工日常生活和就业的需要,就应当为其提供辅助器具配置服务。《工伤保险条例》第三十二条规定:"工伤职工因日常生活或者就业需要,经劳动能力鉴定委员会确认,可以安装假肢、矫形器、假眼、假牙和配置轮椅等辅助器具,所需费用按照国家规定的标准从工伤保险基金支付。"为了规范工伤保险辅助器具配置管理,《工伤保险辅助器具配置管理办法》(人力资源和社会保障部、民政部、国家卫生和计划生育委员会令第27号)对有关内容进行了规范。根据规定,工伤职工认为需要配置辅助器具的,可以向劳动能力鉴定委员会提出辅助器具配置确认申请。工伤职工本人

因身体等原因无法提出申请的,可由其近亲属或者用人单位代为申请。劳动能力鉴定委员会收到辅助器具配置确认申请后,材料完整的,应当在收到申请之日起 60 日内作出确认结论。伤情复杂、涉及医疗卫生专业较多的,作出确认结论的期限可以延长30 日。工伤职工收到予以配置的确认结论后,可及时向经办机构进行登记,经办机构向工伤职工出具配置费用核付通知单。工伤职工可以持配置费用核付通知单,选择协议机构配置辅助器具。经经办机构同意,工伤职工到统筹地区以外的协议机构配置辅助器具发生的交通、食宿费用,可以按照统筹地区人力资源社会保障行政部门的规定,由工伤保险基金支付。工伤职工配置辅助器具的费用包括安装、维修、训练等费用。辅助器具达到规定的最低使用年限的,工伤职工可以按照统筹地区人力资源社会保障行政部门的规定申请更换。工伤职工因伤情发生变化,需要更换主要部件或者配置新的辅助器具的,经向劳动能力鉴定委员会重新提出确认申请并经确认后,由工伤保险基金支付配置费用。

在这三个特殊时期,工伤职工本人因身体等原因无法提出申请或往返办理相关手续的,用人单位应做好相关服务,并提供有效照顾。

四、妥善处理好工伤职工的劳动关系、岗位安排及经济补偿等后续问题

职工遭受工伤,身体出现伤残影响劳动能力,这些客观情况的重大变化,必然会给其工作状态带来影响,进而影响到劳动合同的履行和工作岗位的匹配适应。工伤职工是一个特殊的群体,受国家法律特殊保护。用人单位应了解相关法律知识,明确行权边界,知道哪些可为哪些不可为,做到既不侵害工伤职工合法权益,又能维护自身正常的生产经营管理秩序。

(一)用人单位与工伤职工的劳动关系,受国家法律的严格规制,不得随便解除。《中华人民共和国劳动合同法》第四十二条规定:"劳动者在本单位患职业病或者因工负伤并被确认丧失或者部分丧失劳动能力的,用人单位不得依照本法第四十条、第四十一条的规定解除劳动合同。"《工伤保险条例》第三十三条至第三十七条,也对工伤职工在停工留薪期以及一级至十级伤残劳动关系问题进行了进一步明确。其中,工伤职工在停工留薪期内,除法律规定的情形外,用人单位不得与其解除或终止劳动关系。此时应按国家有关规定,积极配合做好工伤职工的医疗救治、生活护理和工资保障工作。职工因工致残被鉴定为一级至四级伤残的,应保留劳动关系,退出工作岗位,享受相应工伤待遇。五级、六级伤残的,保留与用人单位的劳动关系,由用人单位安排适当工作。难以安排工作的,由用人单位按月发给伤残津贴。经工伤职工本人提出,该职工可以与用人单位解除或者终止劳动关系,由工伤保险基金支付一次性工伤医疗补助金,由用人单位支付一次性伤残就业补助金。七级至十级伤残的,合同期满终止,或者职工本人提出解除劳动、聘用合同的,由工伤保险基金支付一次性工伤医疗补助金,由用人单位支付一次性伤残就业补助金。

(二)关于工伤职工的使用,应秉持工作优先原则。对大部分或部分丧失劳动能

力的工伤职工，应当遵循合法、公平、平等自愿、协商一致、诚实信用的原则达成新的合意，能够继续从事原工作的应当继续从事原工作，不能从事原工作的应当由用人单位安排适当的、职工力所能及的工作，依法支付劳动报酬。这是在劳动力供大于求的情况下，国家从保护职工合法权益出发给用人单位提出的要求，也是促使职工全面回归社会，重返工作岗位，通过劳动自食其力的重要措施，对职工本人、用人单位和国家都有十分积极的作用。对难以安排工作或达不成合意的，再按国家有关规定处理。

（三）工伤职工解除或者终止劳动关系时，要按照《工伤保险条例》规定，由工伤保险基金支付一次性工伤医疗补助金，由用人单位支付一次性伤残就业补助金。用人单位未参保的，则由用人单位全部支付。职工在同一用人单位连续工作期间多次发生工伤的，符合《工伤保险条例》第三十六、第三十七条规定领取相关待遇时，按照其在同一用人单位发生工伤的最高伤残级别，计发一次性伤残就业补助金和一次性工伤医疗补助金。这两个补助金是劳动者基于工伤并为了保障其将来可能出现的治疗费用及就业困难而给予的经济补偿。一次性工伤医疗补助金和一次性伤残就业补助金支付后，工伤职工与原用人单位的工伤保险关系亦同时终止。用人单位依据《中华人民共和国劳动合同法》第三十六条、第三十九条规定解除与工伤职工劳动关系的，也应该支付一次性工伤医疗补助金和一次性伤残就业补助金。此外，按照《中华人民共和国劳动合同法》等法律的规定，职工在解除或终止劳动合同时还享有的其他权益，工伤职工同样享有。如工伤职工解除或者终止劳动关系的，用人单位还应当按《中华人民共和国劳动合同法》规定向劳动者支付经济补偿等，具体情况按照《中华人民共和国劳动合同法》的一般规定处理。

关于工伤职工的劳动关系问题，后面还有详细论述。

第四节　用人单位在工伤保险办理中的风险点和风险控制

企业在用工过程中，法律风险无处不在。工伤保险遵循的是雇主责任原则，用人单位在工伤保险中的责任是多方面的，伴生的风险也是多方面的。只有了解风险，才能管理风险；只有管理风险，才能防患未然。那么，企业在工伤保险办理中最容易遭遇哪些"风险点"呢？在此，编者整理出一张"风险清单"，看看有哪些"跑冒滴漏"行为，会给用人单位和职工带来不利影响，甚至造成重大损失。

一、应当参加而未参加工伤保险的法律后果

包括强制参加、加收滞纳金、行政罚款、承担工伤保险责任等。

《工伤保险条例》第六十二条规定:"用人单位依照本条例规定应当参加工伤保险而未参加的,由社会保险行政部门责令限期参加,补缴应当缴纳的工伤保险费,并自欠缴之日起,按日加收万分之五的滞纳金;逾期仍不缴纳的,处欠缴数额1倍以上3倍以下的罚款。依照本条例规定应当参加工伤保险而未参加工伤保险的用人单位职工发生工伤的,由该用人单位按照本条例规定的工伤保险待遇项目和标准支付费用。用人单位参加工伤保险并补缴应当缴纳的工伤保险费、滞纳金后,由工伤保险基金和用人单位依照本条例的规定支付新发生的费用。"

怎样理解《工伤保险条例》第六十二条规定的"新发生的费用"?

《人力资源社会保障部关于执行〈工伤保险条例〉若干问题的意见(二)》(人社部发〔2016〕29号)第三条规定:《工伤保险条例》第六十二条规定的"新发生的费用",是指用人单位参加工伤保险前发生工伤的职工,在参加工伤保险后新发生的费用。其中由工伤保险基金支付的费用,按不同情况予以处理:

(一)因工受伤的,支付参保后新发生的工伤医疗费、工伤康复费、住院伙食补助费、统筹地区以外就医交通食宿费、辅助器具配置费、生活护理费、一级至四级伤残职工伤残津贴,以及参保后解除劳动合同时的一次性工伤医疗补助金;

(二)因工死亡的,支付参保后新发生的符合条件的供养亲属抚恤金。

二、未按时足额缴纳工伤保险费的法律后果

包括限期缴纳或者补足、加收滞纳金、强制执行、行政罚款、承担欠缴期间的工伤保险待遇等。

(一)《工伤保险条例》第十条规定:"用人单位应当按时缴纳工伤保险费。职工个人不缴纳工伤保险费。用人单位缴纳工伤保险费的数额为本单位职工工资总额乘以单位缴费费率之积。"第六十四条规定:"本条例所称工资总额,是指用人单位直接支付给本单位全部职工的劳动报酬总额。"

(二)《中华人民共和国社会保险法》第六十条规定:"用人单位应当自行申报、按时足额缴纳社会保险费。"第六十三条规定:"用人单位未按时足额缴纳社会保险费的,由社会保险费征收机构责令其限期缴纳或者补足。用人单位逾期仍未缴纳或者补足社会保险费的,社会保险费征收机构可以向银行和其他金融机构查询其存款账户;并可以申请县级以上有关行政部门作出划拨社会保险费的决定,书面通知其开户银行或者其他金融机构划拨社会保险费。用人单位账户余额少于应当缴纳的社会保险费

的，社会保险费征收机构可以要求该用人单位提供担保，签订延期缴费协议。用人单位未足额缴纳社会保险费且未提供担保的，社会保险费征收机构可以申请人民法院扣押、查封、拍卖其价值相当于应当缴纳社会保险费的财产，以拍卖所得抵缴社会保险费。"第八十六条规定："用人单位未按时足额缴纳社会保险费的，由社会保险费征收机构责令限期缴纳或者补足，并自欠缴之日起，按日加收万分之五的滞纳金；逾期仍不缴纳的，由有关行政部门处欠缴数额一倍以上三倍以下的罚款。"

（三）用人单位未按时足额缴纳工伤保险费的，各地一般都规定欠缴期间的工伤保险待遇由用人单位支付，补缴应当缴纳的工伤保险费、滞纳金后，新发生的工伤保险待遇由工伤保险基金和用人单位依照规定支付。

法理分析：用人单位依法按时足额为职工缴纳工伤保险费，是职工享受工伤保险待遇的前提。用人单位工资总额，是指用人单位直接支付给本单位全部职工的劳动报酬总额。用人单位职工人数包括与用人单位存在劳动关系（包括已签订劳动合同和虽未签订劳动合同但存在事实劳动关系）的各种用工形式和各种用工期限的劳动者。用人单位必须按照本单位全部职工人数的劳动报酬总额，按时足额缴纳工伤保险费。用人单位向社会保险经办机构办理工伤保险缴费申报时，申报的本单位工资总额、职工人数少于实际数字的，即为瞒报。瞒报工资总额和职工人数，不按时足额缴纳工伤保险费，属于用人单位的违法行为，应承担相应的法律责任。

用人单位未参保缴费期间，及未给发生工伤的职工参保缴费期间，职工发生的工伤，由该用人单位按《工伤保险条例》等规定的工伤保险项目和标准向工伤职工支付有关费用。这样的规定，既是对未参保用人单位的一种惩罚，又不会使工伤职工因单位责任而受到实际的利益损害，依法保证工伤职工按国家规定的标准享受有关工伤保险待遇。但是，一旦用人参加工伤保险并补缴应当缴纳的工伤保险费、滞纳金后，新发生的工伤保险待遇由工伤保险基金和用人单位依照规定支付。

三、未在规定的时限内提交工伤认定申请的法律后果

承担受理前的工伤保险待遇。

《工伤保险条例》第十七条第四款规定："用人单位未在本条第一款规定的时限内提交工伤认定申请的，在此期间发生符合本条例规定的工伤待遇等有关费用由该用人单位负担。"

法理分析：《工伤保险条例》之所以这样规定，是因为工伤保险遵循的是雇主责任原则，工伤事故发生后，受伤职工或在医疗机构接受治疗，或行动不便，很难亲自办理这些手续。《工伤保险条例》要求用人单位承担首要的工伤申请义务，并且要在较短的时限内申报，主要是为了加强对用人单位安全生产的监管，便于证据的收集和整理，及时保障职工合法权益。为了督促用人单位及时向社会保险行政部门提出工伤认定申请，《工伤保险条例》规定了这样的经济性惩罚措施。

延伸阅读

怎样理解《工伤保险条例》第十七条第四款规定的"期间"?

原劳动保障部《关于实施〈工伤保险条例〉若干问题的意见》(劳社部函〔2004〕256号)第六条规定:"条例第十七条第四款规定'用人单位未在本条第一款规定的时限内提交工伤认定申请的,在此期间发生符合本条例规定的工伤待遇等有关费用由该用人单位负担'。这里用人单位承担工伤待遇等有关费用的期间是指从事故伤害发生之日或职业病确诊之日起到劳动保障行政部门受理工伤认定申请之日止。"

四、用人单位拒不举证的法律后果

承担举证不能的不利后果。

《工伤认定办法》第十七条规定:"职工或者其近亲属认为是工伤,用人单位不认为是工伤的,由该用人单位承担举证责任。用人单位拒不举证的,社会保险行政部门可以根据受伤害职工提供的证据或者调查取得的证据,依法作出工伤认定决定。"

法理分析:职工与用人单位的主张不一致时,由用人单位承担举证责任。这样的规定,主要是考虑职工与用人单位之间地位的不平等性,单位处于管理者的地位,职工对单位具有依附性和从属性。与职工有关的各种文书文件档案一般都由用人单位保管和掌握,不利于职工的收集和提供。工伤认定中的纠纷,往往涉及这些材料的举证,如果按照"谁主张,谁举证"的原则,那么职工个人的许多主张,都不太可能得到充分的证明,这样会导致职工工伤权益受损。因此法律从保护弱者的角度出发,公平分配举证责任,规定由用人单位承担举证责任,举证不能则需承担不利后果。

这种理念在《中华人民共和国劳动争议调解仲裁法》中也有充分体现。如《中华人民共和国劳动争议调解仲裁法》第六条规定:"发生劳动争议,当事人对自己提出的主张,有责任提供证据。与争议事项有关的证据属于用人单位掌握管理的,用人单位应当提供;用人单位不提供的,应当承担不利后果。"第三十九条规定:"当事人提供的证据经查证属实的,仲裁庭应当将其作为认定事实的根据。劳动者无法提供由用人单位掌握管理的与仲裁请求有关的证据,仲裁庭可以要求用人单位在指定期限内提供。用人单位在指定期限内不提供的,应当承担不利后果。"

五、用人单位拒不协助调查的法律后果

包括责令改正、行政罚款等。

《工伤保险条例》第六十三条规定:"用人单位违反本条例第十九条的规定,拒不协助社会保险行政部门对事故进行调查核实的,由社会保险行政部门责令改正,处2 000元以上2万元以下的罚款。"

法理分析:在实践中,一些用人单位不配合社会保险行政部门调查核实,影响了

工伤认定工作的正常开展，也不利于维护工伤职工的合法权益，针对这一问题，《工伤保险条例》设定了相应的处罚规定。

六、用人单位或职工不实申请工伤认定或骗取工伤保险待遇的法律后果

包括变更（甚至撤销）工伤认定决定、退还工伤保险待遇、行政罚款、构成犯罪追究刑事责任甚至判处无期徒刑、没收财产等。

（一）《人力资源社会保障部关于执行〈工伤保险条例〉若干问题的意见（二）》（人社部发〔2016〕29号）第十条规定："因工伤认定申请人或者用人单位隐瞒有关情况或者提供虚假材料，导致工伤认定决定错误的，社会保险行政部门发现后，应当及时予以更正。"

（二）《最高人民法院关于审理工伤保险行政案件若干问题的规定》（法释〔2014〕9号）第九条规定："因工伤认定申请人或者用人单位隐瞒有关情况或者提供虚假材料，导致工伤认定错误的，社会保险行政部门可以在诉讼中依法予以更正。"

（三）《工伤保险条例》第六十条规定："用人单位、工伤职工或者其近亲属骗取工伤保险待遇，医疗机构、辅助器具配置机构骗取工伤保险基金支出的，由社会保险行政部门责令退还，处骗取金额2倍以上5倍以下的罚款；情节严重，构成犯罪的，依法追究刑事责任。"

（四）《中华人民共和国社会保险法》第八十七条规定："社会保险经办机构以及医疗机构、药品经营单位等社会保险服务机构以欺诈、伪造证明材料或者其他手段骗取社会保险基金支出的，由社会保险行政部门责令退回骗取的社会保险金，处骗取金额二倍以上五倍以下的罚款；属于社会保险服务机构的，解除服务协议；直接负责的主管人员和其他直接责任人员有执业资格的，依法吊销其执业资格。"

（五）《全国人民代表大会常务委员会关于〈中华人民共和国刑法〉第二百六十六条的解释》（2014年4月24日第十二届全国人民代表大会常务委员会第八次会议通过）："全国人民代表大会常务委员会根据司法实践中遇到的情况，讨论了刑法第二百六十六条的含义及骗取养老、医疗、工伤、失业、生育等社会保险金或者其他社会保障待遇的行为如何适用刑法有关规定的问题，解释如下：以欺诈、伪造证明材料或者其他手段骗取养老、医疗、工伤、失业、生育等社会保险金或者其他社会保障待遇的，属于刑法第二百六十六条规定的诈骗公私财物的行为。"

《刑法》第二百六十六条规定："诈骗公私财物，数额较大的，处三年以下有期徒刑、拘役或者管制，并处或者单处罚金；数额巨大或者有其他严重情节的，处三年以上十年以下有期徒刑，并处罚金；数额特别巨大或者有其他特别严重情节的，处十年以上有期徒刑或者无期徒刑，并处罚金或者没收财产。本法另有规定的，依照规定。"

（六）人力资源和社会保障部、公安部《关于加强社会保险欺诈案件查处和移送工作的通知》（人社部发〔2015〕14号）规定："社会保险行政部门对单位和个人涉嫌

社会保险欺诈犯罪的案件，应当依法向同级公安机关移送；公安机关对社会保险行政部门移送的涉嫌社会保险欺诈案件应当及时审查，及时侦查，对于犯罪事实清楚、证据确凿应当追究刑事责任的，移送人民检察院起诉追究刑事责任。"

骗取社会保险金或者其他社会保障待遇按照诈骗罪依法追究刑事责任

2014年4月24日下午，全国人大常委会法工委刑法室有关负责同志回答了关于刑法第二百六十六条解释的有关问题：

这次常委会为了保障社会保障资金的安全，保障社会的福祉，作了一个法律解释，就是明确骗取养老、医疗、工伤、失业、生育等社会保险金和其他社会保障待遇的，属于刑法所规定的诈骗公私财物的行为，通俗地说就是要按照诈骗罪依法追究刑事责任。关于诈骗罪刑法规定是有门槛的，按照刑法第二百六十六条规定，诈骗公私财物数额较大的，构成诈骗罪。这就涉及立法解释跟法律、相关司法解释的关系问题。

按照立法法规定，立法解释的任务是进一步明确法律规定的含义，或者是情况发生变化以后，明确法律适用的依据。从某种意义上讲，法律解释解决的是定性问题。定性就是骗取社保的属于诈骗公私财物的行为，具体怎样依法追究刑事责任，要依照刑法和司法解释有关定罪量刑的具体标准来适用。实践中由于骗取社保的情况很复杂，至于各种情况如何适用法律，这还是一个具体的适用问题，如果有必要的话，将通过司法解释、通过案例指导的方式解决具体的问题。

第五节 特殊情况下的工伤保险责任

劳动合同用工是我国企事业单位的基本用工形式。按照《中华人民共和国劳动合同法》有关规定，用人单位自用工之日起即与劳动者建立劳动关系。一般情况下，同一劳动者在同一时期内只与同一用人单位建立劳动关系，这种单一劳动关系在职工发生工伤时比较容易界定工伤保险责任。但在现实生活中，总有些特殊的情况必须特殊处理，而这些特殊的处理规则散见于各种各样的法律、法规、解释和文件之中，这些工伤上的"疑难杂症"，也给实务工作带来一定难度。在此，编者整理出一张"特殊责任清单"概括了特殊情况下确定承担工伤保险责任的用人单位的规则：

一、职工双重或多重就业的,由职工受到伤害时为之工作的单位依法承担工伤保险责任

参考文件1:《实施〈中华人民共和国社会保险法〉若干规定》(人力资源和社会保障部令第13号)。

第九条 职工(包括非全日制从业人员)在两个或者两个以上用人单位同时就业的,各用人单位应当分别为职工缴纳工伤保险费。职工发生工伤,由职工受到伤害时工作的单位依法承担工伤保险责任。

参考文件2.《最高人民法院关于审理工伤保险行政案件若干问题的规定》(法释〔2014〕9号)。

第三条 社会保险行政部门认定下列单位为承担工伤保险责任单位的,人民法院应予支持:

(一)职工与两个或两个以上单位建立劳动关系,工伤事故发生时,职工为之工作的单位为承担工伤保险责任的单位;

……

案例参考

李某诉淄博高新技术产业开发区社会保险事业处不支付工伤保险待遇案

/案情/

李某原系淄博托普工贸有限公司(以下简称托普工贸公司)的职工,2015年1月至3月李某的社会保险费由托普工贸公司缴纳,双方于2015年3月30日解除劳动关系。李某与淄博裕民玻璃有限公司(以下简称裕民玻璃公司)于2015年4月1日签订为期一年的劳动合同,裕民玻璃公司为李某缴纳2015年4月至10月的社会保险费。2015年3月26日8时许,李某在裕民玻璃公司工作时发生事故。淄博高新区人力资源和社会保障局作出工伤认定决定书,认定李某为工伤。李某多次要求淄博高新技术产业开发区社会保险事业处(以下简称淄博高新区社保处)支付工伤保险待遇,但淄博高新区社保处以2015年3月李某在两个用人单位同时就业,应当由两个用人单位分别为李某缴纳社会保险,而裕民玻璃公司没有为李某缴纳2015年3月的社会保险,应由用人单位裕民玻璃公司支付李某的工伤保险待遇为由拒绝支付。李某不服,提起行政诉讼,要求淄博高新区社保处支付工伤保险待遇。

/裁判/

淄博高新区人民法院经审理认为,依据《实施〈中华人民共和国社会保险法〉若干规定》第九条规定"职工在两个或者两个以上用人单位同时就业的,各用人单位应当分别为职工缴纳工伤保险费。职工发生工伤,由职工受到伤害时工作的单位依法承担工伤保险责任";依据《工伤保险条例》第六十二条规定"依照本条例规定应当参

加工伤保险而未参加工伤保险的用人单位职工发生工伤的,由该用人单位按照本条例规定的工伤保险待遇项目和标准支付费用"。依照上述条款规定,李某于2015年3月26日在裕民玻璃公司工作并发生工伤事故,此时李某与托普工贸公司尚未解除劳动合同关系,2015年3月的社会保险费也是由托普工贸公司缴纳,属于在两个用人单位同时就业,各用人单位应当分别为职工缴纳工伤保险费。托普工贸公司为李某缴纳了2015年3月的社会保险费,但是裕民玻璃公司未缴纳2015年3月的社会保险费。因此,裕民玻璃公司作为职工受到伤害时的工作单位和未缴纳社会保险费的单位,应依法承担工伤保险责任。

依据《中华人民共和国社会保险法》第四十一条第一款规定:"职工所在用人单位未依法缴纳工伤保险费,发生工伤事故的,由用人单位支付工伤保险待遇。用人单位不支付的,从工伤保险基金中先行支付。"依据上述法律规定,高新区社保处先行支付工伤保险待遇的前提条件是用人单位不支付,而李某并没有提供法律文书或者其他有效证据证明裕民玻璃公司不支付工伤保险待遇。因此,李某要求高新区社保处支付工伤保险待遇的诉讼请求,无事实和法律依据,依法应予驳回。故判决驳回李某的诉讼请求。

/评析/

本案是涉及职工在两个或者两个以上用人单位同时就业时,各用人单位是否应当分别为职工缴纳工伤保险费问题的参考案例。实践中,劳动者在未与原用人单位办理劳动关系终止手续的情况下,就在新的用人单位工作,这种情况属于在两个用人单位"同时就业"。依据《实施〈中华人民共和国社会保险法〉若干规定》第九条规定,劳动者在两个用人单位"同时就业"的,需要两个用人单位同时为劳动者缴纳社会保险费,否则在劳动者发生工伤事故时,社会保险机构就可以拒绝支付工伤保险待遇,而由职工受到伤害时的工作单位依法承担未缴纳社会保险费的工伤保险责任。

案例来源:山东省高级人民法院

二、实施劳务派遣的,派遣单位为承担工伤保险责任的单位

参考文件1:《最高人民法院关于审理工伤保险行政案件若干问题的规定》(法释〔2014〕9号)。

第三条 社会保险行政部门认定下列单位为承担工伤保险责任单位的,人民法院应予支持:

……

(二)劳务派遣单位派遣的职工在用工单位工作期间因工伤亡的,派遣单位为承担工伤保险责任的单位;

……

参考文件2:《劳务派遣暂行规定》(人力资源和社会保障部令第22号)。

第十条 被派遣劳动者在用工单位因工作遭受事故伤害的,劳务派遣单位应当依

法申请工伤认定，用工单位应当协助工伤认定的调查核实工作。劳务派遣单位承担工伤保险责任，但可以与用工单位约定补偿办法。

被派遣劳动者在申请进行职业病诊断、鉴定时，用工单位应当负责处理职业病诊断、鉴定事宜，并如实提供职业病诊断、鉴定所需的劳动者职业史和职业危害接触史、工作场所职业病危害因素检测结果等资料，劳务派遣单位应当提供被派遣劳动者职业病诊断、鉴定所需的其他材料。

第十八条　劳务派遣单位跨地区派遣劳动者的，应当在用工单位所在地为被派遣劳动者参加社会保险，按照用工单位所在地的规定缴纳社会保险费，被派遣劳动者按照国家规定享受社会保险待遇。

第十九条　劳务派遣单位在用工单位所在地设立分支机构的，由分支机构为被派遣劳动者办理参保手续，缴纳社会保险费。

劳务派遣单位未在用工单位所在地设立分支机构的，由用工单位代劳务派遣单位为被派遣劳动者办理参保手续，缴纳社会保险费。

三、用人单位发生分立、合并、转让的，承继单位应当承担原用人单位的工伤保险责任

参考文件1：《工伤保险条例》。

第四十三条第一款　用人单位分立、合并、转让的，承继单位应当承担原用人单位的工伤保险责任；原用人单位已经参加工伤保险的，承继单位应当到当地经办机构办理工伤保险变更登记。

参考文件2：《中华人民共和国劳动合同法》。

第三十三条　用人单位变更名称、法定代表人、主要负责人或者投资人等事项，不影响劳动合同的履行。

第三十四条　用人单位发生合并或者分立等情况，原劳动合同继续有效，劳动合同由承继其权利和义务的用人单位继续履行。

四、用人单位实行承包经营的，由职工劳动关系所在单位承担工伤保险责任

参考文件：《工伤保险条例》。

第四十三条第二款　用人单位实行承包经营的，工伤保险责任由职工劳动关系所在单位承担。

五、职工被借调期间受到工伤事故伤害的，由原用人单位承担工伤保险责任

参考文件：《工伤保险条例》。

第四十三条第三款　职工被借调期间受到工伤事故伤害的，由原用人单位承担工

伤保险责任，但原用人单位与借调单位可以约定补偿办法。

职工被借调期间发生工伤事故，应由谁负责？

/案情/

林某是甲公司的一名员工，因业务需要，甲公司的合作伙伴乙公司将林某借调到其处工作。甲公司与乙公司书面约定：林某借调期间的工资及社会保险由乙公司负责解决并承担责任。乙公司与林某书面约定：借调期间，公司不为林某参加工伤保险，但适当提高工资。

某日，林某在乙公司工作期间受伤，当地社会保险行政部门认定其为工伤，且由甲公司承担工伤保险责任。甲公司不服，向法院提起行政诉讼。

/裁判/

甲公司认为，案发时，林某已借调到乙公司工作，且约定由乙公司为林某办理工伤保险，应由乙公司支付林某的工伤待遇。

当地社会保险行政部门认为，林某虽已借调到乙公司工作，但仍与甲公司保持劳动关系，甲公司和乙公司签订的协议并不能免除甲公司对林某应承担的工伤保险责任。乙公司虽与林某签订了不办理工伤保险的协议，但该协议违反了"用人单位必须为职工办理工伤保险"的法律规定，应属无效。综上，甲公司可以与乙公司约定补偿办法，但甲公司不得拒绝承担对林某的工伤保险责任。

依据《工伤保险条例》第四十三条第（三）款规定："职工被借调期间受到工伤事故伤害的，由原用人单位承担工伤保险责任，但原用人单位与借调单位可以约定补偿办法。"法院审理认为当地社会保险行政部门的工伤认定事实清楚，适用法律正确，最终判决甲公司和乙公司连带赔偿林某各项工伤待遇三十多万元。

案例来源：中国工伤保险（微信公众号）

六、职工受单位指派到其他单位工作的，指派单位为承担工伤保险责任的单位

参考文件：《最高人民法院关于审理工伤保险行政案件若干问题的规定》（法释〔2014〕9号）。

第三条 社会保险行政部门认定下列单位为承担工伤保险责任单位的，人民法院应予支持：

……

（三）单位指派到其他单位工作的职工因工伤亡的，指派单位为承担工伤保险责任的单位；

……

七、企业破产的，在破产清算时应依法拨付应当由单位支付的工伤保险待遇费用

参考文件1：《工伤保险条例》。

第四十三条第四款 企业破产的，在破产清算时依法拨付应当由单位支付的工伤保险待遇费用。

参考文件2：《中华人民共和国企业破产法》。

第六条 人民法院审理破产案件，应当依法保障企业职工的合法权益，依法追究破产企业经营管理人员的法律责任。

第四十八条 债权人应当在人民法院确定的债权申报期限内向管理人申报债权。

债务人所欠职工的工资和医疗、伤残补助、抚恤费用，所欠的应当划入职工个人账户的基本养老保险、基本医疗保险费用，以及法律、行政法规规定应当支付给职工的补偿金，不必申报，由管理人调查后列出清单并予以公示。职工对清单记载有异议的，可以要求管理人更正；管理人不予更正的，职工可以向人民法院提起诉讼。

第一百一十三条 破产财产在优先清偿破产费用和共益债务后，依照下列顺序清偿：

（一）破产人所欠职工的工资和医疗、伤残补助、抚恤费用，所欠的应当划入职工个人账户的基本养老保险、基本医疗保险费用，以及法律、行政法规规定应当支付给职工的补偿金；

（二）破产人欠缴的除前项规定以外的社会保险费用和破产人所欠税款；

（三）普通破产债权。

破产财产不足以清偿同一顺序的清偿要求的，按照比例分配。

破产企业的董事、监事和高级管理人员的工资按照该企业职工的平均工资计算。

八、职工被派遣出境工作的，按工伤保险关系所在国家或地区情况处理

参考文件：《工伤保险条例》。

第四十四条 职工被派遣出境工作，依据前往国家或者地区的法律应当参加当地工伤保险的，参加当地工伤保险，其国内工伤保险关系中止；不能参加当地工伤保险的，其国内工伤保险关系不中止。

随着我国对外经济交往的扩大，如何妥善处理涉外社会保险关系是摆在我们面前的一个重要课题。国际上，工伤保险没有互免协议。一些国家法律规定，前往该国工作期间，必须依据该国的法律参加工伤保险。从保障与管理的角度出发，《工伤保险条例》就国内外工伤保险的关系接续作了上述规定。

外派员工发生工伤，企业如何处理？

问：一家从事基础设施建设的建筑工程公司，近年参与援建非洲某国的一条高速公路。为了保质保量地完成工作，公司从国内挑选了部分技术骨干并外派至该国工作。在工作期间，一名外派员工在当地受伤，经回国申报被认定为工伤。这种情况下，公司应当如何处理？

答：工程建筑单位发生工伤的概率较大，因此近年来绝大多数的工程建筑单位都已经依法参加了工伤保险，预防员工可能出现的工伤风险。

本案中，若该公司在国内已经并持续为该员工依法缴纳了工伤保险费，则不论该员工是在国内工作还是被委派到境外工作，只要是在为公司工作期间发生的工伤，那么该员工已经在国内建立的工伤保险关系就是有效的。但在境外工作期间，其国内的工伤保险关系在某些情况下可以中止：

（1）若该公司按照外派地的当地法律要求已经为其办理了当地的工伤保险，则在当地工作期间发生的工伤，应当依照当地的工伤保险待遇予以处理。

（2）若公司没有在境外工作地为该员工办理当地的工伤保险，则可以在员工回国后，按照《工伤保险条例》的有关规定核定该员工的工伤保险待遇。

稿件来源：《中国劳动保障报》

中国和西班牙经贸往来人员不再需要重复参保

经两国政府批准，中华人民共和国人力资源和社会保障部部长尹蔚民与西班牙王国就业和社会保障大臣法蒂玛·巴内兹·加西亚于2017年5月19日在德国出席二十国集团劳工就业部长会议期间签署《中华人民共和国和西班牙王国社会保障协定》（以下简称《中西社保协定》）。

签署双边社保协定的主要目的是维护劳动者的社会保障权益，解决双方投资企业和员工双重缴纳社会保险费问题，降低企业用工和投资成本，促进两国经贸关系，便利人员往来。根据《中西社保协定》，中国企业的雇员被派往西班牙工作期间，将免除该雇员以及相应企业在西班牙境内的养老保险、失业保险等强制社保缴费。西班牙人员和企业也将享受对等益处。该协定将在各自完成国内法律程序后生效。

2015年9月，中西双方正式启动社保协定谈判工作。经过一轮正式谈判和一次工作组会议，最终对协定文本达成一致。截至目前，除西班牙外，中国政府已与德国、韩国、丹麦、芬兰、加拿大、瑞士、荷兰、法国签署了双边社保协定。

稿件来源：《中国劳动保障报》

九、内退、停薪留职、待岗、停产等特殊人员到新单位工作的，由新单位承担工伤保险责任

参考文件：《最高人民法院关于审理劳动争议案件适用法律若干问题的解释（三）》（法释〔2010〕12号）。

第八条　企业停薪留职人员、未达到法定退休年龄的内退人员、下岗待岗人员以及企业经营性停产放长假人员，因与新的用人单位发生用工争议，依法向人民法院提起诉讼的，人民法院应当按劳动关系处理。

 案例参考

员工"放长假"期间到其他单位工作时受伤，是否算工伤？

/案情/

金某是某驾校教练。由于驾校效益不好，金某于2014年与驾校签订了一个长期休假协议。之后，金某到A公司担任司机。在一次出车过程中，金某被一辆大卡车撞伤，交警部门认定卡车司机负有全部责任。金某多次要求A公司申请工伤认定，但是A公司以他原是驾校教练、与A公司是兼职劳务关系为由拒绝。随后，金某向当地社会保险行政部门提出工伤认定申请。

/评析/

在现实生活中，由于种种原因，如下岗、待岗等，职工可能会在与原单位保持劳动关系的情况下，又自行到其他单位工作，形成双重或多重劳动关系。对于这种情况，应当从法律上予以认可。

根据《最高人民法院关于审理劳动争议案件适用法律若干问题的解释（三）》（法释〔2010〕12号）第八条规定："企业停薪留职人员、未达到法定退休年龄的内退人员、下岗待岗人员以及企业经营性停产放长假人员，因与新的用人单位发生用工争议，依法向人民法院提起诉讼的，人民法院应当按劳动关系处理。"诸如金某这样的在原单位放长假的人员与新的用人单位发生用工争议，人民法院应当按劳动关系处理。

《工伤保险条例》第十四条第（一）项规定，"职工在工作时间和工作场所内，因工作原因受到事故伤害的"应当认定为工伤，本案中金某属于在工作中遭遇事故伤害，依法应当被认定为工伤。

案例来源：中国工伤保险（微信公众号）

十、违法转包的，由具备用工主体资格的承包单位承担工伤保险责任

参考文件：《最高人民法院关于审理工伤保险行政案件若干问题的规定》（法释〔2014〕9号）。

第四章 工伤劳动管理

第三条 社会保险行政部门认定下列单位为承担工伤保险责任单位的，人民法院应予支持：

……

（四）用工单位违反法律、法规规定将承包业务转包给不具备用工主体资格的组织或者自然人，该组织或者自然人聘用的职工从事承包业务时因工伤亡的，用工单位为承担工伤保险责任的单位；

……

前款第（四）、（五）项明确的承担工伤保险责任的单位承担赔偿责任或者社会保险经办机构从工伤保险基金支付工伤保险待遇后，有权向相关组织、单位和个人追偿。

实务中需要注意两点：一是本条规定强调在违法转包关系中，即用工单位违反法律、法规规定将承包业务转包给不具备用工主体资格的组织或者自然人的情况下，违法转包的用工单位为承担工伤保险责任的单位。而在正常的业务转包关系中，即转包给具有用工主体资格的单位，则应当由实际用工主体承担工伤保险责任；二是仅适用于不具备用工主体资格的组织或者自然人聘用的职工，不包括该自然人。

 案例参考

张某某诉上海市松江区人力资源和社会保障局工伤认定行政案

/案情/

南通六建公司系国基电子（上海）有限公司A7厂房工程的承包人，其以《油漆承揽合同》的形式将油漆工程分包给自然人李某某，约定李某某所雇人员应当接受南通六建公司管理。李某某又将部分油漆工程转包给自然人王某某，王某某招用张某某进行油漆施工。李某某和王某某均无用工主体资格，也无承揽油漆工程的相应资质。2008年3月10日，张某某在进行油漆施工中不慎受伤。11月10日，上海市松江区劳动仲裁委员会裁决确定张某某与南通六建公司之间存在劳动关系，但该裁决书未送达南通六建公司。12月29日，张某某提出工伤认定申请，并提交了劳动仲裁裁决书。上海市松江区人力资源和社会保障局立案审查后，认为张某某受伤符合工伤认定条件，且南通六建公司经告知，未就张某某所受伤害是否应被认定为工伤进行举证。上海市松江区人力资源和社会保障局遂于2009年2月19日认定张某某受伤为工伤。南通六建公司不服，经复议未果，遂起诉请求撤销上海市松江区人力资源和社会保障局作出的工伤认定。

/裁判/

经上海市松江区人民法院一审、上海市第一中级人民法院二审认为，根据《劳动和社会保障部关于确立劳动关系有关事项的通知》（劳社部发〔2005〕12号）第四条规定，建筑施工、矿山企业等用人单位将工程（业务）或经营权发包给不具备用工主体资格的组织或自然人，对该组织或自然人招用的劳动者，由具备用工主体资格的发包方承担用工主体责任。本案中，南通六建公司作为建筑施工单位将油漆工程发包给无用工主体资格的自然人李某某，约定李某某所雇用的人员应服从南通六建公司管理。后李某某又将部分油漆工程再发包给王某某，并由王某某招用了张某某进行油漆施工。上海市松江区人力资源和社会保障局依据上述规定及事实认定张某某与南通六建公司具有劳动关系的理由成立。根据《工伤保险条例》规定，张某某在南通六建公司承建的厂房建设项目中进行油漆施工不慎受到事故伤害，属于工伤认定范围。据此，维持上海市松江区人力资源和社会保障局作出被诉工伤认定的具体行政行为。

案例来源：最高人民法院公布的四起工伤保险行政纠纷参考案例 1

十一、挂靠经营的，被挂靠单位为承担工伤保险责任的单位

参考文件 1：《最高人民法院关于审理工伤保险行政案件若干问题的规定》（法释〔2014〕9 号）。

第三条　社会保险行政部门认定下列单位为承担工伤保险责任单位的，人民法院应予支持：

……

（五）个人挂靠其他单位对外经营，其聘用的人员因工伤亡的，被挂靠单位为承担工伤保险责任的单位。

……

前款第（四）、（五）项明确的承担工伤保险责任的单位承担赔偿责任或者社会保险经办机构从工伤保险基金支付工伤保险待遇后，有权向相关组织、单位和个人追偿。

实务中需要注意两点：一是挂靠人是自然人，单位挂靠不能适用本条；二是仅适用于挂靠人聘用的人员，不包括该挂靠人。

参考文件 2：《最高人民法院关于审理劳动争议案件适用法律若干问题的解释（三）》（法释〔2010〕12 号）。

第五条　未办理营业执照、营业执照被吊销或者营业期限届满仍继续经营的用人单位，以挂靠等方式借用他人营业执照经营的，应当将用人单位和营业执照出借方列为当事人。

延伸阅读

**以挂靠形式从事道路运输经营活动的机动车发生交通事故造成损害，
挂靠人和被挂靠人承担连带责任**

《最高人民法院关于审理道路交通事故损害赔偿案件适用法律若干问题的解释》（法释〔2012〕19 号）第三条规定，以挂靠形式从事道路运输经营活动的机动车发生

交通事故造成损害，属于该机动车一方责任，当事人请求由挂靠人和被挂靠人承担连带责任的，人民法院应予支持。

2012年12月，最高人民法院民一庭负责人就《关于审理道路交通事故损害赔偿案件适用法律若干问题的解释》以下简称《解释》答记者问。

问：当前，以挂靠形式从事道路运输经营活动的情形比较常见，在不少地方甚至比较普遍，请问《解释》对这种机动车发生交通事故的责任主体和责任形态是如何规定的？

答：以挂靠形式从事运输经营活动的情形在现实中确实比较普遍。其主要特征是，挂靠人为了满足车辆运输经营管理上的需要，将自己出资购买的机动车挂靠于某个具有运输经营权的企业，由该企业为挂靠车主代办各种法律手续，并以该企业的名义对外进行运输经营。以挂靠形式进行运输经营，在实践中产生了较多的弊端，一是违反了《道路运输条例》等行政法规的规定，使国家通过运输经营许可证的形式加强安全管理、规范市场经营秩序的管理目的落空。二是以挂靠形式从事运输经营的机动车，被挂靠企业有经营之名而无经营之实，疏于对驾驶人员的培训、疏于对机动车运行安全的管理，极大地增加了道路交通的安全隐患，对于其他道路交通参与人的人身财产权益造成了较大的风险。三是挂靠经营方式下，挂靠人的资力往往比较薄弱，从而导致交通事故发生后，受害人难以得到及时、充分的赔偿，权益难以得到保护，引发诸多社会矛盾。

基于上述理由，我们认为，有必要从侵权责任的角度明确挂靠经营的机动车发生交通事故的责任主体。《解释》明确规定，以挂靠形式从事运输经营的机动车发生交通事故后，由挂靠人与被挂靠人承担连带责任。这主要基于以下考虑：首先，以被挂靠人的经营许可证和名义从事运输经营，无论是对交易相对人还是对不特定的道路交通参与人而言，都使他们产生了一种信赖，信赖以此经营许可证和名义从事经营的人具有一定资力、具备一定的安全生产条件。其次，机动车运输经营活动属于一种高度危险活动，依据侵权责任法及其理论，开启某种危险、从某种危险活动中获取利益的主体应当承担相应的责任，而被挂靠人恰恰从挂靠经营活动中获得了利益，有时甚至是巨大的利益。再次，被挂靠人不承担责任或者承担较小的责任，会纵容挂靠这种违反运输管理秩序、违反交通管理法规的行为，规定被挂靠人承担连带责任有利于以私法的手段实现公法目的，维护法律体系的统一性。最后，从侵权责任法关于责任主体和连带责任的规定来看，侵权责任法更加关注对违法行为的制裁、更加注重对受害人权益的保护，因此，规定由挂靠人和被挂靠人承担连带责任也符合侵权责任法的立法精神。

稿件来源：《人民法院报》

十二、外国人在中国就业的,按照《中华人民共和国社会保险法》或我国与外国人所在国家签订的社会保险双边或者多边协议规定办理

参考文件1:《中华人民共和国社会保险法》。

第九十七条　外国人在中国境内就业的,参照本法规定参加社会保险。

参考文件2:《在中国境内就业的外国人参加社会保险暂行办法》(人力资源和社会保障部令第16号)。

第二条　在中国境内就业的外国人,是指依法获得《外国人就业证》、《外国专家证》《外国常驻记者证》等就业证件和外国人居留证件,以及持有《外国人永久居留证》,在中国境内合法就业的非中国国籍的人员。

第三条　在中国境内依法注册或者登记的企业、事业单位、社会团体、民办非企业单位、基金会、律师事务所、会计师事务所等组织(以下称用人单位)依法招用的外国人,应当依法参加职工基本养老保险、职工基本医疗保险、工伤保险、失业保险和生育保险,由用人单位和本人按照规定缴纳社会保险费。

与境外雇主订立雇用合同后,被派遣到在中国境内注册或者登记的分支机构、代表机构(以下称境内工作单位)工作的外国人,应当依法参加职工基本养老保险、职工基本医疗保险、工伤保险、失业保险和生育保险,由境内工作单位和本人按照规定缴纳社会保险费。

第八条　依法参加社会保险的外国人与用人单位或者境内工作单位因社会保险发生争议的,可以依法申请调解、仲裁、提起诉讼。用人单位或者境内工作单位侵害其社会保险权益的,外国人也可以要求社会保险行政部门或者社会保险费征收机构依法处理。

第九条　具有与中国签订社会保险双边或者多边协议国家国籍的人员在中国境内就业的,其参加社会保险的办法按照协议规定办理。

编者说明:根据国家外国专家局、人力资源和社会保障部、外交部、公安部等部门联合印发的《关于全面实施外国人来华工作许可制度的通知》(外专发〔2017〕40号),自2017年4月1日起全国实施"两证整合",外国人来华就业由原申办《外国专家证》和《外国人就业证》统一改为申办《中华人民共和国外国人工作许可证》。

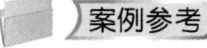

外国人就业须审核就业许可范围

/案情/

2015年8月1日,某外国公民约翰与上海某网球俱乐部订立劳动合同,双方约定约翰在北京市某区从事网球教练的工作,由北京某体育文化公司对其进行日常工作的领导管理,并按月支付其工资。上海某网球俱乐部为约翰先后办理了《外国人就业许

可证书》、工作签证以及居留许可证。最终约翰于2015年12月28日获得了有效期至2017年9月29日的《外国人就业证》。约翰自2015年10月1日至2016年11月1日一直在北京市某区从事网球教练工作。2016年11月2日,约翰因北京公司拒绝发放其工资而辞职,并于当日对上海某网球俱乐部提起仲裁申请,要求支付解除劳动合同经济补偿金。

/裁判/

仲裁委审理后认为,约翰所持有的《外国人就业许可证书》明确了约翰在中国境内的合法就业区域仅限于上海市,而约翰却一直在北京地区工作,违反了关于就业区域工作的许可范围。因此,约翰属于非法就业,不受我国劳动法律法规保护,故对约翰要求支付解除劳动关系经济补偿金的请求仲裁委不予支持。

/评析/

用人单位聘用外籍劳动者工作受工作许可范围的严格限制。

《中华人民共和国出境入境管理法》第四十三条规定:"外国人有下列行为之一的,属于非法就业:(一)未按照规定取得工作许可和工作类居留证件在中国境内工作的;(二)超出工作许可限定范围在中国境内工作的;(三)外国留学生违反勤工助学管理规定,超出规定的岗位范围或者时限在中国境内工作的。"《外国人在中国就业管理规定》第十五条第二款规定:"就业证只在发证机关规定的区域内有效。"第二十三条规定:"外国人在中国就业的用人单位必须与其就业证所注明的单位相一致。外国人在发证机关规定的区域内变更用人单位但仍从事原职业的,须经原发证机关批准,并办理就业证变更手续。外国人离开发证机关规定的区域就业或在原规定的区域内变更用人单位且从事不同职业的,须重新办理就业许可手续。"从上述规定来看,外国人就业证仅在获得许可的就业区域、就业单位以及职业范围内有效,此三项内容实际发生变化而未依法重新办理就业证或者变更就业证的外国人,属于超出工作许可范围工作,应当被认定为非法就业。因此,用人单位在招用外籍劳动者时,应严格按照就业许可范围的规定安排外籍劳动者工作;外籍劳动者在中国就业的,也必须了解及遵守中国法律。

提示:工伤认定机构在受理外国人工伤案件时,应先审核其是否经过了外国人来华工作许可,以及许可的区域、单位和岗位。凡未经许可或超范围工作,应当被认定为非法就业,不受我国劳动法律法规保护。

案例来源:2017年北京市十大劳动争议仲裁典型案例之十

第六节 特殊人员的"工伤"问题处理

单位有时会以各种形式使用一些"身份特殊"的人员，如"非法用工"人员、超过法定退休年龄人员、见习、实习的学生、"钟点工"等，这些人员在"工作"过程中，同样会发生事故风险，牵扯到事后的赔付和保障问题，但在政策规定和实务操作上却各有差异。在此介绍几类常见特殊人员的"工伤"处理。

一、非法用工

（一）关于非法用工伤亡的赔偿办法

非法用工伤亡应按照《工伤保险条例》第六十六条和《非法用工单位伤亡人员一次性赔偿办法》（人力资源和社会保障部令第9号）规定，由单位向伤亡人员或其近亲属给予一次性赔偿。

参考文件1：《工伤保险条例》。

第六十六条　无营业执照或者未经依法登记、备案的单位以及被依法吊销营业执照或者撤销登记、备案的单位的职工受到事故伤害或者患职业病的，由该单位向伤残职工或者死亡职工的近亲属给予一次性赔偿，赔偿标准不得低于本条例规定的工伤保险待遇；用人单位不得使用童工，用人单位使用童工造成童工伤残、死亡的，由该单位向童工或者童工的近亲属给予一次性赔偿，赔偿标准不得低于本条例规定的工伤保险待遇。具体办法由国务院社会保险行政部门规定。

前款规定的伤残职工或者死亡职工的近亲属就赔偿数额与单位发生争议的，以及前款规定的童工或者童工的近亲属就赔偿数额与单位发生争议的，按照处理劳动争议的有关规定处理。

参考文件2：《非法用工单位伤亡人员一次性赔偿办法》（人力资源和社会保障部令第9号）。

第二条　本办法所称非法用工单位伤亡人员，是指无营业执照或者未经依法登记、备案的单位以及被依法吊销营业执照或者撤销登记、备案的单位受到事故伤害或者患职业病的职工，或者用人单位使用童工造成的伤残、死亡童工。

前款所列单位必须按照本办法的规定向伤残职工或者死亡职工的近亲属、伤残童工或者死亡童工的近亲属给予一次性赔偿。

第三条　一次性赔偿包括受到事故伤害或者患职业病的职工或童工在治疗期间的费用和一次性赔偿金。一次性赔偿金数额应当在受到事故伤害或者患职业病的职工或童工死亡或者经劳动能力鉴定后确定。

第四条 职工或童工受到事故伤害或者患职业病,在劳动能力鉴定之前进行治疗期间的生活费按照统筹地区上年度职工月平均工资标准确定,医疗费、护理费、住院期间的伙食补助费以及所需的交通费等费用按照《工伤保险条例》规定的标准和范围确定,并全部由伤残职工或童工所在单位支付。

第五条 一次性赔偿金按照以下标准支付:

一级伤残的为赔偿基数的16倍,二级伤残的为赔偿基数的14倍,三级伤残的为赔偿基数的12倍,四级伤残的为赔偿基数的10倍,五级伤残的为赔偿基数的8倍,六级伤残的为赔偿基数的6倍,七级伤残的为赔偿基数的4倍,八级伤残的为赔偿基数的3倍,九级伤残的为赔偿基数的2倍,十级伤残的为赔偿基数的1倍。

前款所称赔偿基数,是指单位所在工伤保险统筹地区上年度职工年平均工资。

第六条 受到事故伤害或者患职业病造成死亡的,按照上一年度全国城镇居民人均可支配收入的20倍支付一次性赔偿金,并按照上一年度全国城镇居民人均可支配收入的10倍一次性支付丧葬补助等其他赔偿金。

(二) 关于非法用工伤亡的定性定级问题

非法用工伤亡赔偿前不进行工伤认定,但对职工或童工伤残的应当进行劳动能力鉴定。这主要是因为,按照《中华人民共和国劳动法》规定,用人单位应当是依法成立的法人或其他组织,而劳动者应当年满十六周岁以上(文艺、体育和特种工艺单位在办理相关手续后除外),如果用人单位或者劳动者一方不满足上述特征,劳动关系的主体不合法,就没有建立合法的劳动关系,不纳入《中华人民共和国劳动法》和《工伤保险条例》的调整范围,不能作为工伤认定的对象。但是,获得赔偿是这些劳动者的权益,为了量化这些劳动者的权益,应当对其进行劳动能力鉴定,这样就可以比照《工伤保险条例》的相关规定确定受伤人员应当获得的赔偿。同时,考虑到这些单位没有合法身份,存续时间有限,不可能像合法用人单位那样给予劳动者长期的工伤待遇,因此需要将长期待遇折算,与其他一次性待遇合并计算后,一次性支付给职工或者其近亲属。另外,为体现对这些非法用工主体的惩罚,《工伤保险条例》规定,一次性赔偿标准不得低于条例规定的工伤保险待遇。

使用童工导致童工伤亡的,在这种情形中,主体较宽,任何单位包括合法的用人单位和非法的用工主体,只要是使用了童工并造成童工伤亡的,都将适用该条款进行赔偿。

从法律规定的角度,非法用工伤亡赔偿前不用进行工伤认定。但个别地方也有特别规定,如,江苏省人力资源和社会保障厅制定的《关于实施〈工伤保险条例〉若干问题的处理意见》(苏人社规〔2016〕3号)在第二条中规定:"《条例》第六十六条规定的'无营业执照或者未经依法登记、备案的单位以及被依法吊销营业执照或者撤销登记、备案的单位的职工'和'童工',不作为工伤认定的对象。但其受到事故伤害或者被诊断、鉴定为职业病的,社会保险行政部门应当依申请参照工伤认定程序判定其是否符合《条例》第十四条、第十五条、第十六条规定的情形,由该单位根据《条例》和《非法用工单位伤亡人员一次性赔偿办法》有关规定给予一次性赔偿。"

法律法规摘选

《禁止使用童工规定》（节选）

国务院令第 364 号公布，自 2002 年 12 月 1 日起施行

第一条　为保护未成年人的身心健康，促进义务教育制度的实施，维护未成年人的合法权益，根据宪法和劳动法、未成年人保护法，制定本规定。

第二条　国家机关、社会团体、企业事业单位、民办非企业单位或者个体工商户（以下统称用人单位）均不得招用不满 16 周岁的未成年人（招用不满 16 周岁的未成年人，以下统称使用童工）。

第六条　用人单位使用童工的，由劳动保障行政部门按照每使用一名童工每月处 5 000 元罚款的标准给予处罚；在使用有毒物品的作业场所使用童工的，按照《使用有毒物品作业场所劳动保护条例》规定的罚款幅度，或者按照每使用一名童工每月处 5 000 元罚款的标准，从重处罚。劳动保障行政部门并应当责令用人单位限期将童工送回原居住地交其父母或者其他监护人，所需交通和食宿费用全部由用人单位承担。

用人单位经劳动保障行政部门依照前款规定责令限期改正，逾期仍不将童工送交其父母或者其他监护人的，从责令限期改正之日起，由劳动保障行政部门按照每使用一名童工每月处 1 万元罚款的标准处罚，并由工商行政管理部门吊销其营业执照或者由民政部门撤销民办非企业单位登记；用人单位是国家机关、事业单位的，由有关单位依法对直接负责的主管人员和其他直接责任人员给予降级或者撤职的行政处分或者纪律处分。

第七条　单位或者个人为不满 16 周岁的未成年人介绍就业的，由劳动保障行政部门按照每介绍一人处 5 000 元罚款的标准给予处罚；职业中介机构为不满 16 周岁的未成年人介绍就业的，并由劳动保障行政部门吊销其职业介绍许可证。

第八条　用人单位未按照本规定第四条的规定保存录用登记材料，或者伪造录用登记材料的，由劳动保障行政部门处 1 万元的罚款。

第九条　无营业执照、被依法吊销营业执照的单位以及未依法登记、备案的单位使用童工或者介绍童工就业的，依照本规定第六条、第七条、第八条规定的标准加一倍罚款，该非法单位由有关的行政主管部门予以取缔。

第十条　童工患病或者受伤的，用人单位应当负责送到医疗机构治疗，并负担治疗期间的全部医疗和生活费用。

童工伤残或者死亡的，用人单位由工商行政管理部门吊销营业执照或者由民政部门撤销民办非企业单位登记；用人单位是国家机关、事业单位的，由有关单位依法对直接负责的主管人员和其他直接责任人员给予降级或者撤职的行政处分或者纪律处分；用人单位还应当一次性地对伤残的童工、死亡童工的直系亲属给予赔偿，赔偿金额按照国家工伤保险的有关规定计算。

第十一条　拐骗童工，强迫童工劳动，使用童工从事高空、井下、放射性、高毒、易燃易爆以及国家规定的第四级体力劳动强度的劳动，使用不满14周岁的童工，或者造成童工死亡或者严重伤残的，依照刑法关于拐卖儿童罪、强迫劳动罪或者其他罪的规定，依法追究刑事责任。

第十三条　文艺、体育单位经未成年人的父母或者其他监护人同意，可以招用不满16周岁的专业文艺工作者、运动员。用人单位应当保障被招用的不满16周岁的未成年人的身心健康，保障其接受义务教育的权利。文艺、体育单位招用不满16周岁的专业文艺工作者、运动员的办法，由国务院劳动保障行政部门会同国务院文化、体育行政部门制定。

（三）关于非法用工伤亡的争议处理

单位拒不支付赔偿的，可以向人力资源和社会保障行政部门举报；对赔偿数额有争议的，可按照劳动争议处理。因为，一次性赔偿的争议，主要是职工或者其近亲属与单位之间发生的争议，而不是职工和社会保险行政部门或者社会保险经办机构发生的行政争议，在性质上属于劳动争议的范畴。因此，这类争议按照处理劳动争议的有关规定处理，也就是按照《中华人民共和国劳动争议调解仲裁法》的有关规定处理。

参考文件：《非法用工单位伤亡人员一次性赔偿办法》（人力资源和社会保障部令第9号）。

第七条　单位拒不支付一次性赔偿的，伤残职工或者死亡职工的近亲属、伤残童工或者死亡童工的近亲属可以向人力资源和社会保障行政部门举报。经查证属实的，人力资源和社会保障行政部门应当责令该单位限期改正。

第八条　伤残职工或者死亡职工的近亲属、伤残童工或者死亡童工的近亲属就赔偿数额与单位发生争议的，按照劳动争议处理的有关规定处理。

二、实习生

（一）实习生实习期间的损害赔偿一直未有法律层面的明确规定，但从法律关系上说，大中专院校、技工学校、职业高中等学生到相关单位实习中受到事故伤害的，因为学生在实习期间，其个人身份为学生，与所在实习企业不形成劳动关系，不是《中华人民共和国劳动法》《工伤保险条例》里的适格主体，因此对这类人员不能按工伤保险的有关规定处理，不能进行工伤认定。

参考文件1：原劳动部《关于贯彻执行〈中华人民共和国劳动法〉若干问题的意见》（劳部发〔1995〕309号）。

第十二条　在校生利用业余时间勤工助学，不视为就业，未建立劳动关系，可以不签订劳动合同。

参考文件2：《中华人民共和国出境入境管理法》。

第四十二条　国务院教育主管部门会同国务院有关部门建立外国留学生勤工助学管理制度，对外国留学生勤工助学的岗位范围和时限作出规定。

参考文件3：《中华人民共和国外国人入境出境管理条例》。

第二十二条　持学习类居留证件的外国人需要在校外勤工助学或者实习的，应当经所在学校同意后，向公安机关出入境管理机构申请居留证件加注勤工助学或者实习地点、期限等信息。持学习类居留证件的外国人所持居留证件未加注前款规定信息的，不得在校外勤工助学或者实习。

参考文件4：江苏省人力资源和社会保障厅制定的《关于实施〈工伤保险条例〉若干问题的处理意见》（苏人社规〔2016〕3号）。

第三条　在校学生在用人单位实习期间发生伤亡事故的，不属于《条例》调整范围。

（二）虽然实习学生不属于劳动者，但如果其在单位实习期间发生伤害，实习学生仍然有权依据侵权责任法及人身损害赔偿司法解释等提出赔偿请求。在这方面，最高人民法院公报案例《王俊诉江苏强维橡塑科技有限公司、徐州工业职业技术学院校外实习期间人身损害赔偿纠纷案》（《最高人民法院公报》2014年第7期），可作为实务范例。此案"裁判摘要"指出："学生基于学校的安排到校外企业实习是学校教学内容的延伸和扩展，学校和企业都负有一定的安全教育和管理义务。学生在校外企业实习期间进行与其所学知识内容相关的实际操作，不应认定学生与企业之间存在劳动关系。学生在实习过程中受到的伤害，应按一般民事侵权纠纷处理，根据有关侵权的法律规定，由学生、学校、企业按过错程度分担责任。"

案例参考

王俊诉江苏强维橡塑科技有限公司、徐州工业职业技术学院
校外实习期间人身损害赔偿纠纷案

/裁判摘要/

学生基于学校的安排到校外企业实习是学校教学内容的延伸和扩展，学校和企业都负有一定的安全教育和管理义务。学生在校外企业实习期间进行与其所学知识内容相关的实际操作，不应认定学生与企业之间存在劳动关系。学生在实习过程中受到的伤害，应按一般民事侵权纠纷处理，根据有关侵权的法律规定，由学生、学校、企业按过错程度分担责任。

/案情/

原告王俊因与被告江苏强维橡塑科技有限公司（以下简称强维科技）、徐州工业职业技术学院（以下简称职业学院）发生人身损害赔偿纠纷，向江苏省宿迁市宿豫区人民法院提起诉讼。

江苏省宿迁市宿豫区人民法院经审理查明：原告系被告职业学院工程系橡胶大

专071班的学生。2009年12月1日，被告职业学院按教育部文件统一安排毕业生实习，原告进入被告强维科技顶岗实习，约定第一个月工资1 000元，从第二个月开始每月工资1 500元。2009年12月30日下午3时许，原告等人在强维科技安排下，给其公司新厂房门刷漆，因厂房门比较高，原告站在三脚架上刷门，在推动三脚架从一侧向另一侧时不料三脚架倾倒，导致站在三脚架上的原告从2米多高的三脚架上坠落受伤。原告受伤后，被告强维科技把原告送往宿迁市中医院救治，后转至句荣市中医院救治，住院治疗23天，花费医疗费17 871元，被告强维科技已给付15 000元医疗费，并护理11天。诉讼中，经本院委托鉴定，原告伤情构成十级伤残。

/裁判/

宿迁市宿豫区人民法院经审理认为：原告王俊系被告职业学校的在校学生，其基于学校的安排到强维科技进行实习，因此项实习是该学校教学内容的延伸和扩展，所以该学校对原告在实习单位的安全仍负有一定的安全教育和管理义务；作为实习单位的强维科技，在原告实习期间，负有对原告进行安全教育与相关培训的义务，为原告提供安全的工作场所，以保障原告在实习期间的人身安全。由于原告是基于实习到强维科技进行与其所学知识内容相关的实际操作，其与强维科技之间不存在劳动关系，原告在实习过程中受到的伤害应按照一般民事侵权纠纷处理。本案中，作为实习单位的强维科技虽然对原告进行了实习培训，但其对原告在实习时可能存在的安全隐患仍负有直接的提醒和注意义务，因强维科技未尽到相关义务，对原告受伤的损害结果存在一定的过错，应承担相应的赔偿责任，本院酌定为60%。职业学院未加强对学生的必要管理，负有疏于管理的责任，该学校对原告受伤的损害结果也存在一定的过错，应承担相应的赔偿责任，本院酌定为20%。原告在工作中过于自信，在三脚架移动过程没有离开三脚架，对其受伤的损害结果存在一定的过错，应减轻二被告赔偿责任，本院酌定为20%。原告因本起事故造成的损失，符合法律规定的，依法予以保护。综上，宿迁市宿豫区人民法院依照《中华人民共和国民法通则》第一百一十九条、最高人民法院《关于审理人身损害赔偿案件适用法律若干问题的解释》第十七条、第三十条和《中华人民共和国民事诉讼法》第一百二十八条①的规定，于2011年8月17日作出（2011）宿豫民初字第0684号判决：

一、被告强维科技赔付原告王俊款39 855.8元。

二、被告职业学院赔付原告王俊款18 838.6元。

上述两项判决均于本判决生效后十日内履行。

三、驳回原告其他诉讼请求。

一审宣判后，被告徐州工业职业技术学院不服一审判决向江苏省宿迁市中级人民

---

① 2012年8月31日第十一届全国人民代表大会常务委员会第二次会议通过《关于修改〈中华人民共和国民事诉讼法〉的决定》，该法已作第二次修正。

法院提起上诉,后经江苏省宿迁市中级人民法院主持调解,当事人一致认可一审判决结果并达成协议:

一、上诉人徐州工业职业技术学院于 2011 年 11 月 10 日前给付被上诉人王俊款 18 838.6 元;

二、被上诉人江苏强维橡塑科技有限公司于 2011 年 11 月 10 日前给付被上诉人王俊款 39 855.8 元;

江苏省宿迁市中级人民法院于 2011 年 10 月 28 日作出(2011)宿中民终字第 1247 号民事调解书对上述协议内容予以确认。

案例来源:《最高人民法院公报》

(三)为规范和加强职业学校学生实习工作,维护学生、学校和实习单位的合法权益,提高技术技能人才培养质量,教育部、财政部、人力资源和社会保障部、国家安全生产监督管理总局、中国保险监督管理委员会等五部门 2016 年联合制定了《职业学校学生实习管理规定》(教职成〔2016〕3 号),从实习组织、实习管理、实习考核、安全职责等方面对职业学校学生实习进行了规范,并通过推动建立学生实习强制保险制度,对学生实习期间遭受的意外事故和人身伤亡予以保障。

参考文件:《职业学校学生实习管理规定》(教职成〔2016〕3 号)。

第二条 本规定所指职业学校学生实习,是指实施全日制学历教育的中等职业学校和高等职业学校学生(以下简称职业学校)按照专业培养目标要求和人才培养方案安排,由职业学校安排或者经职业学校批准自行到企(事)业等单位(以下简称实习单位)进行专业技能培养的实践性教育教学活动,包括认识实习、跟岗实习和顶岗实习等形式。

认识实习是指学生由职业学校组织到实习单位参观、观摩和体验,形成对实习单位和相关岗位的初步认识的活动。

跟岗实习是指不具有独立操作能力、不能完全适应实习岗位要求的学生,由职业学校组织到实习单位的相应岗位,在专业人员指导下部分参与实际辅助工作的活动。

顶岗实习是指初步具备实践岗位独立工作能力的学生,到相应实习岗位,相对独立参与实际工作的活动。

第三条 职业学校学生实习是实现职业教育培养目标,增强学生综合能力的基本环节,是教育教学的核心部分,应当科学组织、依法实施,遵循学生成长规律和职业能力形成规律,保护学生合法权益;应当坚持理论与实践相结合,强化校企协同育人,将职业精神养成教育贯穿学生实习全过程,促进职业技能与职业精神高度融合,服务学生全面发展,提高技术技能人才培养质量和就业创业能力。

第四条 地方各级人民政府相关部门应高度重视职业学校学生实习工作,切实承担责任,结合本地实际制定具体措施鼓励企(事)业等单位接收职业学校学生实习。

第十二条 学生参加跟岗实习、顶岗实习前,职业学校、实习单位、学生三方应签订实习协议。协议文本由当事方各执一份。

未按规定签订实习协议的，不得安排学生实习。

认识实习按照一般校外活动有关规定进行管理。

第十三条　实习协议应明确各方的责任、权利和义务，协议约定的内容不得违反相关法律法规。

实习协议应包括但不限于以下内容：

（一）各方基本信息；

（二）实习的时间、地点、内容、要求与条件保障；

（三）实习期间的食宿和休假安排；

（四）实习期间劳动保护和劳动安全、卫生、职业病危害防护条件；

（五）责任保险与伤亡事故处理办法，对不属于保险赔付范围或者超出保险赔付额度部分的约定责任；

（六）实习考核方式；

（七）违约责任；

（八）其他事项。

顶岗实习的实习协议内容还应当包括实习报酬及支付方式。

第三十二条　职业学校和实习单位要确立安全第一的原则，严格执行国家及地方安全生产和职业卫生有关规定。职业学校主管部门应会同相关部门加强实习安全监督检查。

第三十三条　实习单位应当健全本单位生产安全责任制，执行相关安全生产标准，健全安全生产规章制度和操作规程，制定生产安全事故应急救援预案，配备必要的安全保障器材和劳动防护用品，加强对实习学生的安全生产教育培训和管理，保障学生实习期间的人身安全和健康。

第三十四条　实习单位应当会同职业学校对实习学生进行安全防护知识、岗位操作规程教育和培训并进行考核。未经教育培训和未通过考核的学生不得参加实习。

第三十五条　推动建立学生实习强制保险制度。职业学校和实习单位应根据国家有关规定，为实习学生投保实习责任保险。责任保险范围应覆盖实习活动的全过程，包括学生实习期间遭受意外事故及由于被保险人疏忽或过失导致的学生人身伤亡，被保险人依法应承担的责任，以及相关法律费用等。

学生实习责任保险的经费可从职业学校学费中列支；免除学费的可从免学费补助资金中列支，不得向学生另行收取或从学生实习报酬中抵扣。职业学校与实习单位达成协议由实习单位支付投保经费的，实习单位支付的学生实习责任保险费可从实习单位成本（费用）中列支。

第三十六条　学生在实习期间受到人身伤害，属于实习责任保险赔付范围的，由承保保险公司按保险合同赔付标准进行赔付。不属于保险赔付范围或者超出保险赔付额度的部分，由实习单位、职业学校及学生按照实习协议约定承担责任。职业学校和实习单位应当妥善做好救治和善后工作。

三、非全日制用工

非全日制用工，即通常意义上的"小时工"，这一用工形式突破了传统的全日制用工模式，适应了用人单位灵活用工和劳动者自主择业的需要，已成为促进就业的重要途径。为规范用人单位非全日制用工行为，保障劳动者的合法权益，促进非全日制就业健康发展，原劳动和社会保障部印发了《关于非全日制用工若干问题的意见》（劳社部发〔2003〕12号），《中华人民共和国劳动合同法》第五章第三节也作了特别规定。那么，非全日制用工人员发生工伤怎么办？这部分人员的社会保险权益如何保障？

（一）非全日制用工的定义

按照《中华人民共和国劳动合同法》第六十八条规定，非全日制用工是指以小时计酬为主，劳动者在同一用人单位一般平均每日工作时间不超过四小时，每周工作时间累计不超过二十四小时的用工形式。

（二）非全日制用工劳动关系的建立

按照《中华人民共和国劳动合同法》第六十九条至第七十二条规定，非全日制用工双方当事人可以订立口头协议。从事非全日制用工的劳动者可以与一个或者一个以上用人单位订立劳动合同；但是，后订立的劳动合同不得影响先订立的劳动合同的履行。非全日制用工双方当事人不得约定试用期。非全日制用工双方当事人任何一方都可以随时通知对方终止用工。终止用工，用人单位不向劳动者支付经济补偿。非全日制用工小时计酬标准不得低于用人单位所在地人民政府规定的最低小时工资标准。非全日制用工劳动报酬结算支付周期最长不得超过十五日。

（三）用人单位应当为非全日制用工缴纳工伤保险

参考文件1：原劳动和社会保障部《关于非全日制用工若干问题的意见》（劳社部发〔2003〕12号）。

12. 用人单位应当按照国家有关规定为建立劳动关系的非全日制劳动者缴纳工伤保险费。从事非全日制工作的劳动者发生工伤，依法享受工伤保险待遇；被鉴定为伤残5～10级的，经劳动者与用人单位协商一致，可以一次性结算伤残待遇及有关费用。

参考文件2：人力资源和社会保障部《实施〈中华人民共和国社会保险法〉若干规定》（人力资源和社会保障部令第13号）。

第九条 职工（包括非全日制从业人员）在两个或者两个以上用人单位同时就业的，各用人单位应当分别为职工缴纳工伤保险费。职工发生工伤，由职工受到伤害时工作的单位依法承担工伤保险责任。

延伸阅读

用人单位是否应当为非全日制用工缴纳其他社会保险？

目前，国家没有强制规定用人单位应当为非全日制从业人员缴纳养老、医疗、生育、失业等其他四项社会保险。只有工伤保险是国家唯一强制用人单位为非全日制从业人员缴纳的社会保险，且是唯一一项多重劳动关系可以多重缴纳的社会保险，目的就是最大限度地分散用人单位的用工风险，保护劳动者的工伤权益。

四、达到或超过法定退休年龄人员

（一）现行政策

达到或超过法定退休年龄人员在用人单位工作期间受到事故伤害或患职业病的，适用什么法律关系调整一直存在较大争议。对此，《人力资源社会保障部关于执行〈工伤保险条例〉若干问题意见（二）》（人社部发〔2016〕29号）已作出了明确规定，即："达到或超过法定退休年龄，但未办理退休手续或者未依法享受城镇职工基本养老保险待遇，继续在原用人单位工作期间受到事故伤害或患职业病的，用人单位依法承担工伤保险责任。用人单位招用已经达到、超过法定退休年龄或已经领取城镇职工基本养老保险待遇的人员，在用工期间因工作原因受到事故伤害或患职业病的，如招用单位已按项目参保等方式为其缴纳工伤保险费的，应适用《工伤保险条例》。"

（二）历史问题

最高人民法院和国务院法制办公室关于达到或超过法定退休年龄人员"工伤"问题的六个处理意见及其效力分析

在《人力资源社会保障部关于执行〈工伤保险条例〉若干问题意见（二）》之前，最高人民法院和国务院法制办公室还在不同的时期针对不同的情况出台过六个处理意见：

1.《最高人民法院行政审判庭关于离退休人员与现工作单位之间是否构成劳动关系以及工作时间内受伤是否适用〈工伤保险条例〉问题的答复》[（2007）行他字第6号]。

重庆市高级人民法院：

你院（2006）渝高法行示字第14号《关于离退休人员与现在工作单位之间是否构成劳动关系以及工作时间内受伤是否适用〈工伤保险条例〉一案的请示》收悉。经研究，原则同意你院第二种意见，即：根据《工伤保险条例》第二条、第六十一条等有关规定，离退休人员受聘于现工作单位，现工作单位已经为其缴纳了工伤保险费，其在受聘期间因工作受到事故伤害的，应当适用《工伤保险条例》的有关规定处理。

效力分析：有效。这个答复适用的前提是，如果单位已经为离退休人员缴纳了工伤保险费，就应当适用《工伤保险条例》的有关规定处理。

2.《最高人民法院关于审理劳动争议案件适用法律若干问题的解释（三）》（法释〔2010〕12号）。

第七条　用人单位与其招用的已经依法享受养老保险待遇或领取退休金的人员发生用工争议，向人民法院提起诉讼的，人民法院应当按劳务关系处理。

效力分析：有效，但应结合《中华人民共和国社会保险法》的有关规定，进一步界定"依法享受养老保险待遇"的准确内涵。现实实践中，"养老保险待遇"的内涵大于"基本养老保险待遇"的内涵，除"基本养老保险待遇"外，还包括城乡居民社会养老保险、新型农村社会养老保险和城镇居民社会养老保险等待遇较低的险种。编者认为，法释〔2010〕12号第三条中的"依法享受养老保险待遇"，应当系指《中华人民共和国社会保险法》中的"享受基本养老保险待遇"。至于为什么法释〔2010〕12号没有采用《中华人民共和国社会保险法》中的说法，这是因为，《最高人民法院关于审理劳动争议案件适用法律若干问题的解释（三）》于2010年7月12日由最高人民法院审判委员会第1489次会议通过，自2010年9月14日起施行。而《中华人民共和国社会保险法》由中华人民共和国第十一届全国人民代表大会常务委员会第十七次会议于2010年10月28日通过，自2011年7月1日起施行。即：司法解释公布在前，《中华人民共和国社会保险法》公布在后。所以导致两者表述不尽一致，司法解释没能统一到《中华人民共和国社会保险法》的精细表述。

 新闻摘录

最高人民法院发布司法解释统一劳动争议裁判尺度（节选）

最高人民法院举行新闻发布会，介绍了最高人民法院出台《最高人民法院关于审理劳动争议案件适用法律若干问题的解释（三）》的情况。最高人民法院民事审判第一庭庭长杜万华对此有关规定进行了解释。

目前，我国很多达到退休年龄的人仍然被返聘到一些岗位工作。杜万华说，对于企业返聘人员来说，如果企业职工按照国家法律规定的退休年龄办理完了退休手续，以后相关企业又返聘其到工作岗位重新工作的，那么返聘人员与所在单位不再是劳动关系，而是劳务关系。因为返聘人员已经享有了社会保险和退休金等待遇。

司法解释规定，"用人单位与其招用的已经依法享受养老保险待遇或领取退休金的人员发生用工争议，向人民法院提起诉讼的，人民法院应当按劳务关系处理。"

"但是目前企业退休人员的情况比较复杂。有的企业在职工没有达到法定退休年龄的时候，为减员增效，让一些职工提前退休。提前退休的职工又到新的企业中找到了新的工作，那么这个职工在新的企业里面，与企业之间就是劳动关系，不是劳务关系。"杜万华说。

稿件来源：新华社

3.《最高人民法院行政审判庭关于超过法定退休年龄的进城务工农民因工伤亡的,应否适用〈工伤保险条例〉请示的答复》[(2010)行他字第10号]。

山东省高级人民法院：

你院报送的《关于超过法定退休年龄的进城务工农民工作时间内受伤是否适用〈工伤保险条例〉的请示》收悉。经研究,原则同意你院的倾向性意见。即：用人单位聘用的超过法定退休年龄的务工农民,在工作时间内、因工作原因伤亡的,应当适用《工伤保险条例》的有关规定进行工伤认定。

效力分析：有效,但不全面。该答复身份上限于"务工农民",适用情形上限于"在工作时间内、因工作原因伤亡",有很大的局限性。现已被《人力资源社会保障部关于执行〈工伤保险条例〉若干问题意见（二）》所替代并扩大到《工伤保险条例》规定的所有认定、视同工伤的情形。

4.《最高人民法院关于超过法定退休年龄的进城务工农民在工作时间内因工伤亡的,能否认定工伤的答复》[(2012)行他字第13号]。

江苏省高级人民法院：

你院（2012）苏行他字第0902号《关于杨通诉南京市人力资源和社会保障局终止工伤行政确认一案的请示》收悉。经研究,答复如下：

同意你院倾向性意见。相同问题我庭2010年3月17日在给山东省高级人民法院的《关于超过法定退休年龄的进城务工农民因工伤亡的,应否适用〈工伤保险条例〉请示的答复》[(2010)行他字第10号]中已经明确。即,用人单位聘用的超过法定退休年龄的务工农民,在工作时间内、因工作原因伤亡的,应当适用《工伤保险条例》的有关规定进行工伤认定。

效力分析：同上。

5.《国务院法制办公室对〈关于重新进入劳动生产领域的离休人员能否享受工伤保险待遇的请示〉的复函》（国法秘函〔2005〕310号）。

福建省人民政府法制办公室转福建省人民代表大会常务委员会法制工作委员会：

福建省人民代表大会常务委员会法制工作委员会《关于重新进入劳动生产领域的离休人员能否享受工伤保险待遇的请示》（闽常法函〔2005〕6号）收悉。经研究,并征得劳动保障部同意,答复如下：

关于离退休人员重新就业后发生工伤如何处理的问题,现行法律、行政法规没有明确规定。我们认为,应当参照《中共中央办公厅国务院办公厅转发〈中央组织部、中央宣传部、中央统战部、人事部、科技部、劳动保障部、解放军总政治部、中国科协关于进一步发挥离退休专业技术人员作用的意见〉的通知》（中办发〔2005〕9号）的规定办理。该通知规定："离退休专业技术人员受聘工作期间,因工作发生职业伤害的,应由聘用单位参照工伤保险的相关待遇标准妥善处理；因工作发生职业伤害与聘用单位发生争议的,可通过民事诉讼处理；与聘用单位之间因履行聘用合同发生争议的,可通过人事或劳动争议仲裁渠道解决。有条件的聘用单位在符合有关规定的情况下,可为聘请的离退休专业技术人员购买聘期内的人身意外伤害保险。"

效力分析:有效,离退休人员可参照适用。

6.《最高人民法院民一庭关于达到或者超过法定退休年龄的劳动者(含农民工)与用人单位之间劳动关系终止的确定标准问题的答复》〔(2015)民一他字第6号〕。

山东省高级人民法院:

你院《关于达到或者超过法定退休年龄的劳动者(含农民工)与用人单位之间劳动关系终止的确定标准问题的请示》收悉。

经研究,答复如下:

原则同意你院审判委员会的倾向性意见,即:对于达到或者超过法定退休年龄的劳动者(含农民工)与用人单位之间劳动合同关系的终止,应当以劳动者是否享受养老保险待遇或者领取退休金为标准。

效力分析:同《最高人民法院关于审理劳动争议案件适用法律若干问题的解释(三)》(法释〔2010〕12号)有关内容。有效,但应结合《中华人民共和国社会保险法》的有关规定,进一步界定"是否享受养老保险待遇"的准确内涵,精确到《中华人民共和国社会保险法》中的"享受基本养老保险待遇"之规定。

(三) 待遇核算差异

值得注意的是,在核算达到或超过法定退休年龄人员工伤待遇时,各地政策不尽一致。有的地方规定和普通职工没有区别;有的地方规定工伤职工达到法定退休年龄或办理退休手续的,不支付一次性工伤医疗补助金和一次性伤残就业补助金。

例如:《山东省人民政府关于印发山东省贯彻〈工伤保险条例〉实施办法的通知》(鲁政发〔2011〕25号)第二十五条第四款规定:"工伤职工与用人单位解除或者终止劳动合同时,距法定退休年龄5年以上的,一次性工伤医疗补助金和一次性伤残就业补助金全额支付;距法定退休年龄不足5年的,每减少1年一次性伤残就业补助金递减20%。距法定退休年龄不足1年的按一次性伤残就业补助金全额的10%支付;达到法定退休年龄或者按规定办理了退休手续的,不支付一次性工伤医疗补助金和一次性伤残就业补助金。"

值得注意的是,江苏省劳动人事争议仲裁委员会《关于印发江苏省劳动人事争议疑难问题研讨会纪要的通知》(苏劳人仲委〔2017〕1号)对达到或超过法定退休年龄但不符合享受基本养老保险待遇劳动者的劳动关系问题、工伤待遇问题及其他劳动权益问题进行了比较明确细化的规定,各地可以在实务处理中参考把握。

新规速递:江苏省劳动人事争议仲裁委员会《关于印发江苏省劳动人事争议疑难问题研讨会纪要的通知》(苏劳人仲委〔2017〕1号)(节选)

一、确认劳动关系问题

(二)达到或超过法定退休年龄,但不符合享受基本养老保险待遇劳动者的用工关系问题。

用人单位与其招用的已经依法享受基本养老保险待遇或领取退休金的人员发生的

用工争议，按劳务关系处理。

用人单位与其招用的已达到或超过法定退休年龄但未享受基本养老保险待遇或领取退休金的人员发生用工争议，双方之间用工情形符合劳动关系特征的，应按劳动关系特殊情形处理。劳动者请求享受《劳动法》《劳动合同法》规定的劳动报酬、劳动保护、劳动条件、工作时间、休息休假、职业危害防护、福利待遇的应予支持。但劳动者请求签订无固定期限劳动合同、支付二倍工资、经济补偿、赔偿金及社会保险待遇的不予支持（其中社会保险待遇争议不包括本意见第十二条规定的情形）。双方另有约定的除外。

三、工伤及其他问题

（十二）仲裁机构是否受理达到或超过法定退休年龄工伤职工的工伤待遇争议？如何处理？

工伤待遇是基于劳动者与用人单位存在工伤保险关系而产生的，达到或超过法定退休年龄的劳动者经人社部门认定工伤后，要求依照《工伤保险条例》等规定享受工伤待遇，由此与用人单位发生争议的，仲裁机构应当受理。对于劳动者基于工伤保险关系而主张的一次性伤残补助金、医疗费、交通费、住院伙食补助费、护理费、停工留薪期工资等请求，应予支持。但达到或超过法定退休年龄的劳动者，依据《江苏省实施〈工伤保险条例〉办法》第二十八条第一款规定，不能享受一次性伤残就业补助金和一次性工伤医疗补助金。对于请求签订无固定期限劳动合同、支付二倍工资、经济补偿、赔偿金及其他社会保险待遇不予支持。

（四）需要明确的相关概念

1. 什么是"基本养老保险"？

"基本养老保险"一词，在《中华人民共和国社会保险法》中出现了32次，在《工伤保险条例》中出现了3次，在《中华人民共和国劳动合同法》第四十四条里出现了1次。

现行的养老保险制度主要有城镇企业职工基本养老保险、机关事业单位工作人员基本养老保险和城乡居民基本养老保险等几种。2010年颁布的《中华人民共和国社会保险法》第十条规定："职工应当参加基本养老保险，由用人单位和职工共同缴纳基本养老保险费。"第十六条规定："参加基本养老保险的个人，达到法定退休年龄时累计缴费满十五年的，按月领取基本养老金。参加基本养老保险的个人，达到法定退休年龄时累计缴费不足十五年的，可以缴费至满十五年，按月领取基本养老金；也可以转入新型农村社会养老保险或者城镇居民社会养老保险，按照国务院规定享受相应的养老保险待遇。"第二十条规定："国家建立和完善新型农村社会养老保险制度。"第二十二条规定："国家建立和完善城镇居民社会养老保险制度。"2014年国务院发布《国务院关于建立统一的城乡居民基本养老保险制度的意见》（国发〔2014〕8号），将"新农保"和"城居保"两项制度合并实施，在全国范围内建立了统一的城乡居民基本养老保险制度。从《中华人民共和国社会保险法》的相关表述尤其是第十六条的文义解读可以看出，基本养老保险与新型农村社会养老保险或者城镇居民社会养老保险是并列关系，而不是包含关系，是不同的制度。因此，"基本养老保险"指向的应是城镇企业职工基本养老保险和近几年建立的机关事业单位工作人员基本养老保险等职工类养老保险制度，而新型农村社会养老保险、城镇居民社会养老保险和两者合并而来的城乡居民基本养老保险制度，都不是法律意义上的"基本养老保险"制度。

城乡居民养老保险不是"基本养老保险"，这是因为二者在制度功能上存在较大差异：一是保障对象不同。城乡居民养老保险保障的是年满16周岁（不含在校学生），非国家机关和事业单位工作人员及不属于职工基本养老保险制度覆盖范围的城乡居民，而职工基本养老保险是保证城镇就业群体。二是强制性不同。城乡居民养老保险是"可以"，强调的是自愿原则，是居民自愿参加的，虽然有政府加以引导，但不得强制。而职工基本养老保险是"应当"，强调的是国家法律、法规所强制性实施的，雇主、用人单位和劳动者个人都必须按照规定缴纳费用。三是缴费标准不同。城乡居民养老保险有弹性，一般分为每年几百到几千等十多个档次，居民可以根据自己需要选择缴费档次，多交多得。而职工基本养老保险则是按工资总额的规定比例进行缴费，瞒报、漏缴即为违法。四是资金筹集渠道不同。城乡居民养老保险主要筹资来源是个人缴费、集体补助、政府补贴，是惠民措施、政府责任。而职工基本养老保险主要筹资来源是用人单位和个人，且用人单位缴纳的是大部分，具有明显的雇主责任特征。五是养老金组成结构不同。前者由基础养老金和个人账户养老金组成，后者由统筹养老金和个人账户养老金组成。六是领取年龄和领取条件不同。职工基本养老保险要求权利和义务相对等，达到法定退休年龄时累计缴费满15年的，办理退休手续后可按月领取。而参加城乡居民养老保险的个人，年满60周岁、累计缴费满15年，且未领取国家规定的基本养老保障待遇的，可以按月领取城乡居民养老保险待遇。"新农保"或"城居保"制度实施时已年满60周岁的，不用缴费，也可以按月领取。七是待遇标准和保障水平不同。职工基本养老保险金因人而异，主要与缴费年限和个人账户积累有关，月均几百至几千不等，能保障退休后的基本生活。而城乡居民养老保险因地而异，主要看地区财力状况和政策规定，几十元起至几百元不等，待遇水平较低，保障能力较弱。

2. 什么是"法定退休年龄"？

"法定退休年龄"一词，在《中华人民共和国社会保险法》中出现了5次，在《中华人民共和国劳动合同法》里出现了2次，在《工伤保险条例》中并未出现。我国的"法定退休年龄"，是指经1978年5月24日第五届全国人民代表大会常务委员会第二次会议批准，国务院于1978年6月2日颁发的《国务院关于安置老弱病残干部的暂行办法》和《国务院关于工人退休、退职的暂行办法》（国发〔1978〕104号）文件所规定的退休年龄。其中国家法定的企业职工退休年龄是：男年满60周岁，女工人年满50周岁，女干部年满55周岁。从事井下、高空、高温、特别繁重体力劳动或其他有害身体健康工作（以下称特殊工种）的，退休年龄为男年满55周岁、女年满 45 周岁；因病或非因工致残，由医院证明并经劳动能力鉴定委员会确认完全丧失劳动能力的，退休年龄为男年满 50 周岁、女年满 45 周岁。

那么，务工居民年满 60 周岁，开始领取居民养老保险待遇，算不算"法定退休年龄"呢？《中华人民共和国社会保险法》第二十一条规定："参加新型农村社会养老保险的农村居民，符合国家规定条件的，按月领取新型农村社会养老保险待遇。"《国务院关于建立统一的城乡居民基本养老保险制度的意见》（国发〔2014〕8 号）第七条规定："参加城乡居民养老保险的个人，年满 60 周岁、累计缴费满 15 年，且未领取国家规定的基本养老保障待遇的，可以按月领取城乡居民养老保险待遇。新农保或城居保制度实施时已年满 60 周岁，在本意见印发之日前未领取国家规定的基本养老保障待遇的，不用缴费，自本意见实施之月起，可以按月领取城乡居民养老保险基础养老金；距规定领取年龄不足 15 年的，应逐年缴费，也允许补缴，累计缴费不超过 15 年；距规定领取年龄超过 15 年的，应按年缴费，累计缴费不少于 15 年。"综上可以看出，"新农保""城居保"领取养老保险待遇的年龄，其法律用词是"符合国家规定条件"和"规定领取年龄"，而没有"退休"一说，不能与基本养老保险制度中的"法定退休年龄"混为一谈。

值得注意的是，法定退休年龄也有例外。《国务院关于高级专家离休退休若干问题的暂行规定》（国发〔1983〕141 号）、《国务院关于延长部分骨干教师、医生、科技人员退休年龄的通知》（国发〔1983〕142 号）和《中共中央组织部、劳动人事部关于女干部离休退休年龄问题的通知》（劳人老〔1987〕2 号）等文件规定，少数高级专家、高级专业技术人员、女干部等，确因工作需要，身体能够坚持正常工作，征得本人同意，并经有关机关批准，其离休退休年龄可以适当延长。这部分经有关机关批准延迟退休人员则与在岗职工无异。

3. 什么是"享受基本养老保险待遇"？

"享受基本养老保险待遇"一词，在《中华人民共和国社会保险法》中出现了 2 次，在《工伤保险条例》中出现了 1 次，在《中华人民共和国劳动合同法》第四十四条里出现了 1 次。

按照《中华人民共和国社会保险法》第十六条规定，享受基本养老保险待遇必须同时符合两个条件，一是必须达到法定退休年龄，二是必须累计最低缴费满十五年。当然，从程序上还必须办理了退休手续，方能按照国家有关规定享受基本养老保险待遇。可见，劳动者到了法定退休年龄，是符合领取基本养老保险待遇的前提之一，并不必然等同于开始享受基本养老保险待遇。

五、待遇处理中需要注意的问题

（一）工伤保险待遇与基本养老保险待遇不能同时享受

《中华人民共和国社会保险法》第四十条规定："工伤职工符合领取基本养老金条件的，停发伤残津贴，享受基本养老保险待遇。基本养老保险待遇低于伤残津贴的，从工伤保险基金中补足差额。"《工伤保险条例》第三十五条第（三）项规定："工伤职工达到退休年龄并办理退休手续后，停发伤残津贴，按照国家有关规定享受基本养老保险待遇。基本养老保险待遇低于伤残津贴的，由工伤保险基金补足差额。"伤残津贴是对伤残等级为一级至四级的工伤职工和五级、六级伤残中用人单位难以安排工作的工伤职工因工伤而减少的劳动收入的替代补偿。养老保险是对劳动者年老时给予的生活保障。工伤职工达到法定退休年龄，有了养老保险制度保障后，就不能同时享受基本养老保险待遇和工伤保险待遇。假如工伤职工因为缴纳年限短、个人账户积累少等原因导致领取的基本养老保险待遇低于伤残津贴，则从工伤保险基金中补足差额，以保障其退休后能够维持原来的生活水平，不会因退休造成实质性的收入减少。如果达到法定退休年龄时不符合领取基本养老保险待遇条件，不能办理退休手续、享受基本养老保险待遇的，则还可以继续享受工伤保险伤残津贴。

由此可以看出，达到法定退休年龄，不是超龄人员能否享受工伤保险待遇的关键；是否享受基本养老保险待遇，才是超龄人员能否享受工伤保险待遇的节点。

（二）工伤保险与基本养老保险丧葬补助金、抚恤金不能同时领取

《中华人民共和国社会保险法》第十七条规定："参加基本养老保险的个人，因病或者非因工死亡的，其遗属可以领取丧葬补助金和抚恤金。"《工伤保险条例》第三十九条第三款规定："一级至四级伤残职工在停工留薪期满后死亡的，其近亲属可以领取丧葬补助金和供养亲属抚恤金。"现实中，一级至四级工伤职工有可能由于非工伤的疾病导致死亡，两者竞合如何处理呢？对此，《人力资源社会保障部关于执行〈工伤保险条例〉若干问题的意见（二）》（人社部发〔2016〕29号）第一条规定："一级至四级工伤职工死亡，其近亲属同时符合领取工伤保险丧葬补助金、供养亲属抚恤金待遇和职工基本养老保险丧葬补助金、抚恤金待遇条件的，由其近亲属选择领取工伤保险或职工基本养老保险其中一种。"

（三）工伤保险与失业保险丧葬补助金不能同时领取

工伤保险与失业保险同样存在竞合的问题。对此，《中华人民共和国社会保险法》第四十九条规定："个人死亡同时符合领取基本养老保险丧葬补助金、工伤保险丧葬补助金和失业保险丧葬补助金条件的，其遗属只能选择领取其中的一项。"可见，三者出现竞合，同样不可兼得。

另外，根据《中华人民共和国社会保险法》第五十一条规定，失业人员在领取失业保险金期间享受基本养老保险待遇的，停止领取失业保险金，并同时停止享受其他失业保险待遇。究其原因，是因为社会保险制度坚持的是广覆盖、保基本、多层次、可持续的方针，社会保险水平应当与经济社会发展水平相适应。同属于社会保险范畴，如果允许双重（多重）享受，就提供了过度的保障，违背了保基本的方针。所以在各项制度的衔接设计上，出现竞合时"鱼和熊掌不可兼得"。

超过法定退休年龄且享受农村社会养老保险金仍属于工伤认定范围

/案情/

晏某某出生于 1950 年 10 月 12 日，系农村居民。2011 年 4 月，晏某某参加了当地新型农村社会养老保险并享受待遇，平均每月领取养老金 80 元。2011 年 12 月 26 日，经人介绍晏某某到重百彭水超市从事搬运工作，双方未签订书面劳动合同。2012 年 1 月 2 日 19 时许，晏某某在工作中搬运货物时突感身体不适，经送医院抢救无效于次日凌晨 4 时死亡。

当地人力资源和社会保障局认定晏某某的死亡符合《工伤保险条例》第十五条第（一）项之规定，属于工伤认定范围，予以认定为工伤。

用人单位不服，以晏某某超过法定退休年龄且享受农村社会养老保险金为由提起行政诉讼。

/裁判/

在一审、二审中，法院认为：重百彭水超市是合法的用人单位，具备用工主体资格，其于 2011 年 12 月 26 日雇用已年满 61 周岁的农村居民晏某某为其搬运工人，并约定了每月的工资报酬，双方已经形成了劳动合同关系。晏某某生前是农民，无用人单位，即使达到法定 60 周岁的退休年龄也不存在退休的问题。晏某某的死亡，符合在工作时间和工作岗位，突发疾病死亡或在 48 小时之内经抢救无效死亡的情形，应当适用《工伤保险条例》的有关规定进行认定。晏某某参加了新型农村社会养老保险，平均每月领取养老金 80 元，其保障能力较弱，基本不具备养老的功能。根据《中华人民共和国社会保险法》第十五条第一款的规定，新型农村社会养老保险并没有纳入社会统筹的范围，并不是真正意义上的基本养老保险。遂判决驳回上诉，维持当地人力资源和社会保障局的工伤认定决定。

第七节　工伤职工停工留薪期详解

关于工伤职工停工留薪期问题，许多用人单位常常处理不好。在实践中，要么对停工留薪期待遇落实不到位，损害了职工的合法权益，增加了职工个人和其家庭的负担；要么对停工留薪期的规定执行不到位，不会利用政策做好停工留薪期管理，对工伤职工的一些不当行为"束手无策"。本节将详细讲解工伤职工停工留薪期的有关规定。

一、概念和流程

（一）停工留薪期定义

工伤职工停工留薪期（可理解为停工留薪工伤医疗期），是指职工因工作遭受事故伤害或者患职业病后，需要暂停工作接受工伤医疗，继续享受原工资福利待遇的期限。在工伤职工伤情处于稳定或完全治愈并经劳动能力鉴定等级后，停工留薪期就结束了。

（二）停工留薪期的期限和待遇

《工伤保险条例》第三十三条规定："职工因工作遭受事故伤害或者患职业病需要暂停工作接受工伤医疗的，在停工留薪期内，原工资福利待遇不变，由所在单位按月支付。停工留薪期一般不超过12个月。伤情严重或者情况特殊，经设区的市级劳动能力鉴定委员会确认，可以适当延长，但延长不得超过12个月。工伤职工评定伤残等级后，停发原待遇，按照本章的有关规定享受伤残待遇。工伤职工在停工留薪期满后仍需治疗的，继续享受工伤医疗待遇。生活不能自理的工伤职工在停工留薪期需要护理的，由所在单位负责。"

（三）停工留薪期的（初次）确定

关于停工留薪期的具体长短，国家没有统一的规定，一般依据工伤的部位和程度、治疗需要及个体差异，参照工伤医疗机构的诊断证明确定。为加强和规范对工伤职工停工留薪期的管理，各省一般都制定了各自的停工留薪期管理办法、停工留薪期分类目录等地方文件，基本有章可循，可以对照执行。以山东为例，《山东省工伤职工停工留薪期管理办法》（鲁劳社〔2006〕15号）就对停工留薪期的申请、确定和延长等规则和程序作了明确规定。该办法规定，工伤职工应及时将工伤医疗服务机构出具的诊断证明报送给所在单位，申请停工留薪。用人单位应当根据协议医疗机构出具的诊断证明，按照《山东省工伤职工停工留薪期分类目录》（与所受伤害部位或组织器官对照），确定其停工留薪期限，并书面通知工伤职工本人。对于多部位或多组织器官受到伤害的，以对应的各停工留薪期中最长的期限作为该工伤职工的停工留薪期。各受损伤部位停工留薪期的时间不得累加。遭受原发性损伤引起感染及并发症的，根据协议医疗机构的诊断证明，可以在原停工留薪期的基础上增加2个月。所受伤害部位或组织器官未列入《山东省工伤职工停工留薪期分类目录》的，以临床治愈或者经治疗相对稳定的时间为停工留薪期，一般不超过6个月。

（四）停工留薪期的延长

工伤职工停工留薪期满，伤情尚未稳定或未痊愈，不能恢复工作仍需继续治疗或康复的，应该申请延长停工留薪期，用人单位同意后，可以延长停工留薪期。未在规定的时间内提出延长停工留薪期申请的，停工留薪期到期终止。用人单位对工伤职工延长停工留薪期有异议的，应由劳动能力鉴定机构进行延长停工留薪期确认。具体内容按各地的停工留薪期管理办法等实际规定执行。

(五) 停工留薪期满

工伤职工停工留薪期满,存在残疾、影响劳动能力的,应当进行劳动能力鉴定。工伤职工评定伤残等级后,停发原待遇,按照《工伤保险条例》的有关规定享受伤残待遇。工伤职工在停工留薪期满后仍需治疗的,继续享受工伤医疗待遇。

(六) 工伤职工在停工留薪期内及停工留薪期满后死亡的待遇

《工伤保险条例》第三十九条第一款规定:"职工因工死亡,其近亲属按照下列规定从工伤保险基金领取丧葬补助金、供养亲属抚恤金和一次性工亡补助金:

(一) 丧葬补助金为6个月的统筹地区上年度职工月平均工资;

(二) 供养亲属抚恤金按照职工本人工资的一定比例发给由因工死亡职工生前提供主要生活来源、无劳动能力的亲属。标准为:配偶每月40%,其他亲属每人每月30%,孤寡老人或者孤儿每人每月在上述标准的基础上增加10%。核定的各供养亲属的抚恤金之和不应高于因工死亡职工生前的工资。供养亲属的具体范围由国务院社会保险行政部门规定;

(三) 一次性工亡补助金标准为上一年度全国城镇居民人均可支配收入的20倍。"

《工伤保险条例》第三十九条第二款规定:"伤残职工在停工留薪期内因工伤导致死亡的,其近亲属享受本条第一款规定的待遇。"

《工伤保险条例》第三十九条第三款规定:"一级至四级伤残职工在停工留薪期满后死亡的,其近亲属可以享受本条第一款第(一)项、第(二)项规定的待遇。"

即:伤残职工在停工留薪期内因工伤导致死亡,其近亲属按照规定从工伤保险基金领取丧葬补助金、供养亲属抚恤金和一次性工亡补助金。一级至四级伤残职工在停工留薪期满后死亡的,其近亲属按照规定从工伤保险基金领取丧葬补助金和供养亲属抚恤金。至于五级至十级伤残职工在停工留薪期满后死亡的,法律没有规定其近亲属可领取丧葬补助金、供养亲属抚恤金和一次性工亡补助金等因工死亡待遇。

二、实务操作中应注意的问题

(一) 严格遵守国家政策规定,落实保障工伤职工停工留薪期待遇

解读《工伤保险条例》规定,停工留薪期待遇主要有:

1. 原工资福利待遇不变,由所在单位按月支付。职工工资是职工劳动收入的主要组成部分,职工福利是企业对职工劳动补偿的辅助形式。按照《工伤保险条例》第三十三条规定,职工在停工留薪期内,原工资福利待遇不变,由所在单位按月支付。法律法规之所以如此规定,是因为用人单位是职工劳动成果的受益者,对于职工在劳动过程中因工受伤、致残、患职业病所遭受的损失,不应由职工本人负担,用人单位有义务保障其在停工治疗期间不因工伤而导致收入水平降低。对"原工资福利待遇"的把握,除了看合同约定外,往往还要看实际履行情况,通常以劳动者正常出勤应获得

的劳动报酬和福利待遇为标准，对于各月工资可能存在差异的，司法实践中往往以发生事故前12个月的平均工资来确定其原工资待遇。现实中，职工停工留薪期内，有的用人单位停发工资或只给予几百元的工资，远远低于职工工伤前的平均工资福利待遇，这种做法是不人道的，也是极其错误的。

职工工资和福利包括哪些？

关于工资，原劳动部《关于印发〈关于贯彻执行〈中华人民共和国劳动法〉若干问题的意见〉的通知》（劳部发〔1995〕309号）第五十三条规定："劳动法中的'工资'是指用人单位依据国家有关规定或劳动合同的约定，以货币形式直接支付给本单位劳动者的劳动报酬，一般包括计时工资、计件工资、奖金、津贴和补贴、延长工作时间的工资报酬以及特殊情况下支付的工资等。劳动者的以下劳动收入不属于工资范围：（1）单位支付给劳动者个人的社会保险福利费用，如丧葬抚恤救济费、生活困难补助费、计划生育补贴等；（2）劳动保护方面的费用，如用人单位支付给劳动者的工作服、解毒剂、清凉饮料费用等；（3）按规定未计入工资总额的各种劳动报酬及其他劳动收入，如国家根据规定发放的创造发明奖、国家星火奖、自然科学奖、科学技术进步奖、合理化建议和技术改进奖、中华技能大奖等，以及稿费、讲课费、翻译费等。"

关于福利，财政部《关于企业加强职工福利费财务管理的通知》（财企〔2009〕242号）第一条规定："企业职工福利费是指企业为职工提供的除职工工资、奖金、津贴、纳入工资总额管理的补贴、职工教育经费、社会保险费和补充养老保险费（年金）、补充医疗保险费及住房公积金以外的福利待遇支出，包括发放给职工或为职工支付的以下各项现金补贴和非货币性集体福利：（1）为职工卫生保健、生活等发放或支付的各项现金补贴和非货币性福利，包括职工因公外地就医费用、暂未实行医疗统筹企业职工医疗费用、职工供养直系亲属医疗补贴、职工疗养费用、自办职工食堂经费补贴或未办职工食堂统一供应午餐支出、符合国家有关财务规定的供暖费补贴、防暑降温费等。（2）企业尚未分离的内设集体福利部门所发生的设备、设施和人员费用，包括职工食堂、职工浴室、理发室、医务所、托儿所、疗养院、集体宿舍等集体福利部门设备、设施的折旧、维修保养费用以及集体福利部门工作人员的工资薪金、社会保险费、住房公积金、劳务费等人工费用。（3）职工困难补助，或者企业统筹建立和管理的专门用于帮助、救济困难职工的基金支出。（4）离退休人员统筹外费用，包括离休人员的医疗费及离退休人员其他统筹外费用。企业重组涉及的离退休人员统筹外费用，按照《财政部关于企业重组有关职工安置费用财务管理问题的通知》（财企〔2009〕117号）执行。国家另有规定的，从其规定。（5）按规定发生的其他职工福利费，包括丧葬补助费、抚恤费、职工异地安家费、独生子女费、探亲假路费，以及符合企业职工福利费定义但没有包括在本通知各条款项目中的其他支出。"

此外，中华全国总工会《关于加强基层工会经费收支管理的通知》（总工办发〔2014〕23号）规定："工会经费应当全部用于为职工服务和开展工会活动，其支出范围也包括由工会组织的职工集体福利等方面的支出，主要用于工会组织逢年过节向全体会员发放少量的节日慰问品，会员个人和家庭发生困难情况的补助，以及会员本人过生日的慰问等。"

2. 生活不能自理的工伤职工在停工留薪期需要护理的，由所在单位负责。工伤职工的护理费有两个支付渠道，其中职工在停工留薪期需要护理的，由所在单位负责。如此规定，一方面是职工在生产劳动过程中因工受伤，其所遭受的损失不应由职工负担；另一方面，职工在停工留薪期内尚未评定伤残等级无法确定具体待遇，也不应由工伤保险基金负担。所以《工伤保险条例》规定工伤职工在停工留薪需要护理的，由用人单位负担。工伤职工评定伤残等级并经劳动能力鉴定委员会确认需要生活护理后，即可从工伤保险基金按月支付生活护理费。这里要注意两种护理费用的时间节点。至于用人单位负担护理的具体形式，法律没有直接规定。用人单位一般可采取派人护理、购买社会护理服务或对其护理亲属给予补贴等方式解决。在这方面，山西省人民政府2017年颁布的《山西省实施〈工伤保险条例〉办法》（省政府令第250号）第二十一条第二款规定："生活不能自理的工伤职工在停工留薪期需要护理的，经收治的医疗机构出具证明，由用人单位派人陪护。经工伤职工或者其近亲属同意，用人单位可以按照统筹地区上年度职工月平均工资一人的标准按月支付陪护费。"实务中可作为借鉴。

3. 不得解除或终止劳动关系。工伤职工在停工留薪期内，除法律规定的情形外，用人单位不得与其解除或终止劳动关系。此时用人单位应按国家有关规定，积极配合做好工伤职工的医疗救治、生活护理和工资保障工作，而不是把职工一丢了之，推向社会。

（二）规范停工留薪期制度流程，加强对工伤职工停工留薪期的管理

停工留薪期的长短与享受待遇的时间有直接关系，所以既要防止工伤职工小伤大养的无理要求，又要保证工伤职工的切身利益不受侵害。国家政策具有双重约束力，单位和职工都要遵守。

1. 职工发生工伤后，劳资双方要按照国家和地方的有关规定，科学合理地确定停工留薪期限，遵照确认、延长、鉴定、待遇落实的有关流程，及时办理相关事项。

2. 职工停工留薪期结束后，要及时回归工作岗位或办理其他后续事项。在这方面，《江苏省人力资源和社会保障厅关于实施〈工伤保险条例〉若干问题的处理意见》（苏人社规〔2016〕3号）第十四条明确规定："工伤职工在停工留薪期内，享受原工资福利待遇，停工留薪期满后应回用人单位上班。停工留薪期满至劳动能力鉴定结束前，用人单位不能安排适当工作的，原工资福利待遇照发；用人单位安排适当工作、工伤职工无正当理由拒不提供劳动的，可以按照有关法律、行政法规规定处理。"可以说提供了一个较好的政策样本。

3. 为避免某些职工受伤后小伤大养、不合理的拖延、擅自休假、不按要求复工等不当行为，用人单位应当在贯彻执行国家和地方规定的基础上，活学活用，进一步完善内部规章制度，明确处理依据，做到用政策和制度管人、管事，以保障双方的合法权益。

第八节　工伤职工劳动关系的解除和终止

职工劳动合同的解除和终止，分用人单位与劳动者协商一致解除、劳动者单方解除、用人单位单方解除、劳动合同终止、用人单位违法解除或终止等几种情形。《中华人民共和国劳动合同法》第四章"劳动合同的解除和终止"进行了全面的规定。其中第三十六条规定了协商一致可以解除劳动合同的情形，第三十七条、第三十八条规定了劳动者可以单方解除劳动合同的情形，第三十九条、第四十条、第四十一条规定了用人单位可以单方解除劳动合同或裁减人员的情形，第四十四条规定了劳动合同终止的情形，第四十八条规定了用人单位违法解除或终止劳动合同的情形，第四十二条规定了用人单位不得解除劳动合同的情形。《工伤保险条例》第五章"工伤保险待遇"中，也对工伤职工停工留薪期和一级至十级伤残职工的劳动关系进行了规定。工伤职工的劳动合同（关系），受《中华人民共和国劳动合同法》和《工伤保险条例》的双重调整，需遵照上述规定执行。

总体而言，用人单位能不能解除或终止与工伤职工的劳动合同（关系），受国家法律的严格规制，并视工伤职工的具体情况而定。具体为：

一、用人单位不得单方解除的情形

（一）《中华人民共和国劳动合同法》有关规定

按照《中华人民共和国劳动合同法》第四十二条第（二）项之规定，劳动者在本单位患职业病或者因工负伤并被确认丧失或者部分丧失劳动能力的，用人单位不得依照该法第四十条、第四十一条的规定解除劳动合同。

法律法规摘选

《中华人民共和国劳动合同法》（节选）

第四十条　有下列情形之一的，用人单位提前三十日以书面形式通知劳动者本人或者额外支付劳动者一个月工资后，可以解除劳动合同：

（一）劳动者患病或者非因工负伤，在规定的医疗期满后不能从事原工作，也不能从事由用人单位另行安排的工作的；

（二）劳动者不能胜任工作，经过培训或者调整工作岗位，仍不能胜任工作的；

（三）劳动合同订立时所依据的客观情况发生重大变化，致使劳动合同无法履行，经用人单位与劳动者协商，未能就变更劳动合同内容达成协议的。

第四十一条　有下列情形之一，需要裁减人员二十人以上或者裁减不足二十人但占企业职工总数百分之十以上的，用人单位提前三十日向工会或者全体职工说明情况，听取工会或者职工的意见后，裁减人员方案经向劳动行政部门报告，可以裁减人员：

（一）依照企业破产法规定进行重整的；

（二）生产经营发生严重困难的；

（三）企业转产、重大技术革新或者经营方式调整，经变更劳动合同后，仍需裁减人员的；

（四）其他因劳动合同订立时所依据的客观经济情况发生重大变化，致使劳动合同无法履行的。

裁减人员时，应当优先留用下列人员：

（一）与本单位订立较长期限的固定期限劳动合同的；

（二）与本单位订立无固定期限劳动合同的；

（三）家庭无其他就业人员，有需要扶养的老人或者未成年人的。

用人单位依照本条第一款规定裁减人员，在六个月内重新招用人员的，应当通知被裁减的人员，并在同等条件下优先招用被裁减的人员。

第四十二条　劳动者有下列情形之一的，用人单位不得依照本法第四十条、第四十一条的规定解除劳动合同：

（一）从事接触职业病危害作业的劳动者未进行离岗前职业健康检查，或者疑似职业病病人在诊断或者医学观察期间的；

（二）在本单位患职业病或者因工负伤并被确认丧失或者部分丧失劳动能力的；

（三）患病或者非因工负伤，在规定的医疗期内的；

（四）女职工在孕期、产期、哺乳期的；

（五）在本单位连续工作满十五年，且距法定退休年龄不足五年的；

（六）法律、行政法规规定的其他情形。

(二)《工伤保险条例》的有关规定

1. 停工留薪期内的劳动关系。

依据《工伤保险条例》第三十三条规定,职工因工作遭受事故伤害或者患职业病需要暂停工作接受工伤医疗的,在停工留薪期内,原工资福利待遇不变,由所在单位按月支付。

2. 停工留薪期满、职工因工致残被鉴定为一级至十级伤残的劳动关系。

(1) 依据《工伤保险条例》第三十五条规定,职工因工致残被鉴定为一级至四级伤残的,保留劳动关系,退出工作岗位,享受工伤待遇。由用人单位和职工个人以伤残津贴为基数,缴纳基本医疗保险费。

(2) 依据《工伤保险条例》第三十六条规定,五级、六级伤残的,享受一次性伤残补助金,保留与用人单位的劳动关系,由用人单位安排适当工作。难以安排工作的,由用人单位按月发给伤残津贴,并由用人单位按照规定为其缴纳应缴纳的各项社会保险费。伤残津贴实际金额低于当地最低工资标准的,由用人单位补足差额。经工伤职工本人提出,该职工可以与用人单位解除或者终止劳动关系,由工伤保险基金支付一次性工伤医疗补助金,由用人单位支付一次性伤残就业补助金。

(3) 依据《工伤保险条例》第三十七条规定,七级至十级伤残的,享受一次性伤残补助金,劳动、聘用合同期满终止,或者职工本人提出解除劳动、聘用合同的,由工伤保险基金支付一次性工伤医疗补助金,由用人单位支付一次性伤残就业补助金。

法律法规摘选

《中华人民共和国劳动合同法》(节选)

第三十七条 劳动者提前三十日以书面形式通知用人单位,可以解除劳动合同。劳动者在试用期内提前三日通知用人单位,可以解除劳动合同。

第三十八条 用人单位有下列情形之一的,劳动者可以解除劳动合同:

(一) 未按照劳动合同约定提供劳动保护或者劳动条件的;

(二) 未及时足额支付劳动报酬的;

(三) 未依法为劳动者缴纳社会保险费的;

(四) 用人单位的规章制度违反法律、法规的规定,损害劳动者权益的;

(五) 因本法第二十六条第一款规定的情形致使劳动合同无效的;

(六) 法律、行政法规规定劳动者可以解除劳动合同的其他情形。

用人单位以暴力、威胁或者非法限制人身自由的手段强迫劳动者劳动的,或者用人单位违章指挥、强令冒险作业危及劳动者人身安全的,劳动者可以立即解除劳动合同,不需事先告知用人单位。

二、用人单位可以解除的情形

用人单位不得依照《中华人民共和国劳动合同法》第四十条、第四十一条的规定解除与工伤职工的劳动合同。那么，反之，在不违反法律的禁止性规定的前提下，如有特殊情况，用人单位可以依照《中华人民共和国劳动合同法》第三十六条的规定，与工伤职工协商一致解除劳动合同。另外，工伤也不是"免死金牌"，当工伤职工存在严重违反用人单位的规章制度、严重失职、营私舞弊、给用人单位造成重大损害、被追究刑事责任等特殊情况时，用人单位可以依据《中华人民共和国劳动合同法》第三十九条的规定单方解除劳动合同。

法律法规摘选

《中华人民共和国劳动合同法》（节选）

第三十六条　用人单位与劳动者协商一致，可以解除劳动合同。

第三十九条　劳动者有下列情形之一的，用人单位可以解除劳动合同：

（一）在试用期间被证明不符合录用条件的；

（二）严重违反用人单位的规章制度的；

（三）严重失职，营私舞弊，给用人单位造成重大损害的；

（四）劳动者同时与其他用人单位建立劳动关系，对完成本单位的工作任务造成严重影响，或者经用人单位提出，拒不改正的；

（五）因本法第二十六条第一款第一项规定的情形致使劳动合同无效的；

（六）被依法追究刑事责任的。

三、工伤职工劳动合同终止的情形

《中华人民共和国劳动合同法》第四十四条规定，有下列情形之一的，劳动合同终止：

（一）劳动合同期满的；

（二）劳动者开始依法享受基本养老保险待遇的；

（三）劳动者死亡，或者被人民法院宣告死亡或者宣告失踪的；

（四）用人单位被依法宣告破产的；

（五）用人单位被吊销营业执照、责令关闭、撤销或者用人单位决定提前解散的；

（六）法律、行政法规规定的其他情形。

《中华人民共和国劳动合同法》第四十五条规定，劳动合同期满，有本法第四十二条规定情形之一的，劳动合同应当续延至相应的情形消失时终止。但是，本法第四十二条第二项规定丧失或者部分丧失劳动能力劳动者的劳动合同的终止，按照国家有关工伤保险的规定执行。

按《工伤保险条例》的相应规定，五级、六级伤残的，应继续保留劳动关系，此时不受原劳动合同期满的限制，即使劳动合同期满也不能终止劳动合同；但经工伤职工本人提出，该职工可以与用人单位终止劳动关系。七级至十级伤残的，劳动、聘用合同期满即终止。

四、用人单位与工伤员工解除（终止）劳动关系需支付的待遇

（一）一次性工伤医疗补助金和一次性伤残就业补助金等工伤保险待遇

按照《工伤保险条例》第三十五、三十六、三十七条的规定，用人单位与工伤职工解除（终止）劳动关系的，由工伤保险基金支付一次性工伤医疗补助金，由用人单位支付一次性伤残就业补助金。一次性工伤医疗补助金和一次性伤残就业补助金的具体标准由省、自治区、直辖市人民政府规定。

按照《人力资源社会保障部关于执行〈工伤保险条例〉若干问题的意见》（人社部发〔2013〕34号）第十条规定，职工在同一用人单位连续工作期间多次发生工伤的，符合《条例》第三十六、第三十七条规定领取相关待遇时，按照其在同一用人单位发生工伤的最高伤残级别，计发一次性伤残就业补助金和一次性工伤医疗补助金。用人单位未参保的，则由用人单位全部支付。

这两个补助金是劳动者基于工伤事故的存在并为了保障其将来可能出现的治疗费用及就业困难而给予的经济补偿。用人单位依据《中华人民共和国劳动合同法》第三十六条、第三十九条规定解除与工伤职工劳动关系的，也应该支付一次性工伤医疗补助金和一次性伤残就业补助金，不得剥夺。

新规速递：江苏省劳动人事争议仲裁委员会《关于印发江苏省劳动人事争议疑难问题研讨会纪要的通知》（苏劳人仲委〔2017〕1号）

三、工伤及其他问题

（十三）用人单位依照《劳动合同法》第三十六条或第三十九条规定解除五至十级工伤职工劳动合同，是否应当支付一次性工伤医疗补助金和一次性伤残就业补助金？

一次性伤残就业补助金和一次性工伤医疗补助金是工伤职工劳动合同解除或终止时应当享受的一次性工伤保险待遇，是法律基于工伤职工因职业伤害导致劳动能力丧失而要求用人单位应当承担的就业和医疗方面的经济补偿责任，该责任的承担与劳动合同解除或终止的原因无关。用人单位依据《劳动合同法》第三十六条或第三十九条规定依法解除与工伤职工劳动合同的，不影响工伤职工享受一次性伤残就业补助金和一次性工伤医疗补助金的工伤待遇。

如果劳动合同解除或终止的原因符合《劳动合同法》第四十六条规定的用人单位应当支付经济补偿情形，劳动者主张用人单位支付经济补偿的，应予支持。

工伤职工因严重违纪被解除劳动合同，是否影响工伤待遇？

/案情/

吴某系甲公司的员工，签有无固定期限劳动合同，并缴纳各项社会保险。2013年5月3日吴某在工作中不慎将手臂割伤，被认定为工伤。2013年12月吴某被鉴定为十级伤残。2014年3月甲公司向吴某支付了一次性伤残补偿金。此后甲公司安排吴某在仓库从事库管工作。2014年10月，甲公司发现吴某私自将仓库物品卖与他人，并将所得收为己用，公司于2014年11月1日以吴某违反公司规章制度、严重违纪为由向吴某送达了《解除劳动合同通知书》。

同月，吴某提起仲裁，要求甲公司向其支付一次性工伤医疗补助金及一次性伤残就业补助金。针对吴某的仲裁请求，甲公司认为，《工伤保险条例》规定"劳动、聘用合同期满终止，或者职工本人提出解除劳动、聘用合同的，由工伤保险基金支付一次性工伤医疗补助金，由用人单位支付一次性伤残就业补助金"，吴某是因严重违纪而被解除劳动合同，不属于劳动合同到期终止，也不属于本人提出解除劳动合同，因此不符合享受一次性工伤医疗补助金和一次性伤残就业补助金的条件。吴某认为，其虽然因违反公司的规章制度被解除劳动合同，但不能免除用人单位对于工伤职工应负的责任，以及免除应给付的工伤待遇。

/裁判/

仲裁委支持了吴某一次性工伤医疗补助金和一次性伤残就业补助金的仲裁请求。

/评析/

本案争议的焦点是工伤职工违反用人单位的规章制度被解除劳动合同，是否还能享受一次性工伤医疗补助金和一次性伤残就业补助金。《工伤保险条例》第三十七条明确了职工因工致残被鉴定七级至十级伤残应享受的工伤待遇，其中写明"劳动、聘用合同期满终止，或者职工本人提出解除劳动、聘用合同的，由工伤保险基金支付一次性工伤医疗补助金，由用人单位支付一次性伤残就业补助金"，由此可得出，工伤职工享受一次性工伤医疗补助金和一次性伤残就业补助金的条件是劳动者与用人单位之间的劳动关系终止或解除。那么，劳动者违反用人单位的规章制度，是否仍能享受上述两个一次性的待遇呢？

《工伤保险条例》第四十二条写明"工伤职工有下列情形之一的，停止享受工伤保险待遇：（一）丧失享受待遇条件的；（二）拒不接受劳动能力鉴定的；（三）拒绝治疗的"，其中并没有违纪解除的条款，因此，甲公司对于吴某不符合享受一次性工伤医疗补助金和一次性伤残就业补助金的说法存在误区，工伤职工违反用人单位的规章制度，用人单位有权与之解除劳动合同，但解除劳动关系并不能改变职工发生工伤的事实，也不能因此而免除工伤职工应享受的工伤待遇，就本案而言，吴某要求享受一次性工伤医疗补助金和一次性伤残就业补助金待遇的请求符合《工伤保险条例》的规定，故其仲裁请求得到支持。

/建议/

用人单位在生产经营中享有用工自主权，对员工负有监管责任，且对员工严重违纪、违反规章制度的行为可依法行使解除权，但在行使解除权的同时也应对员工应享有的待遇给予保障，不能因员工存在违纪或违反规章制度行为而免除一切员工应享有的福利或待遇。

作为劳动者，有权要求用人单位按照劳动合同约定提供劳动保护或劳动条件，有权要求用人单位按时足额支付劳动报酬，发生工伤后有权要求工伤认定及获得工伤待遇，但遵守劳动纪律和用人单位的规章制度是劳动者应尽的义务，劳动者不能因发生工伤而免除遵守劳动纪律及规章制度的义务。法律在赋予权利的同时也制定了义务，我们不能只重视权利的享有而忽略了义务的存在。

案例来源：易才集团

（二）解除或者终止劳动合同的经济补偿和赔偿金

按照《中华人民共和国劳动合同法》等法律的规定，职工在解除或终止劳动合同时还享有的其他权益，工伤职工同样享有。在与工伤职工解除或者终止劳动关系时，用人单位还应当按《中华人民共和国劳动合同法》的规定向劳动者支付经济补偿、赔偿金等。其中经济补偿是基于劳动者提供了服务而由用人单位在解除或终止劳动合同时给予劳动者经济上的补助，赔偿金是用人单位违反法律规定解除或终止劳动合同而应承担的惩罚性赔偿。具体适用情况及支付标准按照《中华人民共和国劳动合同法》的一般规定处理。

法律法规摘选

《中华人民共和国劳动合同法》（节选）

第四十六条 有下列情形之一的，用人单位应当向劳动者支付经济补偿：

（一）劳动者依照本法第三十八条规定解除劳动合同的；

（二）用人单位依照本法第三十六条规定向劳动者提出解除劳动合同并与劳动者协商一致解除劳动合同的；

（三）用人单位依照本法第四十条规定解除劳动合同的；

（四）用人单位依照本法第四十一条第一款规定解除劳动合同的；

（五）除用人单位维持或者提高劳动合同约定条件续订劳动合同，劳动者不同意续订的情形外，依照本法第四十四条第一项规定终止固定期限劳动合同的；

（六）依照本法第四十四条第四项、第五项规定终止劳动合同的；

（七）法律、行政法规规定的其他情形。

第四十七条 经济补偿按劳动者在本单位工作的年限，每满一年支付一个月工资的标准向劳动者支付。六个月以上不满一年的，按一年计算；不满六个月的，向劳动者支付半个月工资的经济补偿。

　　劳动者月工资高于用人单位所在直辖市、设区的市级人民政府公布的本地区上年度职工月平均工资三倍的,向其支付经济补偿的标准按职工月平均工资三倍的数额支付,向其支付经济补偿的年限最高不超过十二年。

　　本条所称月工资是指劳动者在劳动合同解除或者终止前十二个月的平均工资。

　　第四十八条　用人单位违反本法规定解除或者终止劳动合同,劳动者要求继续履行劳动合同的,用人单位应当继续履行;劳动者不要求继续履行劳动合同或者劳动合同已经不能继续履行的,用人单位应当依照本法第八十七条规定支付赔偿金。

　　第八十七条　用人单位违反本法规定解除或者终止劳动合同的,应当依照本法第四十七条规定的经济补偿标准的二倍向劳动者支付赔偿金。

(三) 失业保险金

　　工伤职工解除或终止劳动合同后,符合领取失业保险金条件的,还可以凭证明到社会保险经办机构办理相关手续,从失业保险基金中领取失业保险金。

法律法规摘选

《中华人民共和国社会保险法》(节选)

　　第四十五条　失业人员符合下列条件的,从失业保险基金中领取失业保险金:

　　(一) 失业前用人单位和本人已经缴纳失业保险费满一年的;

　　(二) 非因本人意愿中断就业的;

　　(三) 已经进行失业登记,并有求职要求的。

　　第五十条　用人单位应当及时为失业人员出具终止或者解除劳动关系的证明,并将失业人员的名单自终止或者解除劳动关系之日起十五日内告知社会保险经办机构。

　　失业人员应当持本单位为其出具的终止或者解除劳动关系的证明,及时到指定的公共就业服务机构办理失业登记。

　　失业人员凭失业登记证明和个人身份证明,到社会保险经办机构办理领取失业保险金的手续。失业保险金领取期限自办理失业登记之日起计算。

第九节　关于工伤争议问题

一、单位未参加工伤保险的，工伤职工的待遇主张

依照《工伤保险条例》规定，应当参加工伤保险而未参加工伤保险的用人单位职工发生工伤的，由该用人单位按照《工伤保险条例》规定的工伤保险待遇项目和标准支付费用。用人单位参加工伤保险并补缴应当缴纳的工伤保险费、滞纳金后，由工伤保险基金和用人单位依照《工伤保险条例》的规定支付新发生的费用。用人单位未按规定提出工伤认定申请的，工伤职工或者其近亲属、工会组织在事故伤害发生之日或者被诊断、鉴定为职业病之日起1年内，可以直接向用人单位所在地统筹地区社会保险行政部门提出工伤认定申请。职工与用人单位发生工伤待遇方面的争议，按照处理劳动争议的有关规定处理，可向有管辖权的劳动人事争议仲裁机构提出申请。

二、用人单位应承担更多的举证责任

《工伤认定办法》第十七条规定："职工或者其近亲属认为是工伤，用人单位不认为是工伤的，由该用人单位承担举证责任。用人单位拒不举证的，社会保险行政部门可以根据受伤害职工提供的证据或者调查取得的证据，依法作出工伤认定决定。"

为了保护职工作为弱者的合法权益，在发生工伤认定方面的争议时，适用举证责任倒置原则，由用人单位承担举证责任。用人单位收到《工伤认定限期举证通知书》后应及时提交相关证据（包括单位对伤亡事故的意见、物证、证人证言等证明材料）。用人单位拒收《工伤认定限期举证通知书》或超过规定时限拒不举证的，社会保险行政部门可以根据受伤害职工提供的证据或者调查取得的证据依法作出工伤认定结论。

三、属用人单位掌握和管理的证据

（一）与劳动者签订的劳动合同。

（二）在保存年限（2年）以内的职工工资支付凭证或记录、职工工资发放花名册、缴纳各项社会保险费的记录、福利支付记录。

（三）劳动者填写的用人单位招工招聘"登记表""报名表"等招用记录。

（四）职工考勤记录。

（五）用人单位建立的职工名册。

（六）用人单位对劳动者实施奖惩的资料、文件，用人单位对劳动者作出的各种决定的资料、文件。

（七）用人单位内部的规章制度等其他由用人单位制定、修改、持有或保管的证据材料。

（八）用人单位内部安装的监控或录像设备拍摄保存的视频、音像资料等。

（九）用人单位收到并保存的有关国家机关、单位制作的与本单位及其职工有关的文书、结论等证据。

（十）用人单位符合法律、法规规定主体资格的证明（营业执照）。

（十一）其他证据。

四、属职工本人掌握、管理或取得的证据

（一）与用人单位签订的劳动合同。

（二）用人单位向劳动者发放的"工作证""服务证""出入证""上岗证"等能够证明身份的证件。

（三）其他劳动者的证言。

（四）职工保留或可以收集到的工资支付凭证或记录（如工资折、卡的银行证明，工资条、单位盖章的工资支付单）、用人单位为职工缴纳各项社会保险费的书面或查询记录、福利支付记录。

（五）职工可以收集到的记载有本人名字的职工花名册、考勤记录、派工单、工作记录、介绍信、用人单位下发的通知等。

（六）职工保留或记录的用人单位对本人作出的奖惩和决定（如证书、奖杯、奖状、处分、公示、文件）。

（七）职工培训、保留的用人单位规章制度（职工手册、培训手册）。

（八）能够证明所主张事实的录音、视频、照片等资料。

（九）职工收到并保存的有关国家机关、单位制作的与本人有关的文书、结论等证据。

（十）职工本人从工商部门调取的用人单位的注册、登记、设立情况。

（十一）其他证据。

五、确认劳动关系的证据

部分用人单位招用劳动者不签订劳动合同，发生劳动争议时因双方劳动关系难以确定，致使劳动者合法权益难以维护，对劳动关系的和谐稳定和工伤维权带来不利影响。为规范用人单位用工行为，保护劳动者合法权益，促进社会稳定，原劳动部下发《关于确立劳动关系有关事项的通知》（劳社部发〔2005〕12号），就用人单位与劳动者确立劳动关系的有关事项作出明确规定，成为通行的参考标准。

法律法规摘选

《关于确立劳动关系有关事项的通知》（节选）

劳社部发〔2005〕12号

一、用人单位招用劳动者未订立书面劳动合同，但同时具备下列情形的，劳动关系成立。

（一）用人单位和劳动者符合法律、法规规定的主体资格；

（二）用人单位依法制定的各项劳动规章制度适用于劳动者，劳动者受用人单位的劳动管理，从事用人单位安排的有报酬的劳动；

（三）劳动者提供的劳动是用人单位业务的组成部分。

二、用人单位未与劳动者签订劳动合同，认定双方存在劳动关系时可参照下列凭证：

（一）工资支付凭证或记录（职工工资发放花名册）、缴纳各项社会保险费的记录；

（二）用人单位向劳动者发放的"工作证""服务证"等能够证明身份的证件；

（三）劳动者填写的用人单位招工招聘"登记表""报名表"等招用记录；

（四）考勤记录；

（五）其他劳动者的证言等。

其中，（一）、（三）、（四）项的有关凭证由用人单位负举证责任。

三、用人单位招用劳动者符合第一条规定的情形的，用人单位应当与劳动者补签劳动合同，劳动合同期限由双方协商确定。协商不一致的，任何一方均可提出终止劳动关系，但对符合签订无固定期限劳动合同条件的劳动者，如果劳动者提出订立无固定期限劳动合同，用人单位应当订立。

用人单位提出终止劳动关系的，应当按照劳动者在本单位工作年限每满一年支付一个月工资的经济补偿金。

四、建筑施工、矿山企业等用人单位将工程（业务）或经营权发包给不具备用工主体资格的组织或自然人，对该组织或自然人招用的劳动者，由具备用工主体资格的发包方承担用工主体责任。

五、劳动者与用人单位就是否存在劳动关系引发争议的，可以向有管辖权的劳动争议仲裁委员会申请仲裁。

案例参考

用人单位被注销不影响工伤认定

/案情/

某电气焊门市部系业主张某开办的个体工商户，领有工商机关颁发的营业执照。

2016年3月1日,门市部雇工李某在工作期间意外受伤,造成六级伤残。事发后,张某注销工商登记,关门停业。李某治疗终结后,在法定期限内向人力资源和社会保障局提出工伤认定申请。

/分歧/

对于本案人力资源和社会保障局是否可以受理李某申请并作出工伤认定,有分歧意见。

否定说认为,工伤认定所依据的劳动关系事实,应当以申请工伤认定时(亦有说以作出工伤认定决定时)仍然继续存在为准。本案工商登记被注销后,用人单位不复存在,无法进行工伤认定及相应的法律救济活动,故人力资源和社会保障局不可以受理李某申请并作出工伤认定。李某可就其工伤事故伤害,依法主张民事赔偿责任。

肯定说认为,工伤认定所依据的劳动关系事实,应当以发生工伤事故时为准。事发后不存在劳动关系的,不影响工伤认定。

/评析/

工伤认定所依据的劳动关系事实,应当以发生工伤事故而不是申请工伤认定或者作出工伤认定决定时为准。事发后用人单位被注销的,不影响作出工伤认定。笔者持肯定说,评析如下:

(1)否定说没有法律依据。

依据《工伤保险条例》第十八条第一款第(二)项、《工伤认定办法》第六条第(一)项的规定,提出工伤认定申请,应当提交与用人单位存在劳动关系的证明材料。其中所谓劳动关系,应当是发生工伤事故时的劳动关系而非提出工伤认定申请时的劳动关系。在目前的法律文件中,没有关于申请人应当提交申请时仍然存在劳动关系的证明材料的规定。

《人力资源社会保障部关于执行〈工伤保险条例〉若干问题的意见》(人社部发〔2013〕34号)第八条规定:"曾经从事接触职业病危害作业、当时没有发现罹患职业病、离开工作岗位后被诊断或鉴定为职业病的符合下列条件的人员,可以自诊断、鉴定为职业病之日起一年内申请工伤认定,社会保险行政部门应当受理:(一)办理退休手续后,未再从事接触职业病危害作业的退休人员;(二)劳动或聘用合同期满后或者本人提出而解除劳动或聘用合同后,未再从事接触职业病危害作业的人员。"该规定说明,人力资源和社会保障部持肯定说而非否定说。因为,如果按照否定说,上述规定中所指的"办理退休手续后""劳动或聘用合同期满后或者本人提出而解除劳动或聘用合同后"情形下,均不能再作出工伤认定。

(2)否定说不符合规定目的。

依据《工伤保险条例》第一条的规定,其首要规定目的是"保障因工作遭受事故伤害或者患职业病的职工获得医疗救治和经济补偿"。如果工伤事故发生后不再继续存在劳动关系的就不能认定工伤,则会导致用人单位为逃避工伤保险责任,于发生工伤事故后恶意解除与受伤职工的劳动关系,甚至像本案这样注销工商登记。同时,对于因遭受重伤不能继续工作甚至因工死亡的职工，发生工伤事故后事实上已经彻底断绝了与用人单位的劳动关系。如果按照否定说，将使这类职工彻底与工伤保障待遇无缘。

案例来源：《人民法院报》
案例编写人：山东省东平县人民法院

工伤认定中用人单位注销怎么办？

/案情/

易某系某足疗店职工。2015年11月4日，易某在足疗店内待命时突发疾病，经医院抢救无效于当日死亡。2015年11月25日，易某家属提出工伤认定申请，因缺少劳动关系证明材料，人力资源和社会保障局下达补正材料告知书，其家属遂提出劳动关系确认的仲裁申请。2016年1月18日，仲裁委确认易某与足疗店存在劳动关系。3月22日，人力资源和社会保障局正式受理该工伤案件。4月19日，足疗店提交举证材料，称已就该仲裁裁决提起民事诉讼。人力资源和社会保障局于4月19日中止工伤认定。5月30日，法院判决双方存在劳动关系。人力资源和社会保障局于6月29日恢复工伤认定程序，并再次向足疗店下达限期举证告知书，但因为该足疗店已注销，原址查无此单位被退回。人力资源和社会保障局对该起事故调查后，认定视同工亡。

/评析/

现实中，类似工伤发生后，用人单位注销、解散的例子并不罕见。本案中，该足疗店是自然人信某独资的有限公司，需按照《中华人民共和国公司法》有关章程处理解散、清算等后续事宜。对于此类情况下劳动者是否应认定工伤，看法不一。笔者认为，应从以下几方面进行考量：

第一，工伤认定申请是否应当受理？

有些人士认为，人力资源和社会保障部门对此类工伤案件可以不予受理。因为《工伤保险条例》第十八条规定，劳动者提出工伤认定申请应当提交与用人单位存在劳动关系的证明材料。而用人单位被依法注销后，劳动者没有申诉主体，人力资源和社会保障部门应不予受理其工伤认定申请。

但笔者认为，工伤认定应当以发生事故时的劳动关系作为基础事实，足疗店注销后，并不能改变足疗店存续时与受伤害职工易某之间的劳动关系，受伤害职工家属提出工伤认定申请，人力资源和社会保障部门应当受理。

第二，受理后认定工作如何进行？

在本案认定调查过程中，由于足疗店已经注销，调查走访异常困难。经过多次沟通，足疗店原法定代表人同时也是公司注销清算负责人信某委托他人到人力资源和社会保障局签收举证告知书，但提供两名证人称易某突发疾病并不是在上班时间。人力资源和社会保障局调查另两名证人后，结合公安机关在事故次日对信某和当时在场员工所作调查笔录，以及法院审理查明的事实，综合判断，认定易某突发疾病符合《工伤保险条例》第十五条第（一）项的视同工伤情形，视同工亡，并将用人单位方的认定文书送达信某本人。

第三，认定工伤后如何适用法律？

《工伤保险条例》第六十二条第二款规定，应当参加工伤保险而未参加工伤保险的用人单位职工发生工伤的，由该用人单位按照《工伤保险条例》规定的工伤保险待遇项目和标准支付费用。笔者认为，本案中，由于足疗店已经注销，其诉讼主体资格也随之不存在，易某的工亡待遇赔偿问题就不能按照常规处理。其家属可以通过以下途径进行维权：

首先，根据《中华人民共和国公司法》第二百零六条规定，在公司解散的清算过程中，清算组不依照该规定向公司登记机关报送清算报告，或者报送清算报告隐瞒重要事实或者有重大遗漏的，由公司登记机关责令改正。足疗店在清算报告中，故意隐瞒自身仍处于工伤认定的劳动争议中，造成公司登记机关未能掌握全部情况，违规为足疗店办理了注销手续。家属应通过举报和投诉，由公司登记机关责令足疗店改正，补报足疗店民事诉讼的重要事实。

其次，《中华人民共和国公司法》第一百八十九条第三款规定，清算组成员因故意或者重大过失给公司或者债权人造成损失的，应当承担赔偿责任。信某作为足疗店原法定代表人和注销清算负责人，故意隐瞒存在诉讼的事实，造成易某家属无法向足疗店追偿工伤保险待遇。易某家属作为债权人，可以将信某作为被告，要求其承担足疗店对易某的工伤保险赔偿责任。

需要指出的是，根据《中华人民共和国公司法》规定，公司在注销时必须做到两点，一是成立清算组，支付清算费用和职工工资、社会保险费用等；二是书面通知债权人，并且在报纸上进行清算公告后才能办理注销，否则即属程序上违法。而在实践中，不少地方的公司登记机关审核不严，有些企业为了逃避债务而注销，既不对债权人尽通知义务，也没有完成清算工作，其行为显然属于违法。因此，相关部门在企业注销业务上应加强审核，杜绝企业主注销企业以逃避工伤保险责任的做法。

案例来源：《中国劳动保障报》
案例编写人：顾中原

附录

工伤保险相关法律法规和政策文件目录汇总

一、综合

中华人民共和国社会保险法（中华人民共和国主席令第三十五号）
工伤保险条例（中华人民共和国国务院令第586号）
实施《中华人民共和国社会保险法》若干规定（人力资源和社会保障部令第13号）
人力资源社会保障部关于执行《工伤保险条例》若干问题的意见（人社部发〔2013〕34号）
人力资源社会保障部关于执行《工伤保险条例》若干问题的意见（二）（人社部发〔2016〕29号）
人力资源社会保障部　财政部关于工伤保险基金省级统筹的指导意见（人社部发〔2017〕60号）
关于实施《工伤保险条例》若干问题的意见（劳社部函〔2004〕256号）
社会保险术语第5部分：工伤保险（GB/T 31596.5—2015）
关于印发《工伤保险条例》宣传提纲的通知（劳社部发〔2003〕30号）
关于印发《工伤保险条例》（修订）宣传提纲的通知（人社厅发〔2010〕115号）
中华人民共和国立法法（中华人民共和国主席令第二十号）

二、参保缴费

社会保险费征缴暂行条例（中华人民共和国国务院令第259号）
社会保险登记管理暂行办法（劳动和社会保障部令第1号）
部分行业企业工伤保险费缴纳办法（人力资源和社会保障部令第10号）
社会保险个人权益记录管理办法（人力资源和社会保障部令第14号）
在中国境内就业的外国人参加社会保险暂行办法（人力资源和社会保障部令第16号）
关于做好在我国境内就业的外国人参加社会保险工作有关问题的通知（人社厅〔2011〕113号）
社会保险费申报缴纳管理规定（人力资源和社会保障部令第20号）
关于农民工参加工伤保险有关问题的通知（劳社部发〔2004〕18号）
关于贯彻《安全生产许可证条例》做好企业参加工伤保险有关工作的通知（劳社部发〔2005〕8号）
关于进一步做好中央企业工伤保险工作有关问题的通知（劳社部发〔2007〕36号）
关于加强工伤保险医疗服务协议管理工作的通知（劳社部发〔2007〕7号）
人力资源社会保障部　财政部关于进一步做好事业单位等参加工伤保险工作有关问题的通知（人社部发〔2012〕67号）
人力资源社会保障部　住房城乡建设部　安全监管总局　全国总工会关于进一步做

好建筑业工伤保险工作的意见（人社部发〔2014〕103号）

人力资源社会保障部　财政部关于调整工伤保险费率政策的通知（人社部发〔2015〕71号）

人力资源社会保障部　财政部关于做好工伤保险费率调整工作进一步加强基金管理的指导意见（人社部发〔2015〕72号）

关于铁路企业参加工伤保险有关问题的通知（劳社部函〔2004〕257号）

人力资源社会保障部办公厅关于开展建筑业"同舟计划"——建筑业工伤保险专项扩面行动计划的通知（人社厅发〔2015〕43号）

人力资源社会保障部办公厅关于加快推进建筑业工伤保险工作的通知（人社厅发〔2016〕43号）

人力资源社会保障部办公厅关于进一步做好建筑业工伤保险工作的通知（人社厅函〔2017〕53号）

国务院办公厅关于促进建筑业持续健康发展的意见（国办发〔2017〕19号）

三、工伤认定与劳动能力鉴定

工伤认定办法（人力资源和社会保障部令第8号）

工伤职工劳动能力鉴定管理办法（人力资源和社会保障部、国家卫生和计划生育委员会令第21号）

关于印发《职工非因工伤残或因病丧失劳动能力程度鉴定标准（试行）》的通知（劳社部发〔2002〕8号）

人力资源社会保障部关于实施修订后劳动能力鉴定标准有关问题处理意见的通知（人社部发〔2014〕81号）

劳动能力鉴定　职工工伤与职业病致残等级（GB/T 16180—2014）

劳动和社会保障部办公厅关于职工在工作中遭受他人蓄意伤害是否认定工伤的得函（劳社厅函〔2000〕4号）

劳动和社会保障部办公厅关于对《工伤保险条例》有关条款释义的函（劳社厅函〔2006〕497号）

人力资源和社会保障部办公厅关于工伤保险有关规定处理意见的函（人社厅函〔2011〕339号）

劳动部办公厅关于司机工伤认定问题的复函（劳办发〔1996〕271号）

劳动部办公厅关于私人包工负责人工伤待遇支付问题的复函（劳办发〔1995〕11号）

中华人民共和国侵权责任法（中华人民共和国主席令第二十一号）

中华人民共和国治安管理处罚法（中华人民共和国主席令第六十七号）

国务院办公厅转发民政部等部门关于加强见义勇为人员权益保护意见的通知（国办发〔2012〕39号）

国家卫生计生委　公安部　民政部关于进一步规范人口死亡医学证明和信息登记管理工作的通知（国卫规划发〔2013〕57号）

四、工伤保险待遇

军人抚恤优待条例（中华人民共和国国务院、中华人民共和国中央军事委员会令第

602号）

伤残抚恤管理办法（民政部令第34号）

因工死亡职工供养亲属范围规定（劳动和社会保障部令第18号）

非法用工单位伤亡人员一次性赔偿办法（人力资源和社会保障部令第9号）

社会保险基金先行支付暂行办法（人力资源和社会保障部令第15号）

财政部 国家税务总局关于工伤职工取得的工伤保险待遇有关个人所得税政策的通知（财税〔2012〕40号）

人力资源社会保障部关于工伤保险待遇调整和确定机制的指导意见（人社部发〔2017〕58号）

五、工伤康复

工伤保险辅助器具配置管理办法（人力资源和社会保障部 民政部 国家卫生和计划生育委员会令第27号）

人力资源社会保障部关于印发《工伤康复服务项目（试行）》和《工伤康复服务规范（试行）》（修订版）的通知（人社部发〔2013〕30号）

关于设立公布第一批区域性工伤康复示范平台名单有关问题的通知（人社厅发〔2015〕178号）

关于印发工伤保险辅助器具配置目录的通知（人社厅函〔2012〕381号）

关于印发加强工伤康复试点工作指导意见的通知（劳动社厅发〔2007〕7号）

关于加强工伤保险医疗服务协议管理工作的通知（劳社部发〔2007〕7号）

人力资源社会保障部关于印发国家基本医疗保险、工伤保险和生育保险药品目录（2017年版）的通知（人社部发〔2017〕15号）

六、工伤预防

人力资源社会保障部关于进一步做好工伤预防试点工作的通知（人社部发〔2013〕32号）

人力资源社会保障部办公厅关于确认工伤预防试点城市的通知（人社厅发〔2013〕111号）

关于同意北京市为全国工伤预防试点城市的通知（人社厅发〔2015〕119号）

关于确认贵州省为全国工伤预防试点地区的函（人社厅函〔2016〕123号）

关于确认青海省为全国工伤预防试点地区的复函（人社厅函〔2016〕184号）

人力资源社会保障部 财政部 国家卫生计生委 国家安全监管总局关于印发工伤预防费使用管理暂行办法的通知（人社部规〔2017〕13号）

七、监督管理

劳动保障监察条例（中华人民共和国国务院令第423号）

社会保险基金监督举报工作管理办法（劳动和社会保障部令第11号）

社会保险基金行政监督办法（劳动和社会保障部令第12号）

社会保险稽核办法（劳动和社会保障部令第16号）

社会保险业务档案管理规定（试行）（人力资源和社会保障部 国家档案局令第3号）

关于印发《社会保险经办机构内部控制暂行办法》的通知（劳社部发〔2007〕2 号）

关于推进工伤保险市级统筹有关问题的通知（人社部发〔2010〕20 号）

中华人民共和国刑法（中华人民共和国主席令第三十号）

全国人民代表大会常务委员会关于《中华人民共和国刑法》第二百六十六条的解释（2014 年 4 月 24 日第十二届全国人民代表大会常务委员会第八次会议通过）

人力资源社会保障部　公安部关于加强社会保险欺诈案件查处和移送工作的通知（人社部发〔2015〕4 号）

人力资源社会保障部办公厅关于加强与公安机关协作配合严厉打击社会保险欺诈犯罪的通知（人社厅发〔2016〕14 号）

人力资源社会保障部办公厅关于印发社会保险欺诈案件管理办法的通知（人社厅发〔2016〕61 号）

八、争议处理

中华人民共和国民法总则（中华人民共和国主席令第六十六号）

中华人民共和国行政诉讼法（中华人民共和国主席令第十五号）

中华人民共和国行政复议法（中华人民共和国主席令第十六号）

中华人民共和国行政处罚法（中华人民共和国主席令第六十三号）

社会保险行政争议处理办法（劳动和社会保障部令第 13 号）

人力资源社会保障行政复议办法（人力资源和社会保障部令第 6 号）

最高人民法院关于审理工伤保险行政案件若干问题的规定（法释〔2014〕9 号）

最高人民法院关于执行《中华人民共和国行政诉讼法》若干问题的解释（法释〔2000〕8 号）

最高人民法院关于适用《中华人民共和国行政诉讼法》若干问题的解释（法释〔2015〕9 号）

最高人民法院关于行政诉讼证据若干问题的规定（法释〔2002〕21 号）

最高人民法院关于民事诉讼证据的若干规定（法释〔2001〕33 号）

最高人民法院关于审理人身损害赔偿案件适用法律若干问题的解释（法释〔2003〕20 号）

最高人民法院关于审理道路交通事故损害赔偿案件适用法律若干问题的解释（法释〔2012〕19 号）

最高人民法院关于审理劳动争议案件适用法律若干问题的解释（法释〔2001〕14 号）

最高人民法院关于审理劳动争议案件适用法律若干问题的解释（二）（法释〔2006〕6 号）

最高人民法院关于审理劳动争议案件适用法律若干问题的解释（三）（法释〔2010〕12 号）

最高人民法院关于审理劳动争议案件适用法律若干问题的解释（四）（法释〔2013〕4 号）

最高人民法院行政审判庭关于职工因公外出期间死因不明应否认定工伤的答复〔（2010）行他字第 236 号〕

指导案例 40 号：孙立兴诉天津新技术产业园区劳动人事局工伤认定案
指导案例 69 号：王明德诉乐山市人力资源和社会保障局工伤认定案
最高人民法院印发《关于进一步加强民事送达工作的意见》的通知（法发〔2017〕9号）

九、劳动关系

中华人民共和国劳动法（中华人民共和国主席令第二十八号）
中华人民共和国工会法（中华人民共和国主席令第六十二号）
中华人民共和国劳动合同法（中华人民共和国主席令第六十五号）
中华人民共和国劳动合同法实施条例（国务院令第535号）
中华人民共和国劳动争议调解仲裁法（中华人民共和国主席令第八十号）
国务院关于职工工作时间的规定（中华人民共和国国务院令第174号）
劳动人事争议仲裁办案规则（人力资源和社会保障部令第33号）
关于工资总额组成的规定（国家统计局令第1号）
《国务院关于职工工作时间的规定》问题解答（劳部发〔1995〕187号）
国务院关于修改《国务院关于职工工作时间的规定》的决定（国务院令364号）
关于确立劳动关系有关事项的通知（劳社部发〔2005〕12号）
劳务派遣暂行规定（人力资源和社会保障部令第22号）
劳动部关于贯彻执行《中华人民共和国劳动法》若干问题的意见（劳部发〔1995〕309号）
关于非全日制用工若干问题的意见（劳社部发〔2003〕12号）
外国人在中国就业管理规定（劳部发〔1996〕29号）

十、职业健康

中华人民共和国职业病防治法（中华人民共和国主席令第八十一号）
中华人民共和国尘肺病防治条例（国发〔1987〕105号）
职业病诊断与鉴定管理办法（卫生部令第91号）
职业病危害项目申报办法（国家安全生产监督管理总局令第48号）
卫生部关于进一步加强职业病诊断与鉴定管理工作的通知（卫监督发〔2009〕82号）
国家卫生计生委等4部门关于印发《职业病分类和目录》的通知（国卫疾控发〔2013〕48号）
关于加强用人单位职业卫生培训工作的通知（安监总厅安健〔2015〕121号）
关于印发《职业病危害因素分类目录》的通知（国卫疾控发〔2015〕92号）
关于印发加强农民工尘肺病防治工作的意见的通知（国卫疾控发〔2016〕2号）
个体防护装备选用规范（GB/T 11651—2008）

十一、安全生产与劳动保护

中华人民共和国安全生产法（中华人民共和国主席令第十三号）
安全生产许可证条例（中华人民共和国国务院令第397号）
中华人民共和国道路交通安全法（中华人民共和国主席令第四十七号）

道路交通事故处理程序规定（公安部令第 104 号）

道路交通安全违法行为处理程序规定（公安部令第 105 号）

关于实施《车辆驾驶人员血液呼气酒精含量阈值与检验》国家标准的通知（公交管〔2011〕51 号）

使用有毒物品作业场所劳动保护条例（中华人民共和国国务院令第 352 号）

禁止使用童工规定（中华人民共和国国务院令第 364 号）

生产安全事故报告和调查处理条例（中华人民共和国国务院令第 493 号）

女职工劳动保护特别规定（中华人民共和国国务院令第 619 号）

未成年工特殊保护规定（劳部发〔1994〕498 号）

关于印发防暑降温措施管理办法的通知（安监总安健〔2012〕89 号）

企业职工伤亡事故分类标准（GB6441—86）

中华人民共和国社会保险法

2010 年 10 月 28 日中华人民共和国第十一届全国人民代表大会常务委员会第十七次会议通过，中华人民共和国主席令第三十五号公布，自 2011 年 7 月 1 日起施行

第一章 总 则

第一条 为了规范社会保险关系，维护公民参加社会保险和享受社会保险待遇的合法权益，使公民共享发展成果，促进社会和谐稳定，根据宪法，制定本法。

第二条 国家建立基本养老保险、基本医疗保险、工伤保险、失业保险、生育保险等社会保险制度，保障公民在年老、疾病、工伤、失业、生育等情况下依法从国家和社会获得物质帮助的权利。

第三条 社会保险制度坚持广覆盖、保基本、多层次、可持续的方针，社会保险水平应当与经济社会发展水平相适应。

第四条 中华人民共和国境内的用人单位和个人依法缴纳社会保险费，有权查询缴费记录、个人权益记录，要求社会保险经办机构提供社会保险咨询等相关服务。

个人依法享受社会保险待遇，有权监督本单位为其缴费情况。

第五条 县级以上人民政府将社会保险事业纳入国民经济和社会发展规划。

国家多渠道筹集社会保险资金。县级以上人民政府对社会保险事业给予必要的经费支持。

国家通过税收优惠政策支持社会保险事业。

第六条 国家对社会保险基金实行严格监管。

国务院和省、自治区、直辖市人民政府建立健全社会保险基金监督管理制度，保障社会保险基金安全、有效运行。

县级以上人民政府采取措施，鼓励和支持社会各方面参与社会保险基金的监督。

第七条 国务院社会保险行政部门负责全国的社会保险管理工作，国务院其他有关部门在各自的职责范围内负责有关的社会保险工作。

县级以上地方人民政府社会保险行政部门负责本行政区域的社会保险管理工作，县级以上地方人民政府其他有关部门在各自的职责范围内负责有关的社会保险工作。

第八条 社会保险经办机构提供社会保险服务，负责社会保险登记、个人权益记录、社会保险待遇支付等工作。

第九条 工会依法维护职工的合法权益，有权参与社会保险重大事项的研究，参加社会保险监督委员会，对与职工社会保险权益有关的事项进行监督。

第二章 基本养老保险

第十条 职工应当参加基本养老保险，由用人单位和职工共同缴纳基本养老保险费。

无雇工的个体工商户、未在用人单位参加基本养老保险的非全日制从业人员以及其他灵活就业人员可以参加基本养老保险，由个人缴纳基本养老保险费。

公务员和参照公务员法管理的工作人员养老保险的办法由国务院规定。

第十一条 基本养老保险实行社会统筹与个人账户相结合。

基本养老保险基金由用人单位和个人缴费以及政府补贴等组成。

第十二条 用人单位应当按照国家规定的本单位职工工资总额的比例缴纳基本养老保险费，记入基本养老保险统筹基金。

职工应当按照国家规定的本人工资的比例缴纳基本养老保险费，记入个人账户。

无雇工的个体工商户、未在用人单位参加基本养老保险的非全日制从业人员以及其他灵活就业人员参加基本养老保险的，应当按照国家规定缴纳基本养老保险费，分别记入基本养老保险统筹基金和个人账户。

第十三条 国有企业、事业单位职工参加基本养老保险前，视同缴费年限期间应当缴纳的基本养老保险费由政府承担。

基本养老保险基金出现支付不足时，政府给予补贴。

第十四条 个人账户不得提前支取，记账利率不得低于银行定期存款利率，免征利息税。个人死亡的，个人账户余额可以继承。

第十五条 基本养老金由统筹养老金和个人账户养老金组成。

基本养老金根据个人累计缴费年限、缴费工资、当地职工平均工资、个人账户金额、城镇人口平均预期寿命等因素确定。

第十六条 参加基本养老保险的个人，达到法定退休年龄时累计缴费满十五年的，按月领取基本养老金。

参加基本养老保险的个人，达到法定退休年龄时累计缴费不足十五年的，可以缴费至满十五年，按月领取基本养老金；也可以转入新型农村社会养老保险或者城镇居民社会养老保险，按照国务院规定享受相应的养老保险待遇。

第十七条 参加基本养老保险的个人，因病或者非因工死亡的，其遗属可以领取丧葬补助金和抚恤金；在未达到法定退休年龄时因病或者非因工致残完全丧失劳动能力的，可以领取病残津贴。所需资金从基本养老保险基金中支付。

第十八条 国家建立基本养老金正常调整机制。根据职工平均工资增长、物价上涨情况，适时提高基本养老保险待遇水平。

第十九条 个人跨统筹地区就业的，其基本养老保险关系随本人转移，缴费年限累计计算。个人达到法定退休年龄时，基本养老金分段计算、统一支付。具体办法由国务院规定。

第二十条 国家建立和完善新型农村社会养老保险制度。

新型农村社会养老保险实行个人缴费、集体补助和政府补贴相结合。

第二十一条 新型农村社会养老保险待遇由基础养老金和个人账户养老金组成。

参加新型农村社会养老保险的农村居民，符合国家规定条件的，按月领取新型农村社会养老保险待遇。

第二十二条　国家建立和完善城镇居民社会养老保险制度。

省、自治区、直辖市人民政府根据实际情况，可以将城镇居民社会养老保险和新型农村社会养老保险合并实施。

第三章　基本医疗保险

第二十三条　职工应当参加职工基本医疗保险，由用人单位和职工按照国家规定共同缴纳基本医疗保险费。

无雇工的个体工商户、未在用人单位参加职工基本医疗保险的非全日制从业人员以及其他灵活就业人员可以参加职工基本医疗保险，由个人按照国家规定缴纳基本医疗保险费。

第二十四条　国家建立和完善新型农村合作医疗制度。

新型农村合作医疗的管理办法，由国务院规定。

第二十五条　国家建立和完善城镇居民基本医疗保险制度。

城镇居民基本医疗保险实行个人缴费和政府补贴相结合。

享受最低生活保障的人、丧失劳动能力的残疾人、低收入家庭六十周岁以上的老年人和未成年人等所需个人缴费部分，由政府给予补贴。

第二十六条　职工基本医疗保险、新型农村合作医疗和城镇居民基本医疗保险的待遇标准按照国家规定执行。

第二十七条　参加职工基本医疗保险的个人，达到法定退休年龄时累计缴费达到国家规定年限的，退休后不再缴纳基本医疗保险费，按照国家规定享受基本医疗保险待遇；未达到国家规定年限的，可以缴费至国家规定年限。

第二十八条　符合基本医疗保险药品目录、诊疗项目、医疗服务设施标准以及急诊、抢救的医疗费用，按照国家规定从基本医疗保险基金中支付。

第二十九条　参保人员医疗费用中应当由基本医疗保险基金支付的部分，由社会保险经办机构与医疗机构、药品经营单位直接结算。

社会保险行政部门和卫生行政部门应当建立异地就医医疗费用结算制度，方便参保人员享受基本医疗保险待遇。

第三十条　下列医疗费用不纳入基本医疗保险基金支付范围：

（一）应当从工伤保险基金中支付的；

（二）应当由第三人负担的；

（三）应当由公共卫生负担的；

（四）在境外就医的。

医疗费用依法应当由第三人负担，第三人不支付或者无法确定第三人的，由基本医疗保险基金先行支付。基本医疗保险基金先行支付后，有权向第三人追偿。

第三十一条　社会保险经办机构根据管理服务的需要，可以与医疗机构、药品经营单位签订服务协议，规范医疗服务行为。

医疗机构应当为参保人员提供合理、必要的医疗服务。

第三十二条　个人跨统筹地区就业的，其基本医疗保险关系随本人转移，缴费年限累计计算。

第四章　工伤保险

第三十三条　职工应当参加工伤保险，由用人单位缴纳工伤保险费，职工不缴纳工伤保险费。

第三十四条　国家根据不同行业的工伤风险程度确定行业的差别费率，并根据使用工伤保险基金、工伤发生率等情况在每个行业内确定费率档次。行业差别费率和行业内费率档次由国务院社会保险行政部门制定，报国务院批准后公布施行。

社会保险经办机构根据用人单位使用工伤保险基金、工伤发生率和所属行业费率档次等情况，确定用人单位缴费费率。

第三十五条　用人单位应当按照本单位职工工资总额，根据社会保险经办机构确定的费率缴纳工伤保险费。

第三十六条　职工因工作原因受到事故伤害或者患职业病，且经工伤认定的，享受工伤保险待遇；其中，经劳动能力鉴定丧失劳动能力的，享受伤残待遇。

工伤认定和劳动能力鉴定应当简捷、方便。

第三十七条　职工因下列情形之一导致本人在工作中伤亡的，不认定为工伤：

（一）故意犯罪；

（二）醉酒或者吸毒；

（三）自残或者自杀；

（四）法律、行政法规规定的其他情形。

第三十八条　因工伤发生的下列费用，按照国家规定从工伤保险基金中支付：

（一）治疗工伤的医疗费用和康复费用；

（二）住院伙食补助费；

（三）到统筹地区以外就医的交通食宿费；

（四）安装配置伤残辅助器具所需费用；

（五）生活不能自理的，经劳动能力鉴定委员会确认的生活护理费；

（六）一次性伤残补助金和一至四级伤残职工按月领取的伤残津贴；

（七）终止或者解除劳动合同时，应当享受的一次性医疗补助金；

（八）因工死亡的，其遗属领取的丧葬补助金、供养亲属抚恤金和因工死亡补助金；

（九）劳动能力鉴定费。

第三十九条　因工伤发生的下列费用，按照国家规定由用人单位支付：

（一）治疗工伤期间的工资福利；

（二）五级、六级伤残职工按月领取的伤残津贴；

（三）终止或者解除劳动合同时，应当享受的一次性伤残就业补助金。

第四十条　工伤职工符合领取基本养老金条件的，停发伤残津贴，享受基本养老保险待遇。基本养老保险待遇低于伤残津贴的，从工伤保险基金中补足差额。

第四十一条 职工所在用人单位未依法缴纳工伤保险费，发生工伤事故的，由用人单位支付工伤保险待遇。用人单位不支付的，从工伤保险基金中先行支付。

从工伤保险基金中先行支付的工伤保险待遇应当由用人单位偿还。用人单位不偿还的，社会保险经办机构可以依照本法第六十三条的规定追偿。

第四十二条 由于第三人的原因造成工伤，第三人不支付工伤医疗费用或者无法确定第三人的，由工伤保险基金先行支付。工伤保险基金先行支付后，有权向第三人追偿。

第四十三条 工伤职工有下列情形之一的，停止享受工伤保险待遇：

（一）丧失享受待遇条件的；

（二）拒不接受劳动能力鉴定的；

（三）拒绝治疗的。

第五章 失业保险

第四十四条 职工应当参加失业保险，由用人单位和职工按照国家规定共同缴纳失业保险费。

第四十五条 失业人员符合下列条件的，从失业保险基金中领取失业保险金：

（一）失业前用人单位和本人已经缴纳失业保险费满一年的；

（二）非因本人意愿中断就业的；

（三）已经进行失业登记，并有求职要求的。

第四十六条 失业人员失业前用人单位和本人累计缴费满一年不足五年的，领取失业保险金的期限最长为十二个月；累计缴费满五年不足十年的，领取失业保险金的期限最长为十八个月；累计缴费十年以上的，领取失业保险金的期限最长为二十四个月。重新就业后，再次失业的，缴费时间重新计算，领取失业保险金的期限与前次失业应当领取而尚未领取的失业保险金的期限合并计算，最长不超过二十四个月。

第四十七条 失业保险金的标准，由省、自治区、直辖市人民政府确定，不得低于城市居民最低生活保障标准。

第四十八条 失业人员在领取失业保险金期间，参加职工基本医疗保险，享受基本医疗保险待遇。

失业人员应当缴纳的基本医疗保险费从失业保险基金中支付，个人不缴纳基本医疗保险费。

第四十九条 失业人员在领取失业保险金期间死亡的，参照当地对在职职工死亡的规定，向其遗属发给一次性丧葬补助金和抚恤金。所需资金从失业保险基金中支付。

个人死亡同时符合领取基本养老保险丧葬补助金、工伤保险丧葬补助金和失业保险丧葬补助金条件的，其遗属只能选择领取其中的一项。

第五十条 用人单位应当及时为失业人员出具终止或者解除劳动关系的证明，并将失业人员的名单自终止或者解除劳动关系之日起十五日内告知社会保险经办机构。

失业人员应当持本单位为其出具的终止或者解除劳动关系的证明，及时到指定的公共就业服务机构办理失业登记。

失业人员凭失业登记证明和个人身份证明，到社会保险经办机构办理领取失业保险金的手续。失业保险金领取期限自办理失业登记之日起计算。

第五十一条 失业人员在领取失业保险金期间有下列情形之一的，停止领取失业保险金，并同时停止享受其他失业保险待遇：

（一）重新就业的；

（二）应征服兵役的；

（三）移居境外的；

（四）享受基本养老保险待遇的；

（五）无正当理由，拒不接受当地人民政府指定部门或者机构介绍的适当工作或者提供的培训的。

第五十二条 职工跨统筹地区就业的，其失业保险关系随本人转移，缴费年限累计计算。

第六章 生 育 保 险

第五十三条 职工应当参加生育保险，由用人单位按照国家规定缴纳生育保险费，职工不缴纳生育保险费。

第五十四条 用人单位已经缴纳生育保险费的，其职工享受生育保险待遇；职工未就业配偶按照国家规定享受生育医疗费用待遇。所需资金从生育保险基金中支付。

生育保险待遇包括生育医疗费用和生育津贴。

第五十五条 生育医疗费用包括下列各项：

（一）生育的医疗费用；

（二）计划生育的医疗费用；

（三）法律、法规规定的其他项目费用。

第五十六条 职工有下列情形之一的，可以按照国家规定享受生育津贴：

（一）女职工生育享受产假；

（二）享受计划生育手术休假；

（三）法律、法规规定的其他情形。

生育津贴按照职工所在用人单位上年度职工月平均工资计发。

第七章 社会保险费征缴

第五十七条 用人单位应当自成立之日起三十日内凭营业执照、登记证书或者单位印章，向当地社会保险经办机构申请办理社会保险登记。社会保险经办机构应当自收到申请之日起十五日内予以审核，发给社会保险登记证件。

用人单位的社会保险登记事项发生变更或者用人单位依法终止的，应当自变更或者终止之日起三十日内，到社会保险经办机构办理变更或者注销社会保险登记。

工商行政管理部门、民政部门和机构编制管理机关应当及时向社会保险经办机构通报用人单位的成立、终止情况，公安机关应当及时向社会保险经办机构通报个人的出生、死亡以及户口登记、迁移、注销等情况。

第五十八条 用人单位应当自用工之日起三十日内为其职工向社会保险经办机构申

请办理社会保险登记。未办理社会保险登记的,由社会保险经办机构核定其应当缴纳的社会保险费。

自愿参加社会保险的无雇工的个体工商户、未在用人单位参加社会保险的非全日制从业人员以及其他灵活就业人员,应当向社会保险经办机构申请办理社会保险登记。

国家建立全国统一的个人社会保障号码。个人社会保障号码为公民身份号码。

第五十九条 县级以上人民政府加强社会保险费的征收工作。

社会保险费实行统一征收,实施步骤和具体办法由国务院规定。

第六十条 用人单位应当自行申报、按时足额缴纳社会保险费,非因不可抗力等法定事由不得缓缴、减免。职工应当缴纳的社会保险费由用人单位代扣代缴,用人单位应当按月将缴纳社会保险费的明细情况告知本人。

无雇工的个体工商户、未在用人单位参加社会保险的非全日制从业人员以及其他灵活就业人员,可以直接向社会保险费征收机构缴纳社会保险费。

第六十一条 社会保险费征收机构应当依法按时足额征收社会保险费,并将缴费情况定期告知用人单位和个人。

第六十二条 用人单位未按规定申报应当缴纳的社会保险费数额的,按照该单位上月缴费额的百分之一百一十确定应当缴纳数额;缴费单位补办申报手续后,由社会保险费征收机构按照规定结算。

第六十三条 用人单位未按时足额缴纳社会保险费的,由社会保险费征收机构责令其限期缴纳或者补足。

用人单位逾期仍未缴纳或者补足社会保险费的,社会保险费征收机构可以向银行和其他金融机构查询其存款账户;并可以申请县级以上有关行政部门作出划拨社会保险费的决定,书面通知其开户银行或者其他金融机构划拨社会保险费。用人单位账户余额少于应当缴纳的社会保险费的,社会保险费征收机构可以要求该用人单位提供担保,签订延期缴费协议。

用人单位未足额缴纳社会保险费且未提供担保的,社会保险费征收机构可以申请人民法院扣押、查封、拍卖其价值相当于应当缴纳社会保险费的财产,以拍卖所得抵缴社会保险费。

第八章 社会保险基金

第六十四条 社会保险基金包括基本养老保险基金、基本医疗保险基金、工伤保险基金、失业保险基金和生育保险基金。各项社会保险基金按照社会保险险种分别建账,分账核算,执行国家统一的会计制度。

社会保险基金专款专用,任何组织和个人不得侵占或者挪用。

基本养老保险基金逐步实行全国统筹,其他社会保险基金逐步实行省级统筹,具体时间、步骤由国务院规定。

第六十五条 社会保险基金通过预算实现收支平衡。

县级以上人民政府在社会保险基金出现支付不足时,给予补贴。

第六十六条 社会保险基金按照统筹层次设立预算。社会保险基金预算按照社会保险项目分别编制。

第六十七条 社会保险基金预算、决算草案的编制、审核和批准，依照法律和国务院规定执行。

第六十八条 社会保险基金存入财政专户，具体管理办法由国务院规定。

第六十九条 社会保险基金在保证安全的前提下，按照国务院规定投资运营实现保值增值。

社会保险基金不得违规投资运营，不得用于平衡其他政府预算，不得用于兴建、改建办公场所和支付人员经费、运行费用、管理费用，或者违反法律、行政法规规定挪作其他用途。

第七十条 社会保险经办机构应当定期向社会公布参加社会保险情况以及社会保险基金的收入、支出、结余和收益情况。

第七十一条 国家设立全国社会保障基金，由中央财政预算拨款以及国务院批准的其他方式筹集的资金构成，用于社会保障支出的补充、调剂。全国社会保障基金由全国社会保障基金管理运营机构负责管理运营，在保证安全的前提下实现保值增值。

全国社会保障基金应当定期向社会公布收支、管理和投资运营的情况。国务院财政部门、社会保险行政部门、审计机关对全国社会保障基金的收支、管理和投资运营情况实施监督。

第九章　社会保险经办

第七十二条 统筹地区设立社会保险经办机构。社会保险经办机构根据工作需要，经所在地的社会保险行政部门和机构编制管理机关批准，可以在本统筹地区设立分支机构和服务网点。

社会保险经办机构的人员经费和经办社会保险发生的基本运行费用、管理费用，由同级财政按照国家规定予以保障。

第七十三条 社会保险经办机构应当建立健全业务、财务、安全和风险管理制度。

社会保险经办机构应当按时足额支付社会保险待遇。

第七十四条 社会保险经办机构通过业务经办、统计、调查获取社会保险工作所需的数据，有关单位和个人应当及时、如实提供。

社会保险经办机构应当及时为用人单位建立档案，完整、准确地记录参加社会保险的人员、缴费等社会保险数据，妥善保管登记、申报的原始凭证和支付结算的会计凭证。

社会保险经办机构应当及时、完整、准确地记录参加社会保险的个人缴费和用人单位为其缴费，以及享受社会保险待遇等个人权益记录，定期将个人权益记录单免费寄送本人。

用人单位和个人可以免费向社会保险经办机构查询、核对其缴费和享受社会保险待遇记录，要求社会保险经办机构提供社会保险咨询等相关服务。

第七十五条 全国社会保险信息系统按照国家统一规划，由县级以上人民政府按照分级负责的原则共同建设。

第十章　社会保险监督

第七十六条　各级人民代表大会常务委员会听取和审议本级人民政府对社会保险基金的收支、管理、投资运营以及监督检查情况的专项工作报告,组织对本法实施情况的执法检查等,依法行使监督职权。

第七十七条　县级以上人民政府社会保险行政部门应当加强对用人单位和个人遵守社会保险法律、法规情况的监督检查。

社会保险行政部门实施监督检查时,被检查的用人单位和个人应当如实提供与社会保险有关的资料,不得拒绝检查或者谎报、瞒报。

第七十八条　财政部门、审计机关按照各自职责,对社会保险基金的收支、管理和投资运营情况实施监督。

第七十九条　社会保险行政部门对社会保险基金的收支、管理和投资运营情况进行监督检查,发现存在问题的,应当提出整改建议,依法作出处理决定或者向有关行政部门提出处理建议。社会保险基金检查结果应当定期向社会公布。

社会保险行政部门对社会保险基金实施监督检查,有权采取下列措施:

(一)查阅、记录、复制与社会保险基金收支、管理和投资运营相关的资料,对可能被转移、隐匿或者灭失的资料予以封存;

(二)询问与调查事项有关的单位和个人,要求其对与调查事项有关的问题作出说明、提供有关证明材料;

(三)对隐匿、转移、侵占、挪用社会保险基金的行为予以制止并责令改正。

第八十条　统筹地区人民政府成立由用人单位代表、参保人员代表,以及工会代表、专家等组成的社会保险监督委员会,掌握、分析社会保险基金的收支、管理和投资运营情况,对社会保险工作提出咨询意见和建议,实施社会监督。

社会保险经办机构应当定期向社会保险监督委员会汇报社会保险基金的收支、管理和投资运营情况。社会保险监督委员会可以聘请会计师事务所对社会保险基金的收支、管理和投资运营情况进行年度审计和专项审计。审计结果应当向社会公开。

社会保险监督委员会发现社会保险基金收支、管理和投资运营中存在问题的,有权提出改正建议;对社会保险经办机构及其工作人员的违法行为,有权向有关部门提出依法处理建议。

第八十一条　社会保险行政部门和其他有关行政部门、社会保险经办机构、社会保险费征收机构及其工作人员,应当依法为用人单位和个人的信息保密,不得以任何形式泄露。

第八十二条　任何组织或者个人有权对违反社会保险法律、法规的行为进行举报、投诉。

社会保险行政部门、卫生行政部门、社会保险经办机构、社会保险费征收机构和财政部门、审计机关对属于本部门、本机构职责范围的举报、投诉,应当依法处理;对不属于本部门、本机构职责范围的,应当书面通知并移交有权处理的部门、机构处理。有权处理的部门、机构应当及时处理,不得推诿。

第八十三条 用人单位或者个人认为社会保险费征收机构的行为侵害自己合法权益的，可以依法申请行政复议或者提起行政诉讼。

用人单位或者个人对社会保险经办机构不依法办理社会保险登记、核定社会保险费、支付社会保险待遇、办理社会保险转移接续手续或者侵害其他社会保险权益的行为，可以依法申请行政复议或者提起行政诉讼。

个人与所在用人单位发生社会保险争议的，可以依法申请调解、仲裁，提起诉讼。用人单位侵害个人社会保险权益的，个人也可以要求社会保险行政部门或者社会保险费征收机构依法处理。

第十一章 法律责任

第八十四条 用人单位不办理社会保险登记的，由社会保险行政部门责令限期改正；逾期不改正的，对用人单位处应缴社会保险费数额一倍以上三倍以下的罚款，对其直接负责的主管人员和其他直接责任人员处五百元以上三千元以下的罚款。

第八十五条 用人单位拒不出具终止或者解除劳动关系证明的，依照《中华人民共和国劳动合同法》的规定处理。

第八十六条 用人单位未按时足额缴纳社会保险费的，由社会保险费征收机构责令限期缴纳或者补足，并自欠缴之日起，按日加收万分之五的滞纳金；逾期仍不缴纳的，由有关行政部门处欠缴数额一倍以上三倍以下的罚款。

第八十七条 社会保险经办机构以及医疗机构、药品经营单位等社会保险服务机构以欺诈、伪造证明材料或者其他手段骗取社会保险基金支出的，由社会保险行政部门责令退回骗取的社会保险金，处骗取金额二倍以上五倍以下的罚款；属于社会保险服务机构的，解除服务协议；直接负责的主管人员和其他直接责任人员有执业资格的，依法吊销其执业资格。

第八十八条 以欺诈、伪造证明材料或者其他手段骗取社会保险待遇的，由社会保险行政部门责令退回骗取的社会保险金，处骗取金额二倍以上五倍以下的罚款。

第八十九条 社会保险经办机构及其工作人员有下列行为之一的，由社会保险行政部门责令改正；给社会保险基金、用人单位或者个人造成损失的，依法承担赔偿责任；对直接负责的主管人员和其他直接责任人员依法给予处分：

（一）未履行社会保险法定职责的；

（二）未将社会保险基金存入财政专户的；

（三）克扣或者拒不按时支付社会保险待遇的；

（四）丢失或者篡改缴费记录、享受社会保险待遇记录等社会保险数据、个人权益记录的；

（五）有违反社会保险法律、法规的其他行为的。

第九十条 社会保险费征收机构擅自更改社会保险费缴费基数、费率，导致少收或者多收社会保险费的，由有关行政部门责令其追缴应当缴纳的社会保险费或者退还不应当缴纳的社会保险费；对直接负责的主管人员和其他直接责任人员依法给予处分。

第九十一条 违反本法规定，隐匿、转移、侵占、挪用社会保险基金或者违规投资运营的，由社会保险行政部门、财政部门、审计机关责令追回；有违法所得的，没收违法所得；对直接负责的主管人员和其他直接责任人员依法给予处分。

第九十二条 社会保险行政部门和其他有关行政部门、社会保险经办机构、社会保险费征收机构及其工作人员泄露用人单位和个人信息的，对直接负责的主管人员和其他直接责任人员依法给予处分；给用人单位或者个人造成损失的，应当承担赔偿责任。

第九十三条 国家工作人员在社会保险管理、监督工作中滥用职权、玩忽职守、徇私舞弊的，依法给予处分。

第九十四条 违反本法规定，构成犯罪的，依法追究刑事责任。

第十二章 附 则

第九十五条 进城务工的农村居民依照本法规定参加社会保险。

第九十六条 征收农村集体所有的土地，应当足额安排被征地农民的社会保险费，按照国务院规定将被征地农民纳入相应的社会保险制度。

第九十七条 外国人在中国境内就业的，参照本法规定参加社会保险。

第九十八条 本法自 2011 年 7 月 1 日起施行。

工伤保险条例

2003年4月16日国务院5次常务会议讨论通过，2003年4月27日中华人民共和国国务院令第375号公布，自2004年1月1日起施行；2010年12月8日国务院第136次常务会议通过《国务院关于修改〈工伤保险条例〉的决定》，2010年12月20日中华人民共和国国务院令586号公布，自2011年1月1日起施行

第一章 总 则

第一条 为了保障因工作遭受事故伤害或者患职业病的职工获得医疗救治和经济补偿，促进工伤预防和职业康复，分散用人单位的工伤风险，制定本条例。

第二条 中华人民共和国境内的企业、事业单位、社会团体、民办非企业单位、基金会、律师事务所、会计师事务所等组织和有雇工的个体工商户（以下称用人单位）应当依照本条例规定参加工伤保险，为本单位全部职工或者雇工（以下称职工）缴纳工伤保险费。

中华人民共和国境内的企业、事业单位、社会团体、民办非企业单位、基金会、律师事务所、会计师事务所等组织的职工和个体工商户的雇工，均有依照本条例的规定享受工伤保险待遇的权利。

第三条 工伤保险费的征缴按照《社会保险费征缴暂行条例》关于基本养老保险费、基本医疗保险费、失业保险费的征缴规定执行。

第四条 用人单位应当将参加工伤保险的有关情况在本单位内公示。

用人单位和职工应当遵守有关安全生产和职业病防治的法律法规，执行安全卫生规程和标准，预防工伤事故发生，避免和减少职业病危害。

职工发生工伤时，用人单位应当采取措施使工伤职工得到及时救治。

第五条 国务院社会保险行政部门负责全国的工伤保险工作。

县级以上地方各级人民政府社会保险行政部门负责本行政区域内的工伤保险工作。

社会保险行政部门按照国务院有关规定设立的社会保险经办机构（以下称经办机构）具体承办工伤保险事务。

第六条 社会保险行政部门等部门制定工伤保险的政策、标准，应当征求工会组织、用人单位代表的意见。

第二章 工伤保险基金

第七条 工伤保险基金由用人单位缴纳的工伤保险费、工伤保险基金的利息和依法

纳入工伤保险基金的其他资金构成。

第八条 工伤保险费根据以支定收、收支平衡的原则，确定费率。

国家根据不同行业的工伤风险程度确定行业的差别费率，并根据工伤保险费使用、工伤发生率等情况在每个行业内确定若干费率档次。行业差别费率及行业内费率档次由国务院社会保险行政部门制定，报国务院批准后公布施行。

统筹地区经办机构根据用人单位工伤保险费使用、工伤发生率等情况，适用所属行业内相应的费率档次确定单位缴费费率。

第九条 国务院社会保险行政部门应当定期了解全国各统筹地区工伤保险基金收支情况，及时提出调整行业差别费率及行业内费率档次的方案，报国务院批准后公布施行。

第十条 用人单位应当按时缴纳工伤保险费。职工个人不缴纳工伤保险费。

用人单位缴纳工伤保险费的数额为本单位职工工资总额乘以单位缴费费率之积。

对难以按照工资总额缴纳工伤保险费的行业，其缴纳工伤保险费的具体方式，由国务院社会保险行政部门规定。

第十一条 工伤保险基金逐步实行省级统筹。

跨地区、生产流动性较大的行业，可以采取相对集中的方式异地参加统筹地区的工伤保险。具体办法由国务院社会保险行政部门会同有关行业的主管部门制定。

第十二条 工伤保险基金存入社会保障基金财政专户，用于本条例规定的工伤保险待遇，劳动能力鉴定，工伤预防的宣传、培训等费用，以及法律、法规规定的用于工伤保险的其他费用的支付。

工伤预防费用的提取比例、使用和管理的具体办法，由国务院社会保险行政部门会同国务院财政、卫生行政、安全生产监督管理等部门规定。

任何单位或者个人不得将工伤保险基金用于投资运营、兴建或者改建办公场所、发放奖金，或者挪作其他用途。

第十三条 工伤保险基金应当留有一定比例的储备金，用于统筹地区重大事故的工伤保险待遇支付；储备金不足支付的，由统筹地区的人民政府垫付。储备金占基金总额的具体比例和储备金的使用办法，由省、自治区、直辖市人民政府规定。

第三章 工 伤 认 定

第十四条 职工有下列情形之一的，应当认定为工伤：

（一）在工作时间和工作场所内，因工作原因受到事故伤害的；

（二）工作时间前后在工作场所内，从事与工作有关的预备性或者收尾性工作受到事故伤害的；

（三）在工作时间和工作场所内，因履行工作职责受到暴力等意外伤害的；

（四）患职业病的；

（五）因工外出期间，由于工作原因受到伤害或者发生事故下落不明的；

（六）在上下班途中，受到非本人主要责任的交通事故或者城市轨道交通、客运轮渡、火车事故伤害的；

（七）法律、行政法规规定应当认定为工伤的其他情形。

第十五条 职工有下列情形之一的，视同工伤：

（一）在工作时间和工作岗位，突发疾病死亡或者在48小时之内经抢救无效死亡的；

（二）在抢险救灾等维护国家利益、公共利益活动中受到伤害的；

（三）职工原在军队服役，因战、因公负伤致残，已取得革命伤残军人证，到用人单位后旧伤复发的。

职工有前款第（一）项、第（二）项情形的，按照本条例的有关规定享受工伤保险待遇；职工有前款第（三）项情形的，按照本条例的有关规定享受除一次性伤残补助金以外的工伤保险待遇。

第十六条 职工符合本条例第十四条、第十五条的规定，但是有下列情形之一的，不得认定为工伤或者视同工伤：

（一）故意犯罪的；

（二）醉酒或者吸毒的；

（三）自残或者自杀的。

第十七条 职工发生事故伤害或者按照职业病防治法规定被诊断、鉴定为职业病，所在单位应当自事故伤害发生之日或者被诊断、鉴定为职业病之日起30日内，向统筹地区社会保险行政部门提出工伤认定申请。遇有特殊情况，经报社会保险行政部门同意，申请时限可以适当延长。

用人单位未按前款规定提出工伤认定申请的，工伤职工或者其近亲属、工会组织在事故伤害发生之日或者被诊断、鉴定为职业病之日起1年内，可以直接向用人单位所在地统筹地区社会保险行政部门提出工伤认定申请。

按照本条第一款规定应当由省级社会保险行政部门进行工伤认定的事项，根据属地原则由用人单位所在地的设区的市级社会保险行政部门办理。

用人单位未在本条第一款规定的时限内提交工伤认定申请，在此期间发生符合本条例规定的工伤待遇等有关费用由该用人单位负担。

第十八条 提出工伤认定申请应当提交下列材料：

（一）工伤认定申请表；

（二）与用人单位存在劳动关系（包括事实劳动关系）的证明材料；

（三）医疗诊断证明或者职业病诊断证明书（或者职业病诊断鉴定书）。

工伤认定申请表应当包括事故发生的时间、地点、原因以及职工伤害程度等基本情况。

工伤认定申请人提供材料不完整的，社会保险行政部门应当一次性书面告知工伤认定申请人需要补正的全部材料。申请人按照书面告知要求补正材料后，社会保险行政部门应当受理。

第十九条 社会保险行政部门受理工伤认定申请后，根据审核需要可以对事故伤害进行调查核实，用人单位、职工、工会组织、医疗机构以及有关部门应当予以协助。职业病诊断和诊断争议的鉴定，依照职业病防治法的有关规定执行。对依法取得职业病诊断证明书或者职业病诊断鉴定书的，社会保险行政部门不再进行调查核实。

职工或者其近亲属认为是工伤，用人单位不认为是工伤的，由用人单位承担举证责任。

第二十条　社会保险行政部门应当自受理工伤认定申请之日起 60 日内作出工伤认定的决定,并书面通知申请工伤认定的职工或者其近亲属和该职工所在单位。

社会保险行政部门对受理的事实清楚、权利义务明确的工伤认定申请,应当在 15 日内作出工伤认定的决定。

作出工伤认定决定需要以司法机关或者有关行政主管部门的结论为依据的,在司法机关或者有关行政主管部门尚未作出结论期间,作出工伤认定决定的时限中止。

社会保险行政部门工作人员与工伤认定申请人有利害关系的,应当回避。

第四章　劳动能力鉴定

第二十一条　职工发生工伤,经治疗伤情相对稳定后存在残疾、影响劳动能力的,应当进行劳动能力鉴定。

第二十二条　劳动能力鉴定是指劳动功能障碍程度和生活自理障碍程度的等级鉴定。

劳动功能障碍分为十个伤残等级,最重的为一级,最轻的为十级。

生活自理障碍分为三个等级:生活完全不能自理、生活大部分不能自理和生活部分不能自理。

劳动能力鉴定标准由国务院社会保险行政部门会同国务院卫生行政部门等部门制定。

第二十三条　劳动能力鉴定由用人单位、工伤职工或者其近亲属向设区的市级劳动能力鉴定委员会提出申请,并提供工伤认定决定和职工工伤医疗的有关资料。

第二十四条　省、自治区、直辖市劳动能力鉴定委员会和设区的市级劳动能力鉴定委员会分别由省、自治区、直辖市和设区的市级社会保险行政部门、卫生行政部门、工会组织、经办机构代表以及用人单位代表组成。

劳动能力鉴定委员会建立医疗卫生专家库。列入专家库的医疗卫生专业技术人员应当具备下列条件:

(一) 具有医疗卫生高级专业技术职务任职资格;

(二) 掌握劳动能力鉴定的相关知识;

(三) 具有良好的职业品德。

第二十五条　设区的市级劳动能力鉴定委员会收到劳动能力鉴定申请后,应当从其建立的医疗卫生专家库中随机抽取 3 名或者 5 名相关专家组成专家组,由专家组提出鉴定意见。设区的市级劳动能力鉴定委员会根据专家组的鉴定意见作出工伤职工劳动能力鉴定结论;必要时,可以委托具备资格的医疗机构协助进行有关的诊断。

设区的市级劳动能力鉴定委员会应当自收到劳动能力鉴定申请之日起 60 日内作出劳动能力鉴定结论,必要时,作出劳动能力鉴定结论的期限可以延长 30 日。劳动能力鉴定结论应当及时送达申请鉴定的单位和个人。

第二十六条　申请鉴定的单位或者个人对设区的市级劳动能力鉴定委员会作出的鉴定结论不服的,可以在收到该鉴定结论之日起 15 日内向省、自治区、直辖市劳动能力鉴定委员会提出再次鉴定申请。省、自治区、直辖市劳动能力鉴定委员会作出的劳动能力鉴定结论为最终结论。

第二十七条　劳动能力鉴定工作应当客观、公正。劳动能力鉴定委员会组成人员或者参加鉴定的专家与当事人有利害关系的，应当回避。

第二十八条 自劳动能力鉴定结论作出之日起1年后，工伤职工或者其近亲属、所在单位或者经办机构认为伤残情况发生变化的，可以申请劳动能力复查鉴定。

第二十九条 劳动能力鉴定委员会依照本条例第二十六条和第二十八条的规定进行再次鉴定和复查鉴定的期限，依照本条例第二十五条第二款的规定执行。

第五章 工伤保险待遇

第三十条 职工因工作遭受事故伤害或者患职业病进行治疗，享受工伤医疗待遇。

职工治疗工伤应当在签订服务协议的医疗机构就医，情况紧急时可以先到就近的医疗机构急救。

治疗工伤所需费用符合工伤保险诊疗项目目录、工伤保险药品目录、工伤保险住院服务标准的，从工伤保险基金支付。工伤保险诊疗项目目录、工伤保险药品目录、工伤保险住院服务标准，由国务院社会保险行政部门会同国务院卫生行政部门、食品药品监督管理部门等部门规定。

职工住院治疗工伤的伙食补助费，以及经医疗机构出具证明，报经办机构同意，工伤职工到统筹地区以外就医所需的交通、食宿费用从工伤保险基金支付，基金支付的具体标准由统筹地区人民政府规定。

工伤职工治疗非工伤引发的疾病，不享受工伤医疗待遇，按照基本医疗保险办法处理。

工伤职工到签订服务协议的医疗机构进行工伤康复的费用，符合规定的，从工伤保险基金支付。

第三十一条 社会保险行政部门作出认定为工伤的决定后发生行政复议、行政诉讼的，行政复议和行政诉讼期间不停止支付工伤职工治疗工伤的医疗费用。

第三十二条 工伤职工因日常生活或者就业需要，经劳动能力鉴定委员会确认，可以安装假肢、矫形器、假眼、假牙和配置轮椅等辅助器具，所需费用按照国家规定的标准从工伤保险基金支付。

第三十三条 职工因工作遭受事故伤害或者患职业病需要暂停工作接受工伤医疗的，在停工留薪期内，原工资福利待遇不变，由所在单位按月支付。

停工留薪期一般不超过12个月。伤情严重或者情况特殊，经设区的市级劳动能力鉴定委员会确认，可以适当延长，但延长不得超过12个月。工伤职工评定伤残等级后，停发原待遇，按照本章的有关规定享受伤残待遇。工伤职工在停工留薪期满后仍需治疗的，继续享受工伤医疗待遇。

生活不能自理的工伤职工在停工留薪期需要护理的，由所在单位负责。

第三十四条 工伤职工已经评定伤残等级并经劳动能力鉴定委员会确认需要生活护理的，从工伤保险基金按月支付生活护理费。

生活护理费按照生活完全不能自理、生活大部分不能自理或者生活部分不能自理3个不同等级支付，其标准分别为统筹地区上年度职工月平均工资的50%、40%或者30%。

第三十五条 职工因工致残被鉴定为一级至四级伤残的，保留劳动关系，退出工作岗位，享受以下待遇：

（一）从工伤保险基金按伤残等级支付一次性伤残补助金，标准为：一级伤残为27个月的本人工资，二级伤残为25个月的本人工资，三级伤残为23个月的本人工资，四级伤残为21个月的本人工资；

（二）从工伤保险基金按月支付伤残津贴，标准为：一级伤残为本人工资的90％，二级伤残为本人工资的85％，三级伤残为本人工资的80％，四级伤残为本人工资的75％。伤残津贴实际金额低于当地最低工资标准的，由工伤保险基金补足差额；

（三）工伤职工达到退休年龄并办理退休手续后，停发伤残津贴，按照国家有关规定享受基本养老保险待遇。基本养老保险待遇低于伤残津贴的，由工伤保险基金补足差额。

职工因工致残被鉴定为一级至四级伤残的，由用人单位和职工个人以伤残津贴为基数，缴纳基本医疗保险费。

第三十六条 职工因工致残被鉴定为五级、六级伤残的，享受以下待遇：

（一）从工伤保险基金按伤残等级支付一次性伤残补助金，标准为：五级伤残为18个月的本人工资，六级伤残为16个月的本人工资；

（二）保留与用人单位的劳动关系，由用人单位安排适当工作。难以安排工作的，由用人单位按月发给伤残津贴，标准为：五级伤残为本人工资的70％，六级伤残为本人工资的60％，并由用人单位按照规定为其缴纳应缴纳的各项社会保险费。伤残津贴实际金额低于当地最低工资标准的，由用人单位补足差额。

经工伤职工本人提出，该职工可以与用人单位解除或者终止劳动关系，由工伤保险基金支付一次性工伤医疗补助金，由用人单位支付一次性伤残就业补助金。一次性工伤医疗补助金和一次性伤残就业补助金的具体标准由省、自治区、直辖市人民政府规定。

第三十七条 职工因工致残被鉴定为七级至十级伤残的，享受以下待遇：

（一）从工伤保险基金按伤残等级支付一次性伤残补助金，标准为：七级伤残为13个月的本人工资，八级伤残为11个月的本人工资，九级伤残为9个月的本人工资，十级伤残为7个月的本人工资；

（二）劳动、聘用合同期满终止，或者职工本人提出解除劳动、聘用合同的，由工伤保险基金支付一次性工伤医疗补助金，由用人单位支付一次性伤残就业补助金。一次性工伤医疗补助金和一次性伤残就业补助金的具体标准由省、自治区、直辖市人民政府规定。

第三十八条 工伤职工工伤复发，确认需要治疗的，享受本条例第三十条、第三十二条和第三十三条规定的工伤待遇。

第三十九条 职工因工死亡，其近亲属按照下列规定从工伤保险基金领取丧葬补助金、供养亲属抚恤金和一次性工亡补助金：

（一）丧葬补助金为6个月的统筹地区上年度职工月平均工资；

（二）供养亲属抚恤金按照职工本人工资的一定比例发给由因工死亡职工生前提供主要生活来源、无劳动能力的亲属。标准为：配偶每月40％，其他亲属每人每月30％，孤寡老人或者孤儿每人每月在上述标准的基础上增加10％。核定的各供养亲属的抚恤金之和不应高于因工死亡职工生前的工资。供养亲属的具体范围由国务院社会保险行政部门规定；

（三）一次性工亡补助金标准为上一年度全国城镇居民人均可支配收入的 20 倍。

伤残职工在停工留薪期内因工伤导致死亡的，其近亲属享受本条第一款规定的待遇。

一级至四级伤残职工在停工留薪期满后死亡的，其近亲属可以享受本条第一款第（一）项、第（二）项规定的待遇。

第四十条 伤残津贴、供养亲属抚恤金、生活护理费由统筹地区社会保险行政部门根据职工平均工资和生活费用变化等情况适时调整。调整办法由省、自治区、直辖市人民政府规定。

第四十一条 职工因工外出期间发生事故或者在抢险救灾中下落不明的，从事故发生当月起 3 个月内照发工资，从第 4 个月起停发工资，由工伤保险基金向其供养亲属按月支付供养亲属抚恤金。生活有困难的，可以预支一次性工亡补助金的 50%。职工被人民法院宣告死亡的，按照本条例第三十九条职工因工死亡的规定处理。

第四十二条 工伤职工有下列情形之一的，停止享受工伤保险待遇：

（一）丧失享受待遇条件的；

（二）拒不接受劳动能力鉴定的；

（三）拒绝治疗的。

第四十三条 用人单位分立、合并、转让的，承继单位应当承担原用人单位的工伤保险责任；原用人单位已经参加工伤保险的，承继单位应当到当地经办机构办理工伤保险变更登记。

用人单位实行承包经营的，工伤保险责任由职工劳动关系所在单位承担。

职工被借调期间受到工伤事故伤害的，由原用人单位承担工伤保险责任，但原用人单位与借调单位可以约定补偿办法。

企业破产的，在破产清算时依法拨付应当由单位支付的工伤保险待遇费用。

第四十四条 职工被派遣出境工作，依据前往国家或者地区的法律应当参加当地工伤保险的，参加当地工伤保险，其国内工伤保险关系中止；不能参加当地工伤保险的，其国内工伤保险关系不中止。

第四十五条 职工再次发生工伤，根据规定应当享受伤残津贴的，按照新认定的伤残等级享受伤残津贴待遇。

第六章 监督管理

第四十六条 经办机构具体承办工伤保险事务，履行下列职责：

（一）根据省、自治区、直辖市人民政府规定，征收工伤保险费；

（二）核查用人单位的工资总额和职工人数，办理工伤保险登记，并负责保存用人单位缴费和职工享受工伤保险待遇情况的记录；

（三）进行工伤保险的调查、统计；

（四）按照规定管理工伤保险基金的支出；

（五）按照规定核定工伤保险待遇；

（六）为工伤职工或者其近亲属免费提供咨询服务。

第四十七条　经办机构与医疗机构、辅助器具配置机构在平等协商的基础上签订服务协议，并公布签订服务协议的医疗机构、辅助器具配置机构的名单。具体办法由国务院社会保险行政部门分别会同国务院卫生行政部门、民政部门等部门制定。

第四十八条　经办机构按照协议和国家有关目录、标准对工伤职工医疗费用、康复费用、辅助器具费用的使用情况进行核查，并按时足额结算费用。

第四十九条　经办机构应当定期公布工伤保险基金的收支情况，及时向社会保险行政部门提出调整费率的建议。

第五十条　社会保险行政部门、经办机构应当定期听取工伤职工、医疗机构、辅助器具配置机构以及社会各界对改进工伤保险工作的意见。

第五十一条　社会保险行政部门依法对工伤保险费的征缴和工伤保险基金的支付情况进行监督检查。

财政部门和审计机关依法对工伤保险基金的收支、管理情况进行监督。

第五十二条　任何组织和个人对有关工伤保险的违法行为，有权举报。社会保险行政部门对举报应当及时调查，按照规定处理，并为举报人保密。

第五十三条　工会组织依法维护工伤职工的合法权益，对用人单位的工伤保险工作实行监督。

第五十四条　职工与用人单位发生工伤待遇方面的争议，按照处理劳动争议的有关规定处理。

第五十五条　有下列情形之一的，有关单位或者个人可以依法申请行政复议，也可以依法向人民法院提起行政诉讼：

（一）申请工伤认定的职工或者其近亲属、该职工所在单位对工伤认定申请不予受理的决定不服的；

（二）申请工伤认定的职工或者其近亲属、该职工所在单位对工伤认定结论不服的；

（三）用人单位对经办机构确定的单位缴费费率不服的；

（四）签订服务协议的医疗机构、辅助器具配置机构认为经办机构未履行有关协议或者规定的；

（五）工伤职工或者其近亲属对经办机构核定的工伤保险待遇有异议的。

第七章　法律责任

第五十六条　单位或者个人违反本条例第十二条规定挪用工伤保险基金，构成犯罪的，依法追究刑事责任；尚不构成犯罪的，依法给予处分或者纪律处分。被挪用的基金由社会保险行政部门追回，并入工伤保险基金；没收的违法所得依法上缴国库。

第五十七条　社会保险行政部门工作人员有下列情形之一的，依法给予处分；情节严重，构成犯罪的，依法追究刑事责任：

（一）无正当理由不受理工伤认定申请，或者弄虚作假将不符合工伤条件的人员认定为工伤职工的；

（二）未妥善保管申请工伤认定的证据材料，致使有关证据灭失的；

（三）收受当事人财物的。

第五十八条 经办机构有下列行为之一的,由社会保险行政部门责令改正,对直接负责的主管人员和其他责任人员依法给予纪律处分;情节严重,构成犯罪的,依法追究刑事责任;造成当事人经济损失的,由经办机构依法承担赔偿责任:

(一) 未按规定保存用人单位缴费和职工享受工伤保险待遇情况记录的;
(二) 不按规定核定工伤保险待遇的;
(三) 收受当事人财物的。

第五十九条 医疗机构、辅助器具配置机构不按服务协议提供服务的,经办机构可以解除服务协议。

经办机构不按时足额结算费用的,由社会保险行政部门责令改正;医疗机构、辅助器具配置机构可以解除服务协议。

第六十条 用人单位、工伤职工或者其近亲属骗取工伤保险待遇,医疗机构、辅助器具配置机构骗取工伤保险基金支出的,由社会保险行政部门责令退还,处骗取金额2倍以上5倍以下的罚款;情节严重,构成犯罪的,依法追究刑事责任。

第六十一条 从事劳动能力鉴定的组织或者个人有下列情形之一的,由社会保险行政部门责令改正,处2 000元以上1万元以下的罚款;情节严重,构成犯罪的,依法追究刑事责任:

(一) 提供虚假鉴定意见的;
(二) 提供虚假诊断证明的;
(三) 收受当事人财物的。

第六十二条 用人单位依照本条例规定应当参加工伤保险而未参加的,由社会保险行政部门责令限期参加,补缴应当缴纳的工伤保险费,并自欠缴之日起,按日加收万分之五的滞纳金;逾期仍不缴纳的,处欠缴数额1倍以上3倍以下的罚款。

依照本条例规定应当参加工伤保险而未参加工伤保险的用人单位职工发生工伤的,由该用人单位按照本条例规定的工伤保险待遇项目和标准支付费用。

用人单位参加工伤保险并补缴应当缴纳的工伤保险费、滞纳金后,由工伤保险基金和用人单位依照本条例的规定支付新发生的费用。

第六十三条 用人单位违反本条例第十九条的规定,拒不协助社会保险行政部门对事故进行调查核实的,由社会保险行政部门责令改正,处2 000元以上2万元以下的罚款。

第八章 附 则

第六十四条 本条例所称工资总额,是指用人单位直接支付给本单位全部职工的劳动报酬总额。

本条例所称本人工资,是指工伤职工因工作遭受事故伤害或者患职业病前12个月平均月缴费工资。本人工资高于统筹地区职工平均工资300%的,按照统筹地区职工平均工资的300%计算;本人工资低于统筹地区职工平均工资60%的,按照统筹地区职工平均工资的60%计算。

第六十五条 公务员和参照公务员法管理的事业单位、社会团体的工作人员因工作遭受事故伤害或者患职业病的，由所在单位支付费用。具体办法由国务院社会保险行政部门会同国务院财政部门规定。

第六十六条 无营业执照或者未经依法登记、备案的单位以及被依法吊销营业执照或者撤销登记、备案的单位的职工受到事故伤害或者患职业病的，由该单位向伤残职工或者死亡职工的近亲属给予一次性赔偿，赔偿标准不得低于本条例规定的工伤保险待遇；用人单位不得使用童工，用人单位使用童工造成童工伤残、死亡的，由该单位向童工或者童工的近亲属给予一次性赔偿，赔偿标准不得低于本条例规定的工伤保险待遇。具体办法由国务院社会保险行政部门规定。

前款规定的伤残职工或者死亡职工的近亲属就赔偿数额与单位发生争议的，以及前款规定的童工或者童工的近亲属就赔偿数额与单位发生争议的，按照处理劳动争议的有关规定处理。

第六十七条 本条例自 2004 年 1 月 1 日起施行。本条例施行前已受到事故伤害或者患职业病的职工尚未完成工伤认定的，按照本条例的规定执行。

工伤认定办法

2010年12月31日人力资源和社会保障部令第8号公布，
自2011年1月1日起施行

第一条 为规范工伤认定程序，依法进行工伤认定，维护当事人的合法权益，根据《工伤保险条例》的有关规定，制定本办法。

第二条 社会保险行政部门进行工伤认定按照本办法执行。

第三条 工伤认定应当客观公正、简捷方便，认定程序应当向社会公开。

第四条 职工发生事故伤害或者按照职业病防治法规定被诊断、鉴定为职业病，所在单位应当自事故伤害发生之日或者被诊断、鉴定为职业病之日起30日内，向统筹地区社会保险行政部门提出工伤认定申请。遇有特殊情况，经报社会保险行政部门同意，申请时限可以适当延长。

按照前款规定应当向省级社会保险行政部门提出工伤认定申请的，根据属地原则应当向用人单位所在地设区的市级社会保险行政部门提出。

第五条 用人单位未在规定的时限内提出工伤认定申请的，受伤害职工或者其近亲属、工会组织在事故伤害发生之日或者被诊断、鉴定为职业病之日起1年内，可以直接按照本办法第四条规定提出工伤认定申请。

第六条 提出工伤认定申请应当填写《工伤认定申请表》，并提交下列材料：

（一）劳动、聘用合同文本复印件或者与用人单位存在劳动关系（包括事实劳动关系）、人事关系的其他证明材料；

（二）医疗机构出具的受伤后诊断证明书或者职业病诊断证明书（或者职业病诊断鉴定书）。

第七条 工伤认定申请人提交的申请材料符合要求，属于社会保险行政部门管辖范围且在受理时限内的，社会保险行政部门应当受理。

第八条 社会保险行政部门收到工伤认定申请后，应当在15日内对申请人提交的材料进行审核，材料完整的，作出受理或者不予受理的决定；材料不完整的，应当以书面形式一次性告知申请人需要补正的全部材料。社会保险行政部门收到申请人提交的全部补正材料后，应当在15日内作出受理或者不予受理的决定。

社会保险行政部门决定受理的，应当出具《工伤认定申请受理决定书》；决定不予受理的，应当出具《工伤认定申请不予受理决定书》。

第九条 社会保险行政部门受理工伤认定申请后，可以根据需要对申请人提供的证据进行调查核实。

第十条 社会保险行政部门进行调查核实，应当由两名以上工作人员共同进行，并出示执行公务的证件。

第十一条 社会保险行政部门工作人员在工伤认定中，可以进行以下调查核实工作：

（一）根据工作需要，进入有关单位和事故现场；

（二）依法查阅与工伤认定有关的资料，询问有关人员并作出调查笔录；

（三）记录、录音、录像和复制与工伤认定有关的资料。调查核实工作的证据收集参照行政诉讼证据收集的有关规定执行。

第十二条 社会保险行政部门工作人员进行调查核实时，有关单位和个人应当予以协助。用人单位、工会组织、医疗机构以及有关部门应当负责安排相关人员配合工作，据实提供情况和证明材料。

第十三条 社会保险行政部门在进行工伤认定时，对申请人提供的符合国家有关规定的职业病诊断证明书或者职业病诊断鉴定书，不再进行调查核实。职业病诊断证明书或者职业病诊断鉴定书不符合国家规定的要求和格式的，社会保险行政部门可以要求出具证据部门重新提供。

第十四条 社会保险行政部门受理工伤认定申请后，可以根据工作需要，委托其他统筹地区的社会保险行政部门或者相关部门进行调查核实。

第十五条 社会保险行政部门工作人员进行调查核实时，应当履行下列义务：

（一）保守有关单位商业秘密以及个人隐私；

（二）为提供情况的有关人员保密。

第十六条 社会保险行政部门工作人员与工伤认定申请人有利害关系的，应当回避。

第十七条 职工或者其近亲属认为是工伤，用人单位不认为是工伤的，由该用人单位承担举证责任。用人单位拒不举证的，社会保险行政部门可以根据受伤害职工提供的证据或者调查取得的证据，依法作出工伤认定决定。

第十八条 社会保险行政部门应当自受理工伤认定申请之日起 60 日内作出工伤认定决定，出具《认定工伤决定书》或者《不予认定工伤决定书》。

第十九条 《认定工伤决定书》应当载明下列事项：

（一）用人单位全称；

（二）职工的姓名、性别、年龄、职业、身份证号码；

（三）受伤害部位、事故时间和诊断时间或职业病名称、受伤害经过和核实情况、医疗救治的基本情况和诊断结论；

（四）认定工伤或者视同工伤的依据；

（五）不服认定决定申请行政复议或者提起行政诉讼的部门和时限；

（六）作出认定工伤或者视同工伤决定的时间。

《不予认定工伤决定书》应当载明下列事项：

（一）用人单位全称；

（二）职工的姓名、性别、年龄、职业、身份证号码；

（三）不予认定工伤或者不视同工伤的依据；

（四）不服认定决定申请行政复议或者提起行政诉讼的部门和时限；

（五）作出不予认定工伤或者不视同工伤决定的时间。

《认定工伤决定书》和《不予认定工伤决定书》应当加盖社会保险行政部门工伤认定专用印章。

第二十条　社会保险行政部门受理工伤认定申请后,作出工伤认定决定需要以司法机关或者有关行政主管部门的结论为依据的,在司法机关或者有关行政主管部门尚未作出结论期间,作出工伤认定决定的时限中止,并书面通知申请人。

第二十一条　社会保险行政部门对于事实清楚、权利义务明确的工伤认定申请,应当自受理工伤认定申请之日起15日内作出工伤认定决定。

第二十二条　社会保险行政部门应当自工伤认定决定作出之日起20日内,将《认定工伤决定书》或者《不予认定工伤决定书》送达受伤害职工(或者其近亲属)和用人单位,并抄送社会保险经办机构。

《认定工伤决定书》和《不予认定工伤决定书》的送达参照民事法律有关送达的规定执行。

第二十三条　职工或者其近亲属、用人单位对不予受理决定不服或者对工伤认定决定不服的,可以依法申请行政复议或者提起行政诉讼。

第二十四条　工伤认定结束后,社会保险行政部门应当将工伤认定的有关资料保存50年。

第二十五条　用人单位拒不协助社会保险行政部门对事故伤害进行调查核实的,由社会保险行政部门责令改正,处2 000元以上2万元以下的罚款。

第二十六条　本办法中的《工伤认定申请表》、《工伤认定申请受理决定书》、《工伤认定申请不予受理决定书》、《认定工伤决定书》、《不予认定工伤决定书》的样式由国务院社会保险行政部门统一制定。

第二十七条　本办法自2011年1月1日起施行。劳动和社会保障部2003年9月23日颁布的《工伤认定办法》同时废止。

(附件略)

工伤职工劳动能力鉴定管理办法

2014年2月20日人力资源和社会保障部令第21号公布，
自2014年4月1日起施行

第一章 总 则

第一条 为了加强劳动能力鉴定管理，规范劳动能力鉴定程序，根据《中华人民共和国社会保险法》、《中华人民共和国职业病防治法》和《工伤保险条例》，制定本办法。

第二条 劳动能力鉴定委员会依据《劳动能力鉴定 职工工伤与职业病致残等级》国家标准，对工伤职工劳动功能障碍程度和生活自理障碍程度组织进行技术性等级鉴定，适用本办法。

第三条 省、自治区、直辖市劳动能力鉴定委员会和设区的市级（含直辖市的市辖区、县，下同）劳动能力鉴定委员会分别由省、自治区、直辖市和设区的市级人力资源社会保障行政部门、卫生计生行政部门、工会组织、用人单位代表以及社会保险经办机构代表组成。

承担劳动能力鉴定委员会日常工作的机构，其设置方式由各地根据实际情况决定。

第四条 劳动能力鉴定委员会履行下列职责：

（一）选聘医疗卫生专家，组建医疗卫生专家库，对专家进行培训和管理；

（二）组织劳动能力鉴定；

（三）根据专家组的鉴定意见作出劳动能力鉴定结论；

（四）建立完整的鉴定数据库，保管鉴定工作档案50年；

（五）法律、法规、规章规定的其他职责。

第五条 设区的市级劳动能力鉴定委员会负责本辖区内的劳动能力初次鉴定、复查鉴定。

省、自治区、直辖市劳动能力鉴定委员会负责对初次鉴定或者复查鉴定结论不服提出的再次鉴定。

第六条 劳动能力鉴定相关政策、工作制度和业务流程应当向社会公开。

第二章 鉴 定 程 序

第七条 职工发生工伤，经治疗伤情相对稳定后存在残疾、影响劳动能力的，或者停工留薪期满（含劳动能力鉴定委员会确认的延长期限），工伤职工或者其用人单位应当及时向设区的市级劳动能力鉴定委员会提出劳动能力鉴定申请。

第八条 申请劳动能力鉴定应当填写劳动能力鉴定申请表，并提交下列材料：

（一）《工伤认定决定书》原件和复印件；
（二）有效的诊断证明、按照医疗机构病历管理有关规定复印或者复制的检查、检验报告等完整病历材料；
（三）工伤职工的居民身份证或者社会保障卡等其他有效身份证明原件和复印件；
（四）劳动能力鉴定委员会规定的其他材料。

第九条　劳动能力鉴定委员会收到劳动能力鉴定申请后，应当及时对申请人提交的材料进行审核；申请人提供材料不完整的，劳动能力鉴定委员会应当自收到劳动能力鉴定申请之日起 5 个工作日内一次性书面告知申请人需要补正的全部材料。

申请人提供材料完整的，劳动能力鉴定委员会应当及时组织鉴定，并在收到劳动能力鉴定申请之日起 60 日内作出劳动能力鉴定结论。伤情复杂、涉及医疗卫生专业较多的，作出劳动能力鉴定结论的期限可以延长 30 日。

第十条　劳动能力鉴定委员会应当视伤情程度等从医疗卫生专家库中随机抽取 3 名或者 5 名与工伤职工伤情相关科别的专家组成专家组进行鉴定。

第十一条　劳动能力鉴定委员会应当提前通知工伤职工进行鉴定的时间、地点以及应当携带的材料。工伤职工应当按照通知的时间、地点参加现场鉴定。对行动不便的工伤职工，劳动能力鉴定委员会可以组织专家上门进行劳动能力鉴定。组织劳动能力鉴定的工作人员应当对工伤职工的身份进行核实。

工伤职工因故不能按时参加鉴定的，经劳动能力鉴定委员会同意，可以调整现场鉴定的时间，作出劳动能力鉴定结论的期限相应顺延。

第十二条　因鉴定工作需要，专家组提出应当进行有关检查和诊断的，劳动能力鉴定委员会可以委托具备资格的医疗机构协助进行有关的检查和诊断。

第十三条　专家组根据工伤职工伤情，结合医疗诊断情况，依据《劳动能力鉴定 职工工伤与职业病致残等级》国家标准提出鉴定意见。参加鉴定的专家都应当签署意见并签名。

专家意见不一致时，按照少数服从多数的原则确定专家组的鉴定意见。

第十四条　劳动能力鉴定委员会根据专家组的鉴定意见作出劳动能力鉴定结论。劳动能力鉴定结论书应当载明下列事项：
（一）工伤职工及其用人单位的基本信息；
（二）伤情介绍，包括伤残部位、器官功能障碍程度、诊断情况等；
（三）作出鉴定的依据；
（四）鉴定结论。

第十五条　劳动能力鉴定委员会应当自作出鉴定结论之日起 20 日内将劳动能力鉴定结论及时送达工伤职工及其用人单位，并抄送社会保险经办机构。

第十六条　工伤职工或者其用人单位对初次鉴定结论不服的，可以在收到该鉴定结论之日起 15 日内向省、自治区、直辖市劳动能力鉴定委员会申请再次鉴定。

申请再次鉴定，除提供本办法第八条规定的材料外，还需提交劳动能力初次鉴定结论原件和复印件。

省、自治区、直辖市劳动能力鉴定委员会作出的劳动能力鉴定结论为最终结论。

第十七条 自劳动能力鉴定结论作出之日起1年后，工伤职工、用人单位或者社会保险经办机构认为伤残情况发生变化的，可以向设区的市级劳动能力鉴定委员会申请劳动能力复查鉴定。

对复查鉴定结论不服的，可以按照本办法第十六条规定申请再次鉴定。

第十八条 工伤职工本人因身体等原因无法提出劳动能力初次鉴定、复查鉴定、再次鉴定申请的，可由其近亲属代为提出。

第十九条 再次鉴定和复查鉴定的程序、期限等按照本办法第九条至第十五条的规定执行。

第三章 监督管理

第二十条 劳动能力鉴定委员会应当每3年对专家库进行一次调整和补充，实行动态管理。确有需要的，可以根据实际情况适时调整。

第二十一条 劳动能力鉴定委员会选聘医疗卫生专家，聘期一般为3年，可以连续聘任。

聘任的专家应当具备下列条件：

（一）具有医疗卫生高级专业技术职务任职资格；

（二）掌握劳动能力鉴定的相关知识；

（三）具有良好的职业品德。

第二十二条 参加劳动能力鉴定的专家应当按照规定的时间、地点进行现场鉴定，严格执行劳动能力鉴定政策和标准，客观、公正地提出鉴定意见。

第二十三条 用人单位、工伤职工或者其近亲属应当如实提供鉴定需要的材料，遵守劳动能力鉴定相关规定，按照要求配合劳动能力鉴定工作。

工伤职工有下列情形之一的，当次鉴定终止：

（一）无正当理由不参加现场鉴定的；

（二）拒不参加劳动能力鉴定委员会安排的检查和诊断的。

第二十四条 医疗机构及其医务人员应当如实出具与劳动能力鉴定有关的各项诊断证明和病历材料。

第二十五条 劳动能力鉴定委员会组成人员、劳动能力鉴定工作人员以及参加鉴定的专家与当事人有利害关系的，应当回避。

第二十六条 任何组织或者个人有权对劳动能力鉴定中的违法行为进行举报、投诉。

第四章 法律责任

第二十七条 劳动能力鉴定委员会和承担劳动能力鉴定委员会日常工作的机构及其工作人员在从事或者组织劳动能力鉴定时，有下列行为之一的，由人力资源社会保障行政部门或者有关部门责令改正，对直接负责的主管人员和其他直接责任人员依法给予相应处分；构成犯罪的，依法追究刑事责任：

（一）未及时审核并书面告知申请人需要补正的全部材料的；

（二）未在规定期限内作出劳动能力鉴定结论的；

(三) 未按照规定及时送达劳动能力鉴定结论的;
(四) 未按照规定随机抽取相关科别专家进行鉴定的;
(五) 擅自篡改劳动能力鉴定委员会作出的鉴定结论的;
(六) 利用职务之便非法收受当事人财物的;
(七) 有违反法律法规和本办法的其他行为的。

第二十八条 从事劳动能力鉴定的专家有下列行为之一的,劳动能力鉴定委员会应当予以解聘;情节严重的,由卫生计生行政部门依法处理:
(一) 提供虚假鉴定意见的;
(二) 利用职务之便非法收受当事人财物的;
(三) 无正当理由不履行职责的;
(四) 有违反法律法规和本办法的其他行为的。

第二十九条 参与工伤救治、检查、诊断等活动的医疗机构及其医务人员有下列情形之一的,由卫生计生行政部门依法处理:
(一) 提供与病情不符的虚假诊断证明的;
(二) 篡改、伪造、隐匿、销毁病历材料的;
(三) 无正当理由不履行职责的。

第三十条 以欺诈、伪造证明材料或者其他手段骗取鉴定结论、领取工伤保险待遇的,按照《中华人民共和国社会保险法》第八十八条的规定,由人力资源社会保障行政部门责令退回骗取的社会保险金,处骗取金额2倍以上5倍以下的罚款。

第五章 附 则

第三十一条 未参加工伤保险的公务员和参照公务员法管理的事业单位、社会团体工作人员因工(公)致残的劳动能力鉴定,参照本办法执行。

第三十二条 本办法中的劳动能力鉴定申请表、初次(复查)鉴定结论书、再次鉴定结论书、劳动能力鉴定材料收讫补正告知书等文书基本样式由人力资源社会保障部制定。

第三十三条 本办法自2014年4月1日起施行。

(附件略)

人力资源社会保障部关于执行《工伤保险条例》若干问题的意见

人社部发〔2013〕34号

各省、自治区、直辖市及新疆生产建设兵团人力资源社会保障厅（局）：

《国务院关于修改〈工伤保险条例〉的决定》（国务院令第586号）已经于2011年1月1日实施。为贯彻执行新修订的《工伤保险条例》，妥善解决实际工作中的问题，更好地保障职工和用人单位的合法权益，现提出如下意见。

一、《工伤保险条例》（以下简称《条例》）第十四条第（五）项规定的"因工外出期间"的认定，应当考虑职工外出是否属于用人单位指派的因工作外出，遭受的事故伤害是否因工作原因所致。

二、《条例》第十四条第（六）项规定的"非本人主要责任"的认定，应当以有关机关出具的法律文书或者人民法院的生效裁决为依据。

三、《条例》第十六条第（一）项"故意犯罪"的认定，应当以司法机关的生效法律文书或者结论性意见为依据。

四、《条例》第十六条第（二）项"醉酒或者吸毒"的认定，应当以有关机关出具的法律文书或者人民法院的生效裁决为依据。无法获得上述证据的，可以结合相关证据认定。

五、社会保险行政部门受理工伤认定申请后，发现劳动关系存在争议且无法确认的，应告知当事人可以向劳动人事争议仲裁委员会申请仲裁。在此期间，作出工伤认定决定的时限中止，并书面通知申请工伤认定的当事人。劳动关系依法确认后，当事人应将有关法律文书送交受理工伤认定申请的社会保险行政部门，该部门自收到生效法律文书之日起恢复工伤认定程序。

六、符合《条例》第十五条第（一）项情形的，职工所在用人单位原则上应自职工死亡之日起5个工作日内向用人单位所在统筹地区社会保险行政部门报告。

七、具备用工主体资格的承包单位违反法律、法规规定，将承包业务转包、分包给不具备用工主体资格的组织或者自然人，该组织或者自然人招用的劳动者从事承包业务时因工伤亡的，由该具备用工主体资格的承包单位承担用人单位依法应承担的工伤保险责任。

八、曾经从事接触职业病危害作业、当时没有发现罹患职业病、离开工作岗位后被诊断或鉴定为职业病的符合下列条件的人员，可以自诊断、鉴定为职业病之日起一年内申请工伤认定，社会保险行政部门应当受理：

（一）办理退休手续后，未再从事接触职业病危害作业的退休人员；

（二）劳动或聘用合同期满后或者本人提出而解除劳动或聘用合同后，未再从事接触职业病危害作业的人员。

经工伤认定和劳动能力鉴定，前款第（一）项人员符合领取一次性伤残补助金条件的，按就高原则以本人退休前 12 个月平均月缴费工资或者确诊职业病前 12 个月的月平均养老金为基数计发。前款第（二）项人员被鉴定为一级至十级伤残、按《条例》规定应以本人工资作为基数享受相关待遇的，按本人终止或者解除劳动、聘用合同前 12 个月平均月缴费工资计发。

九、按照本意见第八条规定被认定为工伤的职业病人员，职业病诊断证明书（或职业病诊断鉴定书）中明确的用人单位，在该职工从业期间依法为其缴纳工伤保险费的，按《条例》的规定，分别由工伤保险基金和用人单位支付工伤保险待遇；未依法为该职工缴纳工伤保险费的，由用人单位按照《条例》规定的相关项目和标准支付待遇。

十、职工在同一用人单位连续工作期间多次发生工伤的，符合《条例》第三十六、第三十七条规定领取相关待遇时，按照其在同一用人单位发生工伤的最高伤残级别，计发一次性伤残就业补助金和一次性工伤医疗补助金。

十一、依据《条例》第四十二条的规定停止支付工伤保险待遇的，在停止支付待遇的情形消失后，自下月起恢复工伤保险待遇，停止支付的工伤保险待遇不予补发。

十二、《条例》第六十二条第三款规定的"新发生的费用"，是指用人单位职工参加工伤保险前发生工伤的，在参加工伤保险后新发生的费用。

十三、由工伤保险基金支付的各项待遇应按《条例》相关规定支付，不得采取将长期待遇改为一次性支付的办法。

十四、核定工伤职工工伤保险待遇时，若上一年度相关数据尚未公布，可暂按前一年度的全国城镇居民人均可支配收入、统筹地区职工月平均工资核定和计发，待相关数据公布后再重新核定，社会保险经办机构或者用人单位予以补发差额部分。

本意见自发文之日起执行，此前有关规定与本意见不一致的，按本意见执行。执行中有重大问题，请及时报告我部。

人力资源社会保障部
2013 年 4 月 25 日

人力资源社会保障部关于执行《工伤保险条例》若干问题的意见（二）

人社部发〔2016〕29号

各省、自治区、直辖市及新疆生产建设兵团人力资源社会保障厅（局）：

为更好地贯彻执行新修订的《工伤保险条例》，提高依法行政能力和水平，妥善解决实际工作中的问题，保障职工和用人单位合法权益，现提出如下意见：

一、一级至四级工伤职工死亡，其近亲属同时符合领取工伤保险丧葬补助金、供养亲属抚恤金待遇和职工基本养老保险丧葬补助金、抚恤金待遇条件的，由其近亲属选择领取工伤保险或职工基本养老保险其中一种。

二、达到或超过法定退休年龄，但未办理退休手续或者未依法享受城镇职工基本养老保险待遇，继续在原用人单位工作期间受到事故伤害或患职业病的，用人单位依法承担工伤保险责任。

用人单位招用已经达到、超过法定退休年龄或已经领取城镇职工基本养老保险待遇的人员，在用工期间因工作原因受到事故伤害或患职业病的，如招用单位已按项目参保等方式为其缴纳工伤保险费的，应适用《工伤保险条例》。

三、《工伤保险条例》第六十二条规定的"新发生的费用"，是指用人单位参加工伤保险前发生工伤的职工，在参加工伤保险后新发生的费用。其中由工伤保险基金支付的费用，按不同情况予以处理：

（一）因工受伤的，支付参保后新发生的工伤医疗费、工伤康复费、住院伙食补助费、统筹地区以外就医交通食宿费、辅助器具配置费、生活护理费、一级至四级伤残职工伤残津贴，以及参保后解除劳动合同时的一次性工伤医疗补助金；

（二）因工死亡的，支付参保后新发生的符合条件的供养亲属抚恤金。

四、职工在参加用人单位组织或者受用人单位指派参加其他单位组织的活动中受到事故伤害的，应当视为工作原因，但参加与工作无关的活动除外。

五、职工因工作原因驻外，有固定的住所、有明确的作息时间，工伤认定时按照在驻在地当地正常工作的情形处理。

六、职工以上下班为目的、在合理时间内往返于工作单位和居住地之间的合理路线，视为上下班途中。

七、用人单位注册地与生产经营地不在同一统筹地区的，原则上应在注册地为职工参加工伤保险；未在注册地参加工伤保险的职工，可由用人单位在生产经营地为其参加工伤保险。

劳务派遣单位跨地区派遣劳动者，应根据《劳务派遣暂行规定》参加工伤保险。建筑施工企业按项目参保的，应在施工项目所在地参加工伤保险。

职工受到事故伤害或者患职业病后，在参保地进行工伤认定、劳动能力鉴定，并按照参保地的规定依法享受工伤保险待遇；未参加工伤保险的职工，应当在生产经营地进行工伤认定、劳动能力鉴定，并按照生产经营地的规定依法由用人单位支付工伤保险待遇。

八、有下列情形之一的，被延误的时间不计算在工伤认定申请时限内。

（一）受不可抗力影响的；

（二）职工由于被国家机关依法采取强制措施等人身自由受到限制不能申请工伤认定的；

（三）申请人正式提交了工伤认定申请，但因社会保险机构未登记或者材料遗失等原因造成申请超时限的；

（四）当事人就确认劳动关系申请劳动仲裁或提起民事诉讼的；

（五）其他符合法律法规规定的情形。

九、《工伤保险条例》第六十七条规定的"尚未完成工伤认定的"，是指在《工伤保险条例》施行前遭受事故伤害或被诊断鉴定为职业病，且在工伤认定申请法定时限内（从《工伤保险条例》施行之日起算）提出工伤认定申请，尚未作出工伤认定的情形。

十、因工伤认定申请人或者用人单位隐瞒有关情况或者提供虚假材料，导致工伤认定决定错误的，社会保险行政部门发现后，应当及时予以更正。

本意见自发文之日起执行，此前有关规定与本意见不一致的，按本意见执行。执行中有重大问题，请及时报告我部。

人力资源社会保障部
2016 年 3 月 28 日

最高人民法院关于审理工伤保险行政案件若干问题的规定

法释〔2014〕9号

为正确审理工伤保险行政案件，根据《中华人民共和国社会保险法》《中华人民共和国劳动法》《中华人民共和国行政诉讼法》《工伤保险条例》及其他有关法律、行政法规规定，结合行政审判实际，制定本规定。

第一条 人民法院审理工伤认定行政案件，在认定是否存在《工伤保险条例》第十四条第（六）项"本人主要责任"、第十六条第（二）项"醉酒或者吸毒"和第十六条第（三）项"自残或者自杀"等情形时，应当以有权机构出具的事故责任认定书、结论性意见和人民法院生效裁判等法律文书为依据，但有相反证据足以推翻事故责任认定书和结论性意见的除外。

前述法律文书不存在或者内容不明确，社会保险行政部门就前款事实作出认定的，人民法院应当结合其提供的相关证据依法进行审查。

《工伤保险条例》第十六条第（一）项"故意犯罪"的认定，应当以刑事侦查机关、检察机关和审判机关的生效法律文书或者结论性意见为依据。

第二条 人民法院受理工伤认定行政案件后，发现原告或者第三人在提起行政诉讼前已经就是否存在劳动关系申请劳动仲裁或者提起民事诉讼的，应当中止行政案件的审理。

第三条 社会保险行政部门认定下列单位为承担工伤保险责任单位的，人民法院应予支持：

（一）职工与两个或两个以上单位建立劳动关系，工伤事故发生时，职工为之工作的单位为承担工伤保险责任的单位；

（二）劳务派遣单位派遣的职工在用工单位工作期间因工伤亡的，派遣单位为承担工伤保险责任的单位；

（三）单位指派到其他单位工作的职工因工伤亡的，指派单位为承担工伤保险责任的单位；

（四）用工单位违反法律、法规规定将承包业务转包给不具备用工主体资格的组织或者自然人，该组织或者自然人聘用的职工从事承包业务时因工伤亡的，用工单位为承担工伤保险责任的单位；

（五）个人挂靠其他单位对外经营，其聘用的人员因工伤亡的，被挂靠单位为承担工伤保险责任的单位。

前款第（四）、（五）项明确的承担工伤保险责任的单位承担赔偿责任或者社会保险经办机构从工伤保险基金支付工伤保险待遇后，有权向相关组织、单位和个人追偿。

第四条 社会保险行政部门认定下列情形为工伤的，人民法院应予支持：

（一）职工在工作时间和工作场所内受到伤害，用人单位或者社会保险行政部门没有证据证明是非工作原因导致的；

（二）职工参加用人单位组织或者受用人单位指派参加其他单位组织的活动受到伤害的；

（三）在工作时间内，职工来往于多个与其工作职责相关的工作场所之间的合理区域因工受到伤害的；

（四）其他与履行工作职责相关，在工作时间及合理区域内受到伤害的。

第五条 社会保险行政部门认定下列情形为"因工外出期间"的，人民法院应予支持：

（一）职工受用人单位指派或者因工作需要在工作场所以外从事与工作职责有关的活动期间；

（二）职工受用人单位指派外出学习或者开会期间；

（三）职工因工作需要的其他外出活动期间。

职工因工外出期间从事与工作或者受用人单位指派外出学习、开会无关的个人活动受到伤害，社会保险行政部门不认定为工伤的，人民法院应予支持。

第六条 对社会保险行政部门认定下列情形为"上下班途中"的，人民法院应予支持：

（一）在合理时间内往返于工作地与住所地、经常居住地、单位宿舍的合理路线的上下班途中；

（二）在合理时间内往返于工作地与配偶、父母、子女居住地的合理路线的上下班途中；

（三）从事属于日常工作生活所需要的活动，且在合理时间和合理路线的上下班途中；

（四）在合理时间内其他合理路线的上下班途中。

第七条 由于不属于职工或者其近亲属自身原因超过工伤认定申请期限的，被耽误的时间不计算在工伤认定申请期限内。

有下列情形之一耽误申请时间的，应当认定为不属于职工或者其近亲属自身原因：

（一）不可抗力；

（二）人身自由受到限制；

（三）属于用人单位原因；

（四）社会保险行政部门登记制度不完善；

（五）当事人对是否存在劳动关系申请仲裁、提起民事诉讼。

第八条 职工因第三人的原因受到伤害，社会保险行政部门以职工或者其近亲属已经对第三人提起民事诉讼或者获得民事赔偿为由，作出不予受理工伤认定申请或者不予认定工伤决定的，人民法院不予支持。

职工因第三人的原因受到伤害，社会保险行政部门已经作出工伤认定，职工或者其近亲属未对第三人提起民事诉讼或者尚未获得民事赔偿,起诉要求社会保险经办机构支付工伤保险待遇的,人民法院应予支持。

职工因第三人的原因导致工伤,社会保险经办机构以职工或者其近亲属已经对第三人提起民事诉讼为由,拒绝支付工伤保险待遇的,人民法院不予支持,但第三人已经支付的医疗费用除外。

第九条 因工伤认定申请人或者用人单位隐瞒有关情况或者提供虚假材料,导致工伤认定错误的,社会保险行政部门可以在诉讼中依法予以更正。

工伤认定依法更正后,原告不申请撤诉,社会保险行政部门在作出原工伤认定时有过错的,人民法院应当判决确认违法;社会保险行政部门无过错的,人民法院可以驳回原告诉讼请求。

第十条 最高人民法院以前颁布的司法解释与本规定不一致的,以本规定为准。

主要参考文献

1. 胡晓义. 工伤保险条例释义与实务 [M]. 北京：中国劳动社会保障出版社，2011
2. 胡晓义. 工伤保险 [M]. 北京：中国劳动社会保障出版社，2012
3. 李援. 中华人民共和国社会保险法解读 [M]，北京：中国法制出版社，2010
4. 胡建淼. 行政法学（第三版）[M]，北京：法律出版社，2010
5. 腾晓春，李志强.《中华人民共和国劳动合同法》条文释义与案例精解 [M]. 北京：中国民主法制出版社，2007
6. 劳动和社会保障部. 中华人民共和国劳动争议调解仲裁法讲座 [M]. 中国劳动社会保障出版社，2008